柳树通典

余秋雨题

郴州通典

提要圖録

郴州市文史研究會
《郴州通典》編輯部 主編

國家圖書館出版社

圖書在版編目(CIP)數據

郴州通典・提要圖録 / 郴州市文史研究會,《郴州通典》編輯部主編 . —北京 : 國家圖書館出版社 , 2023.12
ISBN 978-7-5013-7924-8

I. ①郴… Ⅱ . ①郴… ②郴… Ⅲ . 地方文獻—提要—郴州—圖録 Ⅳ . ① Z812.264.3-64

中國國家版本館 CIP 數據核字(2023)第 249167 號

書　　名　郴州通典・提要圖録
著　　者　郴州市文史研究會 《郴州通典》編輯部 主編
項目統籌　殷夢霞
責任編輯　張愛芳　代　坤　張慧霞　靳　諾
封面設計　翁　涌

出版發行　國家圖書館出版社(北京市西城區文津街 7 號 100034)
(原書目文獻出版社　北京圖書館出版社)
010-66114536　63802249　nlcpress@nlc.cn(郵購)
網　　址　http://www.nlcpress.com
印　　裝　北京科信印刷有限公司
版次印次　2023 年 12 月第 1 版　2023 年 12 月第 1 次印刷

開　　本　787 × 1092　1/16
印　　張　28.75
書　　號　ISBN 978-7-5013-7924-8
定　　價　480.00 圓

《郴州通典》編纂出版指導小組

總顧問：

劉志仁　吴巨培　闞保勇

組　長：

李　評

副組長：

賀建湘　龍齊陽　周海林　趙　宇　雷曉達

成　員：

雷題銘　陳文軍　曹政科　袁壽紅　黎新民　馬治平

郴州市文史研究會

《郴州通典》編輯部

總　纂：

雷曉達

副總纂：

馬治平　曹知法　吴　興　曾廣高　劉專可

編　輯：

尹友波　肖芝靈　李靚才　傅平艷　何國庭

序

國家圖書館出版社在出版《郴州通典·典籍文獻》之際連袂出版《郴州通典·提要圖録》，這是件很有意義的事，序者拍手稱好。

提要也稱叙録、解題，是典籍文獻的窗口。它以簡潔、精煉的文字概括性地介紹古籍的行款、内容、作者生年及其版本優劣和著作得失。它可以讓讀者以最快、最短的時間瞭解典籍文獻的主要内容，以補充題名、書名的不足，擔負着吸引讀者和將文獻信息介紹給讀者的任務，同時也爲文獻檢索資料庫建設和維護提供方便。

古籍提要的撰寫首先來自對原著的通讀、研讀和精讀，唯有對原著讀通讀透，深刻瞭解書中要義，方能使提要撰寫切中要害、言之有物，進而做到畫龍點睛、形神兼備。俗話説，功夫在詩外。提要文字一般都不長，但一篇好的提要，其中一字一句都浸染着纂者的心血，是纂者辛勤勞動的結晶。

提要撰寫應該依照典籍文獻的最高原則即價值原則來展開。如何孟春（1475—1536），字子元，號燕泉，人稱『燕泉先生』。明孝宗弘治六年（1493）進士，是郴州本土有較大影響的學者。他自幼神質超异，聰穎過人。少時求學於李東陽門下，深得賞識，爲『茶陵詩派柱石』，生平學問賅博，著作頗豐。其著作《孔子家語注》八卷，因以元代王廣謀注本爲底本予以注釋考訂補綴而受詬病。清《四庫全書總目提要》言：『孟春以元王廣謀《家語注》庸陋荒昧，又正文多所漏略，乃爲此注，其考證補綴，不爲無功，由未見王肅注，故臆測亦所不免。』學界歷來以魏王肅《孔子家語》注本爲善，故而對何注本産生質疑。然而經《郴州通典》編輯部的編輯們多次商討後認爲：何孟春雖未見王肅注本，但其所注新穎别致，仍有重要的文獻價值和研究價值，應當收録。

提要撰寫應當十分注重考訂訓詁。古籍中的許多名人、名書、名地，隨着時光轉换多有變化，有些文句也晦澀難懂，生僻字、通假字比比皆是。這都需要認真仔細地考訂訓詁，不然，提要的撰寫則無法進行。袁子讓（1565—1612），字子肩，又字元静，號七十一峰主人，明代郴州人。萬曆二十九年（1601）進士。他既是明代著名的韵學家，又是性靈派文學大家之一，其著作有八種，經部有《五先堂字學元元》十卷，子部有《五先堂文市榷酤》四卷，史部、集部亦有著作，而學界影響較大者當屬以上兩種。『五先堂』爲袁子讓書齋名，『元元』『榷酤』作書名則讓人有些費解。袁氏認爲：『元元』即白然天生，元元本本。袁氏謂之曰：『天地有元聲、母音，不能自聲其妙，而人實代之，代固非其元也。』榷酤原本爲中國封建時代實施的酒類專賣制度，亦稱榷酒酤、酒榷，袁子讓借鑒其意。他在自序中説：『漢武有榷酤，孔孟亦有榷酤。孔孟用之於道，則理窮德富；漢武用之於利，則民窮而國傾。』又説：『嗜利敗名，嗜學成德。』故名其文集爲《文市榷酤》。如此這般，如果不交待清楚，讀者則難以理解其書名之義。

唐代韓愈《進學解》中有『記事者必提其事，纂言者必鈎其玄』。提要鈎玄，讓讀者把握文獻典籍各部分之間的内在邏輯，從而提出綱要，鈎出精義，乃是編纂出版《郴州通典·提要圖録》的初衷。

參加本書提要撰寫的有吴興（經部）、馬治平（史部）、曹知法（子部）、曾廣高（集部），劉專可、李靚才、傅平艷、尹友波也參與了部分文獻提要撰寫工作。藉此《郴州通典·提要圖録》出版之際，對他們的辛勤勞動表示衷心感謝！

是爲序。

雷曉達

二〇二三年十二月於郴州

目録

經部

史部

子部

集部

目録

經部

大樂律呂元聲六卷大樂律呂考注四卷

明李文利撰，明李元校補，明范輅校正，明嘉靖十四年（1535）刻本。每半葉十行，行二十一字，小字雙行同，白口，四周雙邊，無魚尾。

李文利，生卒年不詳，字乾遂，號兩山，明福建莆田人。成化十六年（1480）舉人，官思南府儒學教授，長於樂律，明音樂理論家。李元，生卒年不詳，李文利之兄，官盧江縣知縣。范輅（1474—1536），字以載，號三峰，别號質庵，明桂陽縣（今湖南汝城）人。正德六年（1511）進士，授行人，

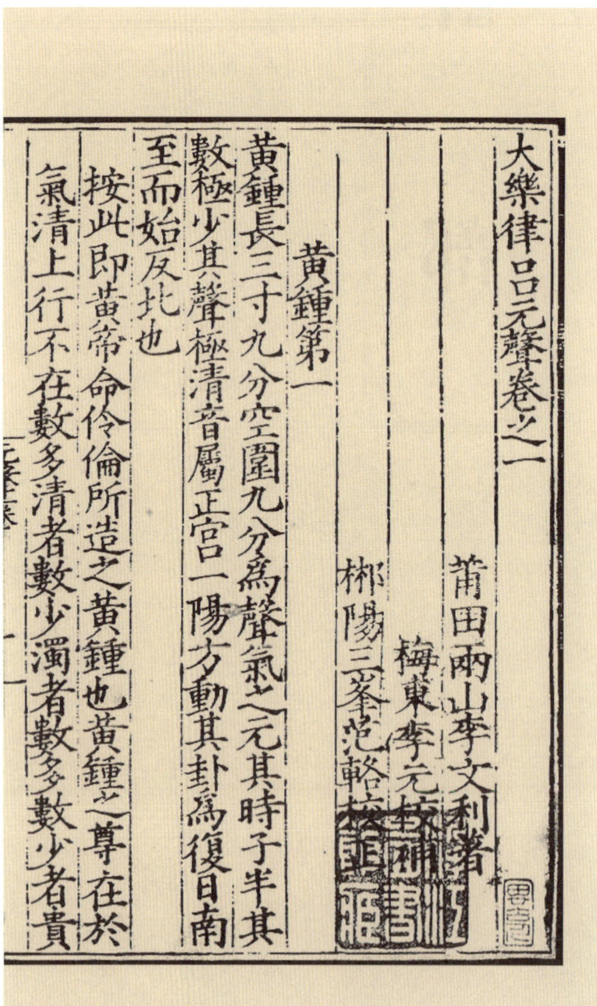

大樂律呂元聲卷之一
莆田兩山李文利著
梅東李元校補
郴陽三峯范輅校正
黄鍾第一
黄鍾長三寸九分空圍九分爲聲氣之元其時子半其數極少其聲極清音屬正宮一陽方動其卦爲復日南至而始反北也
按此即黄帝命伶倫所造之黄鍾也黄鍾之尊在於氣清上行不在數多清者數少濁者數多數少者貴

擢南京監察御史。因彈劾寧王朱宸濠、鎮守太監畢真等獲罪下獄，後改謫龍州宣撫司。明世宗即位，恢復官職，升福建按察使，歷江西副使，密雲兵備副使，江西、福建布政使等职。

《大樂律吕元聲》六卷三十章，書前有范輅之侄范永鑾《進大樂律吕元聲書》、范輅《大樂律吕元聲引》、李元《大樂律吕元聲序》、楊月湖《論元聲書》及《大樂律吕元聲凡例》。卷一爲黄鐘、蕤賓、黄鐘升陽歸陽、律吕升降經緯、律吕紀陽、正五音、律吕清濁、定五聲生數次第、二變聲和陰陽備七音等九章；卷二爲律吕三分損益、隔八正徵陰陽相生、陰陽律運應侯相生、太陽行度行氣、黄鐘分寸法等五章；卷三爲十二律協月箭、十二律十二協月箭總圖、陰陽對律得數、鐘律之實、日月會辰合氣生律、十二律旋相爲宫等六章；卷四爲定證黄鐘、律吕候氣、律吕大象、度量衡受法於律、樂祀天地人分清濁等五章；卷五爲聲律陰陽雙宫和鳴對調圖等；卷六爲十二律旋宫六十調圖、十二律代運横圖、遷史京房律吕之失、黄鐘九寸辨等四章。《大樂律吕考注》四卷，卷一爲律吕、樂本；卷二爲樂職；卷三爲樂器；卷四爲聲容。

該書是對古代樂律專業知識的疏解。對黄鐘、蕤賓、十二律吕、六律六吕、十二律吕旋宫六十調、陰陽和鳴對律、三分損益法、隔八相生及樂職、樂器等進行了詳盡闡釋，有些章節還增加了圖解。

本書據浙江圖書館藏明嘉靖十四年（1535）刻本影印。（吴興）

新刻易測十卷附録一卷

明曾朝節撰，明萬曆刻本。每半葉九行，行十八字，白口，四周雙邊，單魚尾。

曾朝節（1534—1604），字直卿，號植齋，明臨武縣人。嘉靖三十七年（1558）中舉。萬曆五年（1577）以一甲第三名（探花）進士及第。授翰林院編修，任職史館，充《大明會典》纂修官。萬曆十三年以秩滿升侍講，編纂《六曹章奏》。萬曆二十年七月，升任國子監祭酒。萬曆二十二年四月，再升南京禮部右侍郎兼經筵講官。萬曆三十年正月，升任禮部尚書。曾朝節居

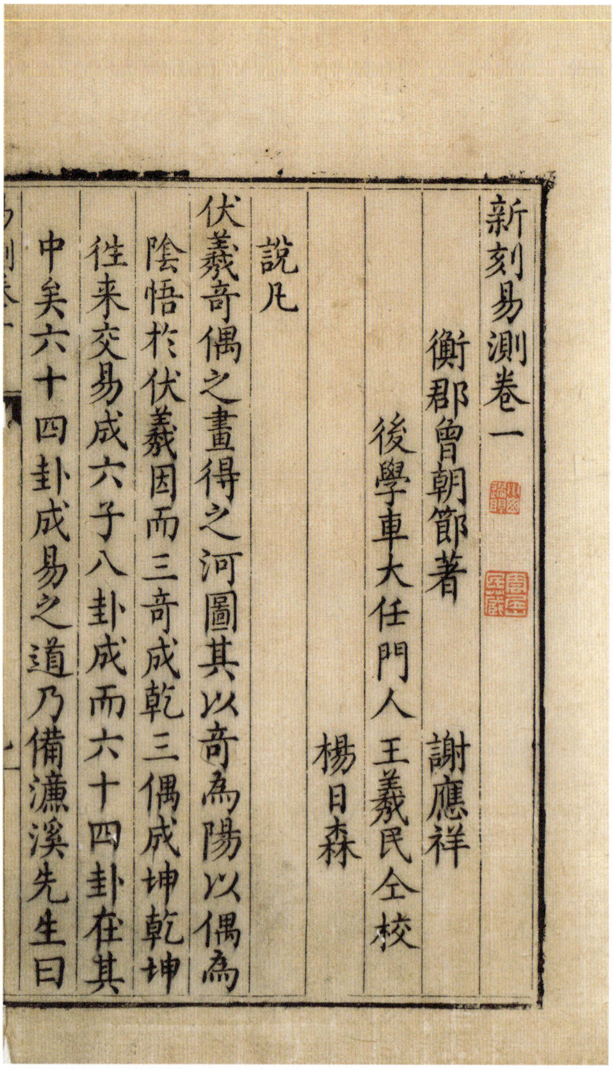
新刻易測卷一
衡郡曾朝節著
後學車大任門人王義民仝校
謝應祥
楊日森
說凡
伏羲奇偶之畫得之河圖其以奇為陽以偶為陰悟於伏羲因而三奇成乾三偶成坤乾坤往来交易成六子八卦成而六十四卦在其中矣六十四卦成易之道乃備濂溪先生曰

朝爲官二十餘年，持論公正，從無過激之詞。因事進諫，措辭委婉，循循善誘。遇事則多方啓迪，力求達於正道。曾三次主持地方鄉試。萬曆二十六年任會試主考官，所拔名士數十人，全無私交。其以直言正論、忠誠勤勉爲神宗所倚重，擬選入閣，均以年老爲由堅辭不就。連上五疏，纔獲得應允。萬曆三十二年病逝於京師寓所，享年七十一歲。贈太子太保，謚號『文恪』。

書前有馮琦《易測序》，馮夢禎《序曾直卿先生易測》，曾朝節《易測自序》。《四庫全書總目提要》稱其：『大旨主於觀辭玩占，一切卦圖、卦變之説，悉所不取，頗足掃宋《易》之葛藤。然其去取衆説，則未能一一精審也。』

本書卷一《説凡》，闡述《易經》的學習方法和思維方式，融通伏羲、文王、周公、孔子經典，互爲補充，不拘泥於某一具體的卦象繫辭。采『百家异流集而用之』，以求達到融會貫通。卷二至卷五對《周易》上經三十卦進行闡釋。卷六至卷九對《周易》下經三十四卦進行闡釋。卷十對繫辭上傳、下傳進行闡釋。

本書據南京圖書館藏明萬曆刻本影印。（吴興）

五先堂字學元元十卷

明袁子讓撰，明萬曆三十一年（1603）刻本。每半葉十三行，行十九字，白口，四周雙邊，無魚尾。

袁子讓（1565—1612），字仔肩，又字元静，號七十一峰主人，明郴州人。萬曆十三年（1585）舉人，二十九年進士，授嘉定（今四川樂山）知州，三十六年入都，擢兵部員外郎。署任嘉定知州時，課士愛民，振興文教，政聲卓著，有詞章題咏，傳爲古迹，深受百姓擁戴。『去之日，童叟士女數萬人擁車泣送百里外，以其清白，多持芋蔬哭獻道左。』（見《［雍正］四川總志》卷七《名宦上》）致仕後返郴州老家居住，逝後葬於東坡嶺。

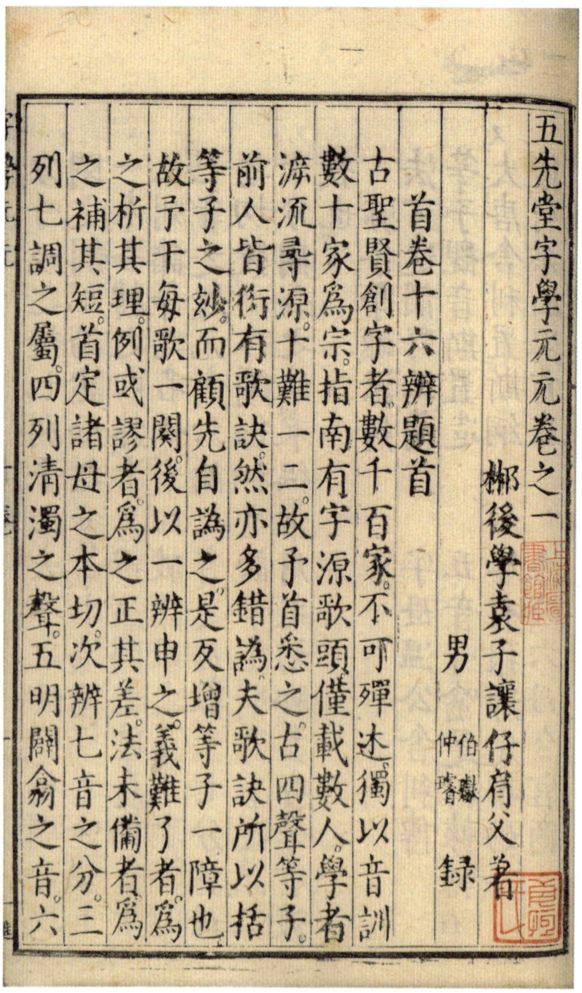
五先堂字學元元卷之一
郴後學袁子讓仔肩父著
男伯夔仲嗜録
首卷十六辨題首
古聖賢創字者數千百家不可殫述獨以音訓
數十家爲宗指南有字源歌頭僅載數人學者
溯流尋源十難一二故予首悉之古四聲等子
前人皆銜有歌訣然亦多錯謬夫歌訣所以括
等子之妙而顧先自謬之是反增等子一障也
故予于每歌一闋後以一辨申之義難了者爲
之析其理例或謬者爲之正其差法未備者爲
之補其短首定諸母之本切次辨七音之分三
列七調之屬四列清濁之聲五明闢翕之音六

袁子讓治學嚴謹，文學成就甚高。既是著名的音韻學家，又是性靈派文學大家之一。其著作有《五先堂字學元元》《注易圖》《全蜀邊域考》《嘉州志》《五先堂文市榷酤》《嘉州二山志》《眉山得士録》《香海棠集》等。其中，《五先堂字學元元》《全蜀邊域考》《五先堂文市榷酤》《嘉州二山志》四種現存，其餘四種已佚。《五先堂字學元元》《五先堂文市榷酤》在學界較有影響。

《五先堂字學元元》共十卷，卷前有范醇敬《刻字學元元引》、王毓宗《字學元元序》和袁子讓《五先堂字學元元自序》，卷末有兄袁子謙《字學元元跋》、弟袁子訓《字學元元説貂》。每卷之前有題首，表明作者的觀點和主張。

《五先堂字學元元》簡稱《字學元元》。『五先堂』爲袁子讓書齋名，『元元』意爲自然天生。袁氏認爲：『天地有元聲、元音，不能自聲其妙，而人實代之，代固非其元矣。』《四庫全書總目提要》稱：『是編因劉鑑《切韵指南》所載音和、類隔二十門，出切行韵，參差不一。其取字有憑切者，有憑韵者，學者多所轇轕。因爲疏明，使有條理。又廣等子門法爲四十八類，較《玉鑰匙》《貫珠集》諸書頗爲分明。名曰「元元」，蓋取班固「元元本本」語也。』

《字學元元》對我國中古時期語音的聲、韵、調進行了全面系統研究，是一部重要的音韵學理論著作。

本書據上海圖書館藏明萬曆三十一年（1603）刻本影印。（吴興）

論語讀朱求是編二十卷

清林愈蕃輯，清乾隆三十五年（1770）斑竹園書屋刻本。每半葉十一行，行二十五字，白口，左右雙邊，單黑魚尾。

林愈蕃（1714—1771），字青山，號澗松，原籍湖南宜章，後遷四川中江。初習儒，因家貧輟學，改研醫藥，有醫名，尤精醫方。後開館授徒。乾隆九年（1744）舉人，十六年進士，入黎城知縣趙丹元幕。二十八年補授湖南酃縣知縣，三十年卸任，歸隱宜章，縱情山水，吟詩作賦。林愈蕃一生勤奮，善於積累，博學多才。在醫學、儒學等方面均有著作傳世。編著有《醫方集要》《醫方録驗》《酃縣志》《痘科辨證》《林青山先生文集》等。

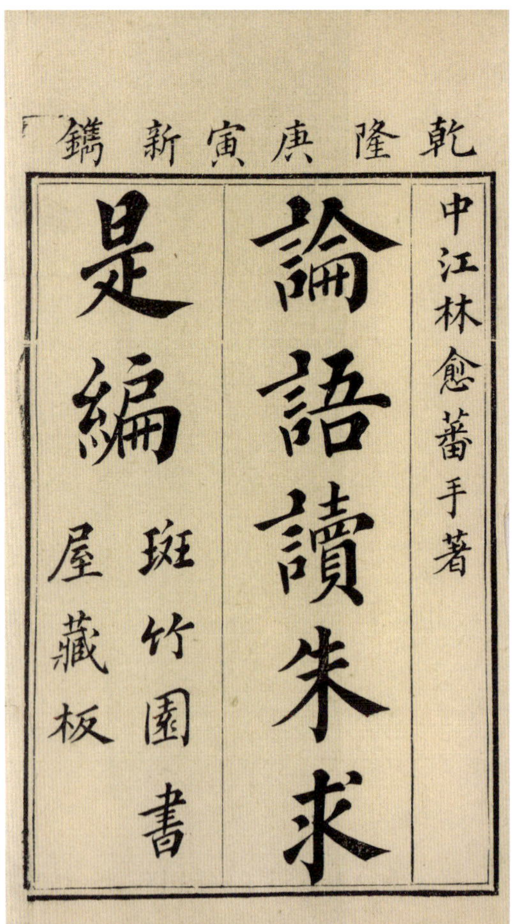

《論語讀朱求是編》凡二十卷，卷一學而十六章、卷二爲政二十四章、卷三八佾二十六章、

卷四里仁二十六章、卷五公冶長二十七章、卷六雍也二十八章、卷七述而三十七章、卷八泰伯二十一章、卷九子罕三十章、卷十鄉黨十七章、卷十一先進二十五章、卷十二顔淵二十四章、卷十三子路三十章、卷十四憲問四十七章、卷十五衛靈公四十一章、卷十六季氏十四章、卷十七陽貨十六章、卷十八微子十一章、卷十九子張二十五章、卷二十堯曰三章，全書共二十篇四百八十八章。書前有書題、刻印廠名及刻印時間。

《論語讀朱求是編》以朱熹《朱子語類》《四書章句集注》《論語或問》等著述爲基礎，以《論語》原文爲序，通過歷代儒學名家之闡釋、辯駁、佐證，逐篇逐章進行分析比較論證，以求《論語》之正解，從而闡明作者的觀點和主張。

本書據中國人民大學圖書館藏清乾隆三十五年（1770）斑竹園書屋刻本影印。（吴興）

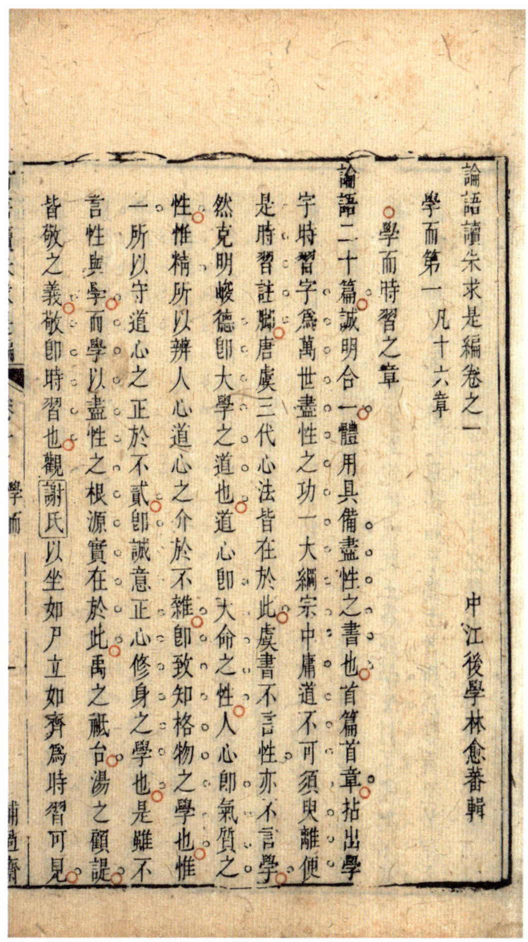

論語讀朱求是編卷之一　　中江後學林愈蕃輯

學而第一　凡十六章

學而時習之章

論語二十篇誠明合一體用具備盡性之書也首篇首章拈出學字時習字爲萬世盡性之功一大綱宗中庸道不可須臾離便是時習註脚唐虞三代心法皆在於此虞書不言性亦不言學然克明峻德即大學之道也道心即大命之性人心即氣質之性惟精所以辨人心道心之介於不雜即致知格物之學也惟一所以守道心之正於不貳即誠意正心修身之學也是雖不言性與學而學以盡性之根源實在於此禹之祗台湯之顧諟皆敬之義敬即時習也觀謝氏以坐如尸立如齊爲時習可見

周易輯義初編四卷

清盧兆鰲撰，清道光八年（1828）刻本。每半葉九行，行二十九字，白口，四周雙邊，單黑魚尾。

盧兆鰲（1764—？），字瀛驤，號桐坡，清安仁縣人。乾隆五十七年（1792）舉人。嘉慶六年（1801）進士，借補沅州府教授。十八年至二十五年任廣東平遠知縣，有治績。後歷署澄海、長樂、樂會等縣，署理嘉應知州。道光二年（1822）擢萬州知州。十年改化州知州，旋署潮州同知。盧兆鰲歷官廣東三十餘載，囊橐蕭然，貧不能歸，撫、藩各憲取存庫清廉銀一百二十兩與爲路費。爲官慈悲爲懷，勤勉務實，清正廉潔。署任平遠第二年，縣饑荒，盧氏捐薪賑災。在任職期間，築義冢、辦養濟院、建考棚、開鐵礦、編修縣志，政聲丕著。時盧家丁口較多，

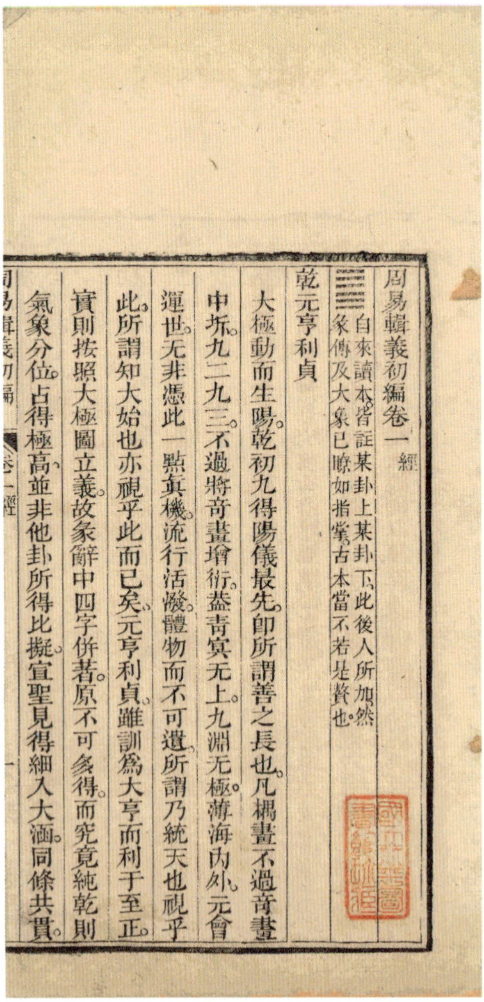
周易輯義初編卷一 經

☰☰ 自來讀本皆註某卦上某卦下此後人所加然彖傳及大象已瞭如指掌古本當不若是贅也

乾元亨利貞

大極動而生陽乾初九得陽儀最先即所謂善之長也凡耦畫不過奇畫中坼九二九三不過將奇畫增衍蓋青冥无上九淵无極薄海內外元會運世无非憑此一點真機流行活潑體物而不可遺所謂乃統天也覩乎此所謂知大始也亦覩乎此而已矣元亨利貞雖訓爲大亨而利于至正實則按照大極圖立義故彖辭中四字併著原不可多得而究竟純乾則氣象分位占得極高並非他卦所得比擬宜聖見得細入大涵同條共貫

周易輯義初編 卷一 經 一

父女倆合葬於仁居城南店背崗。盧兆鰲好讀書，手不釋卷，尤喜《易經》。著有《周易輯義》初編、續編、三刻、四刻。

負擔繁重，遂將一幼女托卓姓人家抚養，未及笄因病而亡。盧兆鰲晚年回平遠卓姓人家探親時病故，

《周易輯義》，即對《易經》『經』部（卦象、卦名、卦辭和爻辭）和『傳』部（繫辭上下傳、說卦傳、序卦上下傳、雜卦傳）的集中闡釋。《周易輯義初編》四卷，書前有《周易輯義初編叙》。內容編排以《周易》六十四卦順序爲序，無目録，不分章節。卷一闡釋『乾』至『臨』十九卦，卷二闡釋『觀』至『益』二十三卦，卷三闡釋『夬』至『未濟』二十二卦，卷四闡釋繫辭上傳、下傳及說卦傳、序卦傳、雜卦傳。

本書據中國國家圖書館藏清道光八年（1828）刻本影印。（吴興）

周易輯義續編四卷

清盧兆鰲撰，清道光十年（1830）刻本。每半葉十行，行三十一字，小字雙行同，白口，左右雙邊，單黑魚尾。

盧兆鰲生平見經部《周易輯義初編》條。

《周易輯義》即對《易經》『經』部（卦象、卦名、卦辭和爻辭）和『傳』部（繫辭上下傳、説卦傳、序卦上下傳、雜卦傳）的集中闡釋。《周易輯義續編》四卷，書前有唐焕章《叙》。此書是盧兆鰲與好友丁鏡人、郭善堂商議後所

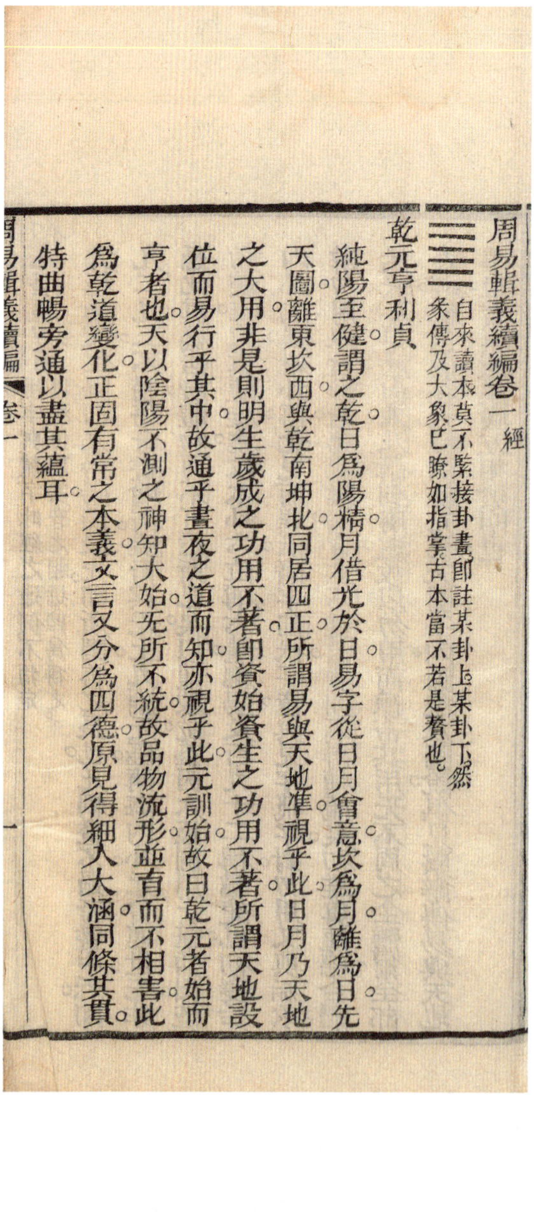
周易輯義續編卷一 經

自來讀本莫不緊接卦畫即註某卦上某卦下然彖傳及大象已瞭如指掌古本當不若是贅也

乾元亨利貞

純陽至健謂之乾日爲陽精月借光於日易字從日月會意坎爲月離爲日先天圖離東坎西與乾南坤北同居四正所謂易與天地準視乎此日月乃天地之大用非是則明生歲成之功用不著即資始資生之功用不著所謂天地設位而易行乎其中故通乎晝夜之道而知亦視乎此元訓始故曰乾元者始而亨者也天以陰陽不測之神知大始无所不統故品物流形並育而不相害此爲乾道變化正固有常之本義文言又分爲四德原見得細入大涵同條共貫特曲暢旁通以盡其藴耳

周易輯義續編 卷一 一

作，經『析疑辨難，往復商明……不吝不驕，相與講，去其非而趨是』而成，其內容是對《初編》的補充、修正、完善，編排體例與《初編》相同。

卷一補充完善『乾』至『蠱』共十八卦的卦象、卦名、卦辭和爻辭的含義，卷二補充完善『臨』至『損』共二十三卦的含義，卷三補充完善『益』至『未濟』共二十三卦的含義，卷四補充完善繫辭上傳、下傳及説卦傳、序卦傳、雜卦傳的含義。

本書據華東師範大學圖書館藏清道光十年（1830）刻本影印。（吴興）

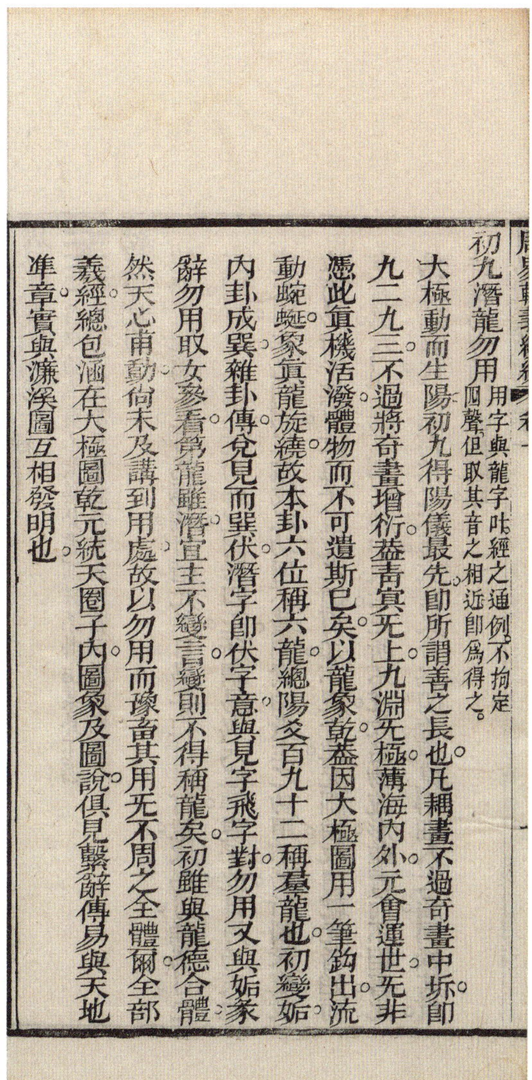

周易輯義續編卷一

初九潛龍勿用 用字與龍字叶經之通例不拘定四聲但取其音之相近即爲得之

大極動而生陽初九得陽儀最先即所謂善之長也凡耦畫不過奇畫中坼即九二九三不過將奇畫增衍蓋青冥无上九淵无極薄海內外元會運世无非憑此眞機活潑體物而不可遺斯已矣以龍象乾蓋因大極圖用一筆鈎出流動蜿蜒象眞龍旋繞故本卦六位稱六龍總陽爻百九十二稱羣龍也初變姤內卦成巽雜卦傳兌見而巽伏潛字即伏字意與見字飛字對勿用又與姤彖辭勿用取女參看象龍雖潛宜主不變言變則不得稱龍矣初雖與龍德合體然天心甫動尚未及講到用處故以勿用而豫畜其用无不周之全體爾全部義經總包涵在大極圖乾元統天圈子內圖象及圖說俱見繫辭傳易與天地準章實與濂溪圖互相發明也

周易續編三刻四卷

清盧兆鰲撰，清道光十二年（1832）刻本。每半葉十行，行三十一字，小字雙行同，白口，左右雙邊，單黑魚尾。

盧兆鰲生平見經部《周易輯義初編》條。

《周易輯義》即對《易經》『經』部（卦象、卦名、卦辭和爻辭）和『傳』部（繫辭上下傳、說卦傳、序卦上下傳、雜卦傳）的集中闡釋。《周易續編三刻》四卷，書前有盧兆鰲《重刻周易輯義序》，唐焕章《輯義續編原叙》，其内容

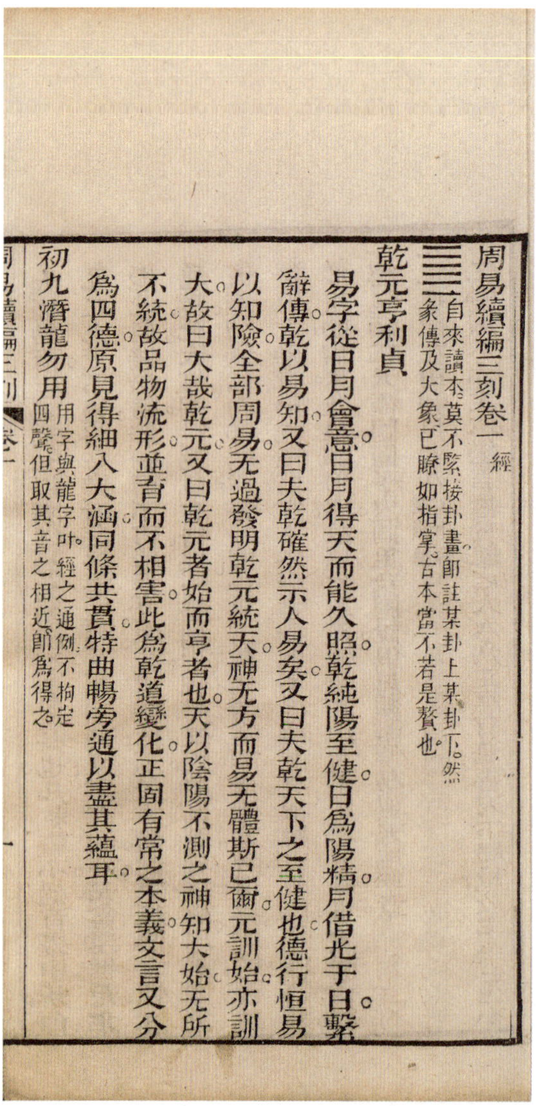

周易續編三刻卷一　經

☰☰ 自來讀本莫不緊接卦畫卽註某卦上某卦下然彖傳及大象已瞭如指掌古本當不若是贅也

乾元亨利貞

易字從日月會意日月得天而能久照乾純陽至健日爲陽精月借光于日繫辭傳乾以易知又曰夫乾確然示人易矣又曰夫乾天下之至健也德行恒易以知險全部周易无過發明乾元統天神无方而易无體斯已爾元訓始亦訓大故曰大哉乾元又曰乾元者始而亨者也天以陰陽不測之神知大始无所不統故品物流形並育而不相害此爲乾道變化正固有常之本義文言又分爲四德原見得細入大涵同條共貫特曲暢旁通以盡其蘊耳

初九潛龍勿用 用字與龍字叶經之通例不拘定四聲但取其音之相近卽爲得之

周易續編三刻　卷一　一

對《初編》《續編》作進一步的闡釋、補充、完善。編排體例與《初編》《續編》相同。卷一補充完善『乾』至『蠱』卦的含義，卷二補充完善『臨』至『損』卦的含義，卷三補充完善『益』至『未濟』卦的含義，卷四補充完善對繫辭上下傳、説卦傳、序卦傳、雜卦傳的闡釋。

本書據華東師範大學圖書館藏清道光十二年（1832）刻本影印。（吴興）

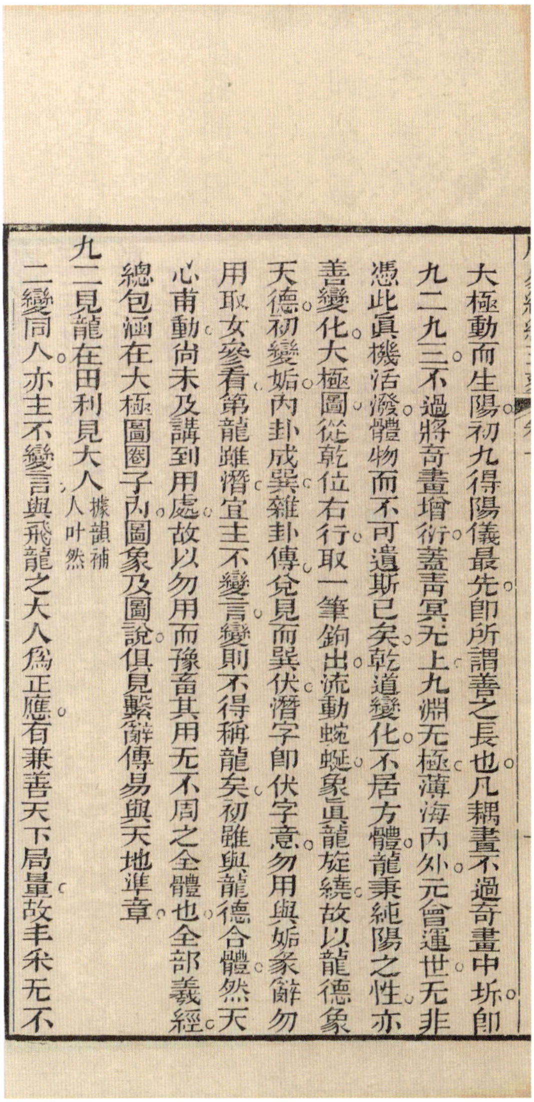
大極動而生陽初九得陽儀最先卽所謂善之長也凡耦畫不過奇畫中坼卽九二九三不過將奇畫增衍蓋靑冥无上九淵无極薄海內外元會運世无非憑此眞機活潑體物而不可遺斯已矣乾道變化不居方體龍秉純陽之性亦善變化大極圖從乾位右行取一筆鉤出流動蜿蜒象眞龍旋繞故以龍德象天德初變姤內卦成巽雜卦傳兌見而巽伏潛字卽伏字意勿用與姤彖辭勿用取女參看第龍雖潛宜主不變言變則不得稱龍矣初雖與龍德合體然天心甫動尚未及講到用處故以勿用而豫畜其用无不周之全體也全部義經總包涵在大極圖圈子內圖象及圖說俱見繫辭傳易與天地準章

九二見龍在田利見大人（據韻補人叶然）

二變同人亦主不變言與飛龍之大人爲正應有兼善天下局量故丰采无不

周易輯義續編四刻四卷

盧兆鰲撰，清道光十四年（1834）刻本。每半葉十行，行三十一字，小字雙行同，白口，左右雙邊，單黑魚尾。

盧兆鰲生平見經部《周易輯義初編》條。

《周易輯義》即對《易經》『經』部（卦象、卦名、卦辭和爻辭）和『傳』部（繫辭上下傳、說卦傳、序卦上下傳、雜卦傳）的集中闡釋。《周易輯義續編四刻》四卷，書前有盧兆鰲《重刻周易輯義序》，唐煥章《輯義續編原叙》，其內容在

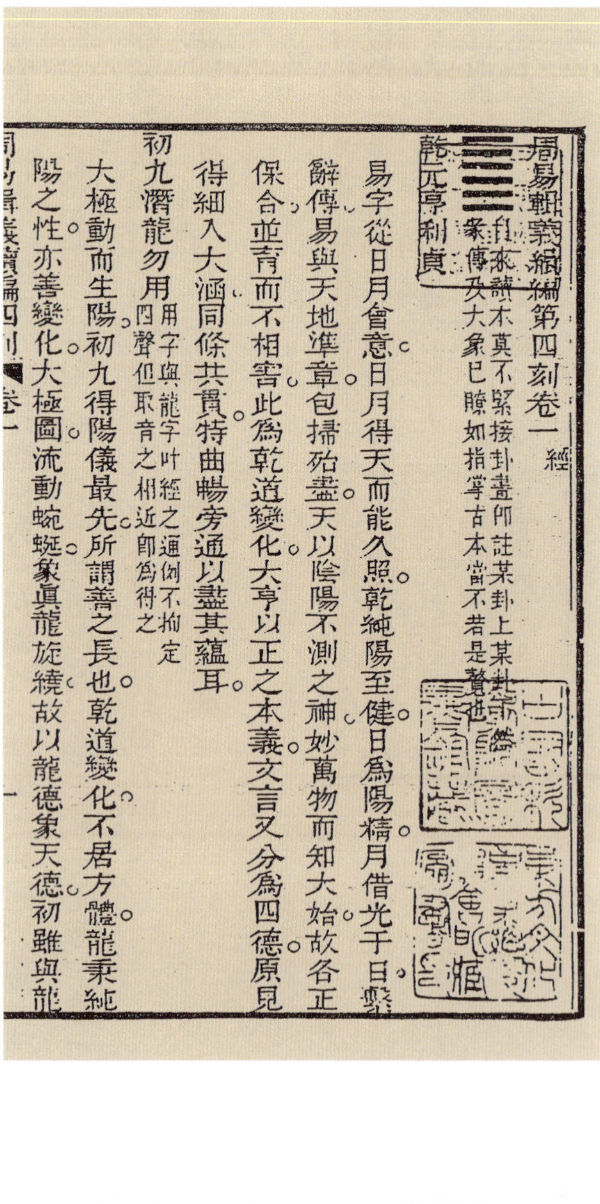
周易輯義續編第四刻卷一 經

乾元亨利貞 自來讀本莫不緊接卦畫即註某卦上某 彖傳及大象已瞭如指掌古本當不若是贅也

易字從日月會意日月得天而能久照乾純陽至健日為陽精月借光于日繫辭傳易與天地準章包掃殆盡天以陰陽不測之神妙萬物而知大始故各正保合並育而不相害此為乾道變化大亨以正之本義文言又分為四德原見得細入大涵同條共貫特曲暢旁通以盡其藴耳

初九潛龍勿用 用字與龍字叶經之通例不拘定四聲但取音之相近即為得之

大極動而生陽初九得陽儀最先所謂善之長也乾道變化不居方體龍秉純陽之性亦善變化大極圖流動蜿蜒象真龍旋繞故以龍德象天德初雖與龍

周易輯義續編四刻 卷一 一

三刻基礎上進一步訂正精煉，精減篇幅約十分之一。編排體例與三刻相同。卷一訂正從『乾』至『蠱』卦的含義，卷二訂正從『臨』至『損』卦的含義，卷三訂正從『益』至『未濟』卦的含義，卷四訂正完善繫辭上下傳、說卦傳、序卦傳、雜卦傳的闡釋。

本書據中國科學院文獻情報中心藏清道光十四年（1834）刻本影印。（吴興）

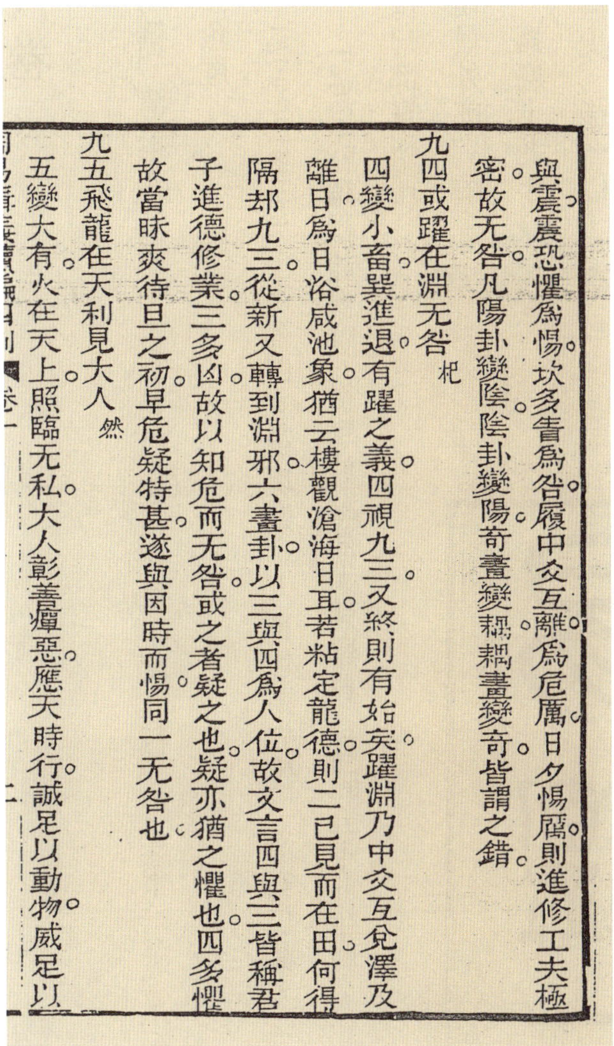
與震震恐懼爲惕坎多眚爲咎履中爻互離爲危厲日夕惕厲則進修工夫極密故无咎凡陽卦變陰陰卦變陽奇畫變耦耦畫變奇皆謂之錯

九四或躍在淵无咎 杞

四變小畜巽進退有躍之義四視九三爻終則有始矣躍淵乃中爻互兌澤及離日爲日浴咸池象猶云樓觀滄海日耳若粘定龍德則二已見而在田何得隔却九三從新又轉到淵邪六畫卦以三與四爲人位故文言四與三皆稱君子進德修業三多凶故以知危而无咎或之者疑之也疑亦猶之懼也四多懼故當昧爽待旦之初早危疑特甚遂與因時而惕同一无咎也

九五飛龍在天利見大人 然

五變大有火在天上照臨无私大人彰善癉惡應天時行誠足以動物威足以

易鑑三十八卷

清歐陽厚均撰，清道光二十七年（1847）刻本。每半葉九行，行二十一字，小字雙行同，白口，左右雙邊，單黑魚尾。

歐陽厚均（1766—1846），字福田，號坦齋，人稱坦齋先生，清安仁縣人。乾隆五十四年至五十七年（1789—1792）就讀嶽麓書院，從學於湖湘大儒羅典。乾隆五十九年舉人，嘉慶四年（1799）己未科進士，授户部貴州司主事，升廣西司員外郎，繼任陝西司郎中。嘉慶十九年任浙江道監察御史，後『以母老告歸』。嘉慶二十三年出任嶽麓書院山長，連續主持嶽麓書院達二十七年。弟子數以萬計，著録在案的弟子三千餘人。歐陽厚均學識

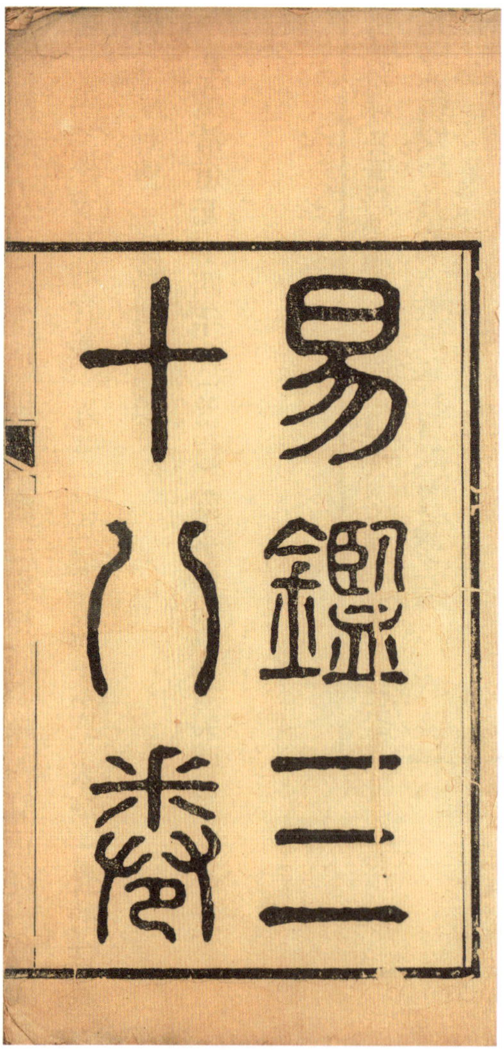

淵博，著作甚多。有《同懷課藝》、《隸友堂試帖》、《望雲書屋試帖》、《［嘉慶］安仁縣志》十六卷、《嶽麓詩鈔》三十五卷《文鈔》十八卷《詞賦鈔》四卷《課藝》十六卷、《嶽麓山長傳》四卷等，晚年著《易鑑》三十八卷。

是書前有羅典曾孫、《湖南文徵》著者羅汝槐序，闡釋《易鑑》編纂的主旨：『宋儒自司馬温公（司馬光）專以人事説易，逮李泰發（李光）、楊誠齋（楊萬里）以史證經，然漢魏諸家已開其例。先生之纂是書，殆本李、楊兩家之旨，而因以博涉群書，會而萃之，不獨使遺編之霾藴。』兼及衆長，無漢、宋門户之見，心術之端。』

《易鑑》凡三十八卷。卷一爲『乾』『坤』；卷二爲『屯』『蒙』；卷三爲『需』『訟』；卷四爲『師』『比』；卷五爲『小畜』『履』；卷六爲『泰』『否』；卷七爲『同人』『大

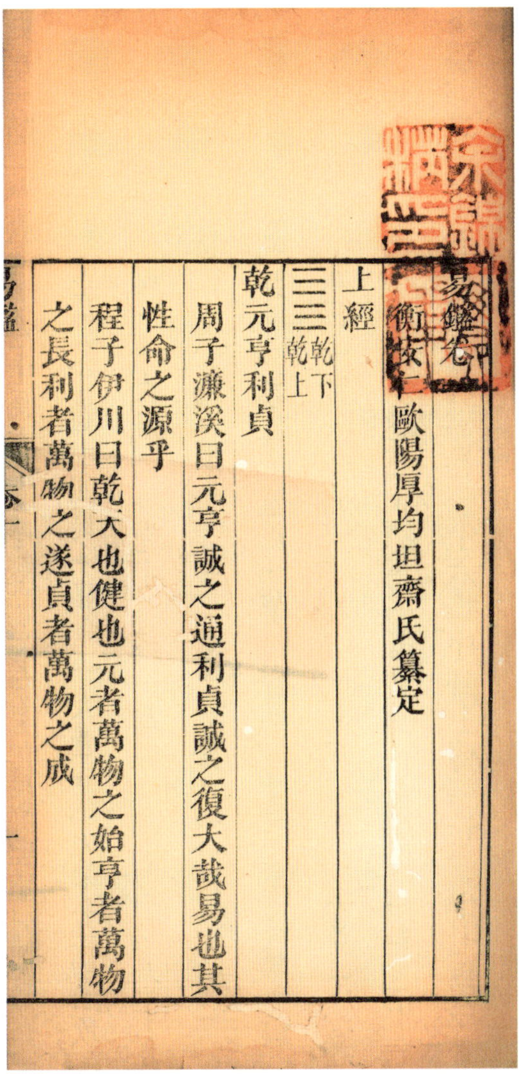
易鑑卷一
衡陽歐陽厚均坦齋氏纂定
上經
☰☰乾下乾上
乾元亨利貞
周子濂溪曰元亨誠之通利貞誠之復大哉易也其性命之源乎
程子伊川曰乾天也健也元者萬物之始亨者萬物之長利者萬物之遂貞者萬物之成

有』；卷八爲『謙』『豫』；卷九爲『隨』『蠱』；卷十爲『臨』『觀』；卷十一爲『噬嗑』『賁』；卷十二爲『剥』『復』；卷十三爲『無妄』『大畜』；卷十四爲『頤』『大過』；卷十五爲『坎』『離』；卷十六爲『咸』『恒』；卷十七爲『遁』『大壯』；卷十八爲『晋』『明夷』；卷十九爲『家人』『睽』；卷二十爲『蹇』『解』；卷二十一爲『損』『益』；卷二十二爲『夬』『姤』；卷二十三爲『萃』『升』；卷二十四爲『困』『井』；卷二十五爲『革』『鼎』；卷二十六爲『震』『艮』；卷二十七爲『漸』『歸妹』；卷二十八爲『豐』『旅』；卷二十九爲『巽』『兑』；卷三十爲『涣』『節』；卷三十一爲『中孚』『小過』；卷三十二爲『既濟』『未濟』；卷三十三爲繫辭上傳；卷三十四爲繫辭下傳；卷三十五爲説卦傳；卷三十六爲序卦上傳；卷三十七爲序卦下傳；卷三十八爲雜卦傳。

本書據南開大學圖書館藏清道光二十七年（1847）刻本影印。（吴興）

大學發微二卷

清劉次源撰，清宣統元年（1909）鉛印《孔經新義四種》本。每半葉十三行，行三十二字，小字雙行同，白口，四周雙邊，單黑魚尾。

劉次源（1877—1928），派名代榆，幼字筆春，少更字畢傭，壯又字毅民，晚年改字畢容，晚號屯園，別號晚悔齋，清永興縣人。光緒二十三年（1897）邑庠生，二十八年舉人，旋講學濂溪書院，從游者甚衆。光緒三十年留學日本，歸國後與友人

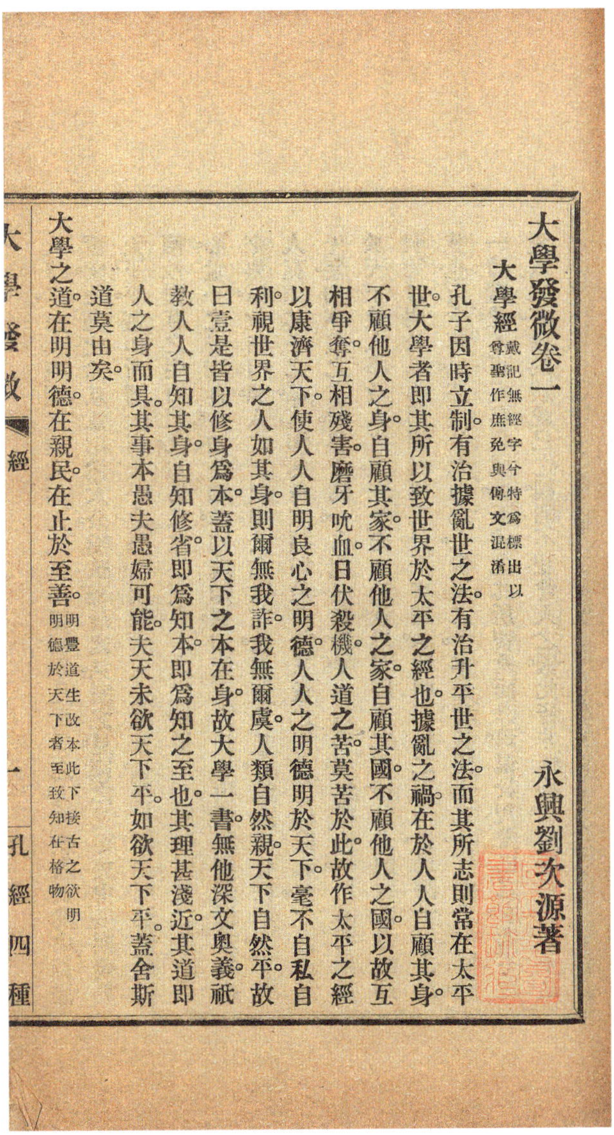

大學發微卷一　　永興劉次源著

大學經（戴記無經字今特爲標出以尊聖作庶免與傳文混淆）

孔子因時立制有治據亂世之法。有治升平世之法。而其所志則常在太平世。大學者即其所以致世界於太平之經也。據亂之禍在於人人自顧其身不顧他人之身自顧其家。不顧他人之家。自顧其國。不顧他人之國以故互相爭奪。互相殘害。磨牙吮血日伏殺機人道之苦莫苦於此。故作太平之經以康濟天下。使人人自明良心之明德人人之明德明於天下。毫不自私自利。視世界之人如其身。則爾無我詐。我無爾虞。人類自然親天下自然平。故曰壹是皆以修身爲本。蓋以天下之本在身。故大學一書。無他深文奧義。祇教人人自知其身。自知修省。即爲知本。即爲知之至也。其理甚淺近。其道即人之身而具。其事本愚夫愚婦可能。夫天未欲天下平。如欲天下平。蓋舍斯道莫由矣。

大學之道。在明明德。在親民。在止於至善。（明豐道生改本此下接古之欲明明德於天下者至致知在格物）

大學發微　一　經　　孔經四種

於衡州創辦湖南南路實業學堂。光緒三十四年入京授度支部郎中，期間條陳要政萬餘言。宣統元年（1909），以四品京卿銜充甘肅財政正監理官，彈劾正二品甘肅藩司毛慶蕃，朝野嘩然，知名於時。後充幣製局審查員、研究所評議員、鹽政處參事員等職。民國二年（1913）署福建民政長，再授福建國稅廳長兼財政司長、銀號監理官，後奉爲上大夫，時袁世凱竊國，次源心灰意冷，閉門不就。劉公豐裁峻偉，特立獨行。少好作詩，壯喜議論，中歲研經，晚年習静，極力主張尊孔讀經，崇尚大同，反對戰争，宣導大公，厭惡自私，是傳統經學的『衛道士』。辭官歸隱後，專心鑽研和宣揚孔孟之道。著有《易通》《大學發微》《禮運發微》《中庸發微》《論語發微》《孟子發微》《籌國芻言》《條陳要政》《屯園日記》《晚悔齋日記》等。

《大學》爲《禮記》第四十二篇，主要闡述修身、齊家、治國、平天下的道理，是儒家學説的經典文獻。南宋朱熹作《大學章句》，將其與《中庸》《論語》《孟子》并稱『四書』。

《大學發微》即《孔經新義四種》之一。全書對《大學》逐字逐句進行疏解，采用先分述再綜述，對重要觀點反復闡述的方法進行解讀。書前有劉次源《大學發微序》和《大學經傳分篇例釋》。分爲兩卷六篇，卷一爲經一篇，卷二爲傳五篇（誠意篇、正修篇、修齊篇、齊治篇、治平篇）。其分類及疏解方法『依孔（穎達）疏之意，分析爲六篇，又以首篇與後五篇文體之异，特采宋儒之説，定爲經傳，以復舊迹。至於改本之多，自宋以迄元、明，無慮數十家，今擇其著於世者程朱豐季五家，分志於各條正文之下，以備世之覽者得以有所考校焉』（見卷首《大學經傳分篇例釋》）。

作者在序中云：『天下何由而平，明德明於天下，則天下平；明德何以不明，私意蔽之也。』『平者，必其人人不自私其身，人人不自私其家，人人不自私其國，詐虞不生，競争胥化，而後可謂之平也；必其無一切之畛域，無一切之階級，遠近相等，高下如一，而後可謂之平也；必其於世界之上無智無愚，無賢無否，無婦人孺子皆受同等之教育，皆有相當之程度，而後可謂之平也。』該書主張：『舉凡世界之人，無不納入陶冶之中，使其皆知遵循自然之秩序，故曰大學。而其事則甚簡易，人人有身、人人衹求諸己之身而已足矣，無須求之乎人也；故太平之道有自治之法，而無治人之法，人人能自治，則無須人治天下，自然治矣。』

本書據中國國家圖書館藏清宣統元年（1909）鉛印《孔經新義四種》本影印。（吴興）

論語發微二卷

清劉次源撰，清宣統元年（1909）鉛印《孔經新義四種》本。每半葉十三行，行三十二字，小字雙行同，白口，四周雙邊，單黑魚尾。

劉次源生平見經部《大學發微》條。

《論語》爲孔子及其弟子的語録結集，由孔子弟子及再傳弟子編寫而成，凡二十篇，集中體現了孔子的政治主張、倫理思想、道德觀念和教育原則等，爲儒家經典著作之一。南宋朱熹作《論語章句》，將其與《大學》《中庸》《孟子》并稱『四書』。《論語發微》即對《論語》的疏解，爲《孔經新義四種》之一，卷首有劉次源《論語發微序》。

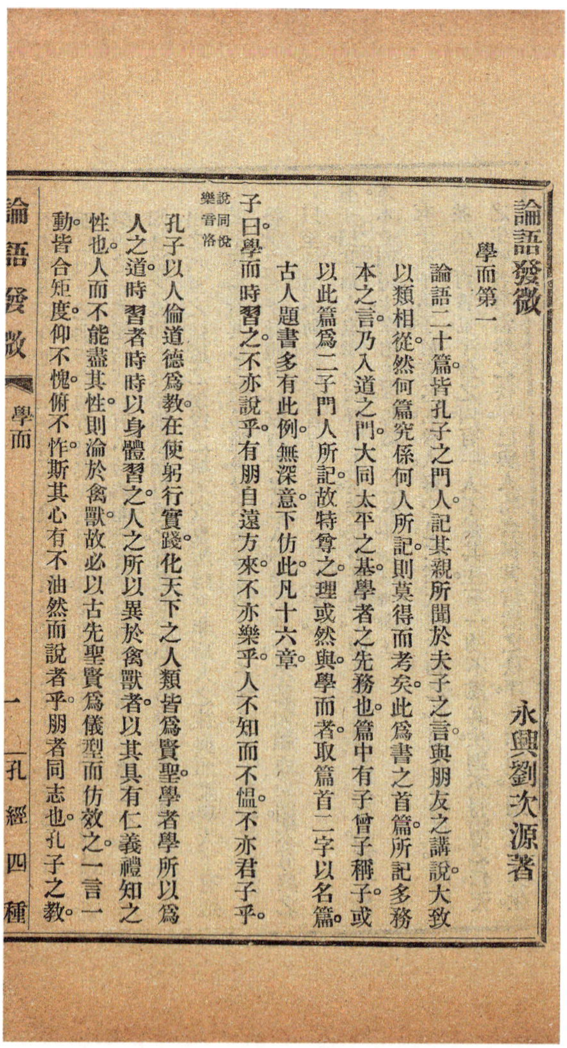

論語發微　　永興劉次源著

學而第一

論語二十篇皆孔子之門人記其親所聞於夫子之言與朋友之講說大致以類相從然何篇究係何人所記則莫得而考矣此爲書之首篇所記多務本之言乃入道之門大同太平之基學者之先務也篇中有子曾子稱子或以此篇爲二子門人所記故特尊之理或然與學而者取篇首二字以名篇古人題書多有此例無深意下仿此凡十六章

子曰學而時習之不亦說乎有朋自遠方來不亦樂乎人不知而不慍不亦君子乎（說同悅 樂音洛）

孔子以人倫道德爲教在使躬行實踐化天下之人類皆爲賢聖學者學所以爲人之道時習者時時以身體習之人之所以異於禽獸者以其具有仁義禮知之性也人而不能盡其性則淪於禽獸故必以古先聖賢爲儀型而仿效之一言一動皆合矩度仰不愧俯不怍斯其心有不油然而說者乎朋者同志也孔子之教

論語發微　學而　一　孔經四種

該書分兩卷，卷一從『學而』第一至『鄉黨』第十，卷二從『先進』第十一至『堯曰』第二十。卷一共二百五十四章，卷二共二百四十六章，凡五百章。

全書重點闡釋孔子倫理道德中『仁』的思想。其卷首序云：『夫吾孔子之道，仁道也，視天地萬物爲一體，而無人己之分。』認爲『行仁道』核心在『德』，主張尚道德陋法治。『今之人競言法治矣，而不知範之以道德，則人心囂詐，法律徒爲。盗賊劫奪之資，譬之於陶，必有磁之質而後可以爲磁，若摶沙以爲之，則雖束之以至精之模型，亦不能以成器，此因盡人而知之矣。』認爲『行仁道』關鍵在『禮』，主張克己復禮。『夫宇合之間，日星之所以交錯，山川之所以流峙，草木鳥獸、昆蟲鱗介之所以繁殖，無不有一天然之秩序，使之各安其所，各遂其生。人與天地并立爲三，有燮理陰陽，經綸宇宙之責，而竟陵亂秩序以干天地之和者，皆其自私自利，衹知有己，不知有人者也。』認爲『行仁道』方法在『恕』，主張己所不欲，勿施於人。『使天下之人皆能本恕道以行之，尚何有人己之争，權力之争，國與種族之争哉？一切之争端皆已消弭，則萬彙各安其所，各遂其生，而世界大同太平者哉。』認爲『行仁道』重點在『順』，主張順其人情，反對禁欲。『人類無不自好其生，即草木鳥獸、昆蟲鱗介之屬，亦無不自好其生性者，生之心能自好其生即善矣，此其相近者也。』『故孔子之道以修己安人爲要義，《論語》一書大都不離此旨。』

本書據中國國家圖書館藏清宣統元年（1909）鉛印《孔經新義四種》本影印。（吴興）

中庸發微三卷

清劉次源撰，清宣統元年（1909）鉛印《孔經新義四種》本。每半葉十三行，行三十二字，小字雙行同，白口，四周雙邊，單黑魚尾。

劉次源生平見經部《大學發微》條。

《中庸》爲《禮記》第三十一篇。傳爲戰國時期孔子之孫子思所作，是儒家學説中有關心性論和本體論的經典文獻。南宋朱熹作《中庸章句》，將其析爲三十三章，與《大學》《論語》《孟子》并列爲『四書』。所謂中庸，『不偏之謂中，不易之謂庸。中者，

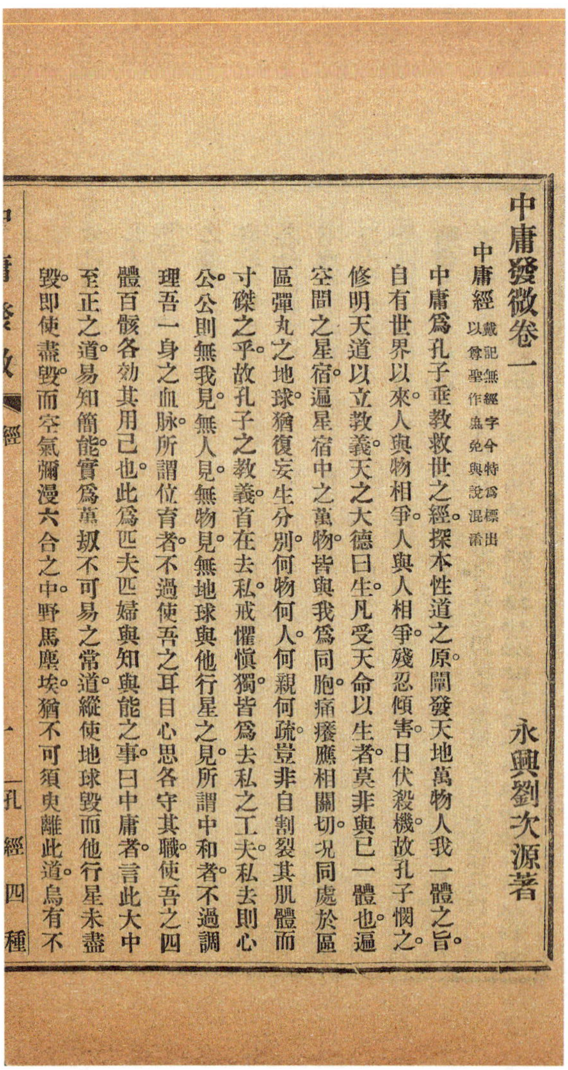

中庸發微卷一　　永興劉次源著

中庸經（戴記無經字今特爲標出以尊聖作庶免與說混淆）

中庸爲孔子垂教救世之經。探本性道之原。闡發天地萬物人我一體之旨。自有世界以來。人與物相爭。人與人相爭。殘忍傾害。日伏殺機。故孔子憫之。修明天道以立教義。天之大德曰生。凡受天命以生者。莫非與己一體也。遍空間之星宿。遍星宿中之萬物。皆與我爲同胞。痛癢相關切。況同處於區區彈丸之地球。猶復妄生分別。何物何人。何親何疏。豈非自割裂其肌體而寸磔之乎。故孔子之教義。首在去私。戒懼愼獨。皆爲去私之工夫。私去則心公。公則無我見。無人見。無物見。無地球與他行星之見。所謂中和者。不過調理吾一身之血脉。所謂位育者。不過使吾之耳目心思各守其職。使吾之四體百骸各効其用已也。此爲匹夫匹婦與知與能之事。曰中庸者。言此大中至正之道。易知簡能。實爲萬刼不可易之常道。縱使地球毀而他行星未盡毀。即使盡毀。而空氣彌漫六合之中。野馬塵埃。猶不可須臾離此道。烏有不

中庸發微　經　一　孔經四種

天下之正道；庸者，天下之定理』（見子思《中庸》）。

《中庸發微》即對《中庸》逐字逐句進行疏解，爲《孔經新義四種》之一。全書將《中庸》分爲三卷三十三章。卷一中庸『經』（第一章），卷二中庸説上篇（第二至二十章），卷三中庸説下篇（第二十一至三十三章）。卷首有劉次源《中庸發微序》和《中庸經説分篇例釋》。本書重點闡述《中庸》乃重教救世之經，探本性道之原，闡發天地萬物、人我一體之旨。『開篇語』中指出：『凡受天命以生者，莫非與己一體也。遍空間之星宿，遍星宿之萬物，皆與我爲同胞，痛癢應相關切，况同處於區區彈丸之地球，猶復妄生分别何物何人，何親何疏，豈非自割裂其肌體而寸磔之乎？』作者强調：『孔子之教義首在去私，戒、懼、慎、獨皆爲去私之工夫。私去則心公，公則無我見、無人見、無物見、無地球與他行星之見。所謂中和者，不過調理吾一身之血脉；所謂位育者，不過使吾之耳目心思各守其職，使吾之四體百骸各效其用已也，此爲匹夫匹婦與知與能之事？』『中庸者，言此大中至正之道，易知簡能，實爲萬劫不可易之常道，縱使地球毁而他行星未盡毁，即使盡毁而空氣彌漫六合之中，野馬塵埃猶不可須臾離此道，烏有不循孔子之道，而可并生并育於億萬世界之中者乎？知此始可與讀《中庸》矣？』

本書據中國國家圖書館藏清宣統元年（1909）鉛印《孔經新義四種》本影印。（吴興）

禮運發微一卷

清劉次源撰，清宣統元年（1909）鉛印《孔經新義四種》本。每半葉十三行，行三十二字，小字雙行同。白口，四周雙邊，單黑魚尾。

劉次源生平見經部《大學發微》條。

《禮記》爲戰國至秦漢年間儒家學者闡釋《儀禮》的文章選集，是一部儒家思想的文獻彙編，凡四十九篇。唐代列爲『九經』之一，宋代列入『十三經』之一。

《禮運》出自《禮記》。主要記載中國古代典章制

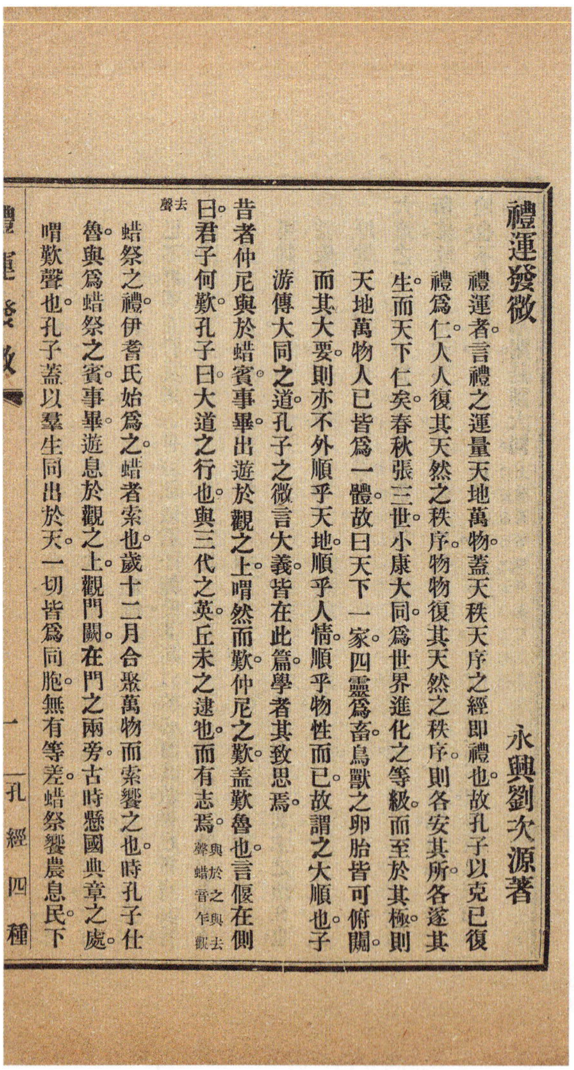

禮運發微　永興劉次源著

禮運者。言禮之運量天地萬物。蓋天秩天序之經。即禮也。故孔子以克己復禮爲仁。人人復其天然之秩序。物物復其天然之秩序。則各安其所。各遂其生。而天下仁矣。春秋張三世。小康大同。爲世界進化之等級。而至於其極。則天地萬物人已皆爲一體。故曰天下一家。四靈爲畜。鳥獸之卵胎皆可俯闚。而其大要。則亦不外順乎天地。順乎人情。順乎物性而已。故謂之大順也。子游傳大同之道。孔子之微言大義。皆在此篇。學者其致思焉。

昔者仲尼與於蜡賓。事畢。出遊於觀之上。喟然而歎。仲尼之歎。蓋歎魯也。言偃在側曰。君子何歎。孔子曰。大道之行也。與三代之英。丘未之逮也。而有志焉。（與於之與去聲，蜡音乍，觀去聲）

蜡祭之禮。伊耆氏始爲之。蜡者索也。歲十二月合聚萬物而索饗之也。時孔子仕魯。與爲蜡祭之賓。事畢。遊息於觀之上。觀。門闕。在門之兩旁。古時懸國典章之處。喟。歎聲也。孔子蓋以羣生同出於天。一切皆爲同胞。無有等差。蜡祭饗農息民。下

禮運發微　一　孔經四種

度。本書重點闡述上古『天下爲公』，是爲『大同』社會，三代之時『天下爲家』，是爲『小康』社會。書中描繪的『大同』社會，對歷代政治家均有深刻影響。

《禮運發微》即對《禮運》篇的疏解，爲《孔經新義四種》之一。該書前有劉次源《禮運發微序》，後對正文中『大同』『小康』『禮』『義』『仁』『樂』『順』等章節進行詳盡闡釋。作者極力崇尚『大同』理想社會。是書正文中指出：『大同之道，即此各安其所，各遂其生之道，仁之極至，而其實則不外乎禮之序也，此道行於天下，則天下之人皆爲公而不私。私則各顧其家，各顧其身而天下亂；公則能化天下爲一家、化四海爲一人而天下平。』『大同之道行，以天下爲一家，盡人皆如父子兄弟，循規蹈矩，無所謂治。』『大同之道行，人人克己復禮，毫無自私自利之意，故不立家界，不立國界，不立種界，不立一切界，惟以誠信相感孚，無詐無虞，相親相睦，視天下之人皆如己。』『大同之道行，以天下爲一家，天下之人皆爲己之父子兄弟，故不獨親其親；天下之人之親皆親之如其親，不獨子其子，天下人之子皆子之如其子。公養之，公教之，有疾病者公醫之，年富力强者公用之，使天下之人，無論老幼、丁壯、鰥寡、孤獨、廢疾，無一不得其所，養生送死，皆無遺恨。』『大同之道行，人人重德尚恥，男則有所分限，而多妻之制不除而自廢；女則有所歸屬，而淫奔之風不禁而自絶。内無怨女，外無曠夫。』『大同之道行，以天下爲一家，則財皆公産，夫天地所生之財，本足以養天下之人，取之不窮，原非一己私有之物。故但惡貨之弃於地，大興農、工、商、礦之業，盡其利以供世界之用，而不必藏於己。』『大同之道行，人人踐形盡性，五官百骸各修其職，以自效於世，設有力不出於身。而坐食其成者，則自惡爲廢人，有負天職，故皆踴躍赴功，視宇内之事皆分内應爲之事，同心同力，以開拓天地而不必爲己也。』作者認爲：『天下一切皆至公而不私，至平而不倚。人人之欲願皆遂，人人之患苦皆除，人人之戾氣胥化，和親康樂，豐亨悦豫，盡人皆士君子。無所事乎詐謀，又何有於盗竊亂賊，故雖有外户而不閉，其他城郭溝池更無所用之矣。是謂大同之世。』

本書據中國國家圖書館藏清宣統元年（1909）鉛印《孔經新義四種》本影印。（吴興）

易通十卷

清劉次源撰，一九四九年鉛印本。每半葉十三行，行三十二字，白口，四周雙邊，單黑魚尾。

劉次源生平見經部《大學發微》條。

《易通》，即對《易經》的通解。分上、中、下三册，共十卷。是書前有屯園先生遺像，《六元經世圖》《序雜順逆圖》《易通自序》《失君屯園先生事略》，卷一上經（『乾』至『豫』），卷二上經（『隨』至『離』），卷三下經（『咸』至『井』），卷四下經（『革』至『未濟』），卷五繫辭上傳，卷六繫辭下傳，卷七説卦傳，卷八序卦傳上篇，

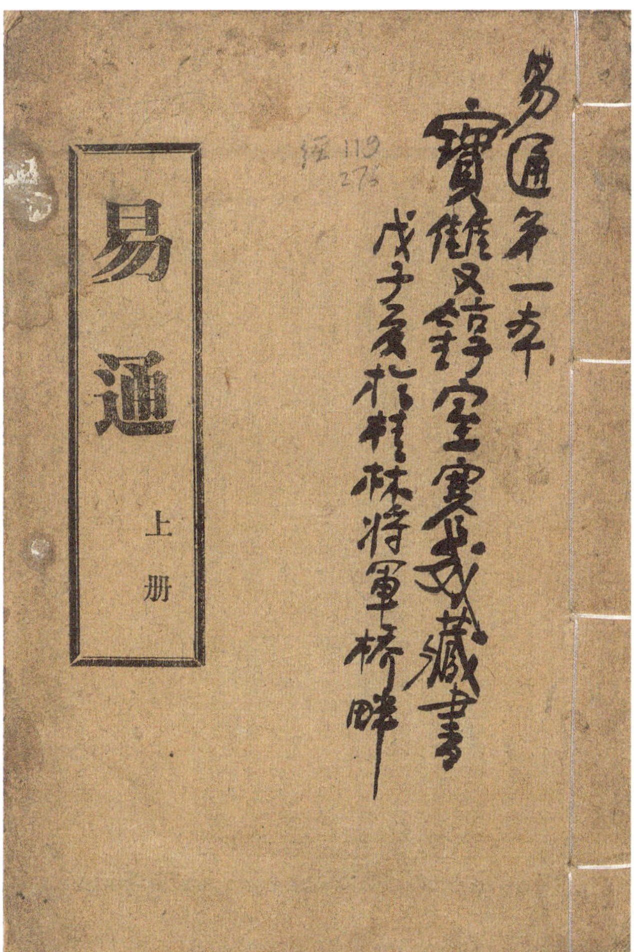

卷九序卦傳下篇，卷十雜卦傳，《易通釋例》及刊誤表。

該書認爲，自孔子序易以來，對《易經》的疏解『皆破碎支離』『罕有能窺見者』。於是自製《六元經世圖》《序雜順逆圖》，試圖對易經予以通解。易經通解法，其《易通自序》言：『與天地合其德，與日月合其明，與四時合其序，與鬼神合其吉凶。』『自孔子以至於今二千四百餘歲矣，而其六元之易，尚無有人知之者。』《先君屯園先生事略》中言：『以易之乾、坤、屯、隨、臨、妄六卦，爲宇宙之天地人時，教性六元，又以《華嚴經》十一，地五十三，參合六十四卦，以著《易通》，涵融萬象，精義入神，洵智仁所獨得所著之書。』『他日易教廣被全宇，民登壽域，世躋大同，則先君之精神可與日月爭光矣。』

本書據中國國家圖書館藏一九四九年鉛印本影印。（吴興）

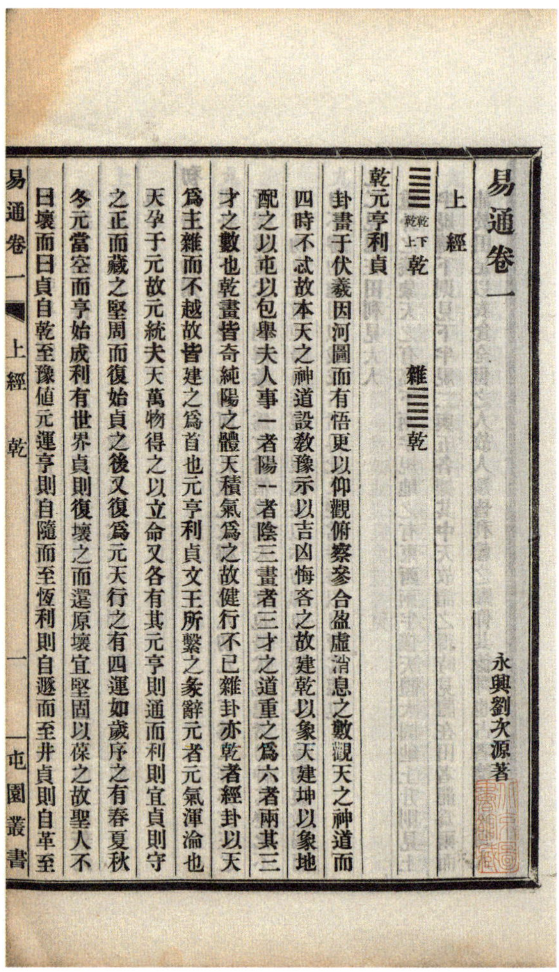
易通卷一

永興劉次源著

上經

☰☰ 乾下乾上 乾　雜 ☰☰ 乾

乾元亨利貞

卦畫于伏羲因河圖而有悟更以仰觀俯察參合盈虛消息之數觀天之神道而四時不忒故本天之神道設教豫示以吉凶悔吝之故建乾以象天建坤以象地配之以屯以包舉夫人事一者陽一一者陰三畫者三才之道重之爲六者兩其三才之數也乾畫皆奇純陽之體天積氣爲之故健行不已雜卦亦乾者經卦以天爲主雜而不越故皆建之爲首也元亨利貞文王所繫之彖辭元者元氣渾淪也天孕于元故元統夫天萬物得之以立命又各有其元亨則通而利則宜貞則守之正而藏之堅周而復始貞之後又復爲元天行之有四運如歲序之有春夏秋冬元當空而亨始成利有世界貞則復壞之而還原壞宜堅固以葆之故聖人不曰壞而曰貞自乾至豫値元運亨則自隨而至恆利則自遯而至井貞則自革至

易通卷一　上經　乾　一　屯園叢書

孝經古注一卷

清陳兆奎輯，抄本。每半葉八行，行十七字，小字雙行同，無版框。

陳兆奎（1878—1915），字完夫，又字完甫，號隱庵，清桂陽州（今湖南桂陽）人。陳士杰之子。光緒二十三年（1897）舉人，保送經濟特科。光緒三十三年官度支部主事，後任部參議，改大理院推事。宣統三年（1911）調法部總檢察廳檢察官。民國三年（1914）任平政院評事。游王闓運門三十年，詩承王教，文宗桐城。著有《隱庵詩集》三卷、《文集》二卷、《王志》

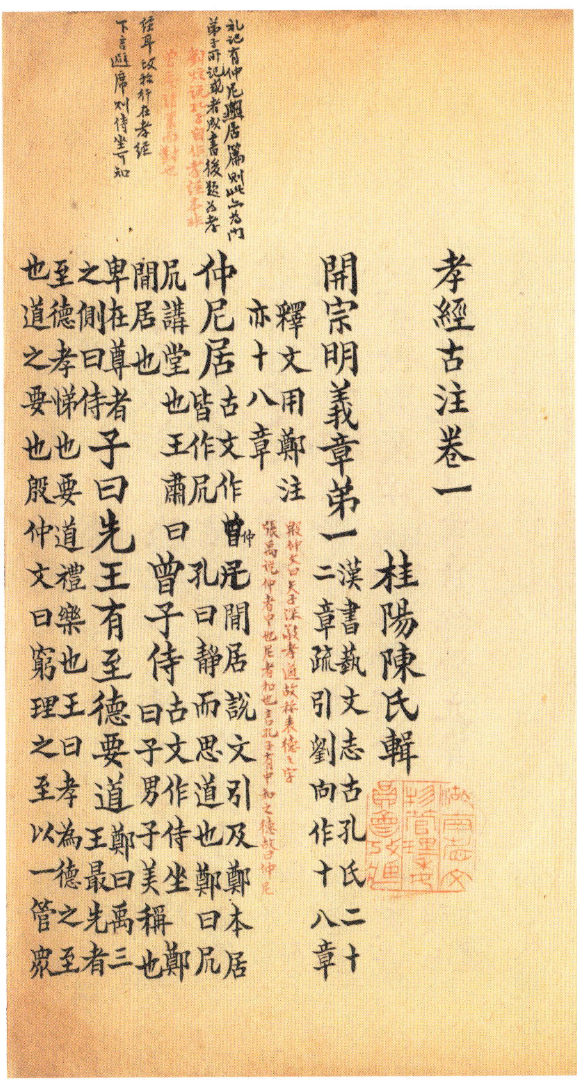
孝經古注卷一　桂陽陳氏輯
開宗明義章第一　漢書藝文志古孔氏二十二章疏引劉向作十八章釋文用鄭注亦十八章
仲尼居　古文作曾尼閒居說文引及鄭本居皆作尻孔曰靜而思道也鄭曰尻尻講堂也王肅曰閒居也　曾子侍　古文作侍坐鄭曰子男子美稱也
殷仲文曰夫子深敬孝道故稱表德之字張禹說仲者中也尼者和也言孔子有中和之德故曰仲尼
卑在尊者之側曰侍　子曰先王有至德要道　鄭曰禹三王最先者至德孝悌也要道禮樂也王曰孝為德之至也道之要也殷仲文曰窮理之至以一管眾

二卷、《孝經古注》一卷、《濟寧孫駕航都轉事略》等。

《孝經古注》即古人對《孝經》注釋的輯録，署名『桂陽陳氏輯』。因均引用古人注釋，故稱『古注』。古注引文注釋來源有三：東漢班固《漢書·藝文志》中《孝經古孔氏》二十二章，西漢劉向《孝經注》十八章，東漢末年鄭玄《孝經注》十八章。《孝經古注》引用了三家注釋，以鄭玄《孝經注》爲主。是書對《孝經》中古人名、典故、禮儀及專有名詞作了較爲詳細的注釋，此抄本中還有後人用毛筆對個别專有名詞所作旁注。

全書分六部分。第一章《開宗明義章》，爲全書的總綱，總述『孝』的宗旨和根本。第二章至第六章，分别論述天子、諸侯、卿大夫、士、庶人不同階層人士孝行的不同要求，統稱爲『五孝』。第七章至第九章，是該書主要内容，認爲孝道是天之經、地之義、民之行，符合天地運行和人的本性，是德政的根本，要使國家長治久安，人民安居樂業，就必須孝行天下。第十章和第十一章論述行孝。第十二章至第十四章闡述孝治天下，重在敬愛，重在教化，重在事親孝、事兄悌、居家理。第十五章至第十八章，論述行孝細則。《諫諍章》指出爲人子、爲人臣者，在事父事君時，遇其不義，要敢於諫諍。《感應章》言君主若能聽從諫諍之言，則能感動天地神明，降福人間。《事君章》言臣事君要盡忠補過，順美匡惡。《喪親章》言要用極哀處喪事，又不要極哀而傷身。

本書據湖南圖書館藏抄本影印。（吴興）

春秋謚法表

清陳延齡撰，清宣統二年（1910）北京開智石印書局石印本。

陳延齡（1888—？），又名陳鬱，字文虎，又字鶴年，清郴州人。宣統元年（1909）拔貢，入京殿試，授職京曹，任學部僉事兼秘書，加二等嘉禾勛章。民國十二年（1923）派駐日本公使館，任學務專員、留日學務處長。民國十三年任國立美術專科學校校長，後任教育部專門司司長。歷農礦、實業、經濟、

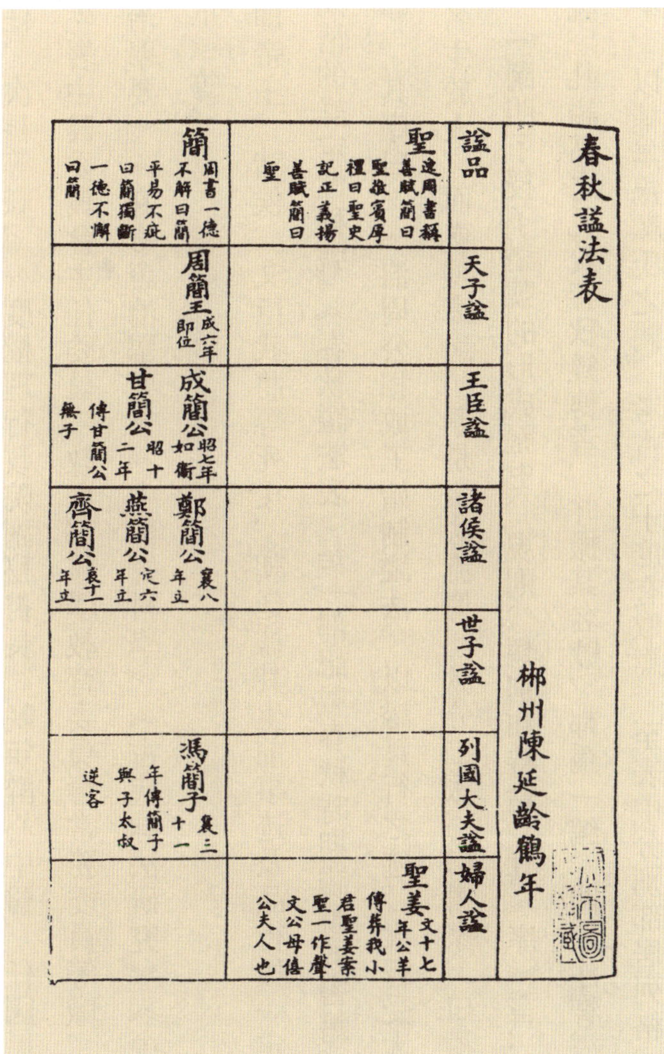

春秋謚法表

郴州陳延齡鶴年

謚品	聖 逸周書稱善賦簡曰聖敬賓厚禮曰聖史記正義揚善賦簡曰聖	簡 周書一德不解曰簡平易不疵曰簡獨斷一德不懈曰簡
天子謚		周簡王 成六年即位
王臣謚		成簡公 昭七年如衛 甘簡公 昭十二年 傳甘簡公無子
諸侯謚		鄭簡公 襄八年立 燕簡公 定六年立 齊簡公 哀十一年立
世子謚		
列國大夫謚		馮簡子 襄三十一年 傳簡子與子太叔逆客
婦人謚	聖姜 文十七年 公羊傳葬我小君聖姜 案聖一作聲 文公母僖公夫人也	

衛生等部，任參事、秘書、主任、次長等職，一度權理行政院副秘書長。晚年醉心中醫，任國民政府國醫館理事兼副館長、衛生署中醫委員會主任委員、教育部醫學教育委員會常務委員等職，後移居香港行醫。有《失血證治舉要》《麻疹證治舉要》《中醫婦科學》《古代脉法研究》《中醫腹證》《宋元明本醫籍之鱗爪》等。

謚法，追授謚號的規則，即帝王、諸侯、文臣武將等死後，朝廷據其生前事迹及品行按一定程式和標準，給予或褒或貶或同情的詳定性稱號。《春秋謚法表》是一部記載春秋時期謚號的書籍。書前有陳延齡《春秋謚法表序》。其序曰：『洎周公相成王始制謚法，以謚爲行之迹。大行受大名，細行受細名。行出於己，名生於人，而褒譏寓焉。嗣是謚法流傳，厥分二派：曰書家，曰禮家。傳授不同，疏證互有出入。』闡明了授予謚號的形成歷史、規則、類别和特點。其《序》言：『謹據書家佚文，參以禮家遺説，凡謚品之見於春秋經傳者，并撮其名號，都爲一編，間加注釋，剖辨异同。顔曰《春秋謚法表》，以補無錫顧氏之闕，考古之士庶有取焉。至表中分别部居列格。凡六：曰天子謚，王臣謚，諸侯謚，世子謚，列國大夫謚，婦人謚。』并對製作《春秋謚法表》的緣由、依據、分類、編輯方式和目的作了説明。

《春秋謚法表》列謚品、天子謚、王臣謚、諸侯謚、世子謚、列國大夫謚、婦人謚。

本書據中國國家圖書館藏清宣統二年（1910）北京開智石印書局石印本影印。（吴興）

周易質八卷首一卷末三卷

清鄧蘖撰，民國十四年（1925）鉛印本。每半葉十行，行二十六字，小字雙行同，白口，四周雙邊，單黑魚尾。

鄧蘖，生卒年不詳，字伯兼，號果庵，清桂東縣人。

《周易質》八卷，卷一爲經上『乾』『坤』篇，卷二爲經上『屯』『蒙』至『坎』『離』篇，卷三爲經下『咸』『恒』至『未濟』篇，卷四爲繫辭上篇，卷五爲繫辭下篇，卷六爲説卦傳，卷七爲序卦傳，卷八爲雜卦傳。書前有衡山趙恒惕《周易質序》、鄧蘖《周易質自序》、李鳴九《書題》、作者題名及《闡述略例》。卷首爲『原始篇』，闡明《三墳》

之旨，附河圖；篇末爲『要終篇』，疏解《論語》《禮運》《中庸》之幽，附《古代歷建考略》《易像略例》。

《周易質》主旨切於人事爲本，隱顯之義隨文詮釋。《續修四庫全書總目提要》言：『易備隱顯之義，不知其隱，則顯者亦常不能盡通，於百姓日用猶嫌不足，况君子之道乎？全書綱領具於斯矣。』趙恒惕序言：『言象數而不流於誕，崇義理而不失之迂，由訓詁以説經，亦時證以新理，要其歸施諸人事而已。』對書中『河圖洛書』中的一些内容，《續修四庫全書總目提要》云：『書中於河圖洛書，多所剔決，蓋以圖書爲道家所宗，非《易》之本義是也。而於「四象」之名，乃謂後漢魏伯陽《周易參同契》，以乾、坤、坎、離爲天、地、日、月四象爲得，豈以《參同契》焉，非道家言内丹者之書乎？』

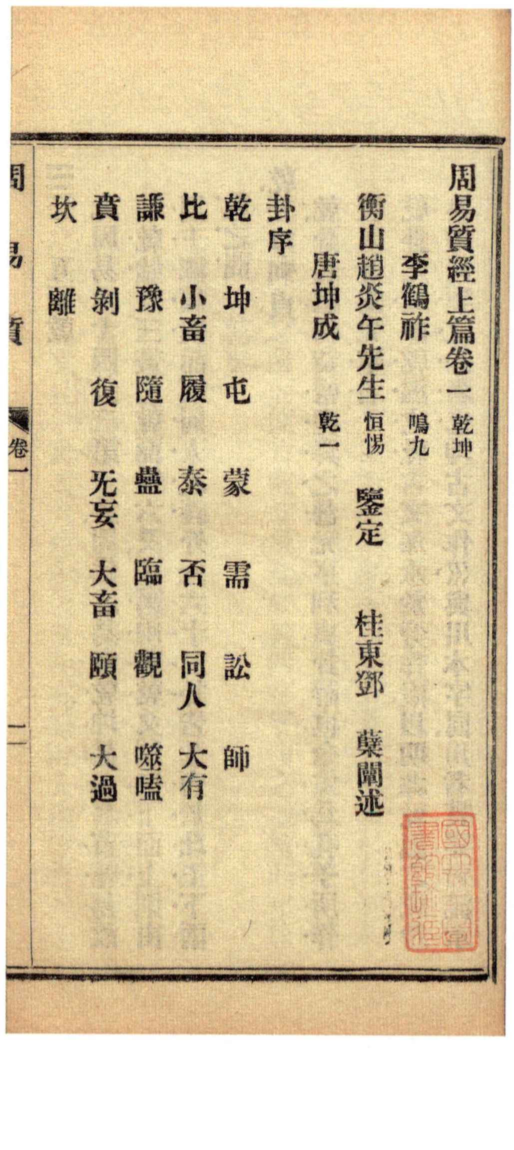
周易質經上篇卷一 乾坤

李鶴祚 鳴九

衡山趙炎午先生 恒惕 鑒定 桂東鄧蘂闡述

唐坤成 乾一

卦序

乾 坤 屯 蒙 需 訟 師

比 小畜 履 泰 否 同人 大有

謙 豫 隨 蠱 臨 觀 噬嗑

賁 剝 復 无妄 大畜 頤 大過

坎 離

周易質 卷一 二

本書據湖南圖書館藏民國十四年（1925）鉛印本影印。（吴興）

周易卦爻人事證二卷

清鄧丙明撰，民國十四年（1925）長沙鉛印本。每半葉十一行，行二十二字，小字雙行同，白口，四周雙邊，單黑魚尾。

鄧丙明，生卒年不詳，字梓堂，晚號棘園老人，清桂陽州（今湖南桂陽）人。光緒二十三年（1897）拔貢，三十二年補授常寧訓導，後掌授嘉禾珠泉書院。著述頗豐，著有《周易卦爻人事證》二卷、《義經輯要》四卷、《梓堂詩文集》等，主修《桂陽州上溪鄧氏族譜》十四卷。

《周易卦爻人事證》，即對《周易》卦辭、爻辭

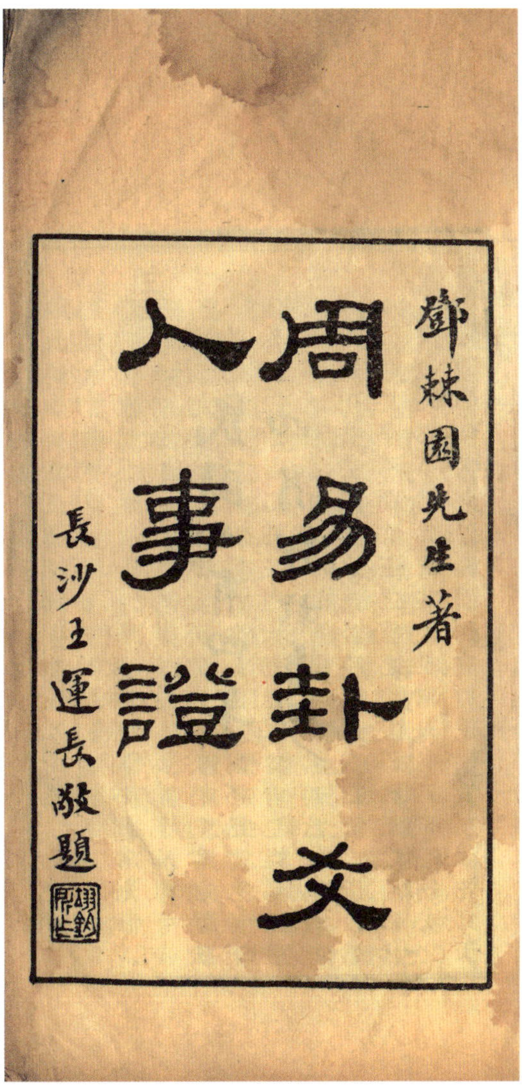

中關於人事的論證。《周易》六十四卦的前兩卦『乾』和『坤』，分別作爲天、地之象徵，言天地運行之道。其餘六十二卦，皆講人事。認爲人類所擁有之一切，從根本上説都是天地之賦予。人類之一切活動，衹能應合天地之理，陰陽之法，剛柔之義。

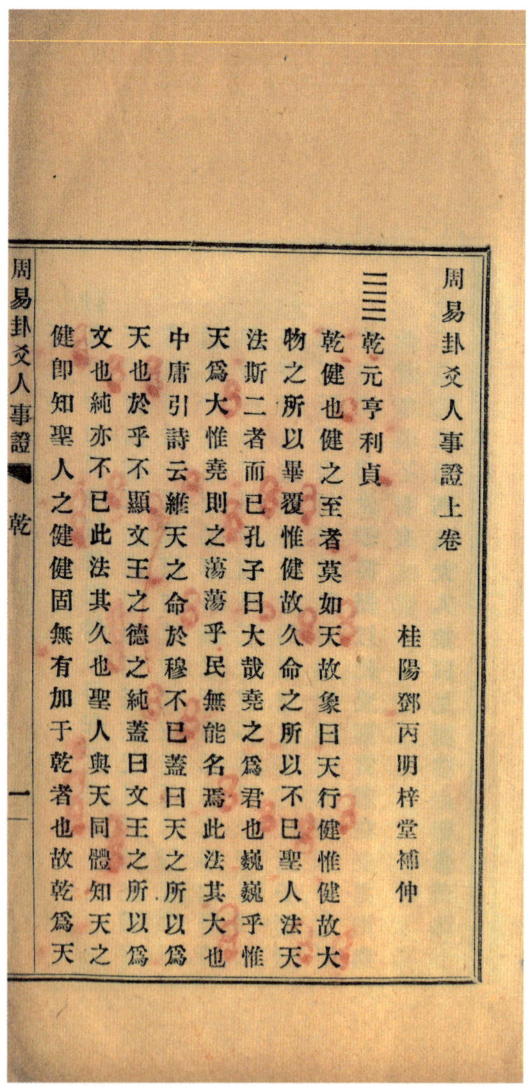
周易卦爻人事證上卷

桂陽鄧丙明梓堂補仲

☰乾元亨利貞

乾健也健之至者莫如天故象曰天行健惟健故大物之所以畢覆惟健故久命之所以不已聖人法天法斯二者而已孔子曰大哉堯之爲君也巍巍乎惟天爲大惟堯則之蕩蕩乎民無能名焉此法其大也中庸引詩云維天之命於穆不已蓋曰天之所以爲天也於乎不顯文王之德之純蓋曰文王之所以爲文也純亦不已此法其久也聖人與天同體知天之健即知聖人之健健固無有加于乾者也故乾爲天

周易卦爻人事證　乾　一

全書分二卷，卷一爲論證上經從『乾』『坤』至『坎』『離』三十卦爻，卷二爲論證下經，從『咸』『恒』至『既濟』『未濟』三十四卦爻。書前有長沙書法名家王運長題寫的書名和作者自序，書末附繫辭上傳第八章《擬議七爻人事證》和受業弟子劉映藜跋。

該書主要内容是對宋代鴻儒黄幹在江西白鹿洞書院講授《易經》之講義的補充完善。劉映藜《周易卦爻人事證跋》云：『吾師鄧子，天假之年。數習漢儒，理研宋賢。原本干説，補缺救偏。

證之歷史，推人合天。』鄧丙明《周易卦爻人事證自序》中云：『干氏説《易》，亦尝托之人事矣。然其注之存者僅三十卦，而又不完，且但紀周家應期，而於政典治亂之要，俱未嘗及。因不揣冒昧，裒集前人之説以補之。』該書認爲：『《易》之爲書，有天道焉，有地道焉，有人道焉。蒙謂天地之道，可以人事賅之。』至於如何使人事應合天地運行之理，該書認爲關鍵是要合乎中庸之道：『中庸盡己性，盡人性，盡物性，可以贊天地之化育。』『蓋《易》道貴中，乃天地自然之法象。……苟得乎中，雖否亦吉；苟失乎中，雖泰亦凶。』并强調要用『心』『禮』『行』『道』去踐行中庸之道：『其在心者，未發之中也；其在禮者，己形之中也。人之所行，悉合乎天地自然之法象，是爲時中之道；其道之著於典則者，是爲時中之法。』

本書據湖南圖書館藏民國十四年（1925）長沙鉛印本影印。（吴興）

史部

嶺南异物志

唐孟琯撰，輯存本。

孟琯（約789—？），唐郴州人。約生於貞元五年（789），元和五年（810）中進士，歷官殿中侍御史、長安縣令、硤州長史、梧州司户參軍。此後失考。

《嶺南异物志》爲孟琯貶謫梧州時所撰。孟琯通過潛心觀察，客觀記録了嶺南地區的奇特風物，爲中華地理風物方志增添了奇异絢爛的一章。《新唐書・藝文志》《宋史・藝文志》《崇文總目》《通志・藝

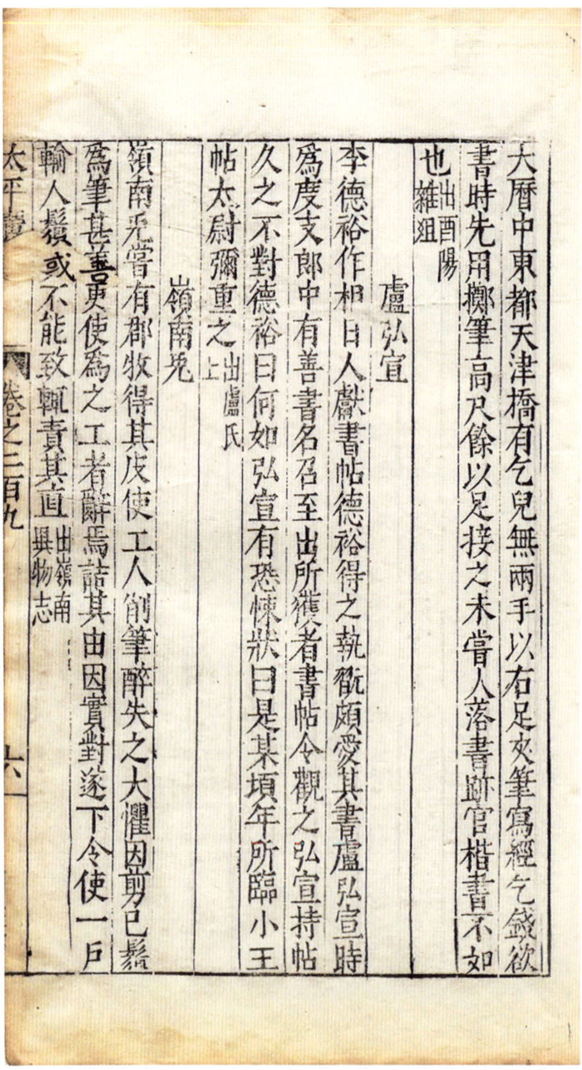
大曆中東都天津橋有乞兒無兩手以右足夾筆寫經乞錢欲書時先用擲筆高尺餘以足接之未嘗人落書跡官楷書不如也（出酉陽雜俎）

盧弘宣

李德裕作相日人獻書帖德裕得之執翫頗愛其書盧弘宣時爲度支郎中有善書名召至出所獲者書帖令觀之弘宣持帖久之不對德裕曰何如弘宣有恐悚狀曰是某頃年所臨小王帖太尉彌重之上（出盧氏）

嶺南兎

嶺南兎嘗有郡牧得其皮使工人削筆醉失之大懼因剪己鬚爲筆甚善更使爲之工者辭焉詰其由因實對遂下令使一户輸人鬚或不能致輒責其直（出嶺南異物志）

太平廣記 卷之二百九 六

文略》《玉海·地理》皆有著録。據考證，《嶺南异物志》宋初尚存於世，後有十多種著作引用《嶺南异物志》逸文。其中以宋代《太平御覽》《太平廣記》引用最多。

本次將《太平廣記》《太平御覽》《百菊集譜》等等典籍引用的《嶺南异物志》三十一則輯録成册，以傳後世。（馬治平）

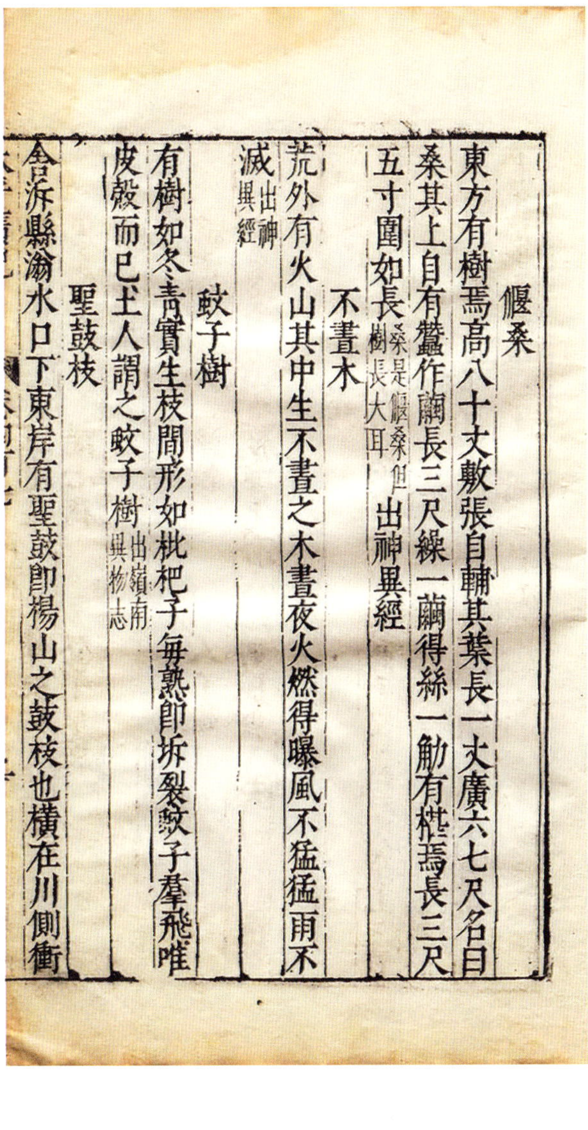
偃桑
東方有樹焉高八十丈敷張自輔其葉長一丈廣六七尺名曰桑其上自有蠶作繭長三尺繰一繭得絲一觔有椹焉長三尺五寸圍如長桑是偃桑但樹長大耳出神異經
不晝木
荒外有火山其中生不晝之木晝夜火燃得曝風不猛猛雨不滅出神異經
蚊子樹
有樹如冬青實生枝間形如枇杷子每熟即坼裂蚊子羣飛唯皮殼而已土人謂之蚊子樹出嶺南異物志
聖鼓枝
含洭縣滃水口下東岸有聖鼓即楊山之鼓枝也橫在川側衝

郴行録

宋張舜民撰，清刻《知不足齋叢書・畫墁集》本。每半葉九行，行二十一字，細黑口，左右雙邊，無魚尾。

張舜民，生卒年不詳，字芸叟，號浮休居士、浮休先生，宋邠州（今陝西彬縣）人。宋代文學家、畫家。宋英宗治平二年（1065）進士，爲襄樂令。仕途坎坷，屢升屢貶。宋神宗元豐中，隨軍辟掌機宜文字，旋謫監郴州酒税。宋哲宗元祐初升監察御史，因元祐黨争事，貶

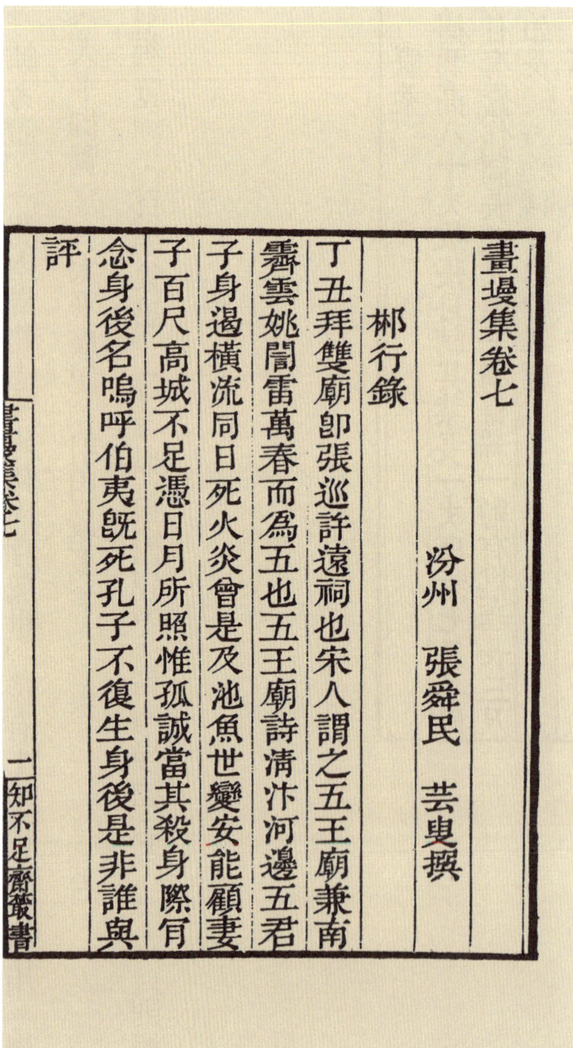

畫墁集卷七

郴行録

汾州　張舜民　芸叟撰

丁丑拜雙廟卽張巡許遠祠也宋人謂之五王廟兼南霽雲姚誾雷萬春而爲五也五王廟詩淸汴河邊五君子身遏横流同日死火炎曾是及池魚世變安能顧妻子百尺高城不足憑日月所照惟孤誠當其殺身際肎念身後名嗚呼伯夷既死孔子不復生身後是非誰與評

畫墁集卷七　二　知不足齋叢書

爲楚州團練副使。宋徽宗時升任右諫議大夫。南宋紹興年間，追贈寶文閣直學士。《宋史》卷三百四十七有傳，謂其『慷慨喜論事，善爲文，自號浮休居士』。著有《畫墁集》一百卷、《奏議》十卷，宋徽宗政和年間有刊本行世，南宋時期又有《浮休全集》臨川刻本。文集在明代即已散佚。清四庫館臣從《永樂大典》中輯佚詩文，編爲《畫墁集》八卷。現存世有《四庫全書》本、《知不足齋叢書》本、《稗海》本、《唐宋叢書》本。

元豐四年（1081），朝廷出師討西夏，張舜民隨軍爲帥府掌機宜文字。因其詩作《西征回途中二絶》中有『靈州城下千株柳，總被官軍斫作薪』及『青銅峽裏韋州路，十去從軍九不回。白骨似沙沙似雪，將軍莫上望鄉臺』句，被舉報譏諷朝廷用兵政策，而坐謫監郴州酒税。元豐五年十月，張舜民自汴京赴郴州途中，用日記形式記其行歷，是爲《郴行録》。《郴行録》原名《南遷録》，《宋史》卷二百六藝文志第一百五十九著録。

全書共六十八篇，記載其被貶郴州的整個赴任行程，内容包括山川古迹、名勝寺觀，途中所歷及所見等。四庫館臣評價其『於山川古迹，往往足資考證』。雖然《郴行録》篇中條目失序和不解之處甚多，但對文中所涉時間、地點加以考證，仍可清晰梳理出張舜民赴任歷時及路綫。總的來説，從游記文學和文獻學的角度看，《郴行録》具有極高的價值。

本書據中國國家圖書館藏清刻《知不足齋叢書·畫墁集》本影印。（馬治平）

安楚録十卷

明秦金撰，明萬曆四十四年（1616）刻本（卷一至二爲配補）。每半葉十二行，行二十字，白口，左右雙邊，單黑魚尾。鈐『黃裳容氏珍藏圖籍』『黃裳百嘉』『黃裳青囊文苑』『草草亭藏』『木雁齋』等印。

秦金（1467—1544），字國聲，號鳳山，明常州府無錫縣（今江蘇無錫）人，宋龍圖閣大學士、著名詞人秦觀之後裔。弘治六年（1493）中進士，弘治八年任户部福建司主事，歷任河南司員外郎、山西司署郎中。正德元年（1506）授户部四川司郎中，歷任河南右參政、

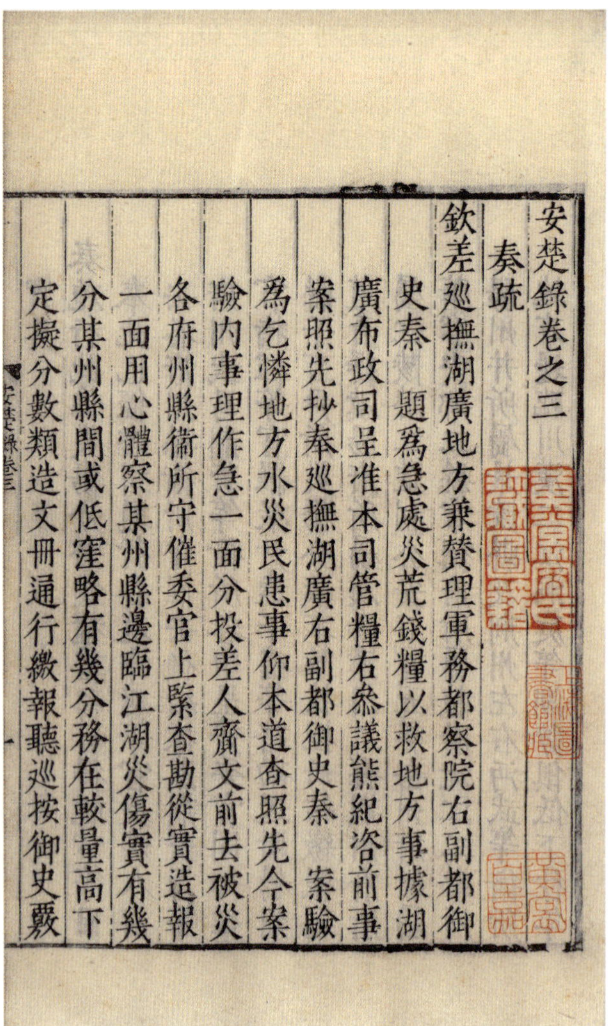
安楚録卷之三
奏疏
欽差廵撫湖廣地方兼贊理軍務都察院右副都御史秦　題爲急處災荒錢糧以救地方事據湖廣布政司呈准本司管糧右叅議熊紀咨前事案照先抄奉廵撫湖廣右副都御史秦　案驗爲乞憐地方水災民患事仰本道査照先今案驗内事理作急一面分投差人齎文前去被災各府州縣衛所守催委官上緊査勘從實造報一面用心體察某州縣邊臨江湖災傷實有幾分某州縣間或低窪略有幾分務在較量高下定擬分數類造文冊通行繳報聽廵按御史類

山東右布政使、左布政使、都察院右副都御史、巡撫湖廣、户部右侍郎、吏部左侍郎等職。嘉靖二年（1523）升任南京禮部尚書，調任南京兵部尚書。同年冬，又被召爲户部尚書。嘉靖六年辭官告老還鄉。嘉靖十年朝廷復起用爲南京户部尚書。次年，改任工部尚書，督修太廟。嘉靖十三年晋太子少保。嘉靖十四年升太子太保，改任南京兵部尚書。嘉靖十五年致仕回鄉。時稱他爲『兩京五部尚書，九轉三朝太保』。嘉靖二十三年病逝，終年七十七歲。死後贈少保，謚號『端敏』。著有《鳳山奏稿》《撫湖政要》《鳳山詩集》《通惠河志》《安楚録》等。

《安楚録》十卷是秦金於湖廣巡撫任上爲官行政之記録。『楚』，湖廣行省簡稱。明朝設湖廣承宣布政使司，轄今湖北、湖南和河南一部分，稱『湖廣行省』或『湖廣省』，治所武昌（今湖北武漢）。據《明史·秦金傳》載，秦金任湖廣巡撫期間，面對天灾人禍，地方連年水灾，鬧饑荒，武昌府嘉魚縣劫匪賀璋、羅大洪聚江鄉殺人越貨，郴州粤赣邊境瑶民龔福全稱王作亂，秦金安撫百姓，除去弊政，免除租税，賑濟灾民，罷黜貪官，上奏提出適宜可行建議。正德十一年（1516）剿滅賀璋、羅大洪賊衆。正德十三年平定瑶民龔福全動亂，先後『破寨八十餘，斬首二千級，擒（龔）福全及其黨劉福興等』。秦金任職湖廣七年，恩威并施，政聲顯著。

《安楚録》的主旨是『安』字，除弊布新以安吏，賑灾撫濟以安民，剿匪戡亂以安境。所選諭旨、奏疏、公文以及題序詩文，都體現了這一主旨。故魯鐸《安楚録序》中贊曰：『《安楚録》

者，録安楚之實也，中丞鳳山秦公之功也。録之將以法今傳後，爲楚也，亦將爲天下也，非誇大爲公之名者也。』

《安楚録》爲各種文體彙編，分爲十卷。卷一爲敕諭十篇。選録有關剿平郴桂邊境瑶民龔福全稱王動亂敕諭二道。一是正德十二年，因瑶民龔福全稱王作亂，擾得郴桂州縣不寧，故命令秦金前去征剿。二是正德十三年，秦金剿滅龔福全動亂，并擒獲龔福全。特敕諭『兹特升爾（秦金）俸一級，蔭子爲世襲百户』。卷二至卷三爲奏疏，其中涉郴州事務奏疏六篇。卷四爲檄文，其中關於圍剿郴州邊境瑶民龔福全軍務事四篇。卷五爲文移（公文），涉郴桂事二篇。卷六爲（贈）序、碑文。卷七爲詩詞。卷八爲歌頌賦。卷九爲啓札（書信）。卷六至卷九皆秦金好友、同僚及楚地文人所作，主要頌揚秦金安楚功績。卷十爲附録《封丘遺事》。因秦金曾任河南左參政，禦流寇有功，士人爲立生祠，輯其詩爲《天成集》，以記秦金戰績。卷首有明嘉靖年間太子太傅、吏部尚書許贊所纂《秦端敏公傳》。

本書據上海圖書館藏明萬曆四十四年（1616）刻本影印，卷一至二爲配補。（馬治平）

何文簡公疏議十卷

明何孟春撰，明嘉靖刻本。每半葉十行，行二十字，白口，四周單邊，單黑魚尾。

何孟春（1474—1536），字子元，號燕泉，人稱燕泉先生，明郴州人。自幼神質超异，聰穎過人，少時求學於李東陽門下，學業猛進，深得李東陽賞識，爲『茶陵詩派』柱石。弘治六年（1493）進士。授兵部主事，後升任員外郎、郎中，出使陝西等地，查理馬政。正德七年（1512）升爲河南左參政，歷任河南布政司參政、太僕寺卿，後以右副都御史巡撫雲南。嘉靖初遷吏部左侍郎，代署部事，時『大禮議』起，其三疏力爭，因違上意受貶，出爲南京工部左侍郎，

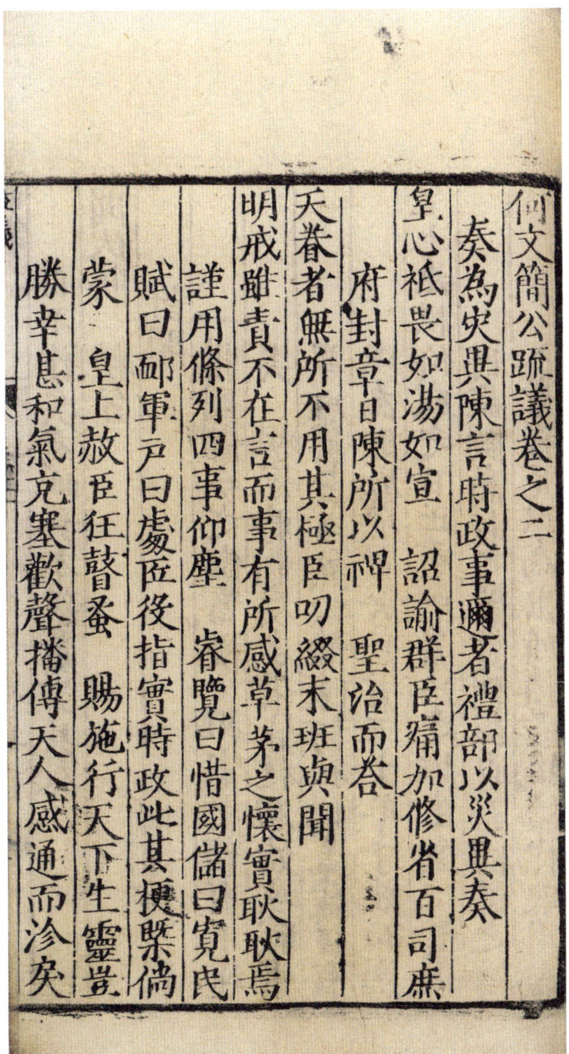
何文簡公疏議卷之二
奏為災異陳言時政事竊者禮部以災異奏
皇心祗畏如湯如宣 詔諭群臣痛加修省百司庶
府封章日陳所以裨 聖治而答
天眷者無所不用其極臣叨綴末班與聞
明戒雖責不在言而事有所感草茅之懷實耿耿焉
謹用條列四事仰塵 睿覽曰惜國儲曰寛民
賦曰卹軍戶曰處臣役指實時政此其梗槩倘
蒙 皇上赦臣狂瞽悉 賜施行天下生靈豈
勝幸甚和氣充塞歡聲播傳天人感通而沴矣

六年削籍歸，卒於家。隆慶元年（1567）追賜爲禮部尚書，謚號『文簡』。生平以氣節自許，學問賅博，著述頗豐，多數作品被收入《四庫全書》或《皇明經世文編》，有三十餘部著述刊行於世，現存《餘冬序録》《孔子家語注》《何文簡公疏議》《燕泉何先生遺稿》《何文簡公文集》等。

疏議，是中國古代文書之一類，又稱『奏議』或『奏疏』，是歷代臣僚向帝王進言使用文書的統稱。《何文簡公疏議》十卷爲何孟春在不同時期、不同任上所作。前二卷爲在兵部爲官時作，卷三爲由河南布政司參政入爲太僕寺卿時作，卷四至卷八爲巡撫雲南時作，末二卷爲官工部侍郎時作。何孟春開篇在《建言疏》云：『臣少觀古史聖君之世，必無以言得罪者；聖世之臣，必無以言爲諱者。蓋言者得罪而言始爲諱人也。臣以言爲諱，其非聖世可知。仰惟皇帝陛下，踐位以來，圖求治理，省覽章疏，采愚者之慮，擇狂夫之言。』盛贊古今聖君開張聖聽，咨諏善道，察納雅言，是爲上疏進諫，形成敢言獻言之風。書中所述，涉及時政、馬政、邊務、吏治、辭賞、悔過等方面，故而文筆較爲恣肆，但仍不失爲一部史學價值頗高的史書。

本書據上海圖書館藏明嘉靖刻本影印。（李靚才）

嘉靖七年湖廣鄉試録

明佚名編，明嘉靖七年（1528）刻本。每半葉九行，行十八字，小字雙行同，白口，四周雙邊，單黑魚尾。

湖廣，明朝設湖廣承宣布政使司，轄今湖北、湖南和河南一部分，稱『湖廣行省』或『湖廣省』，治所武昌（今湖北武漢）。

明代科舉考試分爲鄉試、會試、殿試。其中鄉試是由南、北直隸和各布政使司舉行的省一級考試，地點在應天

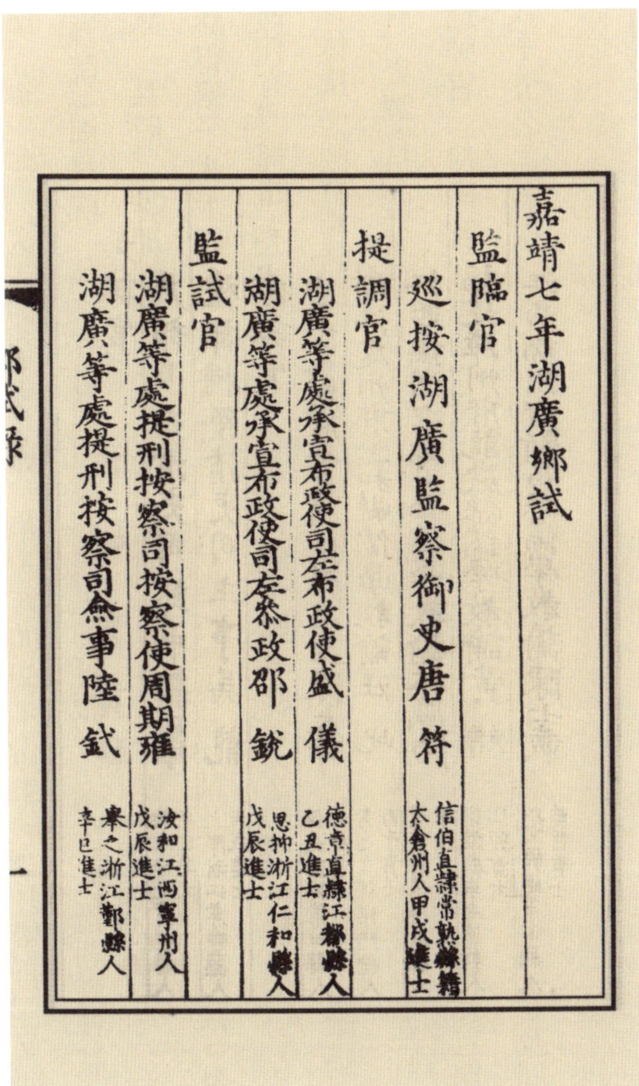
嘉靖七年湖廣鄉試
監臨官
巡按湖廣監察御史唐　符　信伯直隸常熟縣籍太倉州人甲戌進士
提調官
湖廣等處承宣布政使司左布政使盛　儀　德章直隸江都縣人乙丑進士
湖廣等處承宣布政使司左參政邵　銳　思抑浙江仁和縣人戊辰進士
監試官
湖廣等處提刑按察司按察使周期雍　汝和江西寧州人戊辰進士
湖廣等處提刑按察司僉事陸　釴　舉之浙江鄞縣人辛巳進士

府、順天府及各布政使司治所。每三年一次，即在子、卯、午、酉四個年份中的八月舉行，又叫鄉闈或秋闈。考試的試場稱『棘院』即貢院。凡本省科舉生員與監生均可報考。該書所指湖廣鄉試，爲嘉靖七年（1528）湖廣鄉試。其時，參加鄉試的考生『二千四百有奇』，經過『棘院試之，辛亥又試之，甲寅又試之』，最終得舉子八十五人，其中郴州三人，他們是第七名范永官，桂陽縣（今湖南汝城）人；第三十一名何仲方，郴州人；第八十三名曹希周，興寧縣（今湖南資興）人。

該書卷首載有主考官郭日休撰《湖廣鄉試録序》，卷尾載有主考官吴龍撰《湖廣鄉試録後序》。正文分四部分：一輯録監臨官、提調官、監試官、考試官、同考試官、印卷官、收掌試卷官、受卷官、彌封官、謄録官、對讀官、巡綽官、搜檢官、供給官等六十六人姓名、籍貫、職務。二輯録三場考試試題。三輯録中試舉人八十五名之名次、姓名、籍貫等。四輯録前十六名部分考生試卷及同考官、考官閲卷批語。

據《湖廣鄉試録》所輯内容顯示，明代鄉試考務制度完善，組織機制完備，防範措施嚴密，試卷評閲模式規範。按當時鄉試規制，應試者答完題目後，由受卷官將試卷交給收掌試卷官，經過糊名、彌封後，再由受卷官收回，鈐蓋了戳印後，送至彌封官。接着彌封官將試卷折登、彌封、糊名、編號，交謄録官。謄録官將試卷用朱筆謄録後交對讀官。經過對讀官對讀後，交收掌試卷官保管。改卷階段，受卷官先將試卷交同考官評閲，同考官看中的試卷向主考官推薦。主考官對推薦的試卷進行評閱。整個過程，由監臨官、巡綽官、搜檢官全程巡視監督。閱卷中分工負責，各司其職，相互監督。閱卷後，須有改卷人員簽名并寫下評語，同一份試卷不是由一個人評閱，而是幾個人評閱，以確保考試的公平公正。《湖廣鄉試録》是研究明代鄉試制度的一份重要文獻。

本書據郴州市博物館藏明嘉靖七年（1528）刻本影印。（馬治平）

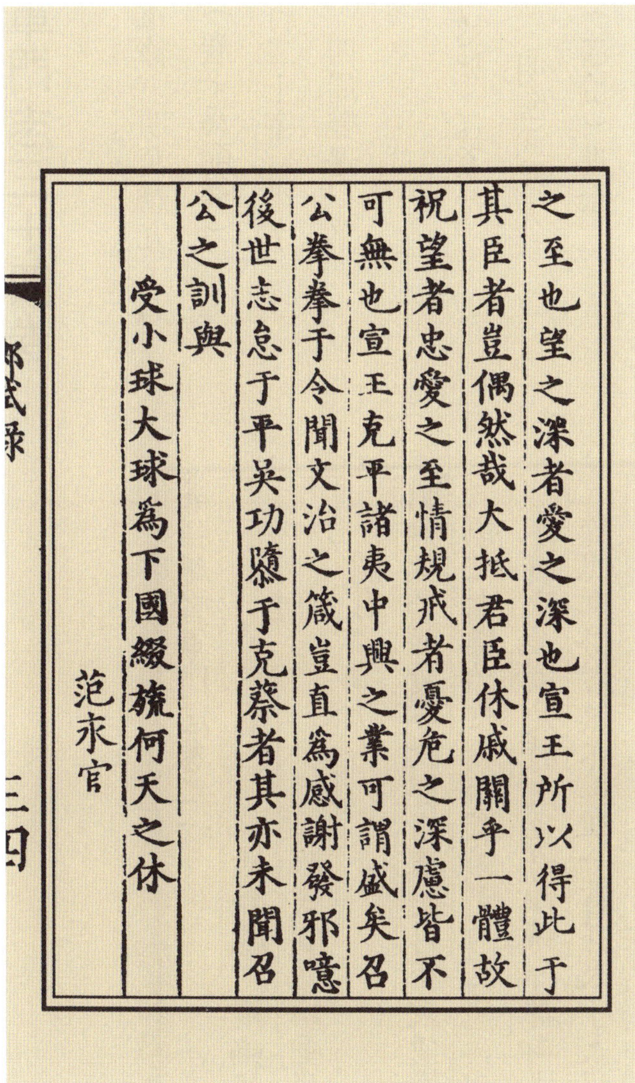
之至也望之深者愛之深也宣王所以得此于
其臣者豈偶然哉大抵君臣休戚關乎一體故
祝望者忠愛之至情規戒者憂危之深慮皆不
可無也宣王克平諸夷中興之業可謂盛矣召
公拳拳于令聞文治之箴豈直爲感謝發邪噫
後世忘怠于平吳功隳于克蔡者其亦未聞召
公之訓與
受小球大球爲下國綴旒何天之休
范丞官

蒼梧總督軍門志三十四卷

明劉堯誨重修，明萬曆九年（1581）刻本（卷十爲配補）。每半葉九行，行二十字，小字雙行同，白口，四周雙邊，單黑魚尾。

劉堯誨（1522—1585），字君納，號凝齋，明臨武縣人。嘉靖三十二年（1553）進士。初授新喻知縣，以治行高等擢南京都刑科給事中。時東南沿海倭寇劫掠活動猖獗，而海防空虛，劉堯誨抗疏論總制胡宗憲禦倭失策，觸犯權貴，辭官回鄉。嘉靖四十二年以助守臨武縣城功起用，補上海丞，遷順天府丞，晉僉都御史，升福建巡撫，後以平海寇功進副都御史，調江西巡撫，授少司馬兼御史中丞，總制兩廣，官终户、兵二部尚書，并

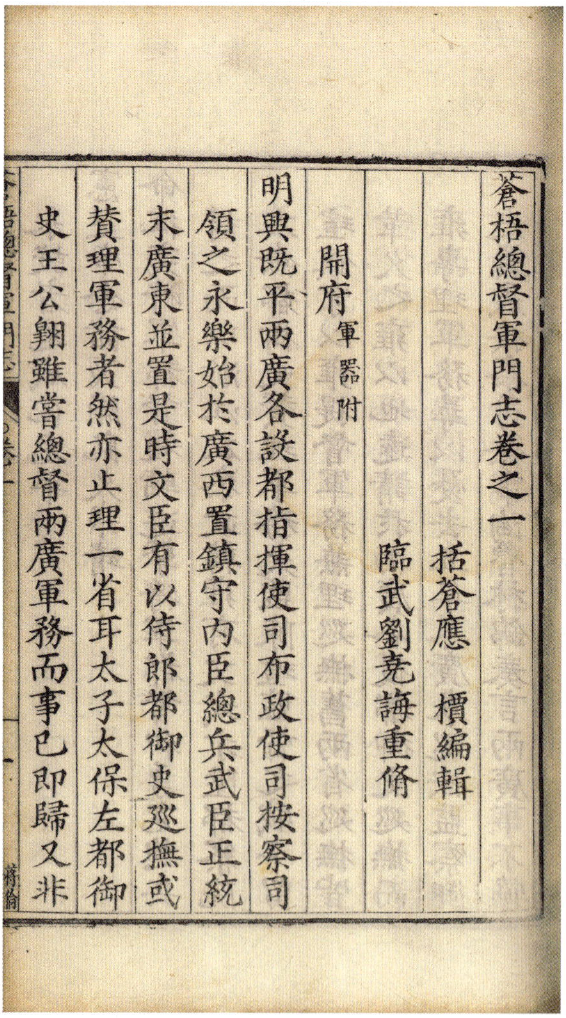
蒼梧總督軍門志卷之一
括蒼應　檟編輯
臨武劉堯誨重脩
開府 軍器附
明興既平兩廣各設都指揮使司布政使司按察司領之永樂始於廣西置鎮守内臣總兵武臣正統末廣東並置是時文臣有以侍郎都御史巡撫或賛理軍務者然亦止理一省耳太子太保左都御史王公翺雖嘗總督兩廣軍務而事已即歸又非

參贊軍務。致仕居衡州，以讀書、講學爲樂。萬曆十三年（1585）卒，贈太子少保。著作有《虚籟集》《歷官奏議》《嶺南議》《左傳評林》《督撫疏議》《劉堯誨先生全集》等。

該志專門記載明代兩廣總督轄區内各有關軍事事宜。百粤之地中國古代泛稱爲『蒼梧』，故名《蒼梧總督軍門志》。《蒼梧總督軍門志》前後凡三纂。嘉靖三十一年應檟始纂，萬曆初年凌雲翼嗣作，萬曆七年劉堯誨重修。

《蒼梧總督軍門志》共三十四卷。卷一開府和歷官，叙兩廣督撫設置原委及建置。卷二爲制敕，録歷任督臣所奉皇帝制敕。卷三至卷五爲輿圖，繪兩廣總圖及所轄府州、土州、全廣圖三十二幅。卷六至卷十三爲兵防，叙兩廣各地各級武官、文官設置，司衛所、州縣民兵、巡檢司以及營堡、軍門防守兵、梧鎮軍餉、兩省歲入軍餉等情況。卷十四爲經費，録軍隊各類開支項。卷十五爲操法，録官軍操練規則和程式。卷十六爲賞格、罰格，録戰陣獎賞條例和戰陣懲罰條例。卷十七至卷二十一爲討罪，叙洪武元年至萬曆八年歷年兩廣戰事。卷二十二爲事例，録兩廣歷年有關軍政故事成例。卷二十三至卷二十七爲奏議，録歷任總督有關奏議。卷二十八爲碑文，録歷年有關平蠻、討賊碑文。卷二十九爲集議，録有關兩廣軍政議論。卷三十至卷三十四爲紀略安南，叙洪武元年至萬曆九年對安南的征伐及邊境糾紛等。

本書據上海圖書館藏明萬曆九年（1581）刻本影印，卷十爲配補。（馬治平）

督撫疏議十五卷

明劉堯誨撰，明萬曆刻本。每半葉九行，行二十字，白口，四周雙邊，單黑魚尾。鈐『丁氏八千卷樓藏書記』『江蘇省立第一圖書館藏書』印。

劉堯誨生平見史部《蒼梧總督軍門志》條。

《督撫疏議》共輯録奏議一百三十二件。卷一至卷三爲萬曆元年（1573）至五年福建巡撫任上所撰疏議四十八件。卷四至卷五爲萬曆六年年初至六月間江西巡撫任上所撰疏議二十件。卷六至卷十四爲萬曆七年至九年兩廣總督任上所撰疏議五十八件。

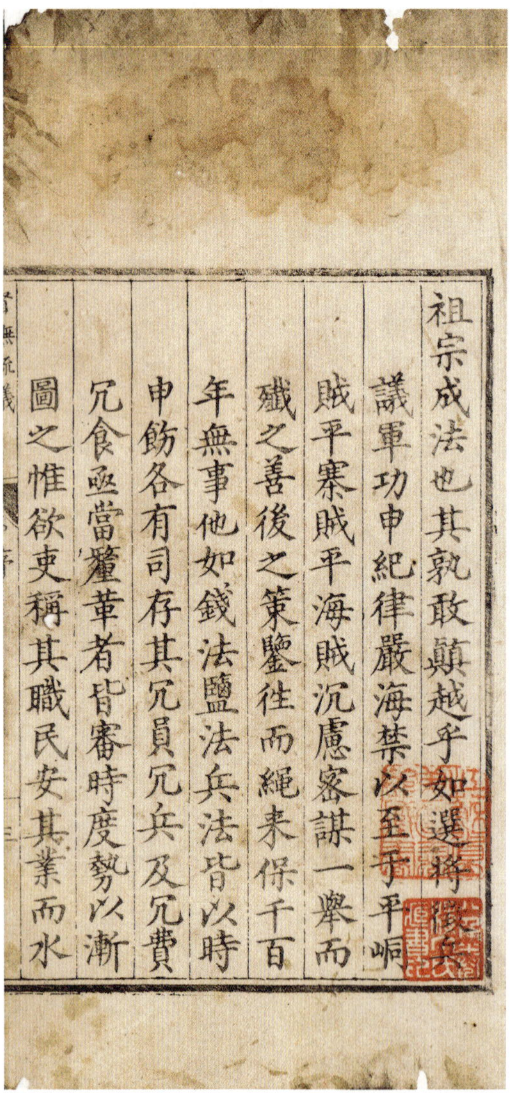
祖宗成法也其孰敢顛越乎如選將練兵
議軍功申紀律嚴海禁以至于平峒
賊平寨賊平海賊沉慮密謀一舉而
殲之善後之策鑒往而繩來保千百
年無事他如錢法鹽法兵法皆以時
申飭各有司存其冗員冗兵及冗費
冗食亟當釐革者皆審時度勢以漸
圖之惟欲吏稱其職民安其業而水

卷十五《南垣疏議》輯録了明嘉靖末年劉堯誨任南京刑科給事中和光禄寺丞時所撰疏議八件。最後一件爲《議處光牲品因時定價疏》，輯録其任光禄寺丞時所撰疏議。書前有同時期名臣龐尚鵬序。

本書據南京圖書館藏明萬曆刻本影印。（馬治平）

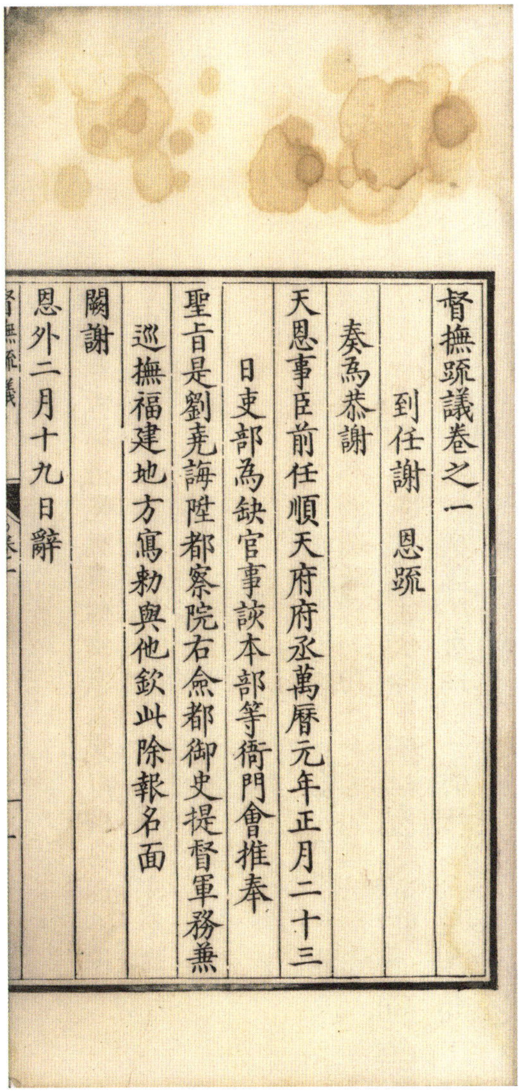
督撫疏議卷之一

到任謝　恩疏

奏爲恭謝

天恩事臣前任順天府府丞萬曆元年正月二十三

日吏部爲缺官事該本部等衙門會推奉

聖旨是劉堯誨陞都察院右僉都御史提督軍務兼

巡撫福建地方寫勅與他欽此除報名面

闕謝

恩外二月十九日辭

督撫疏議　卷一

全蜀邊域考殘卷

明袁子讓撰，抄本。每半葉九行，行十八字，四周雙邊。

袁子讓生平見經部《五先堂字學元元》條。

《全蜀邊域考》編纂於萬曆三十四年至萬曆三十六年（1606—1608）之間，是在萬曆二十六年編纂的《四川土夷考》基礎上輯補增修而成。

該書是一部晚明時期四川少數民族地區的地理專志，對四川少數民族地區之民俗風情、邊防戍守及部落政權興替有詳實記載，是研究明

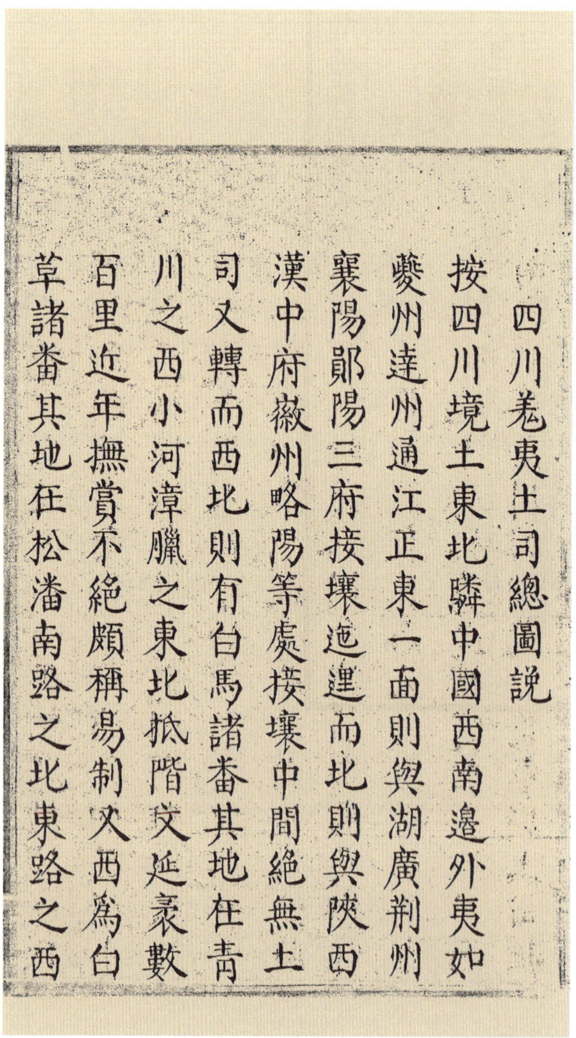
四川羌夷土司總圖説
按四川境土東北隣中國西南邉外夷如
夔州達州通江正東一面則與湖廣荆州
襄陽鄖陽三府接壤迤邐而北則與陝西
漢中府徽州略陽等處接壤中間絶無土
司又轉而西北則有白馬諸番其地在青
川之西小河漳臘之東北抵階文延袤數
百里近年撫賞不絶頗稱易制又西爲白
草諸番其地在松潘南路之北東路之西

代歷史和四川少數民族發展史的一部重要著作。

全書運用圖説的叙述方式，一圖一説，略而不遺，詳而不贅，便於閲讀考證。內容分三部分。第一部分爲全省總述，介紹四川境內羌戎、吐蕃、韃虜、蠻夷、九夷等少數民族情形以及全省土司、兵屯、糧餉概況。第二部分則依照明代四川道屬次序，依次介紹龍安鎮、松潘鎮、威茂鎮、雅黎鎮、建會鹽鎮、寧越鎮、下川南鎮以及土司、府、衛所、關堡、墩寨概況。第三部分則爲各鎮糧餉、兵額、屯田統計。

本書據臺灣『中央研究院』歷史語言研究所傅斯年圖書館藏抄本影印。（馬治平）

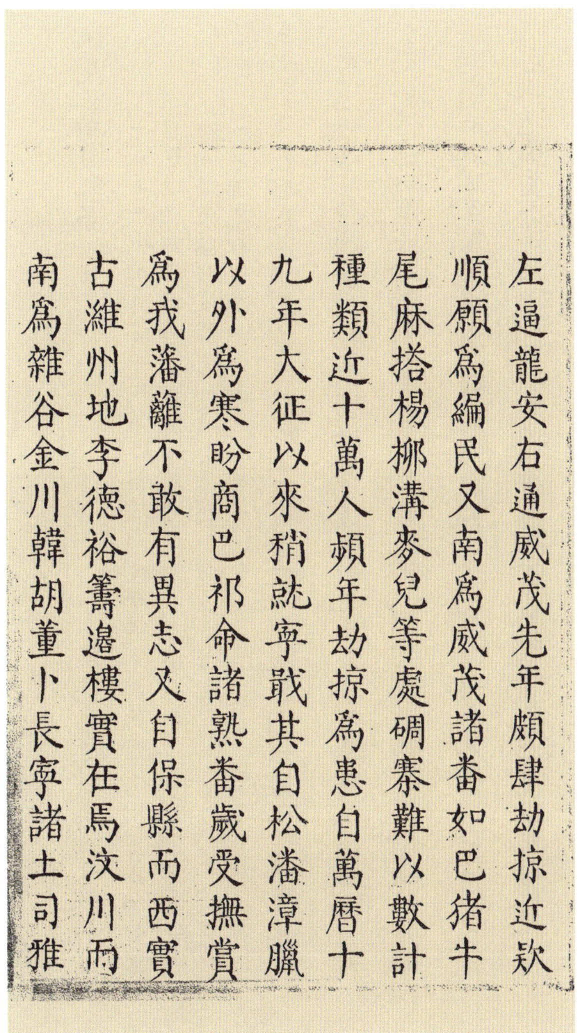
左逼龍安右通威茂先年頗肆劫掠近欵
順頗爲編民又南爲威茂諸番如巴猪牛
尾麻搭楊梛溝麥兒等處碉寨難以數計
種類近十萬人頻年劫掠爲患自萬曆十
九年大征以來稍就寧戢其自松潘漳臘
以外爲寒盻商巴祁命諸熟番歲受撫賞
爲我藩籬不敢有異志又自保縣而西實
古維州地李德裕籌邊樓實在焉汶川而
南爲雜谷金川韓胡董卜長寧諸土司雅

楚游日記

明徐霞客撰，明季夢良整理，明季夢良抄《徐霞客游記》本。每半葉八行，行三十三字不等，無格。

徐霞客（1586—1641），名弘祖，字振之，號霞客，明南直隸江陰（今江蘇江陰）人。地理學家、旅行家和文學家。徐霞客一生足迹遍及大半個中國。所到之處，探幽尋秘，皆記有游記，記録各種自然景觀、人文狀況。經他

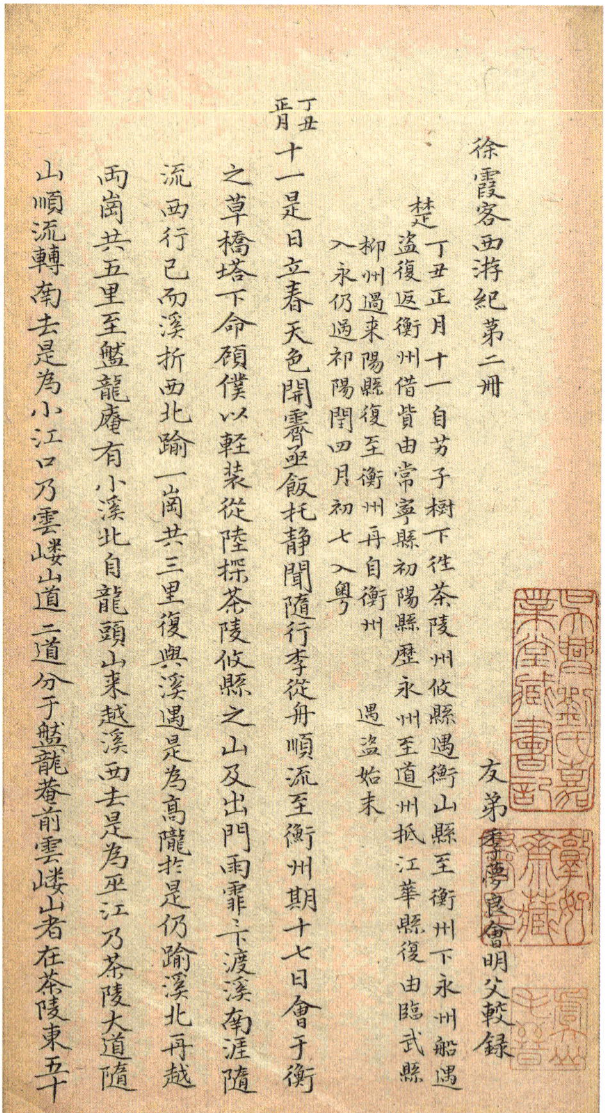
徐霞客西游紀第二冊　友弟季夢良會明父較録
楚　丁丑正月十一自芀子樹下往茶陵州攸縣遇衡山縣至衡州下永州船遇
盗復返衡州借貲由常寧縣初陽縣歷永州至道州抵江華縣復由臨武縣
柳州過耒陽縣復至衡州再自衡州　遇盗始末
入永仍過祁陽閏四月初七入粵
丁丑正月十一是日立春天色開霽亟飯托靜聞隨行李從舟順流至衡州期十七日會于衡
之草橋塔下命顧僕以輕裝從陸探茶陵攸縣之山及出門雨霏霏下渡溪南涯隨
流西行已而溪折西北踰一崗共三里復與溪遇是為高隴於是仍踰溪北再越
兩崗共五里至盤龍庵有小溪北自龍頭山來越溪西去是為巫江乃茶陵大道隨
山順流轉南去是為小江口乃雲嵝山道二道分于盤龍菴前雲嵝山者在茶陵東五十

三十年考察撰寫的六十萬餘字《徐霞客游記》，開闢了地理學系統觀察自然、描述自然的新方向。該書既是系統考察祖國地貌地質的地理名著，又是描繪華夏風景資源的旅游巨篇，還是文字優美的文學佳作，在國内外具有深遠的影響。二〇一一年三月三十日，國務院常務會議通過決議批復同意寧海縣發出的《徐霞客旅游俱樂部宣言》，將《徐霞客游記》開篇日五月十九日定爲『中國旅游日』。

季夢良，字會明，明南直隸江陰（今江蘇江陰）人。徐霞客姻親兼家庭塾師，爲整理《徐霞客游記》第一人。崇禎十五年（1642），季夢良受徐霞客生前委托，與友人王忠紉對游記手稿共同進行整理，爲之分卷次，定前後，裝訂成册。順治二年（1645）清兵南下，徐霞客家鄉江陰遭屠，徐霞客長子徐屺遇難，游記原稿被焚於火，季夢良整理本亦遭散失。僅有首抄本存世。局勢平穩後，季夢良與兒子季錫奎夜以繼日抄録首抄本五册，這五册現存中國國家圖書館，是爲復抄本。

《徐霞客游記》内有天台山、雁蕩山、黄山、廬山等名山游記和《浙游日記》《江右游日記》《楚游日記》《粤西游日記》《黔游日記》《滇游日記》等六地日記。

《楚游日記》列季夢良抄《徐霞客西游記》第二册。記録了崇禎十年正月十一日至閏四月初七日近四個月内，徐霞客自江西進入湖南的游途所記。他經茶陵州（今茶陵）、攸縣、衡山、衡州府（今衡陽）、祁陽、永州府（今永州）、道州（今道縣）、江華、寧遠、藍山、臨武、宜章、郴州直隸州（今郴州）、興寧（今資興）、永興、耒陽，再由衡州府、祁陽，進入廣西全州。期間，四月初三日至四月十三日，徐霞客游歷了今郴州市所屬臨武縣、宜章縣、蘇仙區、北湖區、資興市、永興縣等六地山川名勝，撰寫了十一篇日記。其日記裏記載的臨武『龍洞』『掛榜山』，宜章『艮岩』『黄岑嶺』，北湖區『萬華岩』，蘇仙區『蘇仙嶺』『江口諸峰』（今飛天山景區），資興市『程口肆中』（今程江口風景區），永興縣『觀音岩』等處，皆爲今熱門旅游景點。

本書據中國國家圖書館藏明季夢良抄《徐霞客游記》本影印。（馬治平）

韓山考十卷

明徐開禧撰，明崇禎十二年（1639）刻本。每半葉八行，行二十二字，小字雙行同，白口，四周單邊，白魚尾。

徐開禧，生卒年不詳，字錫餘，明南直隸昆山縣（今江蘇昆山）人。崇禎元年（1628）進士，授臨武知縣，崇禎七年，擢翰林編修，升右中允，侍經筵，主福建壬午鄉試。入清後居家。順治十一年（1654）起復，旋以疾歸，卒年七十六。著有《古照堂文集》《涉園瑣記》《楚闈類記》《閩闈類記》等。

崇禎二年四月徐開禧選授潮陽知縣，然同年製臨武

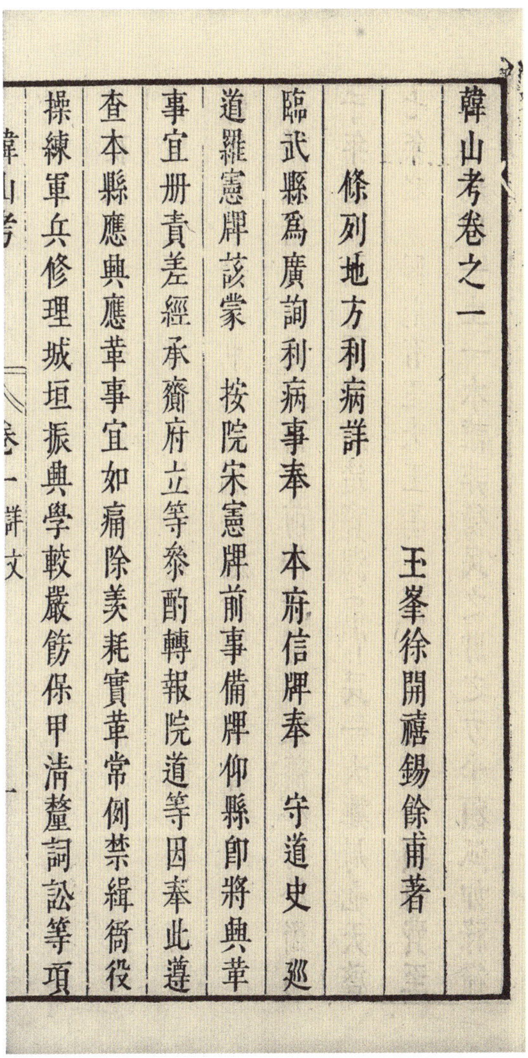
韓山考卷之一

玉峯徐開禧錫餘甫著

條列地方利病詳

臨武縣爲廣詢利病事奉　本府信牌奉　守道史　巡道羅憲牌該蒙　按院宋憲牌前事備牌仰縣即將興革事宜冊責差經承齋府立等叅酌轉報院道等因奉此遵查本縣應興應革事宜如痛除羨耗實革常例禁緝衙役操練軍兵修理城垣振興學較嚴飭保甲清釐詞訟等項

韓山考　卷一　詳文　一

知縣，視臨武爲畏途，苦不肯赴任，徐開禧慨然請易，改授臨武知縣。任内政績卓著，《［康熙］臨武縣志》載：『知縣事，慈惠恤下，敬事薦紳。校童子試，所拔取者後皆知名於時。朝夕偕諸生課藝與行，自是彬彬，成絃歌之俗。修葺城堞，邑藉以寧。歷任五載，擢翰林編修，臨人肖像立祠，以繫去思。所著有《韓山考》《勸民歌》。』《［同治］昆山新陽志》卷九十四亦載：『開禧，字錫餘，崇禎元年進士，授湖廣臨武知縣，減徭役，飭保甲，立嘉禾堡於要塞處，粵寇破鄰邑而封内屹然。』是入明以來臨武二百七十年間第一個滿三年考績的知縣，崇禎七年夏，因『兩舉卓异，擢編修』。

該書爲徐開禧在明崇禎二年至七年任臨武知縣期間所形成的公文、判牘、書信、文章的彙編。前有崇禎己卯玉峰徐開禧撰《韓山考叙》云：『凡余五年之内，無一刻一事不自己經手經眼經心，紆迴再四，然後决起從事。古人晝之所爲，夜必思之，邇有自知録，以黑白豆準功罪格者，余識此，存其實，抑以紀過也。』

是書卷一至卷二爲詳文，即向上官署陳報請示的文書，共收録二十九篇，每篇詳文後均有批示。卷三至卷六爲讞略，是任職臨武知縣和署理桂陽知州時所審案件的集成，共二百九十七件，一則一案，記述案情及斷獄經過。卷七至卷八爲書揭，收録其任職期間與各級官員往來書信一百零七封，多涉當時臨武政務。卷九爲文、序、引，收録其在臨武、桂陽期間創作的文八篇、序二十二篇、引四篇。卷十爲傳、記、説、檄、緣疏、誌銘，共二十七篇。該書内容豐富，涵蓋地理、風俗、法律、經濟、兵防、人物等方面，記載了臨武、桂陽兩地明末時期的衆多史實，保存了明代諸多散佚的史料，對於研究明代臨武、桂陽乃至郴州的經濟、社會、軍事狀況具有重要價值。

本書據日本内閣文庫藏明崇禎十二年（1639）刻本影印。（尹友波）

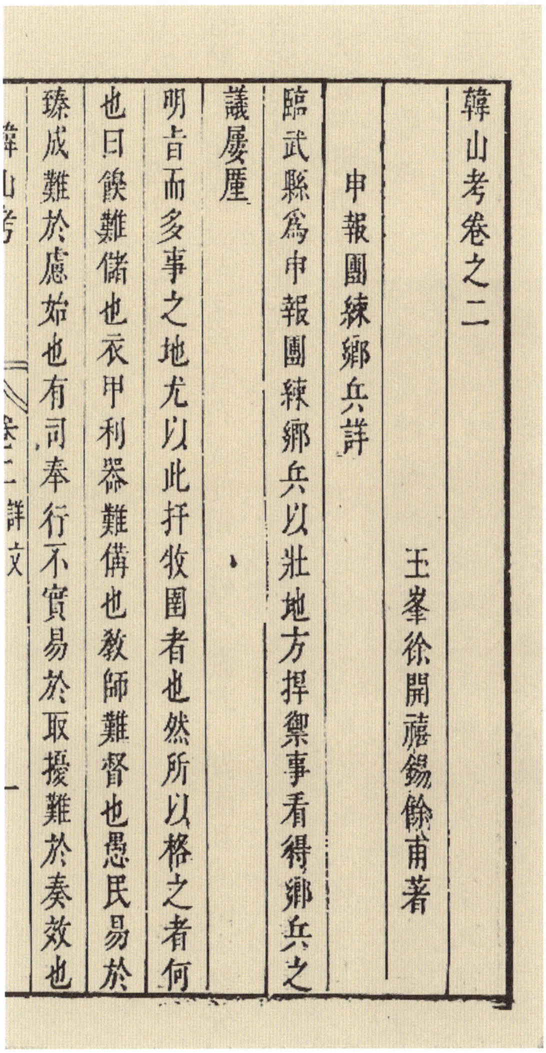
韓山考卷之二

玉峯徐開禧錫餘甫著

申報團練鄉兵詳

臨武縣爲申報團練鄉兵以壯地方捍禦事看得鄉兵之議屢厪明旨而多事之地尤以此扞牧圉者也然所以格之者何也曰餉難儲也衣甲利器難備也教師難督也愚民易於聚成難於慮始也有司奉行不實易於取擾難於奏效也

韓山考　卷二　詳文　一

楚闈類記一卷

明徐開禧撰，清抄本。每半葉八行，行二十二字，白口，無框。

徐開禧生平見史部《韓山考》條。

楚，湖廣行省簡稱，明朝設湖廣承宣布政使司，轄今湖北、湖南和河南一部分，稱『湖廣行省』或『湖廣省』，治所武昌（今湖北武漢）。

闈指考場、試院。明朝科舉考試分爲鄉試、會試、殿試。其中鄉試是由南、北直隸和各布政使司舉行的省一級考試，地點在應天府、順天府及各布政使司治所。每三年一次，即在子、卯、午、酉這四個年份中的八月舉行，又叫鄉闈或秋闈。凡本省科

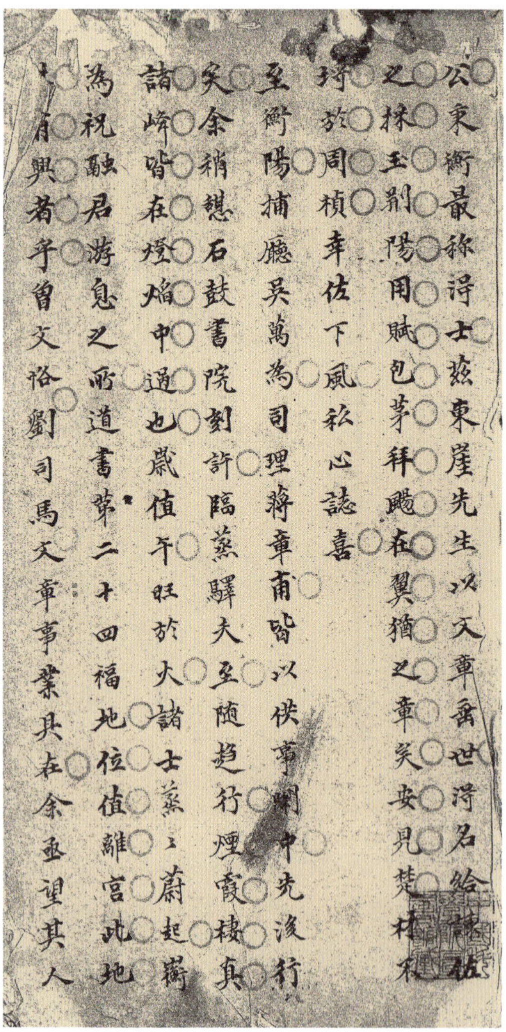
公秉衡最稱得士兹東崖先生以文章喬世得名給[illegible]
之抹玉荆陽用賦包茅拜飈在翼猶之章奚安見楚材[illegible]
埒於周楨幸佐下風私心誌喜
至衡陽捕廳吳萬為司理蔣章甫皆以佚事閑中先後行
矣余稍憩石鼓書院刻許臨蒸驛夫至隨趍行煙霞棲真
諸峰皆在燈焰中通也歲值午旺於火諸士蒸蒸蔚起爾
為祝融君游息之所道書第二十四福地位值離宮此地
[illegible]有興者乎曾文裕劉司馬文章事業具在余亟望其人

舉生員與監生均可報考。本書所指楚闈，爲崇禎三年庚午科湖廣鄉試。徐開禧時任臨武縣知縣，被選授爲本科鄉試同考官，從八月初到九月中旬，參與了爲期一個多月的湖廣鄉試考務工作整個過程。

《楚闈類記》采取日記的形式，真實記録了崇禎三年庚午科湖廣鄉試期間，同考官徐開禧履行同考官職能時所經所歷、所作所爲、所感所想。既有履行本職工作的客觀記録，又有自己感想的真情抒發。這些記録以同考官的視角、從考務工作側面反映了明朝科舉考試有關規制、禁例、程式執行的現場狀況，具有較高的文獻史料價值和學術研究價值。

本書據中國科學院文獻情報中心藏清抄本影印。（馬治平）

大義覺迷録四卷

清愛新覺羅・胤禛敕編，清雍正八年（1730）内府刻本。每半葉八行，行十七字，小字雙行同，白口，四周雙邊，單黑魚尾。

《大義覺迷録》的編纂起源於湖南永興縣私塾先生曾静及其弟子張熙。時二人受吕留良華夷之辨思想影響，游説川陝總督岳鍾琪反清，失敗被捕。雍正帝親自審問，而後下諭收録關於此案的上諭、曾静的口供和所撰《歸仁録》，合編成《大義覺迷録》。

全書分四卷，收録了

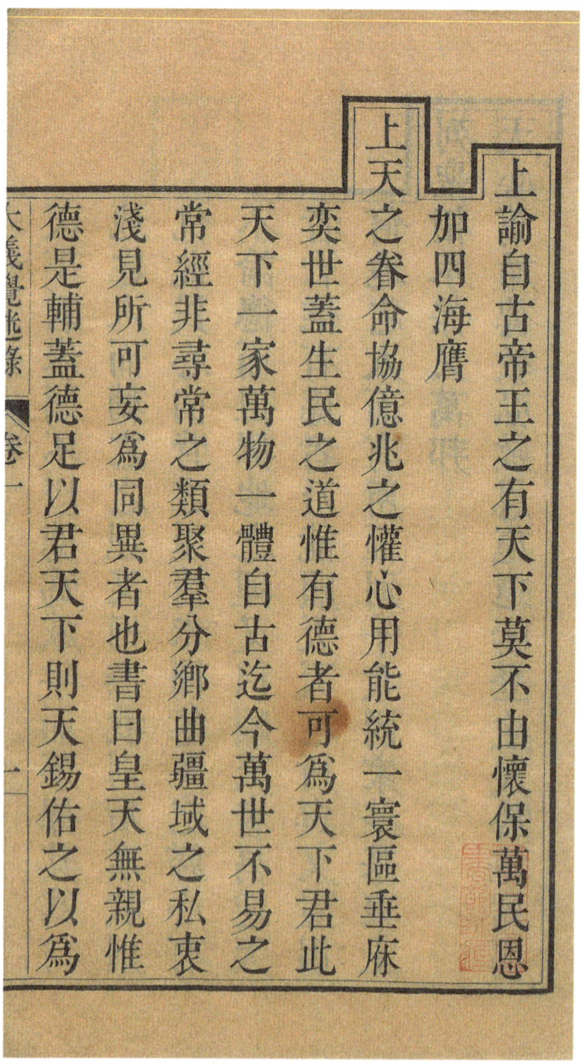
上諭自古帝王之有天下莫不由懷保萬民恩
加四海膺
上天之眷命協億兆之懽心用能統一寰區垂庥
奕世蓋生民之道惟有德者可爲天下君此
天下一家萬物一體自古迄今萬世不易之
常經非尋常之類聚羣分鄉曲疆域之私衷
淺見所可妄爲同異者也書曰皇天無親惟
德是輔蓋德足以君天下則天錫佑之以爲

大義覺迷録 卷一 一

雍正帝關於曾静案的十道上諭、曾静十七篇口供和所撰《歸仁録》，以及張熙的兩篇口供。卷一爲兩篇上諭，針對曾静謀反信中内容，力闢華夷種族之見，闡述大清王朝統治中華的合法性、合理性、正確性。對謀反信中列舉的雍正謀父、逼母、弑兄、屠弟、貪財、好殺、酗酒、淫色、誅忠、好諛、任佞等，逐一予以辯駁。卷一之末至卷三是書之主要部分，以問答方式，編纂『奉旨訊問曾静口供』四十六篇。卷四前一篇上諭力闢吕留良學説，另一篇上諭駁詰嚴鴻逵謗語。末以曾静《歸仁説》結篇。

本書據中國國家圖書館藏清雍正八年（1730）内府刻本影印。（馬治平）

誥授朝議大夫晋贈通奉大夫浙江道監察御史坦齋歐陽公鄉賢録

清佚名編，清同治刻本。每半葉九行，行二十一字，小字雙行同，白口，左右雙邊，單黑魚尾。

歐陽厚均生平見經部《易鑑》條。

《誥授朝議大夫晋贈通奉大夫浙江道監察御史坦齋歐陽公鄉賢録》是歐陽厚均故後陳芻堯等人薦其入鄉賢祀的公文彙編。録有安仁知縣及地方鄉紳、縣學生員聯名公舉函，衡州府、衡永郴桂道、湖南按察使司、布政使司、湖南巡撫衙門核實公結件，湖廣總督裕泰奏將歐陽厚

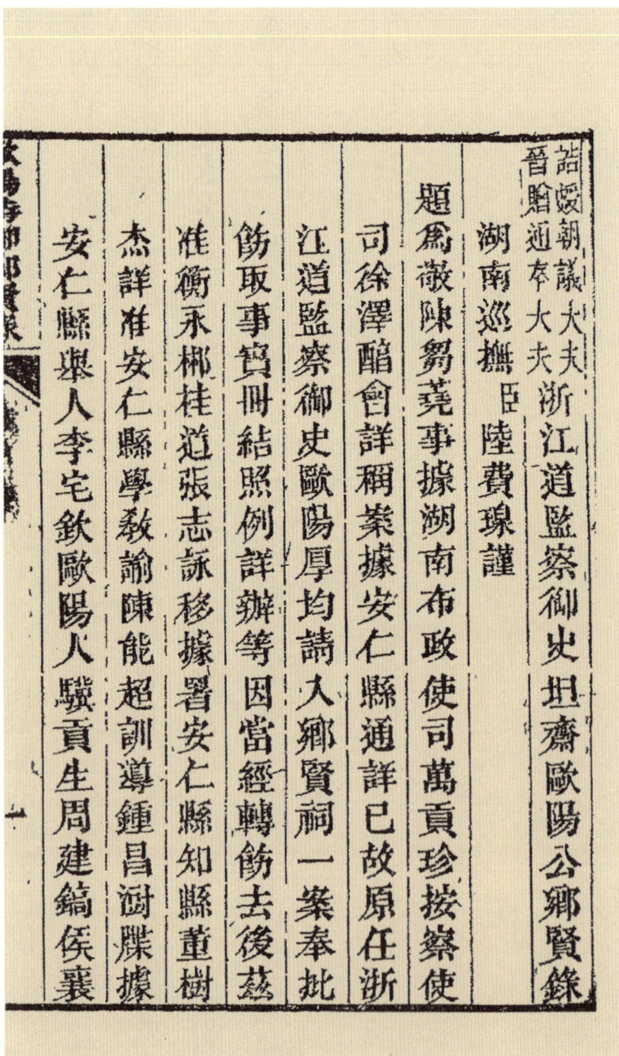
誥授朝議大夫晋贈通奉大夫浙江道監察御史坦齋歐陽公鄉賢錄
湖南巡撫臣陸費瑔謹
題爲敬陳芻蕘事據湖南布政使司萬貢珍按察使
司徐澤醇會詳稱案據安仁縣通詳已故原任浙
江道監察御史歐陽厚均請入鄉賢祠一案奉批
飭取事實冊結照例詳辦等因當經轉飭去後茲
准衡永郴桂道張志詠移據署安仁縣知縣董樹
杰詳准安仁縣學教諭陳能超訓導鍾昌澍牒據
安仁縣舉人李宅欽歐陽人驥貢生周建鎬侯襄

均入祀鄉賢的上疏。及禮部奉旨部議，認定歐陽厚均入祀鄉賢祠名實相副的奏本和道光帝御批件。後附有《事實册》，重點介紹褒揚歐陽厚均生平懿行。

本書據華東師範大學圖書館藏清同治刻本影印。（馬治平）

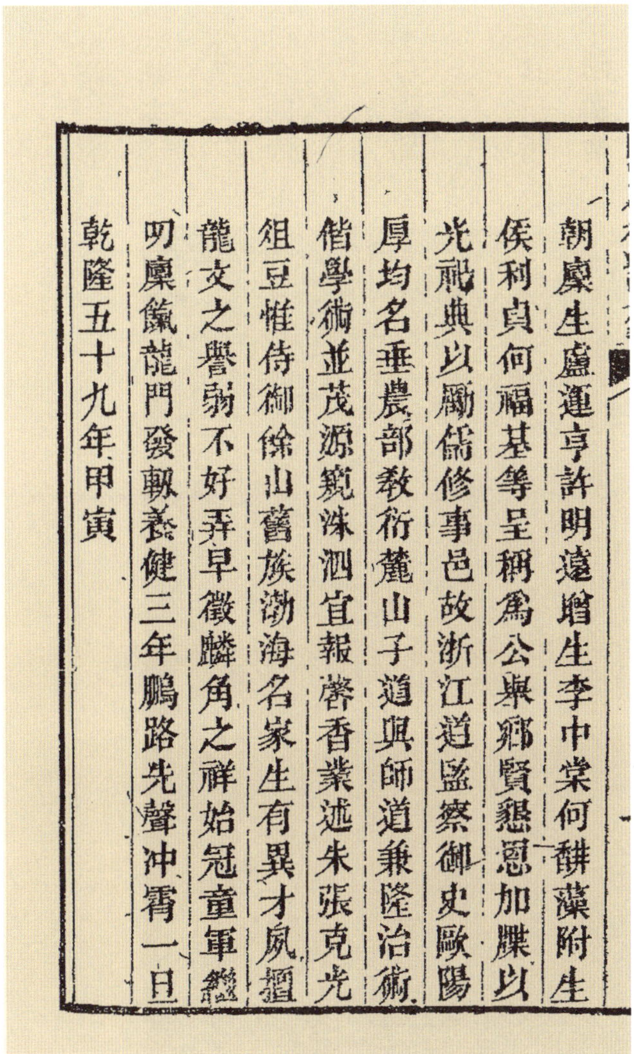
朝廩生盧運亨許明遠贈生李中棠何耕藻附生
侯利貞何福基等呈稱爲公舉鄉賢懇恩加隸以
光祀典以勵儒修事邑故浙江道監察御史歐陽
厚均名垂農部教衍麓山子道與師道兼隆治術
偕學術並茂源窺洙泗宜報馨香業述朱張克光
俎豆惟侍御餘山舊族渤海名家生有異才夙擅
龍文之譽弱不好弄早徵麟角之祥始冠童軍鑑
明廩餼龍門發軔蓄健三年鵬路先聲沖霄一日
乾隆五十九年甲寅

上湖南會館傳書

清歐陽厚均重修，清光緒八年（1882）刻本。每半葉九行，行二十二字，小字雙行同，白口，四周雙邊，單黑魚尾。

歐陽厚均生平見經部《易鑑》條。

上湖南，明清時泛指郴州、衡州（今湖南衡陽）、永州、桂陽直隸州（州治在今桂陽縣城）四地，因其地理位置處於衡山以南、湘江上游而得名。

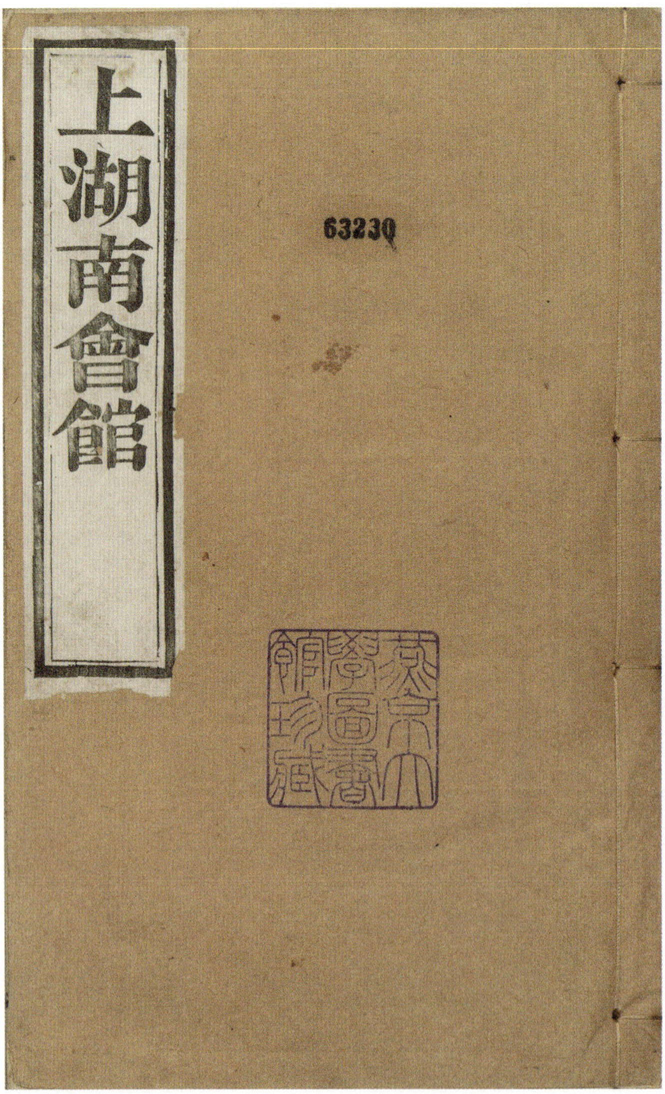

上湖南會館，建於萬曆二十一年（1593），原址位於北京草廠十條胡同，其功能爲郴、衡、永、桂四地士子赴京參加會試，新用京官、外任官員陛見或出差到京者提供温習交流、聚親會友之地。

《上湖南會館傳書》重修於嘉慶十九年（1814），以後屢有補録，記事起於萬曆二十一年，止於光緒七年（1881）。該書記録了上湖南會館二百八十多年的興衰歷史，反映了明清時期郴、衡、永、桂四地的教育發展和人才隊伍狀況。全書分爲六卷。卷一輯録會館創立者明代禮部尚書曾朝節《瑞春堂記》等文五篇，記載會館創建及屢次重修、産權變化情況。卷二輯録四地明代會榜、鄉榜、貢選及武甲科名單。卷三輯録四地清代甲榜、鄉榜、武鄉榜、副榜、明經、拔貢、歲貢、優貢、孝廉方正以及封典、蔭襲、援例貢

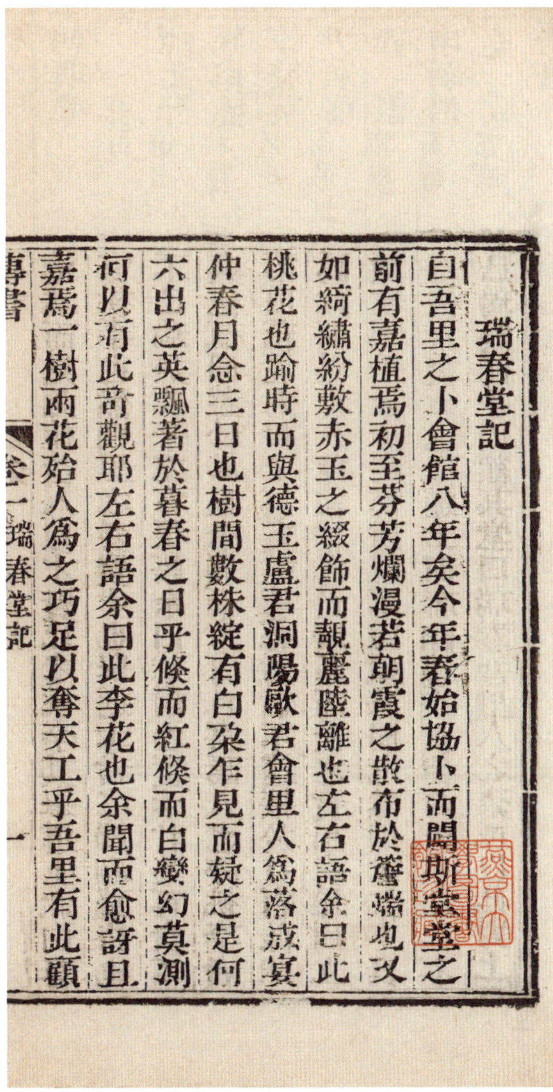

瑞春堂記

自吾里之卜會館八年矣今年春始協卜而闢斯堂之前有嘉植焉初至芬芳爛漫若朝霞之散布於簷端也又如綺繡紛敷赤玉之綴飾而靚麗陸離也左右語余曰此桃花也踰時而與德玉盧君洞暘歇君會里人爲落成宴仲春月念三日也樹間數株綻有白朶乍見而疑之是何六出之英飄著於暮春之日乎倏而紅倏而白變幻莫測何以有此奇觀耶左右語余曰此李花也余聞而愈訝且嘉焉一樹兩花始人爲之巧足以奪天工乎吾里有此顧

傳書　卷一　瑞春堂記　一

監名單。卷四輯録會館相關官司呈狀，房産、地産買賣或置换契約、館祀先賢録等。卷五輯録會館條規章程、京外各官捐款名録。卷六輯録會館歷次重修歲修出入賬目、會館年銀錢出入賬目等。

本書據北京大學圖書館藏清光緒八年（1882）刻本影印。原館藏單位著録《上湖南會館傳書》，清歐陽厚均重修，清嘉慶十九年刻本。因藏本原件卷次錯亂，影印時作了適當調整。（馬治平）

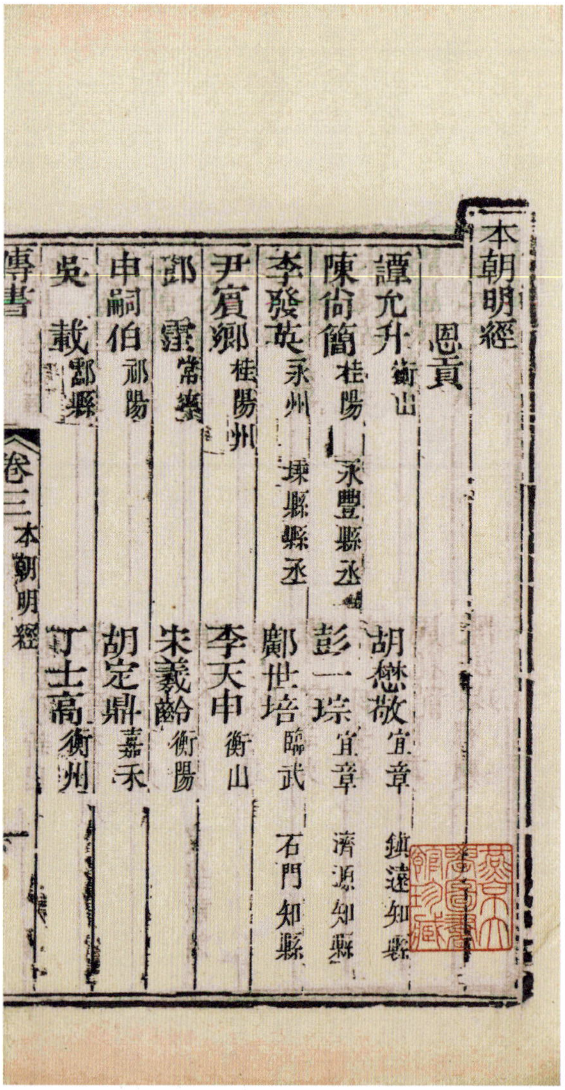
本朝明經
恩貢
譚允升 衡山　胡懋敬 宜章 鎮遠知縣
陳尚簡 桂陽 永豐縣丞　彭一琮 宜章 清源知縣
李發英 永州　鄺世培 臨武 石門知縣
尹賓鄉 桂陽州　李天申 衡山
鄧霆 常寧　朱義齡 衡陽
申嗣伯 祁陽　胡定鼎 嘉禾
吳載 酃縣　丁士高 衡州
傳書　卷三 本朝明經

朱子年譜綱目十二卷首一卷末一卷

清李元禄編，清嘉慶七年（1802）敬修齋刻本。每半葉六行，行二十六字，小字雙行同，白口，左右雙邊，單黑魚尾。

李元禄，生卒年不詳，字涵萬，號虚亭，晚號絜翁，清興寧縣（今湖南資興）人。三歲孤而性孝。初學即以立身行道爲孝思，以敬修爲室名，人稱敬修先生。晚歲輯《朱子年譜綱目》十二卷。年八十二以恩貢終。另著有《敬修齋詩古文》四卷。彌留時又口授漢宋儒理學緒言目次二十九篇，鈔帙爲《審

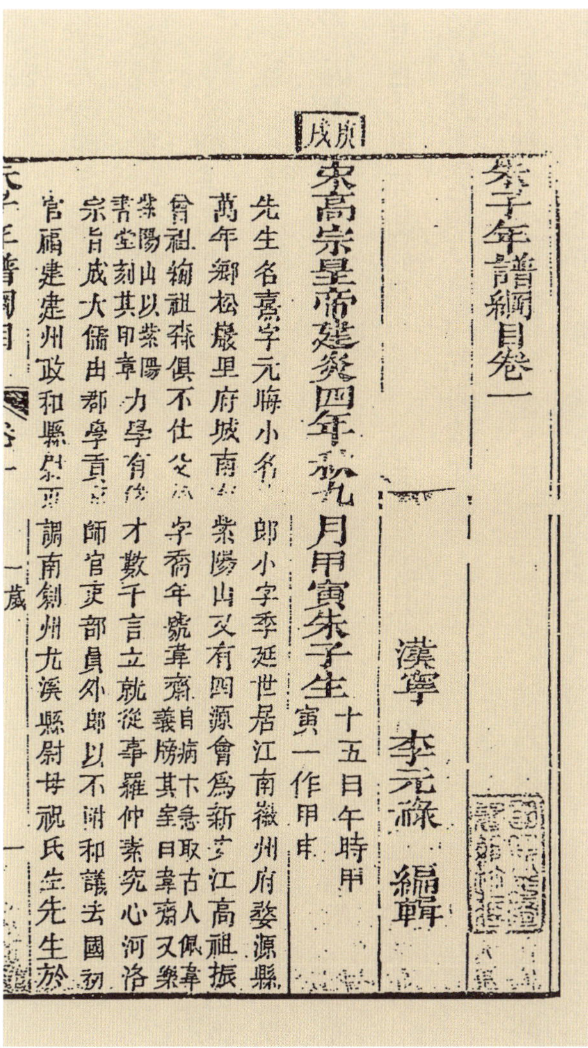
朱子年譜綱目卷一

漢寧　李元祿　編輯

庚戌

宋高宗皇帝建炎四年庚戌九月甲寅朱子生 十五日午時甲寅一作甲申

先生名熹字元晦小名沋郎小字季延世居江南徽州府婺源縣萬年鄉松巖里府城南有紫陽山又有四源會爲新安江高祖振曾祖絢祖森俱不仕父[illegible]字喬年號韋齋自病卞急取古人佩韋之義牓其室曰韋齋又樂紫陽山以紫陽書堂刻其印章力學有俊才數千言立就從羅仲素究心河洛宗旨成大儒由郡學貢[illegible]師官吏部員外郎以不附和議去國初官福建建州政和縣尉[illegible]調南劍州尤溪縣尉母祝氏生先生於

朱子年譜綱目　卷一　一歲　一

訓必讀之書》二卷，藏於家。

《朱子年譜綱目》十二卷爲李元禄晚年編次。朱子即朱熹。朱熹（1130—1200），字元晦，又字仲晦，號晦庵，晚稱晦翁，謚號『文』，世稱朱文公。祖籍徽州府婺源縣（今江西婺源），出生於南劍州尤溪（今福建尤溪）。宋朝著名的理學家，閩學代表人物，程朱理學集大成者。何謂年譜綱目？李元禄卷首《提綱》言：『譜之體裁，所以仿綱目，本欲綱以舉要，目致其詳，俾讀者便於探討，然猶恐或苦其繁，因復取分經别傳之例，先總提大綱於前，以便開卷即得，以備見其首尾，然後逐年循綱，以考其目，則亦易於爲力矣。』朱熹著作等身，生平事迹豐富多彩。其以『年譜綱目』冠以書名，編輯本書，是爲方便讀者閲讀理解。

《朱子年譜綱目》首列提綱、末有補遺。前有清嘉慶二年李元禄叙，清嘉慶三年奉直大夫鴻臚寺少卿羅典叙，清嘉慶七年湖南學政何學林序。卷首爲朱熹人生歷程。卷一至卷十二主要叙述朱熹出生年月、姓名字號、籍貫、科舉應試、回鄉展墓、師從大儒、走馬上任、授學傳道、辯論著述。卷末補遺則爲李元禄在重訂此譜時作的增補勘校。

本書據中國國家圖書館藏清嘉慶七年（1802）敬修齋刻本影印。（李靚才）

平定猺匪述略二卷

清周存義撰，清道光十三年（1833）刻本。每半葉九行，行二十三字，白口，四周雙邊，單黑魚尾。

周存義，生卒年不詳，字宜亭，清河南人。曾署江夏、鍾祥縣知縣，遷黄州府通判。道光十二年（1832），隨湖廣總督盧坤，鎮壓湖南江華瑶民趙金隴爲首的瑶民暴動。道光十三年撰寫《平定猺匪述略》一書。

道光十一年十二月二十九日，江華瑶民趙金隴率六七百瑶民，在江華兩河口舉旗暴動，并改元金隴元年。這次暴動波及湖南永州、桂陽州、郴州、衡州，廣東連州，廣西賀縣，

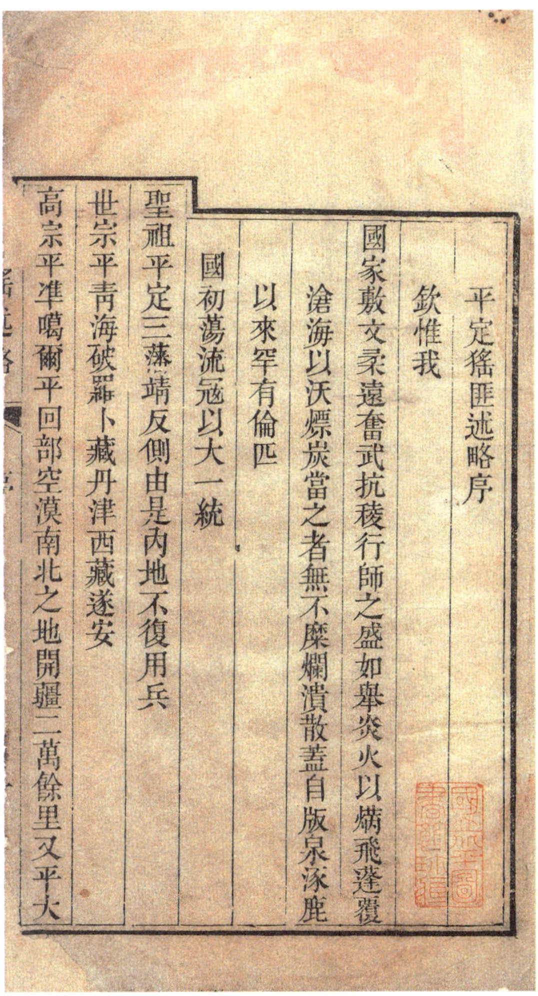
平定猺匪述略序

欽惟我

國家敷文柔遠奮武抗稜行師之盛如舉炎火以爇飛蓬覆滄海以沃熛炭當之者無不糜爛潰散蓋自版泉涿鹿以來罕有倫匹

國初蕩流寇以大一統

聖祖平定三藩靖反側由是内地不復用兵

世宗平青海破羅卜藏丹津西藏遂安

高宗平準噶爾平回部空漠南北之地開疆二萬餘里又平大

朝野震驚。從道光十二年正月開始，清政府多方調集軍隊征剿鎮壓。一場歷時八個多月的征剿與反征剿鬥争在永州和桂陽州、衡州、湘粵邊界、湘桂邊界的廣袤地域展開，最後以趙金隴及其擁護者被剿滅，瑶民暴動失敗告終。

《平定猺匪述略》分上、下兩卷，書前有道光十三年周存義序。上卷叙事時間爲道光十一年七月至道光十二年五月。記述了江華瑶民趙金隴舉旗暴動的過程，清政府征剿與暴動瑶民反征剿的歷次戰鬥，瑶民暴動首領趙金隴被殲的經過，以及清政府剿撫兼行策略的撫瑶政策九條。下卷叙事時間爲道光十二年四月初至八月底。記述了征剿廣東連州趙子青、廣西賀縣盤均華、廣東連州八大排猺首房大第六，以及沈燒酒、盤麻三、李成意等瑶民暴動經過。

本書據中國國家圖書館藏清道光十三年（1833）刻本影印。（馬治平）

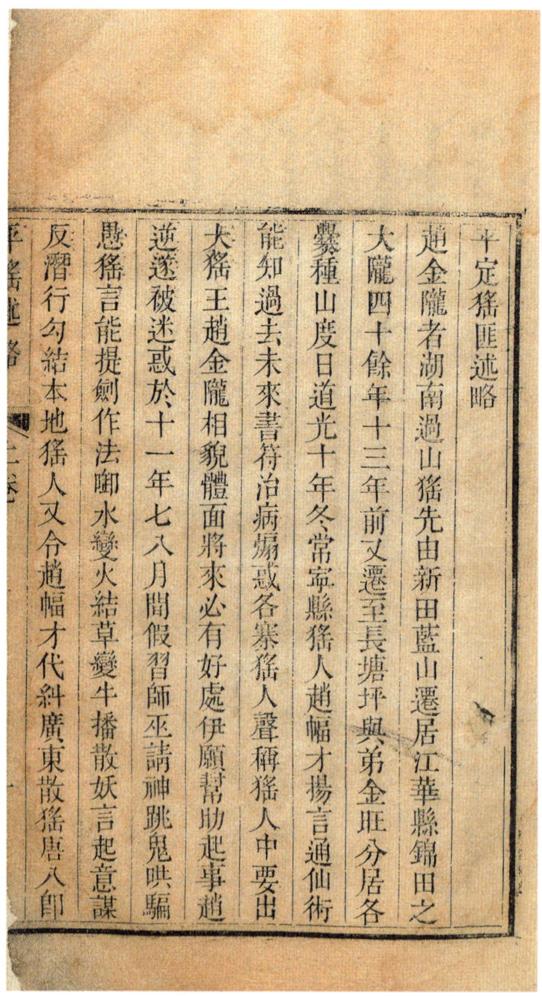
平定猺匪述略
趙金隴者湖南過山猺先由新田藍山遷居江華縣錦田之
大隴四十餘年十三年前又遷至長塘坪與弟金旺分居各
嶴藝種山度日道光十年冬常寧縣猺人趙幅才揚言通仙術
能知過去未來書符治病煽惑各寨猺人聲稱猺人中要出
大猺王趙金隴相貌體面將來必有好處伊願幫助起事趙
逆遂被迷惑於十一年七八月間假習師巫請神跳鬼哄騙
愚猺言能提劍作法唧水變火結草變牛播散妖言起意謀
反潛行勾結本地猺人又令趙幅才代糾廣東散猺唐八郎

郴侯書院志不分卷

清曹維精編纂，清同治二年（1863）刻本。每半葉八行，行十七字，小字雙行同，白口，四周雙邊，單黑魚尾。

郴侯書院，位於今湖南資興市蓼江鎮郴侯山。咸豐九年（1859）動工興建，同治二年（1863）竣工。蓼江位於資興市北面，舊名程水，俗稱北鄉，爲當時興寧縣（今湖南資興）文風興盛之地。時任興寧縣知縣萬時若著文表彰，萬時若在《郴侯書院志叙》中言：『四鄉之内，篤學能文者固不乏

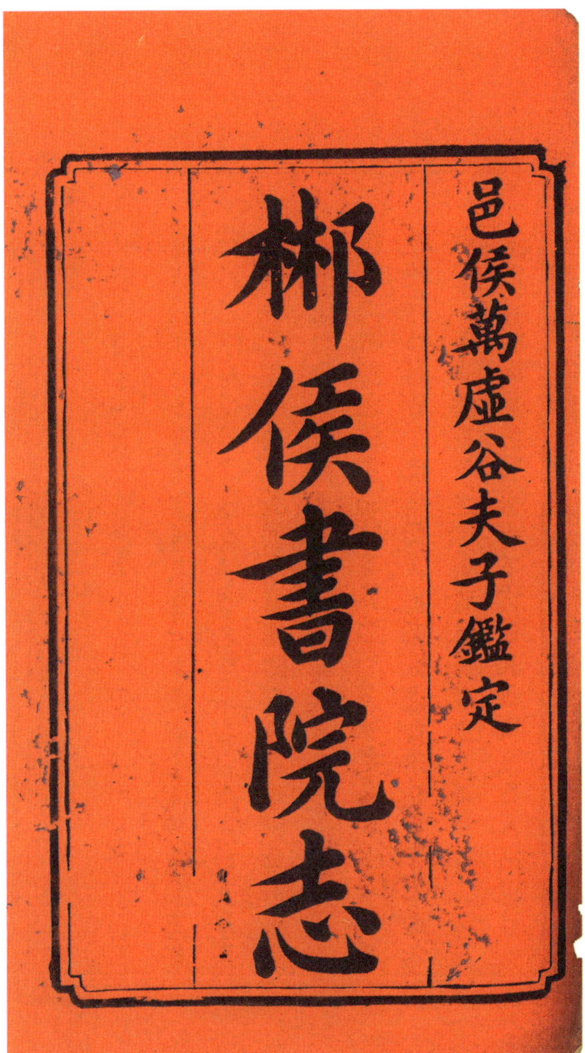

人，而北鄉稱極盛焉。北鄉近有書院之建，皆其地士民不惜重資，踴躍從事。其有志於讀書上進，深有足嘉。』

自明以來，資興建有四座書院，均屬於家族性質。曹氏家族建有醴泉書院、觀瀾書院，焦氏家族建有文峰書院，袁氏家族建有辰岡書院。然『悉囿於一姓之私，廢已經數百年。咸豐丁巳，諸同人閤一鄉之善，擬建書院於郴侯山之麓』。是爲郴侯書院。光緒三十二年（1906），該書院改爲郴侯高等小學堂。民國二十九年（1940）改爲湘源中心國民學校。民國三十年一月，『湖南省衡陽女子中學』遷入郴侯山國民學校。一九五〇年改名爲蓼市高小。一九七〇年改爲蓼市中學。

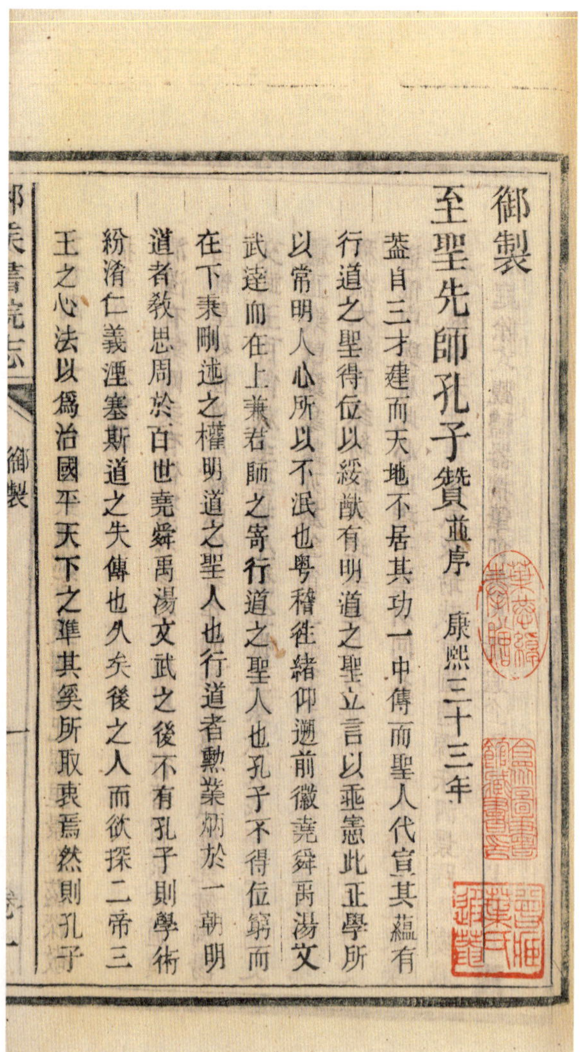
郴侯書院志 卷一 御製

御製

至聖先師孔子贊並序 康熙三十三年

蓋自三才建而天地不居其功一中傳而聖人代宣其蘊有行道之聖得位以綏猷有明道之聖立言以垂憲此正學所以常明人心所以不泯也粤稽往緒仰遡前徽堯舜禹湯文武達而在上兼君師之寄行道之聖人也孔子不得位窮而在下秉删述之權明道之聖人也行道者勳業炳於一朝明道者教思周於百世堯舜禹湯文武之後不有孔子則學術紛淆仁義湮塞斯道之失傳也久矣後之人而欲探二帝三王之心法以爲治國平天下之準其奚所取衷焉然則孔子

該志前有時任興寧知縣萬時若叙，叙書院創建始末、地方興學源流。正文分三卷。卷一爲聖贊并序，載有清康熙帝《至聖先師孔子贊并序》；位次圖（正殿，按當時書院規制，供奉孔子及四配、十二哲牌位。東西兩廡供奉先賢先儒牌位）；春秋祭孔儀注；祭品、禮器圖；訓士子文，含清乾隆皇帝訓士子文，清順治帝《欽頒學校卧碑》（學規）；條規，載有朱子白鹿洞條規、郴侯書院羅慎齋夫子訓士子格言；學院形勝全圖、書院正圖；藝文。卷二至卷三記載各類錢穀捐項及書院公田記録。

本書據上海圖書館藏清同治二年（1863）刻本影印。（馬治平）

鄺忠肅公遺録二卷

清鄺中孜、姚明燦、吴德漢編纂，清鄺梅岑重訂，清光緒五年（1879）刻本。每半葉十一行，行二十四字，小字雙行同，白口，四周雙邊，單黑魚尾。

鄺中孜，生卒年不詳，清宜章縣人，鄺埜十二世孫。姚明燦，生卒年不詳，爲宜章教諭。吴德漢（1725—1784），字宗海，號南溪，清宜章縣人。鄺梅岑，生卒年不詳，清宜章縣人。

鄺忠肅公，即鄺埜。鄺埜（1385—1449），字孟質，號樸齋，明宜章縣人。永樂九年（1411）中辛卯科三甲第二十七名進士，授監察御史。後任陝西按察副使、應

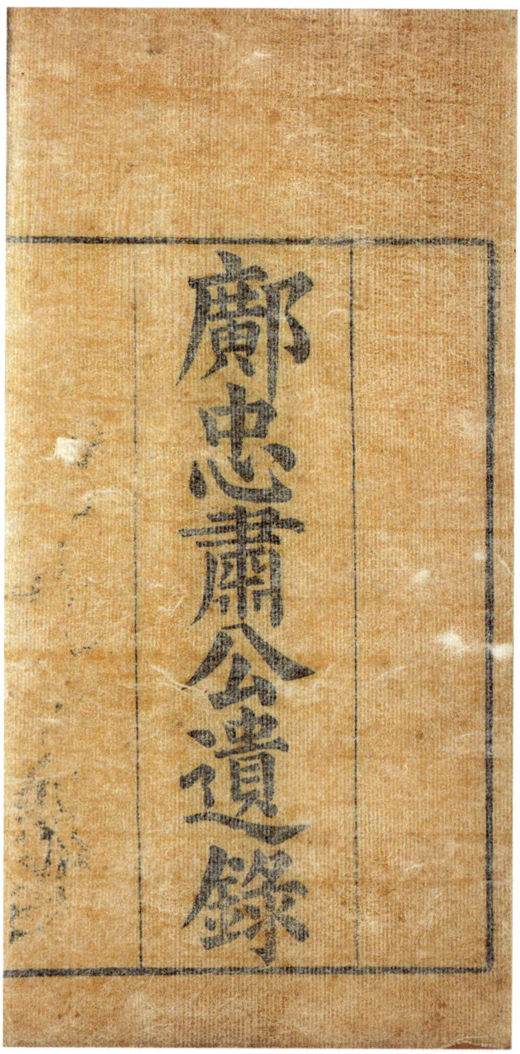

天府尹、兵部右侍郎。正統十年（1445）晋兵部尚書。正統十四年『土木之變』中遇難。景泰元年（1450），追贈少保。天順元年（1457），特贈專祠永享廟祀。成化元年（1465），追謚『忠肅』。

《鄺忠肅公遺録》具有較高的史料價值。内容分兩大類：卷一輯録鄺埜進封誥命、追贈諭祭、《明史·鄺埜傳》、墓表、神道碑及夫人墓誌銘、鄺埜詩文十四首（篇）。輯録其子鄺儀進階及夫人進封敕命、其弟鄺壐墓誌銘，其父鄺子輔文、其子鄺儀文各一篇。卷二輯録明清兩代官宦、鄉賢、親友、族裔追思紀念鄺埜詩文，計近一百九十首（篇）。

本書據中國人民大學圖書館藏清光緒五年（1879）刻本影印。（馬治平）

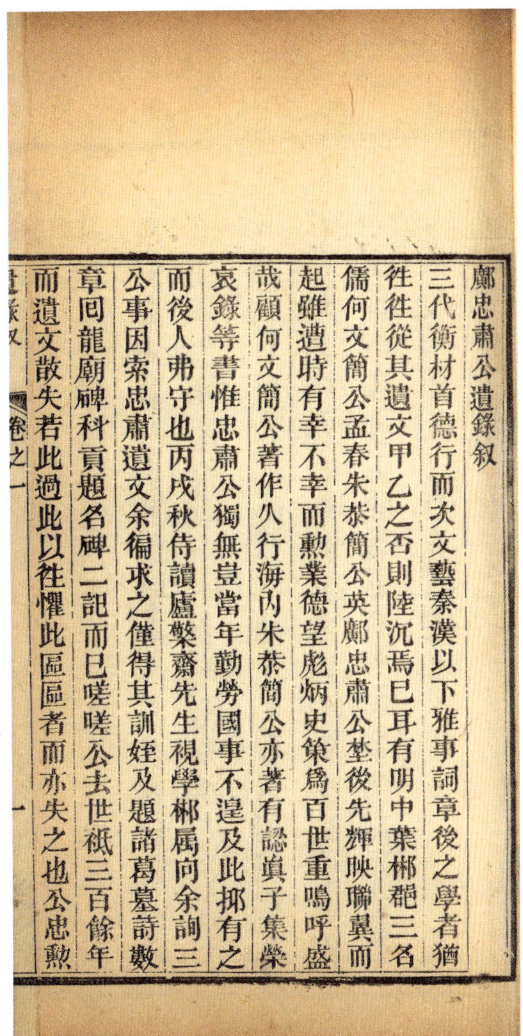
鄺忠肅公遺錄叙

三代衡材首德行而次文藝秦漢以下雅事詞章後之學者猶往往從其遺文甲乙之否則陸沉焉已耳有明中葉郴郶三名儒何文簡公孟春朱恭簡公英鄺忠肅公埜後先輝映聯翼而起雖遭時有幸不幸而勲業德望彪炳史策爲百世重嗚呼盛哉顧何文簡公著作八行海內朱恭簡公亦著有諡眞子集榮哀錄等書惟忠肅公獨無豈當年勤勞國事不遑及此抑有之而後人弗守也丙戌秋侍讀盧檠齋先生視學郴屬向余詢三公事因索忠肅遺文余徧求之僅得其訓姪及題諸葛墓詩數章囘龍廟碑科貢題名碑二記而已嗟嗟公去世祇三百餘年而遺文散失若此過此以往懼此區區者而亦失之也公忠勲

遺錄叙　卷之一　一

郴州崇義堂傳書

郴州市蘇仙區史志辦校注，二〇一六年郴州市蘇仙區史志辦校注鉛印本。

崇義堂，清光緒年間創建，取尊崇義舉之意，爲捐學賓興的民間機構，用於招待應舉之士，將樂捐學田者姓名恭立牌位，供於其中，薦以馨香。傳書是明清時期流傳於郴州及湘南一帶的特殊文體，類似於傳記或傳史。

《郴州崇義堂傳書》記載的是光緒年間郴州百姓捐資置辦學田，將其租金作爲書院教學、學子赴省入京趕考費用的史實，意在宣導民衆『學租一項，用度甚巨，惟望諸君急公仗義，慷慨捐輸，以襄盛舉』。并建崇義堂以資紀念。該書輯録了崇

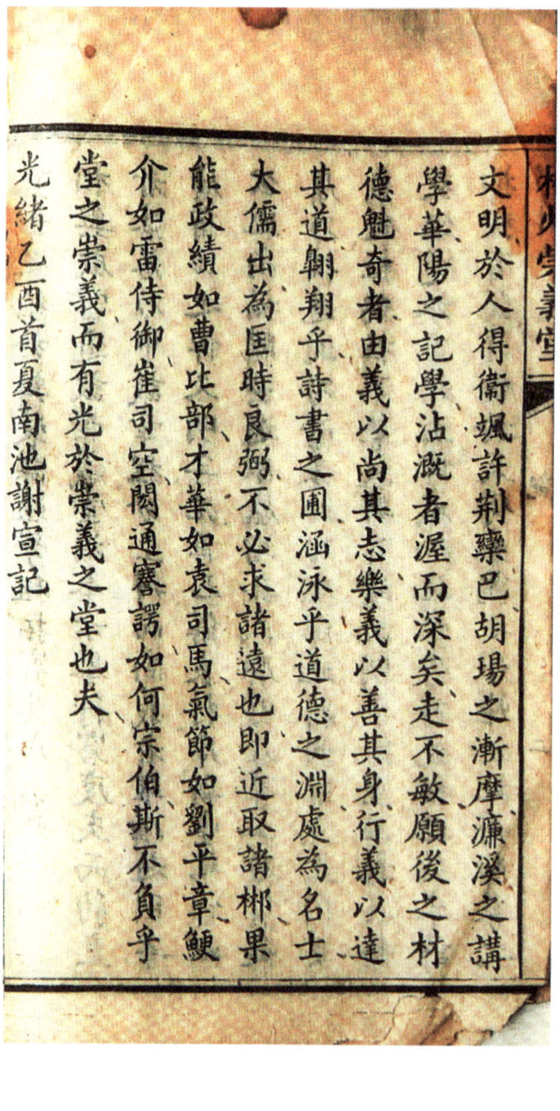

文明於人得衛颯許荆欒巴胡場之漸摩濂溪之講學華陽之記學沾溉者渥而深矣走不敏願後之材德魁奇者由義以尚其志樂義以善其身行義以達其道翺翔乎詩書之圃涵泳乎道德之淵處為名士大儒出為匡時良弼不必求諸遠也即近取諸郴果能政績如曹比部才華如袁司馬氣節如劉平章鯁介如雷侍御崔司空閎通謇諤如何宗伯斯不負乎堂之崇義而有光於崇義之堂也夫

光緒乙酉首夏南池謝宣記

義堂楹聯、禮儀、章程及有關捐學賓興的文書檔案。內容包括崇義堂呈稟、州府批文、田賦和租田等。特別是對晚清時期郴州學田制度的運行規則有詳細記載。是一部反映晚清郴州學田制度乃至教育狀況的珍稀資料。

該書原刻本多方徵集未果。現據二〇一六年蘇仙區史志辦校注鉛印本影印。（馬治平）

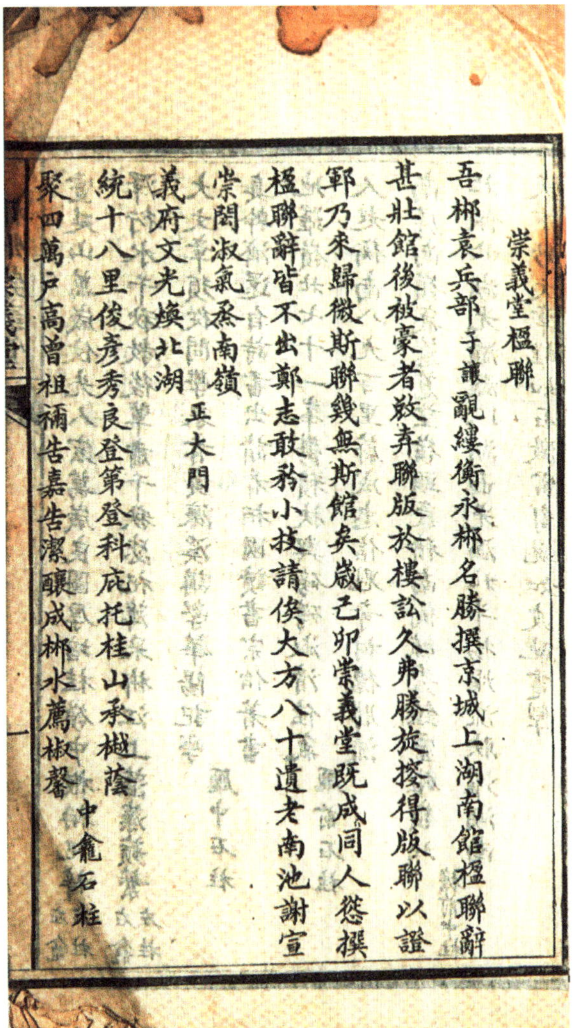
崇義堂楹聯

吾郴袁兵部子讓覼縷衡永郴名勝撰京城上湖南館楹聯辭甚壯館後被豪者欵弃聯版於樓訟久弗勝旋搜得版聯以證郛乃來歸微斯聯幾無斯館矣歲己卯崇義堂既成同人慫撰楹聯辭皆不出鄭志敢矜小技請俟大方八十遺老南池謝宣

崇閎淑氣森南嶺
正大門
義府文光煥北湖

統十八里俊彥秀良登第登科庇托桂山承樾蔭
中龕石柱
聚四萬户高曾祖禰告嘉告潔釀成郴水薦椒馨

補史一卷輯史一卷

清謝宣撰并注，民國二十二年（1933）謝氏家刻本。每半葉八行，行二十四字，小字雙行同，白口，四周雙邊，單黑魚尾。

謝宣，生卒年不詳，字良翰，號南池，清郴州人。道光十九年（1839）舉人。咸豐間委辦團練，以防剿功，授揀選知縣加鹽運同銜。兩江總督劉坤一慕其名，欲招幕其下，不就。先後掌郴州東山、安陵、漢寧、程水等書院，授徒無數。晚年尤嗜學不倦，耽心

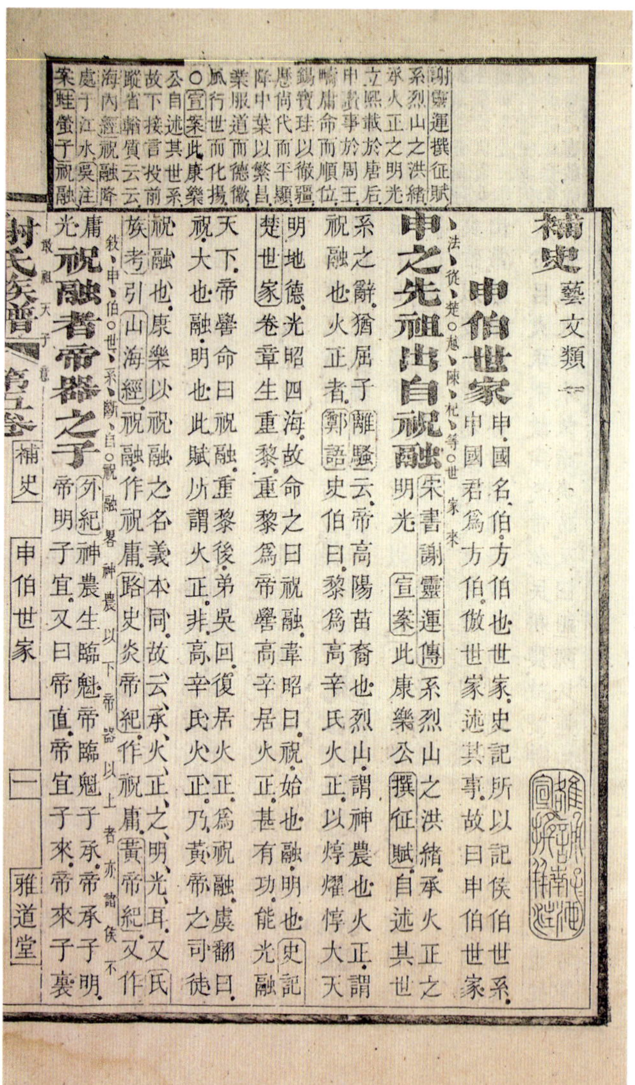

經史，旁及醫書。年八十三卒。著有《半帆文集》《經佘堂文稿》《是亦軒尺牘》等，爲晚清郴籍名儒。

《補史》爲謝宣仿褚少孫、司馬貞等補《史記》之例，補《申伯世家》一篇，并附索隱。前有謝仁櫝《補史記申伯世家序》及謝宣《補史記申伯世家序》，次《補史記申伯世家例言》八條，又次《申伯世系圖説》，末附《索隱述贊并跋》《共工考》《后土考》《太岳考》及《考跋語》。申伯，炎帝部落，姓姜，原名姜方伯，周厲王妻舅，中國開國君主，因分封於謝邑，尊爲謝氏始祖。是書上起皇古，下訖春秋，横跨千餘年，引書上百種，注釋精準，考證周詳。

《輯史》爲謝宣采輯諸書撰寫的謝夷吾、謝瞻傳記，分别爲《堯卿列傳》和《豫章列傳》，其中《堯卿列傳》以《後漢書·方術列傳·謝夷吾傳》爲藍本，從諸書中拾遺補闕，裒而輯之，又把《後漢書》諸紀傳中旁及謝夷吾的史料彙集，遂成此篇；《豫章列傳》以《宋書·謝瞻傳》和《南史·謝瞻傳》爲藍本，參照諸書，取《宋書》《南史》删繁補缺者，相互參校考訂，兼采二書諸紀傳中旁及謝瞻的資料，校編而成。

本書據民間藏民國二十二年（1933）謝氏家刻本影印。（尹友波）

牧令書節要十八卷

清陳士杰選編，清光緒十一年（1885）刻本。每半葉十行，行二十四字，白口，左右雙邊，單黑魚尾。

陳士杰（1825—1892），字雋丞，清桂陽州（今湖南桂陽）人。清代中興名臣。道光二十九年（1849）以拔貢生選取户部七品京官。咸豐三年（1853）入曾國藩衡州（今湖南衡陽）軍幕。同治元年（1862）經曾國藩薦舉，擢爲江蘇按察使。同治四年加布政使。光緒七年（1881）擢升浙江巡撫。光緒八年任山東巡撫，賜兵部

侍郎。光緒十二年夏因病辭職回鄉。光緒十八年十二月，陳士杰卒於衡州，葬於南嶽衡山七十二峰之一岣嶁峰南半山一笠庵下。光緒帝親撰祭文，曰：『朕維鞠躬盡瘁，臣子之芳踪；賜恤報勤，國家之盛典。爾前任山東巡撫陳士杰，性行純良，才能卓躒，方冀遐齡，忽聞長逝，朕甚悼焉！特頒祭葬，以慰幽魂。嗚呼！寵錫黄壚，庶沐匪躬之報；名垂青史，聿昭不朽之榮。爾如有知，尚克歆享。光緒戊戌季秋朔日。』該文現存衡陽市岣嶁峰陳士杰墓前碑刻。

《牧令書節要》十八卷，爲陳士杰根據道光年間徐棟所輯《牧令書》節選精編而成，刊行於光緒十一年。

徐棟《牧令書》原著分二十三卷，附録《保甲書》四卷，輯録了清朝二百多年來一百七十三

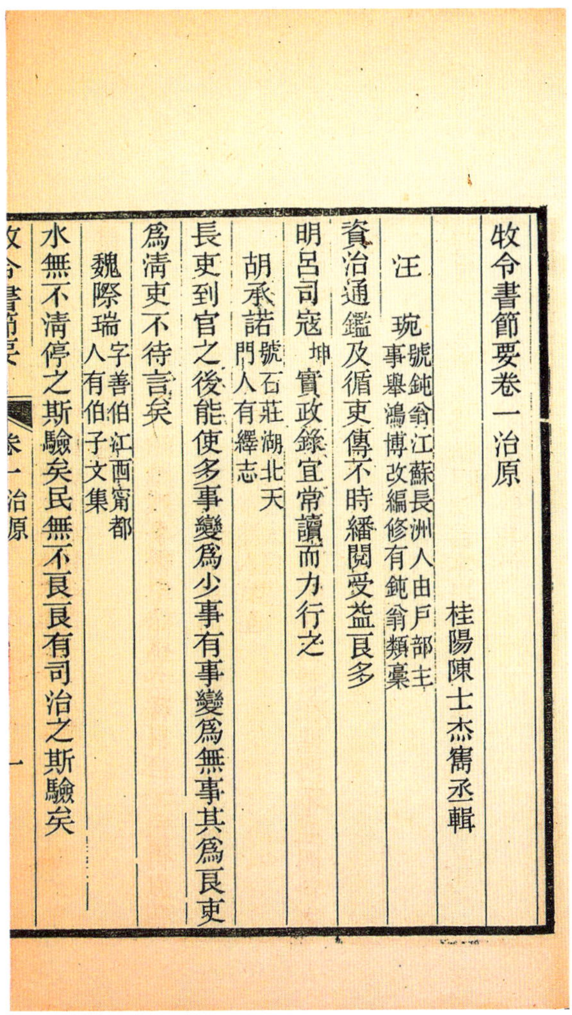
牧令書節要卷一 治原

桂陽陳士杰雋丞輯

汪　琬 號鈍翁江蘇長洲人由戶部主事舉鴻博改編修有鈍翁類稾

資治通鑑及循吏傳不時繙閱受益良多

明呂司寇 坤 實政錄宜常讀而力行之

胡承諾 號石莊湖北天門人有繹志

長吏到官之後能使多事變爲少事有事變爲無事其爲良吏爲清吏不待言矣

魏際瑞 字善伯江西甯都人有伯子文集

水無不清停之斯驗矣民無不良良有司治之斯驗矣

牧令書節要 卷一 治原 一

位名臣循吏的文章或言論，成書於道光年間。同治七年江蘇巡撫丁日昌將徐書删節、評點，删去《保甲書》，書名定爲《牧令書輯要》。

陳士杰所編《牧令書節要》基本上依徐棟原著體例，但進行了大刀闊斧的擇要節録。原著輯録文獻作者一百三十七人，陳士杰精選爲五十四人。原著卷目二十三卷，附《保甲書》四卷。陳士杰删節爲十七卷，將《保甲書》四卷删節爲一卷，共十八卷。文字篇幅亦大幅删節。陳士杰摘取所選文獻之精華段落或句子，將原著的二十多萬字精簡爲三萬多字。其卷目依次爲：治原、政略、持家、用人、事上、接下、取善、屏惡、農桑、賦役、籌荒、保息、教化、刑名、戢暴、備武、事彙、保甲。

本書據桂陽縣檔案館藏清光緒十一年（1885）刻本影印。（馬治平）

陳侍郎奏稿八卷

清陳士杰撰，清光緒三十二年（1906）刻本。每半葉十行，行二十四字，細黑口，左右雙邊，雙黑魚尾。

陳士杰生平見史部《牧令書節要》條。

《陳侍郎奏稿》共八卷，爲陳士杰於浙江巡撫、山東巡撫任上光緒七年至十二年（1881—1886）所有奏摺。

卷一收輯光緒七年九月二十一日至光緒九年正月初六日奏摺三十二件。卷二收輯光緒九年三月初二日至十二月二十日奏摺三十一件。卷三收輯光緒十年正月十五日至三月十四日奏摺十三件。卷四收輯光緒十年四月初三日至閏五

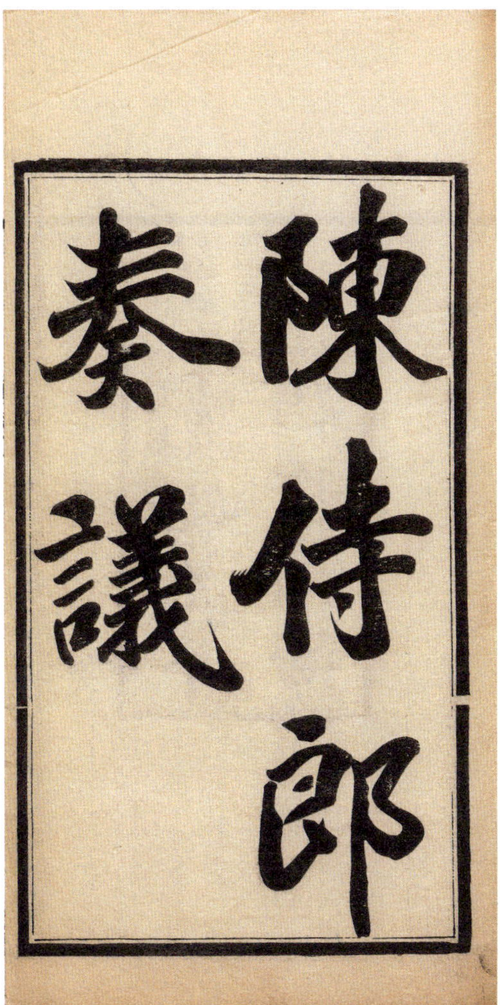

月二十四日奏摺二十二件。卷五收輯光緒十年六月十六日至十二月十八日奏摺三十七件。卷六收輯光緒十一年二月初三日至十月二十一日奏摺十九件。卷七收輯光緒十一年十月二十七日至十二月二十八日奏摺十四件。卷八收輯光緒十二年正月二十二日至五月二十七日奏摺二十六件。

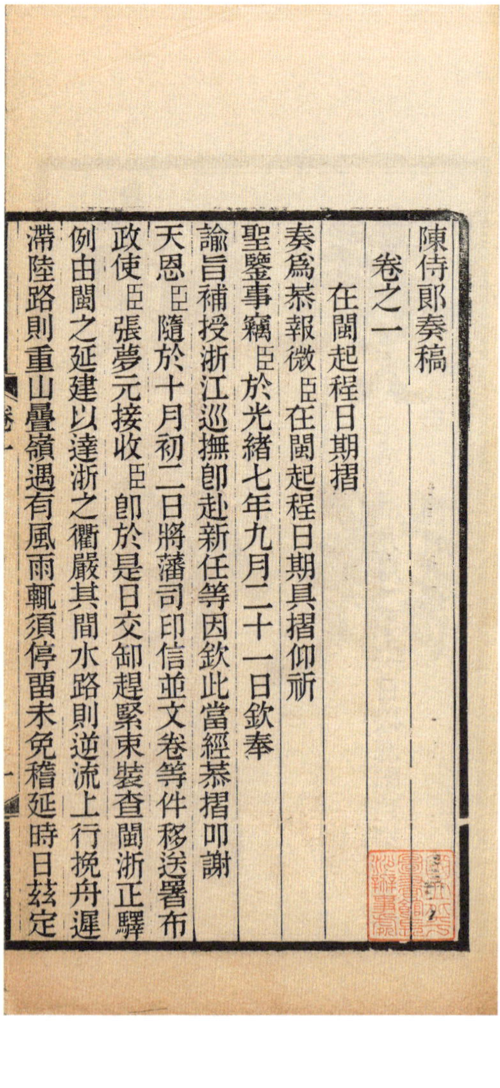
陳侍郎奏稿
卷之一
在閩起程日期摺
奏爲恭報微臣在閩起程日期具摺仰祈
聖鑒事竊臣於光緒七年九月二十一日欽奉
諭旨補授浙江巡撫卽赴新任等因欽此當經恭摺叩謝
天恩臣隨於十月初二日將藩司印信並文卷等件移送署布
政使臣張夢元接收臣卽於是日交卸趕緊束裝查閩浙正驛
例由閩之延建以達浙之衢嚴其間水路則逆流上行挽舟遲
滯陸路則重山疊嶺遇有風雨輒須停留未免稽延時日玆定

陳士杰任職山東期間，正值中法戰爭時期，山東烟臺、登州處於海防前綫，責任重大。加之黄河泛濫，灾難頻仍。作爲山東巡撫的陳士杰，奔走於沿海邊防和黄河兩岸，爲國操勞，殫精竭慮。這期間的奏摺，比較真實地反映了陳士杰的履職情況，也比較客觀地反映了當時山東社會政治經濟和軍事狀況。

本書據中國國家圖書館藏清光緒三十二年（1906）刻本影印。（馬治平）

陳侍郎書札八卷

清陳士杰撰，清光緒三十二年（1906）刻本。每半葉十行，行二十四字，細黑口，左右雙邊，雙黑魚尾。

陳士杰生平見史部《牧令書節要》條。

《陳侍郎書札》共八卷，按時間順序輯録了自咸豐初年至光緒中期，近四十年期間，陳士杰與上司、師長、親友、同僚、下屬之間的通信往來書札。這部書札反映了陳士杰從軍到步入仕途、宦海沉浮的生活軌迹，披露了陳士杰從一個熱血青年鍛鑄爲一代中興名臣的心路歷程，展現了陳士杰忠君孝親的家國情懷，耿介正直的處世態度。

本書據内蒙古自治区圖書館藏清光緒三十二年（1906）刻本影印。（馬治平）

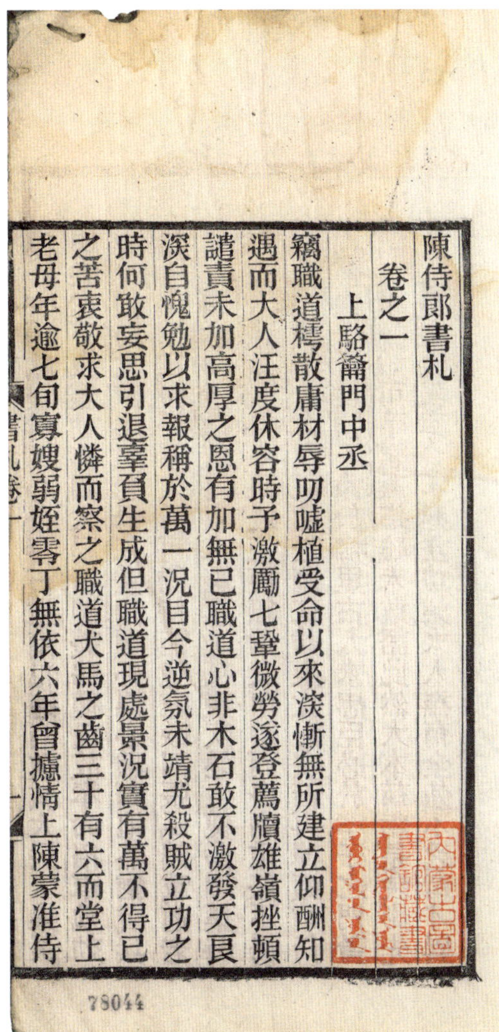
陳侍郎書札

卷之一

上駱籥門中丞

竊職道樗散庸材辱叨嘘植受命以來溪慚無所建立仰酬知遇而大人汪度休容時予激勵七犟微勞遂登薦牘雄嶺挫頓譴責未加高厚之恩有加無已職道心非木石敢不激發天良溪自愧勉以求報稱於萬一況目今逆氛未靖尤殺賊立功之時何敢妄思引退辜負生成但職道現處景況實有萬不得已之苦衷敬求大人憐而察之職道犬馬之齒三十有六而堂上老母年逾七旬寡嫂弱姪零丁無依六年曾攄情上陳蒙准侍

升授雲南鹽法道開化府知府臨武李公崇祀名宦録

清李崇疇編，清光緒十六年（1890）刻本，每半葉七行，行十八行，無魚尾。

李公即李榮燦，生卒年不詳，清臨武縣人。嘉慶十八年（1813）拔貢，任湖南安鄉縣教諭。道光十八年（1838）順天鄉試舉人，道光二十二年揀選雲南，歷任彌勒、寶寧知縣、寧州知州補永善縣知縣、蒙化直隸州同知。咸豐元年（1851）署開化府事攝安平道同知，咸豐三年擢升開化府知府。咸豐九年簡放雲南鹽法道，未赴任，歿於開化任所。

李崇疇係李榮燦次子。《升授雲南鹽法道開化府知府臨武李公崇

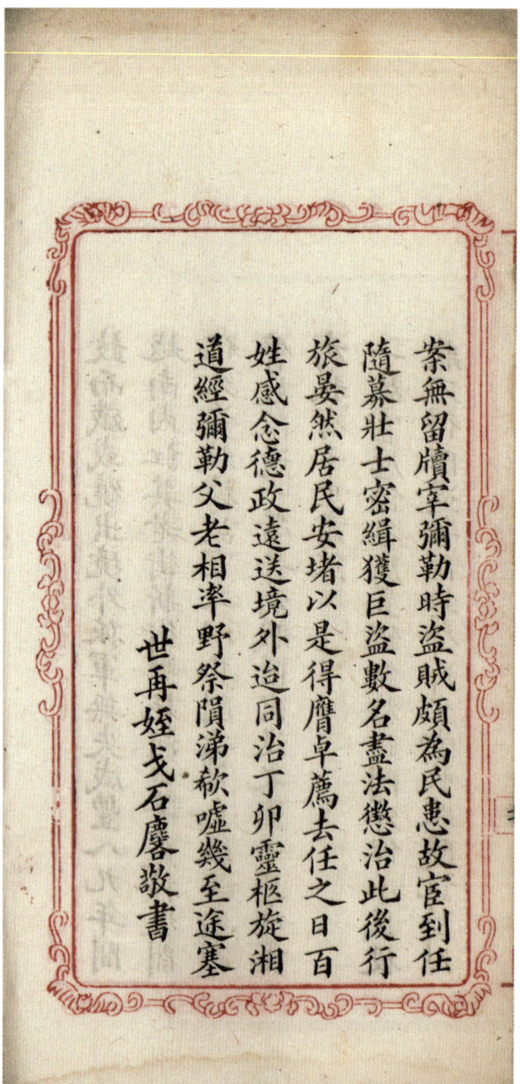
案無留牘宰彌勒時盜賊頗為民患故宦到任
隨募壯士密緝獲巨盜數名盡法懲治此後行
旅晏然居民安堵以是得膺卓薦去任之日百
姓感念德政遠送境外迨同治丁卯靈柩旋湘
道經彌勒父老相率野祭隕涕欷噓幾至途塞
世再姪戈石麐敬書

祀名宦録》即李崇疇其父生前親民善政、德懿雙舉，地方鄉賢士紳呈報朝廷崇祀名宦的奏疏及皇帝諭旨的公文彙編，其主要内容體現在雲南巡撫譚均培會同雲南學政王丕厘《爲查明已故知府遺愛在民請旨俯准崇祀名宦以愜輿情事》奏疏中。

本書據北京大學圖書館藏清光緒十六年（1890）刻本影印。（馬治平）

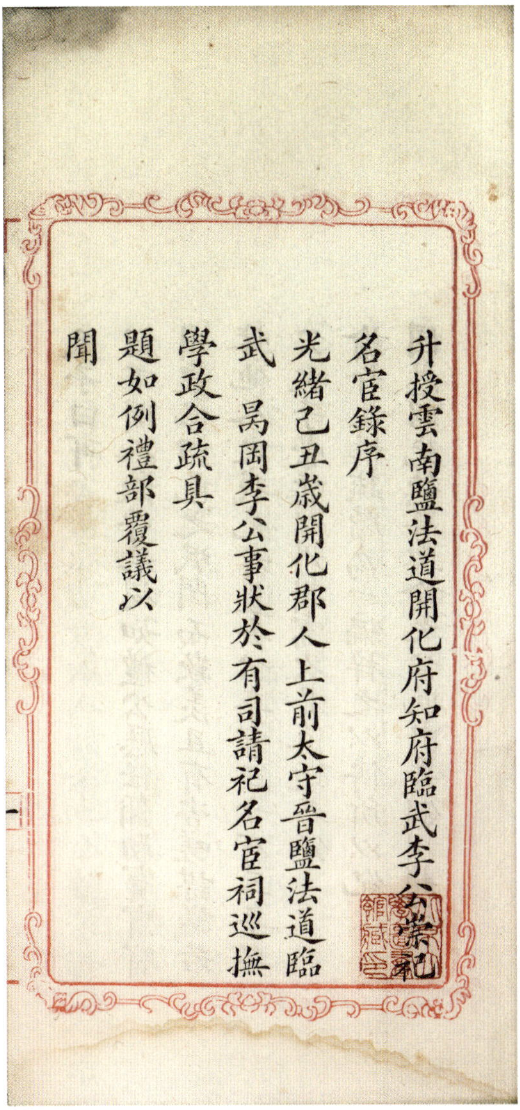
升授雲南鹽法道開化府知府臨武李公崇祀
名宦錄序
光緒己丑歲開化郡人上前太守晉鹽法道臨
武　吴岡李公事狀於有司請祀名宦祠巡撫
學政合疏具
題如例禮部覆議以
聞

金石摘不分卷

清陳善墀輯，清光緒四年（1878）瀏陽縣學不求甚解齋刻本。每半葉行數、字數不一，白口，單黑魚尾。

陳善墀（1831—1885），字廷仲，號丹皆，清郴州人。附生。陳起書次子。以軍功保舉訓導，加保教諭。選授長沙府學訓導，瀏陽、湘陰縣學訓導。歷充嶽麓、求忠、詁經、校經書院監院官，卒於任上。

《金石摘》爲陳善墀同治十年（1871）至光緒二年（1876）在瀏陽訓導任上編著。收録上古三代至清代鐘鼎、彝器、碑帖、墓誌、銘文及歷代書法。

此書之編輯，源於陳善墀『研究六書形聲之學，於古人

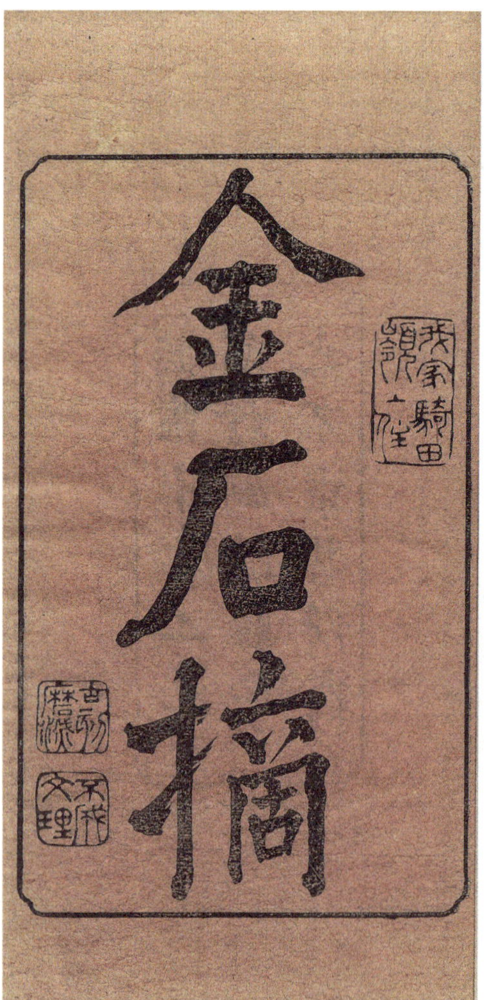

法帖好猶癖』，故書中『所輯自三代迄國朝，古文篆隸章草行楷諸法畢備，皆手自勾勒出之，而古人書法由是薈萃於此』。可見其成書主要目的是保存書法帖式，供書法愛好者觀賞學習。其書依舊本摹刻，勾勒工整，摘其精華，管中窺豹，爲該書特色。《清史稿》有著録。

本書據奥地利國家圖書館藏清光緒四年（1878）瀏陽縣學不求甚解齋刻本影印。（劉專可）

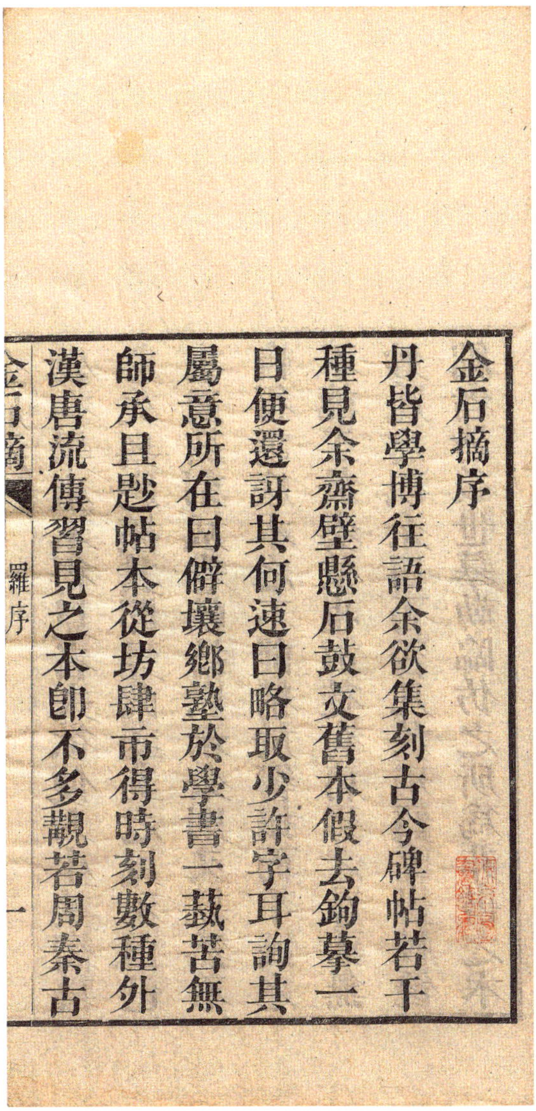

金石摘序

丹皆學博往語余欲集刻古今碑帖若干種見余齋壁懸石鼓文舊本假去鉤摹一日便還訝其何速曰略取少許字耳詢其屬意所在曰僻壤鄉塾於學書一藝苦無師承且匙帖本從坊肆市得時刻數種外漢唐流傳習見之本即不多覯若周秦古

金石摘　羅序　一

宜章石虎山武陵侯志十八卷

清黄名彦撰，清光緒元年（1875）刻本。每半葉九行，行二十字，小字雙行同，白口，四周雙邊，單黑魚尾。

黄名彦，生卒年不詳，清宜章縣人。監生。

該志爲《石虎山志》續志。全書内容分十四門。卷一爲迹略志，叙黄師浩履歷和封號、黄師浩事迹以及世譜、冢墓、廟制圖式、廟中彝器、行廟等。卷二爲封典志，叙唐、宋、元、明歷朝封侯敕命、禮部奏疏，府、州、縣以及宜章生員請封奏、迹略册等。卷三爲祀典志，叙頒祀典敕命，祭品、祭期、儀注、祝文，詣石虎山廟祭祀承祭官、委祭官等。卷四爲古迹志，載黄師浩未仕時讀書處等古迹。卷五爲靈异志，載武陵侯保境安民、禦灾捍患、造福於邑的故事。卷六爲象緯志，

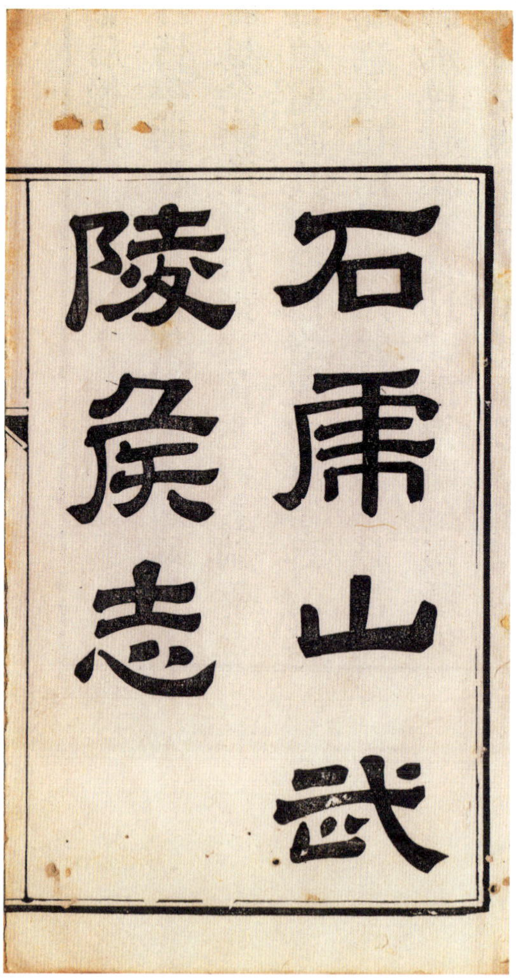

録周天列宿全象圖、軫宿圖、翼宿圖、分星考、星纏考、星占考、雜占考等。卷七爲沿革志，叙石虎山所屬沿革，武陵侯廟制沿革等。卷八爲形勝志，載石虎山八景、石虎山形勝全圖、三十六峰、岩、泉、水道等。卷九爲田賦志，載祭田、墓田、廟田、慶祝田及諸項田地丁征銀。卷十爲物産志，記載石虎山地區動植物狀况，含木竹花果葉藥、禽獸之屬。卷十一爲徑路志，叙游覽石虎山武陵侯廟道路交通。卷十二爲勝游志，記載歷朝名宦名儒高人逸士游覽石虎山武陵侯廟之事。卷十三至卷十七爲藝文志，録碑文、序、記、表、賦、詩、詞、贊、聯、額等。卷十八爲外志，記載外州縣武陵侯廟廟制等。

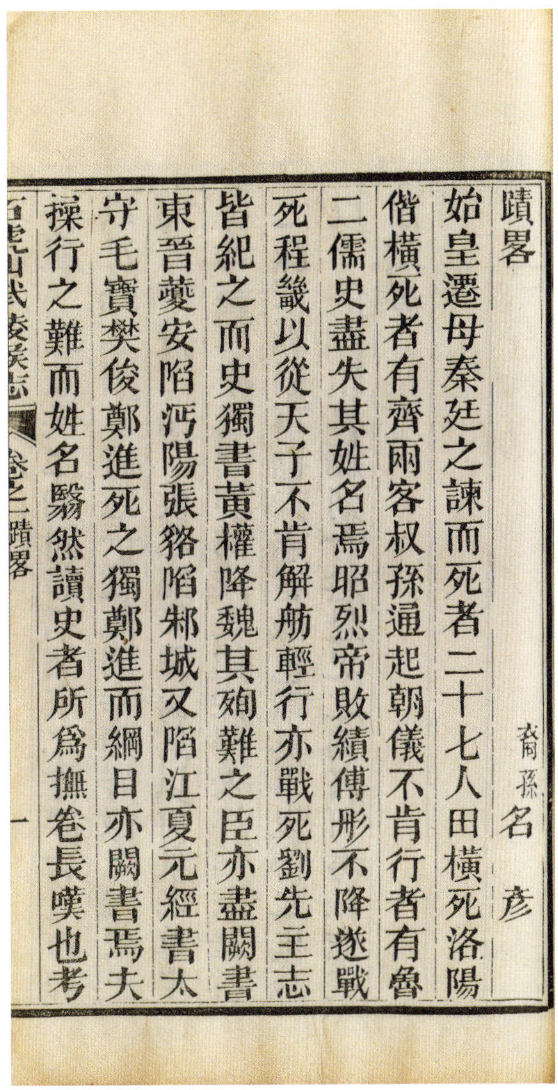
蹟畧　　裔孫名彦

始皇遷母秦廷之諫而死者二十七人田横死洛陽偕横死者有齊兩客叔孫通起朝儀不肯行者有魯二儒史盡失其姓名焉昭烈帝敗績傳彤不降遂戰死程畿以從天子不肯解舫輕行亦戰死劉先主志皆紀之而史獨書黃權降魏其殉難之臣亦盡闕書東晉蘷安陷沔陽張貉陷邾城又陷江夏元經書太守毛寶樊俊鄭進死之獨鄭進而綱目亦闕書焉夫操行之難而姓名翳然讀史者所爲撫卷長嘆也考

石虎山武陵侯志　卷之二　蹟畧　一

本書據湖南圖書館藏清光緒元年（1875）刻本影印。（馬治平）

豫章戰績

清羅孝連撰，清抄本。首尾鈐『羅運陟印』『邠峴』二印。

羅孝連（1832—1899），字共琳，號虎臣，清郴州人。光緒年間任貴州提督加尚書銜。

該書爲羅孝連回憶録，叙述了羅孝連入團練、投湘軍，轉戰湖南、江西、貴州，征剿太平軍、鎮壓貴州少數民族地區暴動的經歷。

咸豐二年（1852）羅孝連入當地官紳所辦團練，充當什長。咸豐六年投湘軍悍將田興恕部，轉戰江西，征剿太平軍，升千總，加守備銜。咸豐八年隨田入黔鎮壓貴州苗民暴動，遷都司。咸豐九年奉命回湘，配合劉

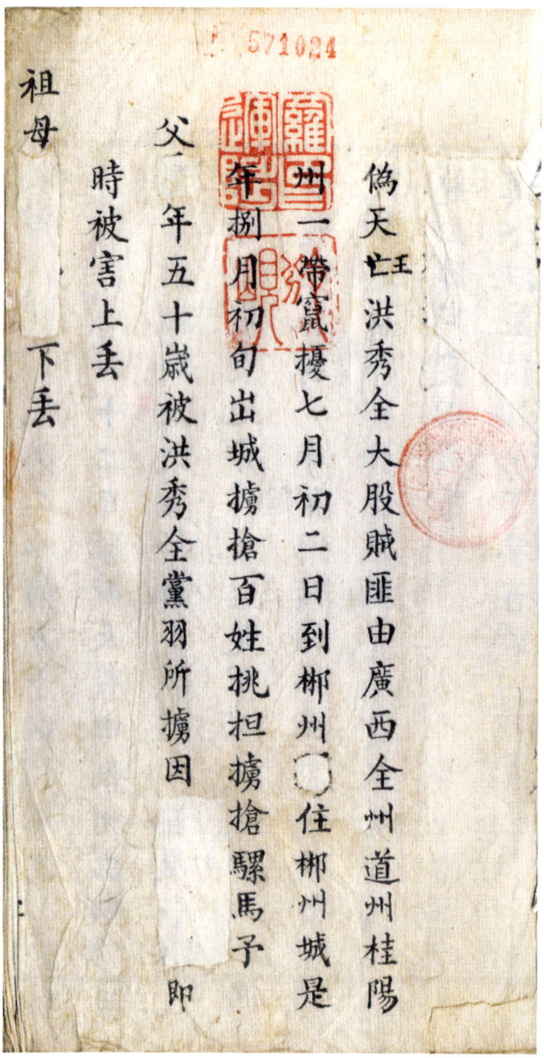
571024

偽天王洪秀全大股賊匪由廣西全州道州桂陽
州一帶竄擾七月初二日到郴州（）住郴州城是
年捌月初旬出城擄搶百姓挑担擄搶騾馬予
父（）年五十歲被洪秀全黨羽所擄因　即
時被害上丢
祖母　下丢

長佑、李續宜等與石達開部戰於長沙等地，升游擊，統領『長勝軍』，駐靖州。咸豐十年，再入貴州獲『彪勇巴圖魯』名號，纍升參將、總兵、提督。羅孝連自述曰，咸豐五年至同治十一年（1872），十八年間，『共打過五百數十餘仗』，『合共克復府廳州縣城池二十三座，解圍府廳州縣城十三座，攻破賊營、攻破賊屯、攻破賊寨不計其數』。因戰功顯赫，屢受朝廷褒獎和擢升。

《豫章戰績》成於光緒十五年（1889）。光緒二十四年秋，受羅孝連之托，貴州安南縣（今貴州晴隆）知縣楊宗瀛將《豫章戰績》編輯爲《羅尚書戰績》。

本書據湖南圖書館藏清抄本影印。（馬治平）

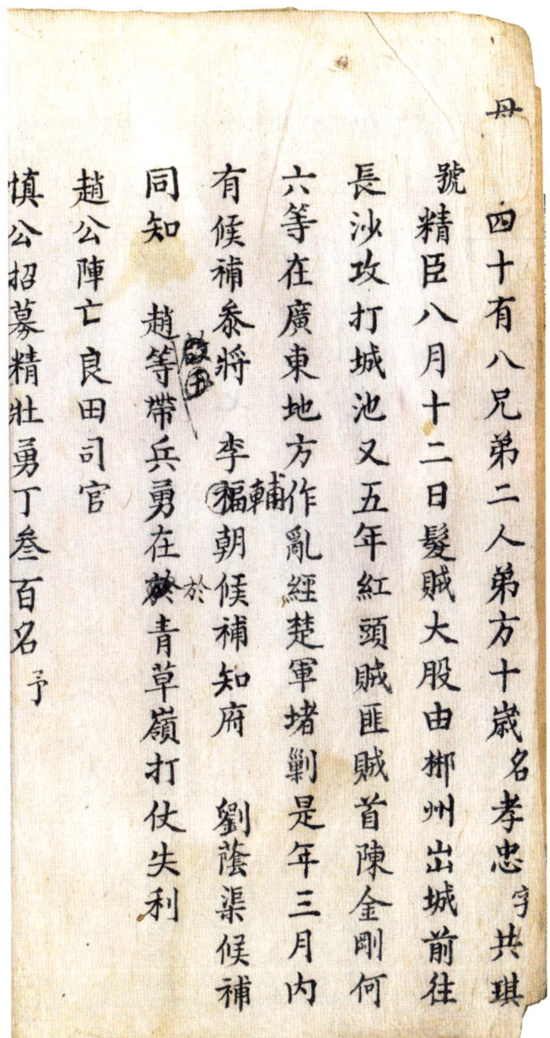
丹 四十有八兄弟二人弟方十歲名孝忠字共琪
號精臣八月十二日髮賊大股由郴州出城前往
長沙攻打城池又五年紅頭賊匪賊首陳金剛何
六等在廣東地方作亂經楚軍堵剿是年三月内
有候補參將 李輔朝候補知府 劉蔭渠候補
同知 趙等帶兵勇在於青草嶺打仗失利
趙公陣亡良田司官
慎公招募精壯勇丁叁百名予

陳巡撫行狀不分卷

清王闓運撰，清光緒十九年（1893）刻本。每半葉八行，行十八字，白口，左右雙邊，單黑魚尾。

王闓運（1833—1916），字壬秋，又字壬父，號湘綺，清湖南湘潭人。晚清經學家、文學家。曾主講長沙思賢講舍、衡州船山書院、南昌高等學堂。授翰林院檢討，加侍讀銜。辛亥革命後任清史館館長。王闓運與陳士杰是至交，後兩家聯姻結爲親家。著有《東安縣志》《衡陽縣志》《［光緒］湘潭縣志》《湘軍志》等。

行狀，稱『狀』，以後稱之『行狀』或『行述』（也謂之『事略』），是叙述死者世系、生卒年月、籍貫、事迹的文體。本文主人公陳

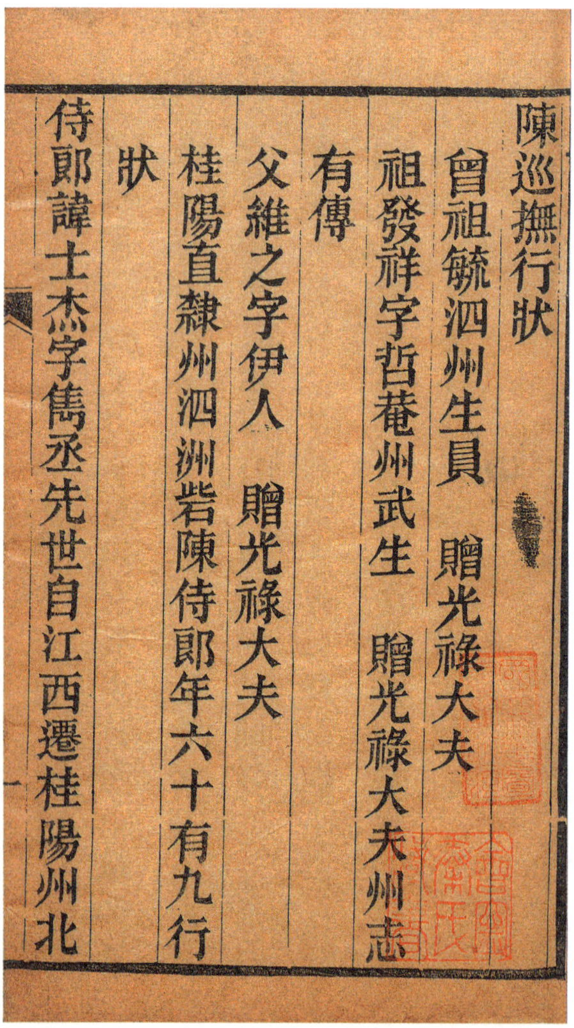
陳巡撫行狀
曾祖毓泗州生員　贈光祿大夫
祖發祥字哲菴州武生　贈光祿大夫州志
有傳
父維之字伊人　贈光祿大夫
桂陽直隸州泗洲砦陳侍郎年六十有九行
狀
侍郎諱士杰字雋丞先世自江西遷桂陽州北

士杰（1825—1892），字寯丞，清桂陽州（今湖南桂陽）人，清代中興名臣。道光二十九年（1849）以拔貢生選取户部七品京官。咸豐三年（1853）陳士杰入曾國藩衡州軍幕。同治元年（1862）經曾國藩薦舉，擢爲江蘇按察使。同治四年加布政使。光緒七年（1881）擢升浙江巡撫。光緒八年任山東巡撫，賜兵部侍郎。光緒十二年夏因病辭職回鄉。光緒十八年十二月，陳士杰卒於衡州，年六十九歲。

本書據中國國家圖書館藏清光緒十九年（1893）刻本影印。（馬治平）

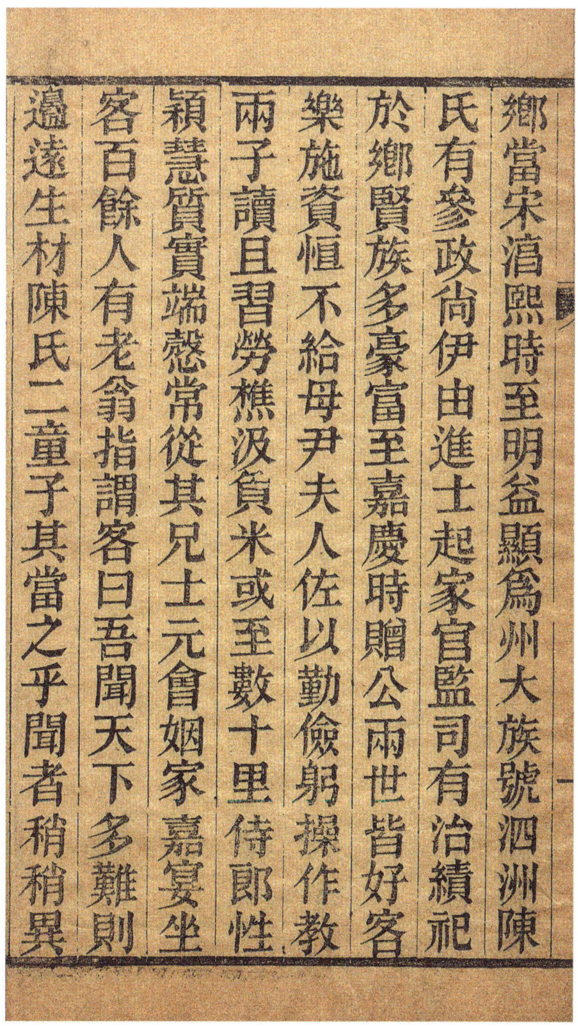
鄉當宋湻熙時至明益顯爲州大族號泗洲陳氏有參政尚伊由進士起家官監司有治績祀於鄉賢族多豪富至嘉慶時贈公兩世皆好客樂施資恒不給母尹夫人佐以勤儉躬操作教兩子讀且習勞樵汲負米或至數十里侍郎性穎慧質實端慤常從其兄士元會姻家嘉宴坐客百餘人有老翁指謂客曰吾聞天下多難則邉遠生材陳氏二童子其當之乎聞者稍稍異

陳侍郎側室李恭人行狀不分卷

清王闓運撰，清光緒十九年（1893）刻本。每半葉八行，行十八字，白口，四周單邊，單黑魚尾。

王闓運生平見史部《陳巡撫行狀》條。

行狀，稱『狀』，以後稱之『行狀』或『行述』（也謂之『事略』），是叙述死者世系、生平、生卒年月、籍貫、事迹的文體。本文主人公李恭人（1867—1893），陳士杰側室，清江蘇吴縣（今蘇州）人。光緒十八年（1892）十二月，陳士杰去世，李氏殉夫，年僅二十六歲。

本書據中國國家圖書館藏清光緒十九年（1893）刻本影印。（馬治平）

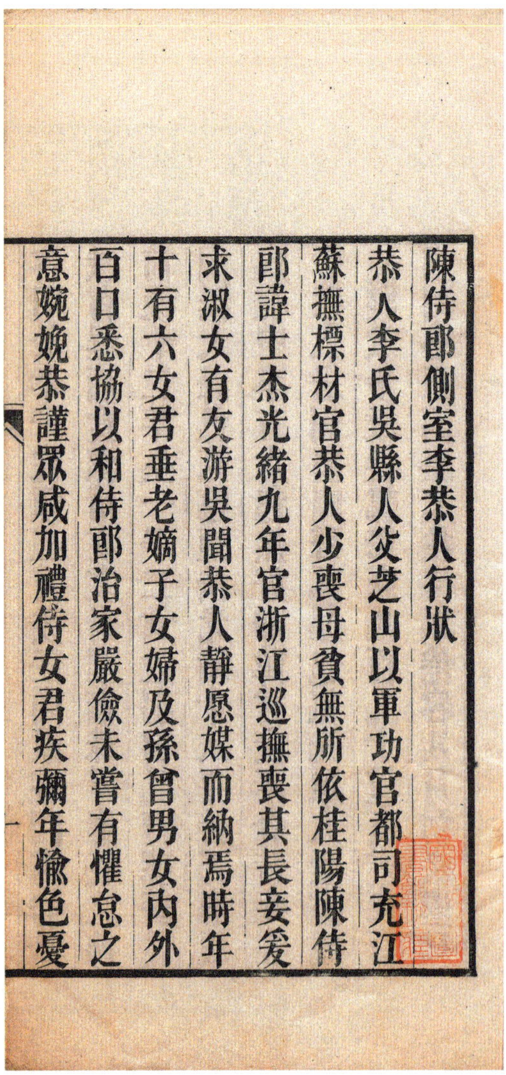

陳侍郎側室李恭人行狀
恭人李氏吳縣人父芝山以軍功官都司允江
蘇撫標材官恭人少喪母貧無所依桂陽陳侍
郎諱士杰光緒九年官浙江巡撫喪其長妾爰
求淑女有友游吳聞恭人靜愿媒而納焉時年
十有六女君垂老嫡子女婦及孫曾男女內外
百口悉協以和侍郎治家嚴儉未嘗有懼怠之
意婉娩恭謹眾咸加禮侍女君疾彌年愉色憂

郴游日記

清楊恩壽撰，一九八三年上海古籍出版社鉛印《坦園日記》本。

楊恩壽（1835—1891），字鶴儔，名坦園，號蓬海、朋海、頡父，別署蓬道人，清湖南長沙人。晚清著名詩人、書畫理論家、戲曲家及戲曲理論家。十七歲始應童試，二十一歲中秀才，二十五歲得優貢，三十七歲中舉。歷任詹事府主簿、湖北鹽運使、湖北候補知府，以候補知府充湖北護貢使。同治元年（1862）充湖南郴州府教席，後在雲南、貴州做幕賓。與湖南著名士人郭

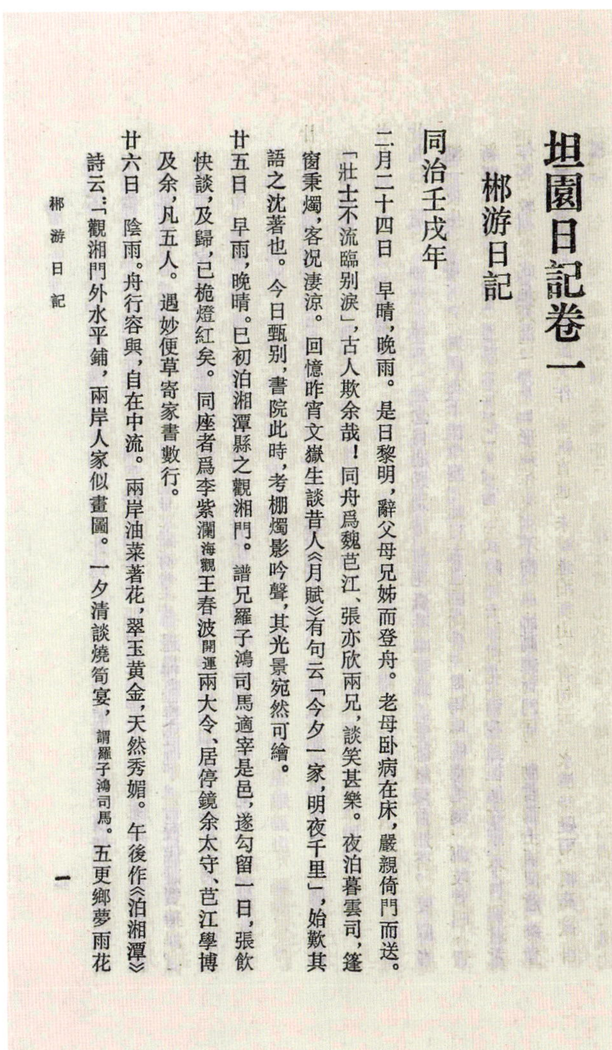

坦園日記卷一

郴游日記

同治壬戌年

二月二十四日　早晴，晚雨。是日黎明，辭父母兄姊而登舟。老母卧病在床，嚴親倚門而送。「壯士不流臨別淚」，古人欺余哉！同舟爲魏芑江、張亦欣兩兄，談笑甚樂。夜泊暮雲司，篷窗秉燭，客况凄涼。回憶昨宵文嶽生談昔人《月賦》有句云「今夕一家，明夜千里」，始歎其語之沈著也。今日甄別，書院此時，考棚燭影吟聲，其光景宛然可繪。

廿五日　早雨，晚晴。巳初泊湘潭縣之觀湘門。譜兄羅子鴻司馬適宰是邑，遂勾留一日，張飲快談，及歸，已梔燈紅矣。同座者爲李紫瀾（海觀）王春波（開運）兩大令、居停鏡余太守、芑江學博及余，凡五人。遇妙便草寄家書數行。

廿六日　陰雨。舟行容與，自在中流。兩岸油菜著花，翠玉黃金，天然秀媚。午後作《泊湘潭》詩云：「觀湘門外水平鋪，兩岸人家似畫圖。一夕清談燒筍宴，（謂羅子鴻司馬。）五更鄉夢雨花

郴游日記　一

嵩燾、王先謙、王闓運及湘軍著名將領曾國荃、李元度等人交往甚密。楊恩壽著述頗富，有《坦園叢書》等十四種，代表作《詞餘叢話》及《續詞餘叢話》被收入《中國古典戲曲論著集成》。此外，尚有未刊印之《坦園日記》，共十册，較爲全面地反映了同治年間長沙士人生活狀況。

《坦園日記》爲楊恩壽手稿。一九八二年陳長明據以點校，後上海古籍出版社以《坦園日記》爲書名出版。内有《郴游日記》《北流日記》《長沙日記》和《燕游日記》，共八卷。

《郴游日記》二卷爲楊恩壽被郴州知州魏式曾聘爲教席時所作，始自同治元年二月二十四日，止於同治三年六月二十九日。其中同治二年一月至九月中旬的日記缺失。日記中，作者用頗具文采的筆觸，記録了他的所見、所聞、所感。既可以讓人一瞥晚清時期郴州的社會風貌和風土人情，又可以從中瞭解作者青年時代的生活追求和心路歷程，具有較高的史料價值。楊恩壽還是著名的戲曲家、戲曲理論家，自少即癡迷戲曲。日記中有很多他在郴州的觀劇記録，所記劇場及戲班名稱，劇碼及情節，演員及演技，可以一窺晚清郴州地方戲曲的發展狀況，是研究近代地方戲曲史極爲珍貴的史料。

本書據一九八三年上海古籍出版社鉛印《坦園日記》本影印。（馬治平）

四川官運鹽案類編八十卷

清夏峕重訂，清光緒二十四年（1898）瀘州總局重刻本。每半葉十三行，行二十二字，黑口，左右雙邊，單黑魚尾。

夏峕（1837—1906），字佑簡，又字菽軒，清桂陽州（今湖南桂陽）人。咸豐十一年（1861）舉人。光緒三年（1877）總辦四川機器局務，光緒八年總辦滇黔邊計鹽務。光緒二十四年授四川川東道兼四川洋務局會辦。光緒二十六年遷四川按察史。光緒二十七年擢陝西布政使。後歷官江西、陝西巡撫，兵部侍郎、都察院右副都御史，御賜一品封典，誥授光祿大夫，建威將軍。他在興學、練兵、勸工、振商、築路、留學等諸新政中多有建樹，是清末地方督撫大員中頗有治績的一位。光緒三十二年七月三日卒於西安。

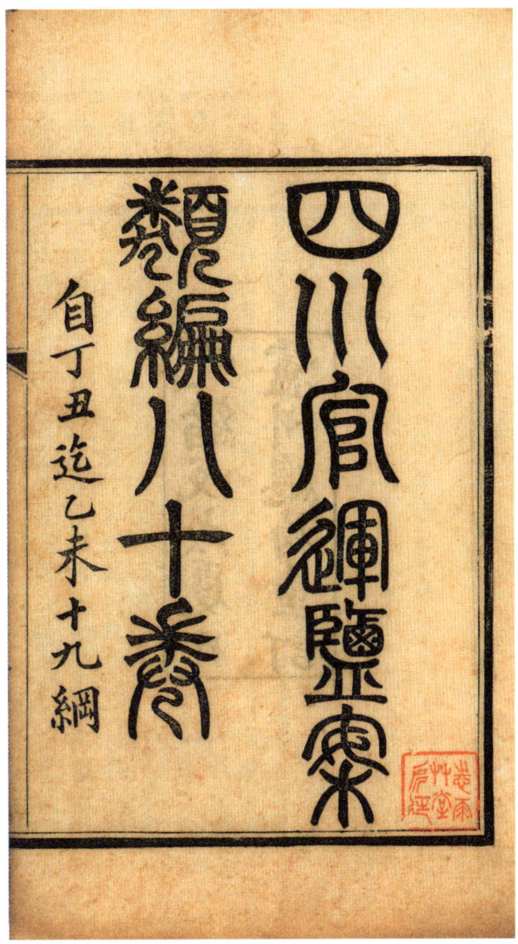

《四川官運鹽案類編》爲光緒四年唐炯創編，夏旹重訂。以後有五次續編。《四川官運鹽案類編》八十卷，編於光緒二十四年，記事起於光緒三年，止於光緒二十二年。首一卷爲上諭，輯録光緒三年至六年間十二道諭旨。正文分九類八十卷。依次爲奏稿（七卷）、部咨（十卷）、局詳（二十七卷）、院札（六卷）、局札（十四卷）、局移（四卷）、院示（四卷）、局示（五卷）、章程（三卷）。書前有光緒二十四年夏旹編《重定四川官運鹽案類編弁言》、唐炯光緒七年編《原刻四川官運鹽案類編叙目》二十八卷和光緒二十二年王季寅《原刻四川官運鹽案類編叙目》。

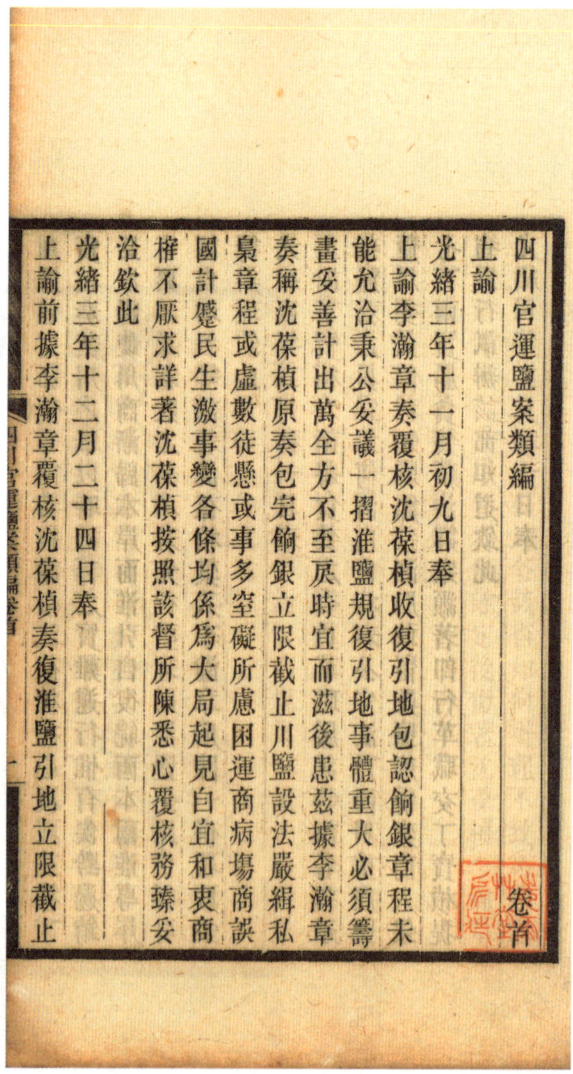
四川官運鹽案類編　卷首

上諭

光緒三年十一月初九日奉

上諭李瀚章奏覆核沈葆楨收復引地包認餉銀章程未能允洽秉公妥議一摺淮鹽規復引地事體重大必須籌畫妥善計出萬全方不至戻時宜而滋後患茲據李瀚章奏稱沈葆楨原奏包完餉銀立限截止川鹽設法嚴緝私梟章程或慮數徒懸或事多窒礙所慮困運商病場商誤國計釐民生激事變各條均係爲大局起見自宜和衷商榷不厭求詳著沈葆楨按照該督所陳悉心覆核務臻妥洽欽此

光緒三年十二月二十四日奉

上諭前據李瀚章覆核沈葆楨奏復淮鹽引地立限截止

本書據上海圖書館藏清光緒二十四年（1898）瀘州總局重刻本影印。（馬治平）

劉幼吾司馬署湖南桂陽州臨武縣時勸民種植示一卷

清劉詒烈撰，清光緒二十七年（1901）胡玉縉抄本。每半葉八行，行二十二字，紅格。

劉詒烈，生卒年不詳，字幻吾，清江西萍鄉人。光緒二十年（1894）任臨武知縣。光緒二十三年至二十五年以永桂廳通判兼署臨武縣知縣。抄本和《申報》所刊標題中『幼』爲『幻』之誤。

劉詒烈署理臨武知縣期間，極力勸民種植經濟作物，增加民衆收入。《勸民種植示》詳盡分析了蠶桑、葡萄、棉花、甘蔗、竹、樟、橡膠樹、烟葉、茶葉、白蠟等作物的經濟價值和種植條件，引導民衆種

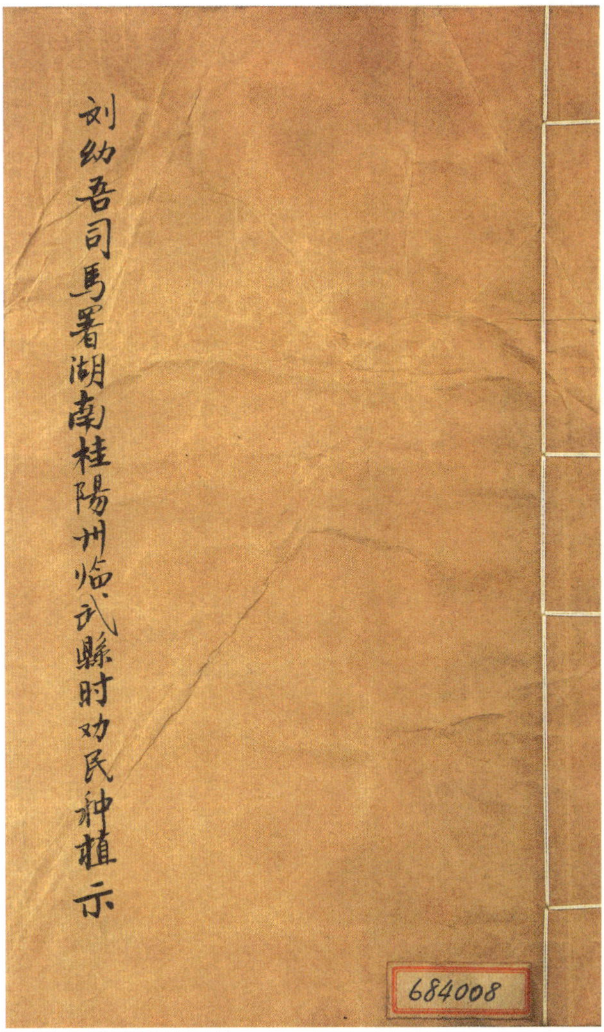

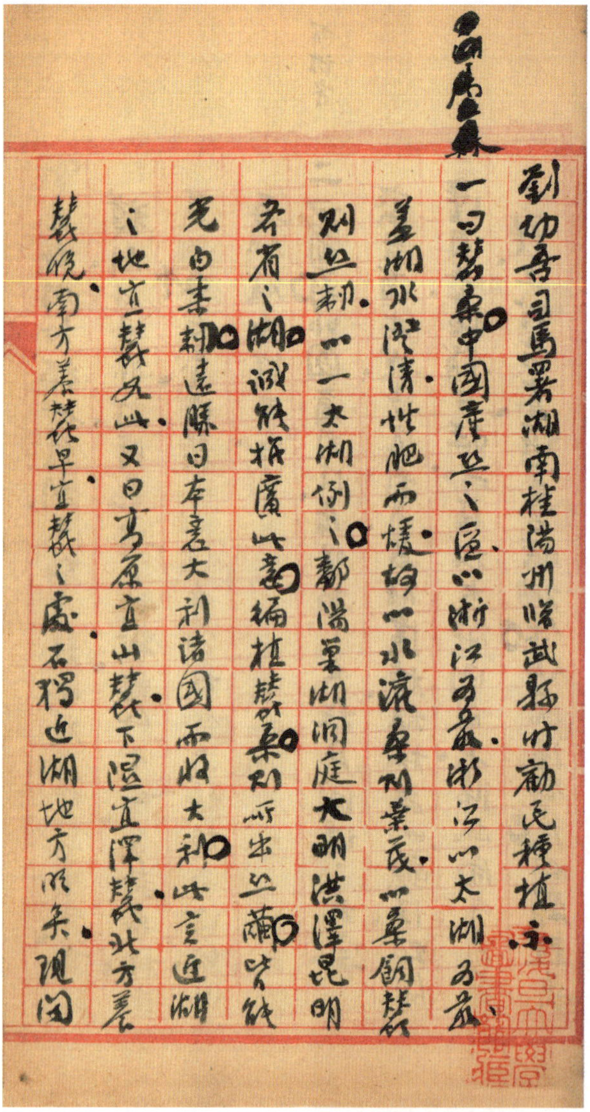
劉幼吾司馬署湖南桂陽州臨武縣時勸民種植示
一曰蠶桑。中國産絲之區，以浙江爲最。浙江以太湖爲最。
蓋湖水澄清，性肥而燥，故以水澆桑，則葉茂，以葉飼蠶，
則絲韌。以一太湖例之，鄱陽、巢湖、洞庭、大明、洪澤、昆明
各有之湖，誠能推廣此意，遍植桑，則所出之繭，皆絲
光白柔韌，遠駕日本、意大利諸國而上之。大都此言近湖
之地宜蠶也。又曰高原宜山蠶，下隰宜澤蠶。北方春
蠶晚，南方春蠶早，宜蠶之處，不獨近湖地方爲然。現聞

植。所列品種除橡膠樹外，其餘均爲臨武傳統物産，其中白蠟古爲朝廷貢品。書末有『辛丑十月二十二、三兩日《申報・附張》示未録』之注。查該日《申報・附張》所登《劉幼吾司馬署湖南桂陽州臨武縣時勸民種植告示》，其部分内容抄本未録。

本書據復旦大學圖書館藏清光緒二十七年（1901）胡玉縉抄本影印。（馬治平）

詳定廩貢章程不分卷

清桂東士紳輯，清光緒二十七年（1901）刻本。每半葉七行，行十九字，小字雙行同，白口，四周雙邊，單黑魚尾。

廩貢，爲府、州、縣廩生被選拔爲貢生者。而《詳定廩貢章程》中廩貢一詞僅指補廩出貢規費。所謂廩貢章程，其實就是關於補廩出貢規費管理的章程。故《詳定廩貢章程》一書既是桂東縣補廩出貢規費管理的事務記録，也是一部反映清末科舉制度下縣一級科考管理的歷史文獻。

全書分四部分。第一部分爲吴孝烙、劉人蓉、鄧潤棠序及《五都公局勸捐始末記》《文廟考成記》，述桂東縣詳定廩貢章程始末。第二部分輯録桂東縣知縣林鑑中及桂東縣闔邑生員呈稟學政衙署，請求批准提撥公款充繳補廩出貢規費的

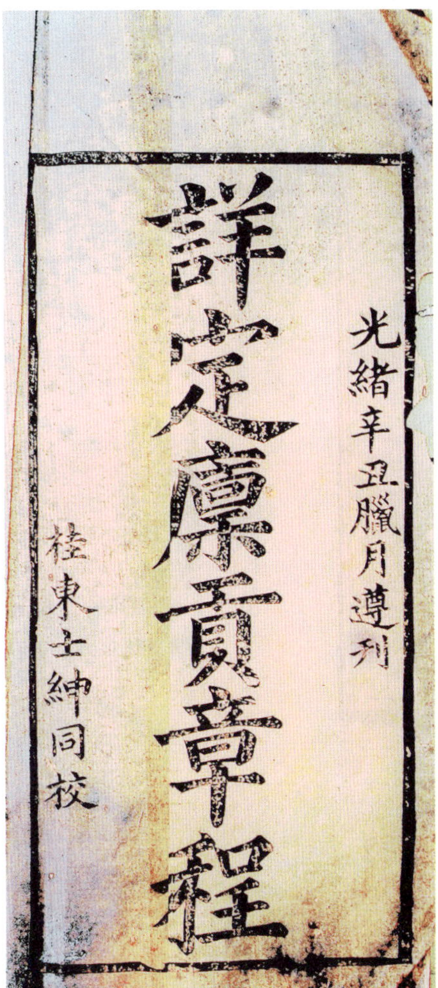

呈稟件及學政衙署批文。第三部分《公議條規》，對廪貢規費的來源、使用原則、管理辦法作詳細規定。第四部分刊列捐户名録及捐田、捐銀數額。

本書據桂東縣檔案館藏清光緒二十七年（1901）刻本影印。（馬治平）

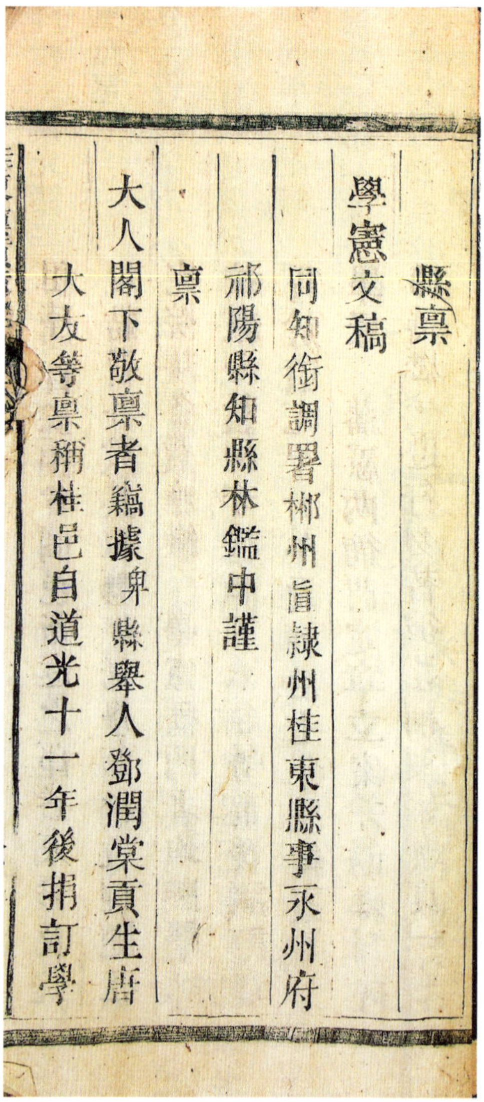

縣稟

學憲文稿

同知銜調署郴州直隸州桂東縣事永州府

祁陽縣知縣林鑑中謹

稟

大人閣下敬稟者竊據卑縣舉人鄧潤棠貢生唐

大友等稟稱桂邑自道光十一年後捐訂學

誥授光禄大夫建威將軍尚書銜貴州提督謚武勤顯考羅府君行狀一卷

清羅仰懷撰，清光緒刻本。每半葉十行，行二十五至二十八字不等，白口，四周雙邊，單黑魚尾。

羅仰懷，生卒年不詳，羅孝連之子。二品蔭生。貴州補用通判、州同知。

行狀，稱『狀』，以後稱之『行狀』或『行述』（也謂之『事略』），是叙述死者世系、生卒年月、籍貫、生平事迹的文體。本文主人公羅孝連（1832—1899），字共琳，號虎臣，清郴州人。咸豐二年（1852）募兵三百加入團練，六年投田興恕部，轉戰江西，升参軍，加守備銜。八年隨田興恕入貴州鎮壓苗民起義，遷都司。九年奉命回師湖南，配合李續賓部與

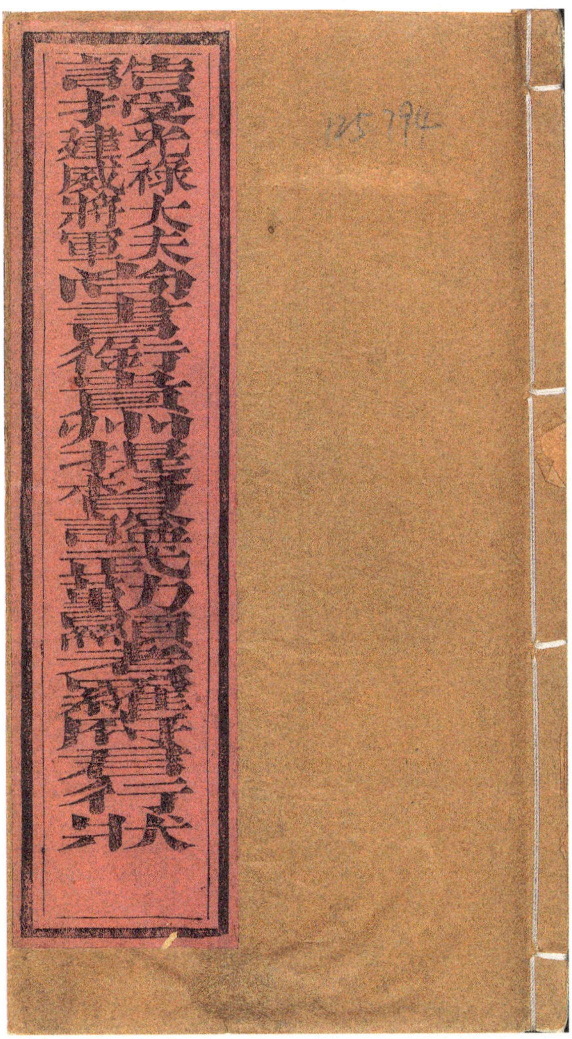

石達開作戰，升游擊。率常勝軍，住靖州。爾後，再進貴州鎮壓苗民起義，升鎮遠總兵、貴州提督加尚書銜。卒於任。

本書據中國國家圖書館藏清光緒刻本影印。（馬治平）

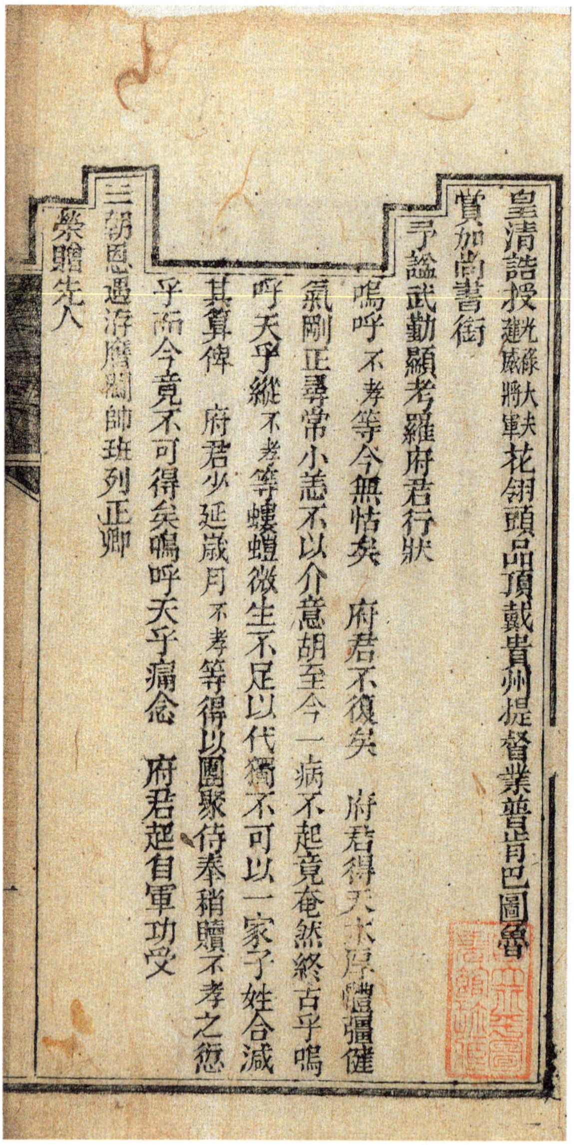
皇清誥授光祿大夫振威將軍花翎頭品頂戴貴州提督業普肯巴圖魯
賞加尚書銜
予謚武勤顯考羅府君行狀
嗚呼不孝等今無怙矣　府君不復矣　府君得天獨厚體強健
氣剛正尋常小恙不以介意胡至今一病不起竟奄然終古乎嗚
呼天乎縱不孝等螻蟻微生不足以代獨不可以一家子姓合減
其算俾　府君少延歲月不孝等得以團聚侍奉稍贖不孝之愆
乎而今竟不可得矣嗚呼天乎痛念　府君起自軍功受
三朝恩遇洊膺閫帥班列正卿
榮贈先人

郴游録一卷郴州集一卷

清金蓉鏡撰，清光緒三十二年（1906）鉛印本。每半葉十行，行三十二字，細黑口，四周雙邊，單黑魚尾。

金蓉鏡（1855—1929），又名金殿丞、金伯子，字學範，又字潛父，號殿臣，又作甸丞，晚號香嚴居士，清浙江嘉興人。詩文淵雅，畫尤譽盛，爲清末四大畫家之一。光緒十五年（1889）中進士。三十一年七月至三十二年閏四月，任郴州直隸州知州。歷任靖州直隸州知州、永順府知府等。辛亥革命後，辭官回鄉隱居治學，與滬上書畫名家多有

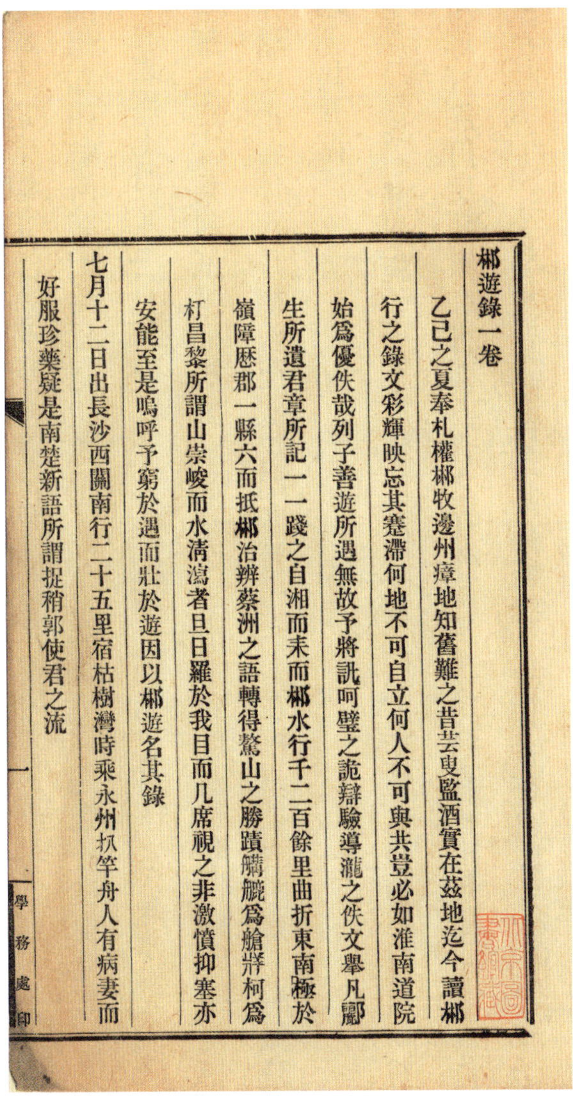

郴遊錄一卷

乙巳之夏奉札權郴牧邊州瘴地知舊難之昔芸叟監酒實在茲地迄今讀郴行之錄文彩輝映忘其蹇滯何地不可自立何人不可與共豈必如淮南道院始爲優佚哉列子善遊所遇無故予將訊呵璧之詭辯驗導瀧之佚文舉凡酈生所遺君章所記一一踐之自湘而耒而郴水行千二百餘里曲折東南極於嶺障歷郡一縣六而抵郴治辨蔡洲之語轉得鷲山之勝蹟艑艒爲艙牂柯爲杙昌黎所謂山崇峻而水清瀉者旦日羅於我目而几席視之非激憤抑塞亦安能至是嗚呼予窮於遇而壯於遊因以郴遊名其錄

七月十二日出長沙西關南行二十五里宿枯樹灣時乘永州扒竿舟人有病妻而好服珍藥疑是南楚新語所謂捉稍郭使君之流

來往。著有《滮湖遺老集》《滮湖遺老續集》《郴游録》《痰氣集》《潛庵詩草》等。

《郴游録》爲金蓉鏡任郴州知州時所著，爲日記體游記。分三部分：一是赴任途中見聞，共二十二篇，作者於光緒三十一年農曆七月十二日在長沙登船，經湘潭、衡山、衡陽，轉耒水經耒陽、永興，於八月初五在郴州瓦窑坪上岸，乘輿抵達郴州城。逐日記述沿途見聞及風物民俗。二是郴州任上見聞，共十篇，記述光緒三十一年八月初八至次年閏四月十六，在郴州任上考察、游覽時所見所聞。三是離任途中記述，共五篇。

《郴游録》後附有金蓉鏡所著詩集《郴州集》，共收録其詩作一百一十二首。作者自跋云：『右詩一百十二首，不盡屬郴州所作，删訂綴輯實在郴州，合之在州所爲，統名爲《郴州集》。』作者雖在郴任職僅僅十個月，然對這裏的山水風情、風物民俗甚爲留戀。故作者在自跋中感慨：『予不能忘郴，郴其忘予乎？』其詩作體現了作者的郴州情懷，有較高的文學價值。

本書據中國國家圖書館藏清光緒三十二年（1906）鉛印本影印。（馬治平）

臨武縣紳民呈禀不分卷

清黃恩溥、鄺書華等撰，清光緒刻本。每半葉九行，行二十一字，小字雙行同，細黑口，左右雙邊，單黑魚尾。

黃恩溥，生卒年不詳，清臨武縣人，職員。鄺書華，清臨武縣人，拔貢。

《臨武縣紳民呈禀》撰於光緒二十五年（1899）初，爲臨武縣銜職員、生員、耆老共四十三人聯名上書桂陽州、湖南巡撫的禀帖。禀帖臚陳已升任永桂廳通判的臨武知縣劉詒烈在任期間興革、勸懲、勸勉、清廉的十大政績，『旌循良而慰民望』，懇

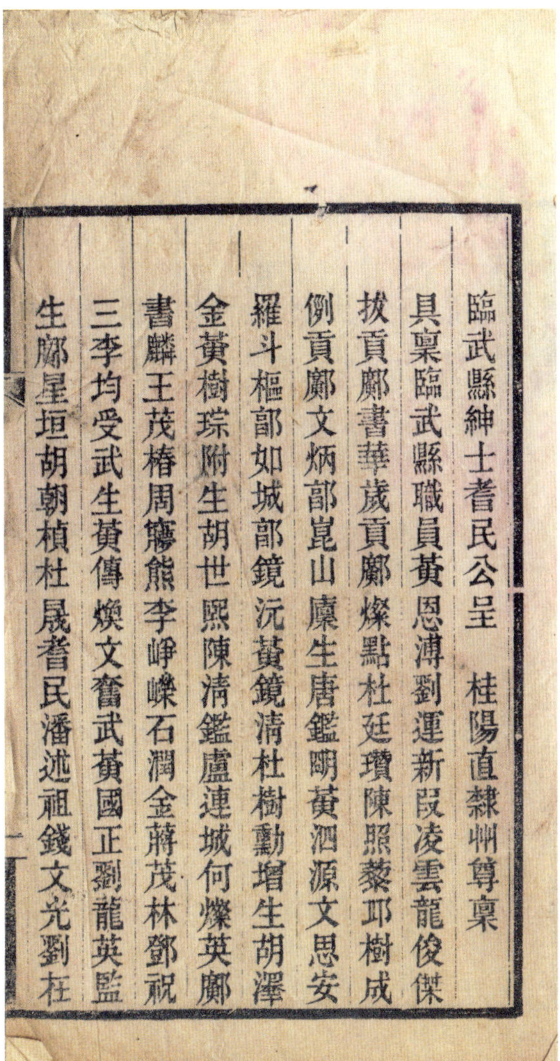
臨武縣紳士耆民公呈　桂陽直隸州尊稟
具稟臨武縣職員黄恩溥劉運新段凌雲龍俊傑
拔貢鄺書華歲貢鄺燦點杜廷瓚陳照藜邱樹成
例貢鄺文炳鄧崑山廪生唐鑑明黄泗源文思安
羅斗樞鄧如城鄧鏡沅黄鏡清杜樹勳增生胡澤
金黄樹琮附生胡世熙陳清鑑盧連城何燦英鄺
書麟王茂椿周𥫗熊李峥嵘石潤金蔣茂林鄧祝
三李均受武生黄傳煥文奮武黄國正劉龍英監
生鄺星垣胡朝楨杜晟耆民潘述祖錢文光劉在

請劉詒烈續署臨武縣事，後獲批准的呈稟。

劉詒烈，生卒年不詳，字幻吾，清江西萍鄉人。光緒二十年任臨武知縣。光緒二十三年至二十五年以永桂廳通判兼署臨武縣知縣。

本書有附録，內容爲州、道、省各級衙署呈文、批文，劉詒烈《留別臨陽》詩十五首，《留別永桂》詩二十首。詩文抒發了劉詒烈興政愛民、留戀故土、敬仰先賢的情懷。

本書據湖南圖書館藏清光緒刻本影印。（馬治平）

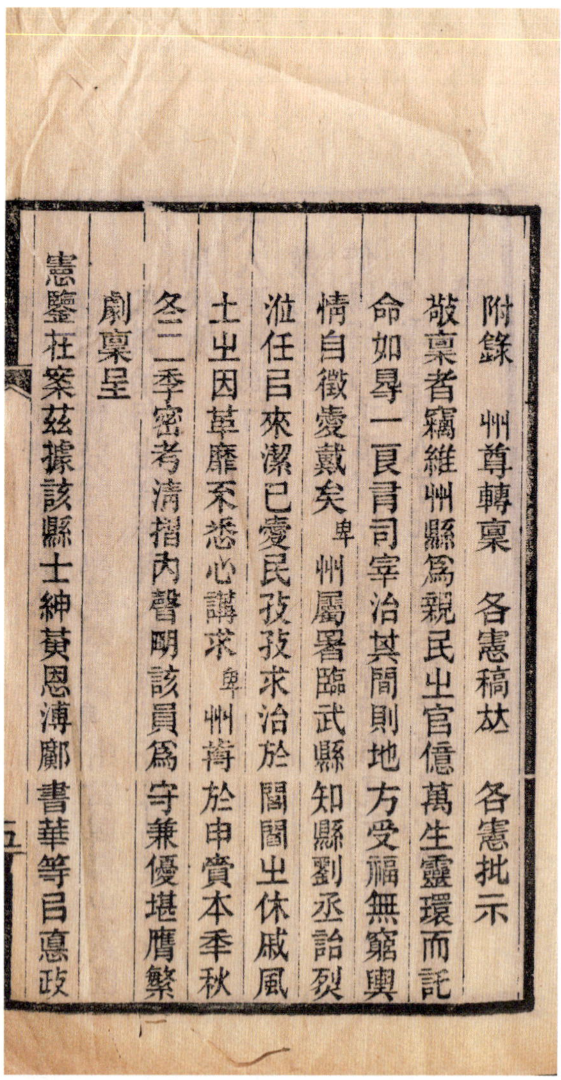
附錄　州尊轉稟　各憲稿并　各憲批示
敬稟者竊維州縣爲親民之官億萬生靈環而託
命如得一員有司宰治其間則地方受福無窮輿
情自徵愛戴矣卑州屬署臨武縣知縣劉丞詒烈
涖任以來潔已愛民孜孜求治於閭閻之休戚風
土之因革靡不悉心講求卑州擠於申賞本季秋
冬二季密考清摺內聲明該員爲守兼優堪膺繁
劇稟呈
憲鑒在案茲據該縣士紳黃恩溥鄺書華等以惪政
五

東三省鹽法志十四卷

清陳爲鎰、雷飛鵬、粟掞纂，清宣統三年（1911）鉛印本。每半葉九行，行二十五字，小字雙行同，白口，四周雙邊，單黑魚尾。

陳爲鎰（1863—1924），字璞臣，清郴州人。肄業校經書院，光緒二十三年（1897）優貢，清末參與維新運動，主辦《湘學新報》，創辦郴州輿算學會。後捐納内閣中書，充奉天高等學堂教授，其文名遠動京師。雷飛鵬（1863—1933），字筱秋，清嘉禾縣人。中國近代民主革命家。光緒十九年舉人，二十一年追隨

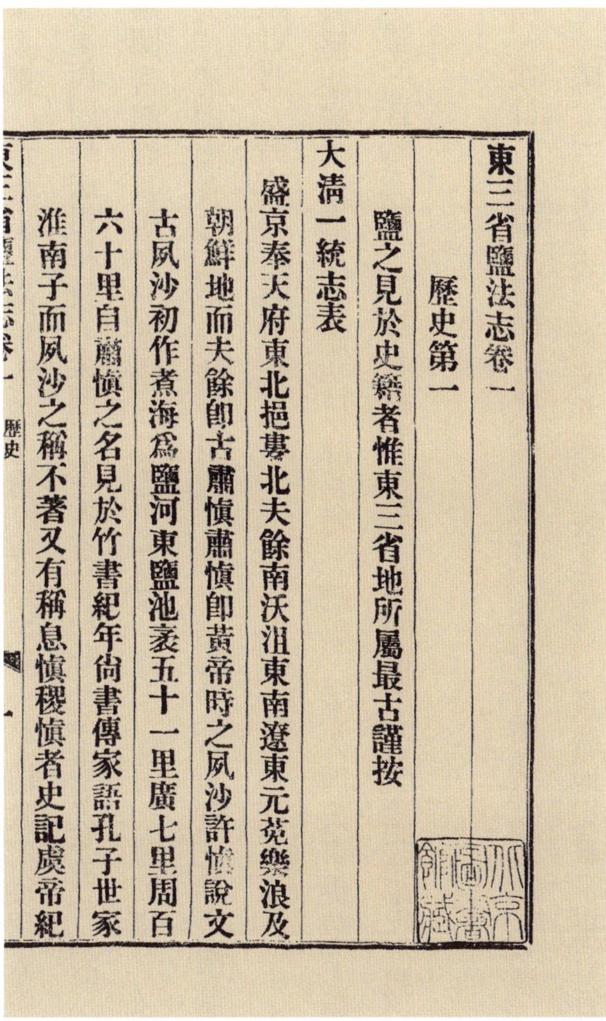

東三省鹽法志卷一

歷史第一

鹽之見於史籍者惟東三省地所屬最古謹按

大清一統志表

盛京奉天府東北挹婁北夫餘南沃沮東南遼東元菟樂浪及
朝鮮地而夫餘即古肅愼肅愼即黃帝時之夙沙許愼說文
古夙沙初作煮海爲鹽河東鹽池袤五十一里廣七里周百
六十里自肅愼之名見於竹書紀年尚書傳家語孔子世家
淮南子而夙沙之稱不著又有稱息愼稷愼者史記虞帝紀

東三省鹽法志卷一　歷史

康有爲、梁啓超公車上書，後由譚人鳳、章太炎介紹加入興中會。光緒三十二年清政府從舉人中選拔官員，雷飛鵬被委任爲盛京將軍衙門提法司科員，後歷任奉天省寬甸縣（今遼寧寬甸）知縣、西安縣（今吉林遼源）知縣，湖南圖書館館長等職。粟㮚（1861—1936），字穀青，號歌鳳，又號靈騫，别號歌鳳生、歌鳳樓主人，清湖南長沙人。晚清書畫家。進士出身，曾官度支部主事制用司行走。工書畫，善花卉，尤擅牡丹，時有『粟牡丹』之稱。

宣統二年（1910）八月，沈致堅組織人員開館修志，以陳爲鎰爲總纂。不久因人事更替，編撰人員『散差』，修志之事一度擱置。宣統三年三月熊希齡到任後，重組修撰人員，聘請雷飛鵬、粟㮚同任總纂。同年七月完稿。

全書共十四卷。分歷史、灘埸、旗莊、征榷、督銷、轉運、職官、禁令、緝私、報銷、交涉、叙志十二門。除文字外，尚有七十一圖、三十一表，圖文并舉，表述兼之，系統地記載了東三省鹽業發展之歷史。

本書據中國國家圖書館藏清宣統三年（1911）鉛印本影印。（馬治平）

光緒二十三年丁酉科湖南鄉試硃卷一卷

清黃純垓撰，清光緒二十三年（1897）刻本。每半葉十行，行二十二字，白口，四周雙邊，單黑魚尾。

黃純垓（1868—？），字圖九，清郴州人。其父黃仲騏爲郴州名士，爲仲騏第四子。光緒二十三年（1897）由廩生中式湖南鄉試第二十八名舉人。二十九年考取進士，以知縣即用，簽分直隸，補授交河知縣。三十三年任教直隸法政學堂教員。民國初年當選爲郴縣議會議

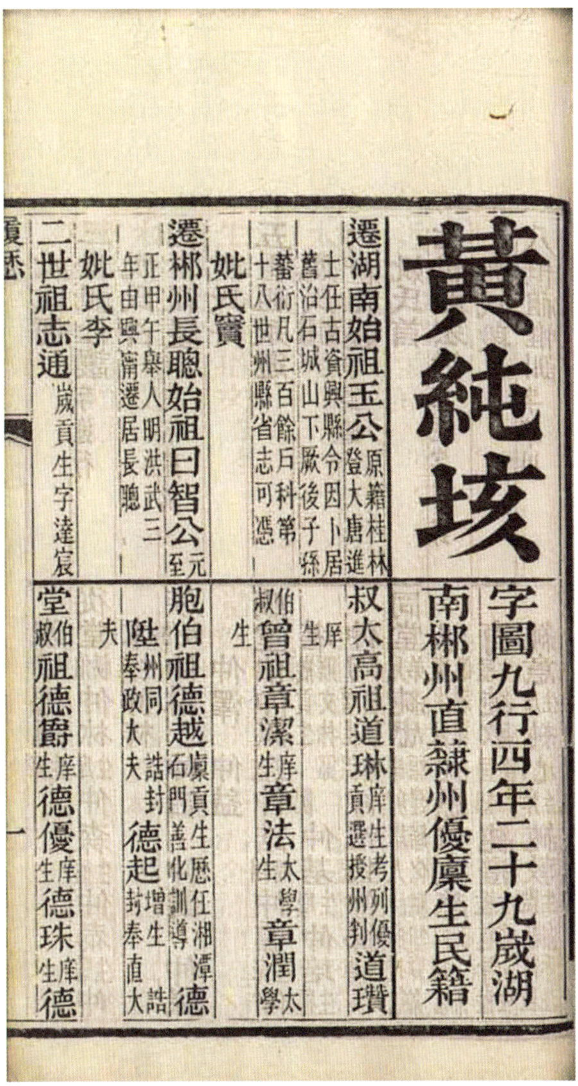
黃純垓
字圖九行四年二十九歲湖
南郴州直隸州優廩生民籍
遷湖南始祖玉公原籍桂林登大唐進士任古資興縣令因卜居舊治石城山下厥後子孫蕃衍凡三百餘戶科第十八世州縣省志可憑
妣氏竇
遷郴州長聰始祖曰智公元至正甲午舉人明洪武三年由興甯遷居長聰
妣氏李
二世祖志通歲貢生字達宸
叔太高祖道琳庠生考列優貢選授州判道瓚
伯叔曾祖章潔庠生章法太學生章潤太學
胞伯祖德越廩貢生歷任湘潭石門善化訓導德陞州同誥封奉政大夫德起封增生誥封奉直大夫
堂伯叔祖德爵庠生德優庠生德珠庠生德
履歷

長，七年（1918）主持郴縣義賑，後被聘爲孔道學校國學班教師。著有《小醉山草堂文集》《大清會典要義》等。

硃卷有兩種涵義。一指明清科舉鄉、會試卷，考生用墨筆書寫叫墨卷；交卷封卷糊名後，由謄録者用朱筆謄録，不書姓名，祇編號碼，專供閲卷官閲看，叫硃卷。一指放榜後，將硃卷發還考生，中式者往往刊印贈人，也叫硃卷。這種硃卷有固定格式：先載姓名履歷；繼載始祖以下尊屬及兄弟叔侄，妻室子女；附載受業、受知師；最後選登文章數篇。

《光緒二十三年丁酉科湖南鄉試硃卷》爲黄純垓光緒二十三年中式湖南鄉試第二十八名舉人試卷，後刊刻。内選登文章三篇、五言排律一首。

本書據上海圖書館藏清光緒二十三年（1897）刻本影印。（馬治平）

大清會典要義十三卷

清黄純垓編，清末直隸法政學堂油印本。每半葉十二行，行二十六字，無格。

黄純垓生平見史部《光緒二十三年丁酉科湖南鄉試硃卷》條。

《大清會典要義》是其爲當時直隸法政學堂開設的『大清會典』課程而編撰的講義。《大清會典》是記述清朝典章制度的官修史書，通稱《清會典》。初修於康熙二十三年（1684）。雍正、乾隆、嘉慶和光緒年間曾四次重修。《清會典》的編纂，形式上仿照《大明會典》，

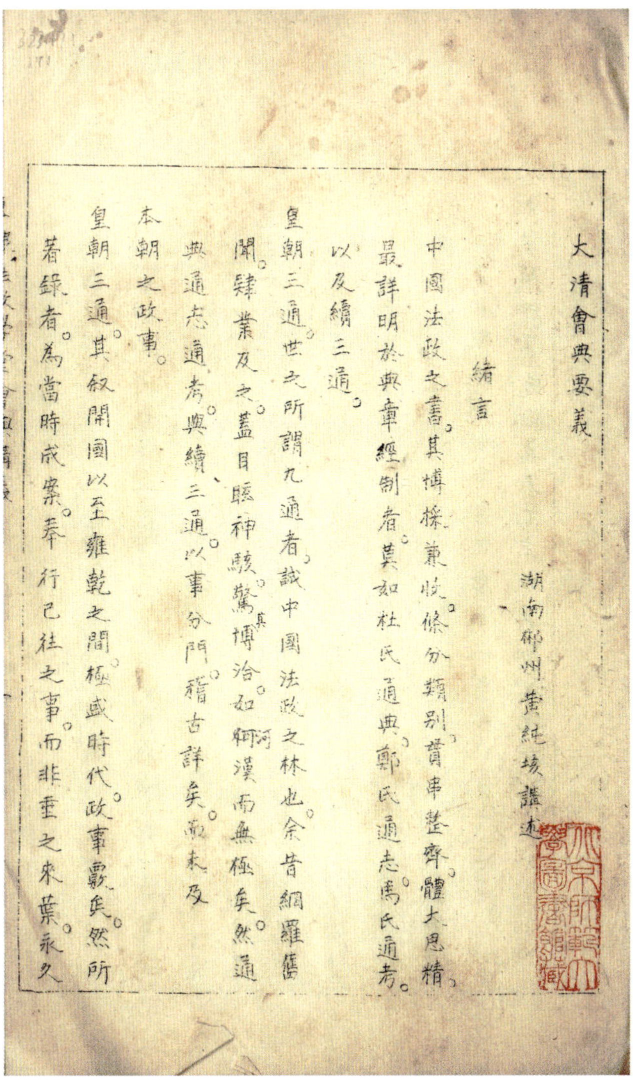
大清會典要義
湖南郴州黄純垓譔述
緒言
中國法政之書。其博採兼收。條分類別。貫串整齊。體大思精。最詳明於典章經制者。莫如杜氏通典。鄭氏通志。馬氏通考。以及續三通。
皇朝三通。世之所謂九通者。誠中國法政之林也。余昔綱羅舊聞。肆業及之。蓋目眩神駭。驚其博洽。如河漢而無極矣。然通典、通志、通考。與續三通。以事分門。稽古詳矣。而未及
本朝之政事。
皇朝三通。其敘開國以至雍乾之間。極盛時代。政事覈矣。然所著録者。爲當時成案。奉行已往之事。而非垂之來葉。永久

但具體類目略有增損。書中把『典則』與『事例』分開，稱『會典』和『會典事例』，大致『以典爲經，例爲緯』，『事例』作爲『會典』的輔助，把各門各目的因革損益情況，按年進行排比，從而既有門類，又有時間順序，便於查閲。嘉慶、光緒《清會典》，將户部的輿圖，禮部的儀式、祭器、簿，欽天監的天體圖等，繪圖成編，稱『會典圖』。

《大清會典要義》按宗人府、内閣、吏部、户部、禮部、兵部、刑部、工部、理藩院、都察院、大理寺、翰林院、順天府等順序，分十三卷講述。每卷卷首用『純垓謹按』，闡述自周至清朝的官署歷史，因承沿革，然後根據《大清會典》，簡述官署的職位職務、職能職責、機構設置、管轄範圍、制度規章等。

本書據北京師範大學圖書館藏清末直隸法政學堂油印本影印。（馬治平）

桂陽夏府君行述一卷

清夏壽田撰，清末抄本。每半葉六行，行二十一字，四周單邊，無魚尾。

夏壽田（1870—1935），字耕父，號午怡，自號畸道人，別號直心居士，清桂陽州（今湖南桂陽）人。幼時聰慧，九歲時應童子試，縣令問居何處，夏云白阜嶺下。縣令出上聯『白阜當前峰獨秀』請其作對。夏即答：『黃榜在右甲聯珠。』其反應之快，令人咋舌。十五歲時祖父以屋後白阜嶺爲題令其作詩，不出三步即吟：『九嶷蜿蜒天際來，峥嶸冠日排雲開，矗然一落千萬丈，蛟龍伏走失青崖。』其詩氣勢恢宏，意境高遠，令其祖父大爲驚訝。光緒十五年（1889）參加湖南恩科鄉試中舉，光緒十六年捐納刑部員外郎，光緒十八

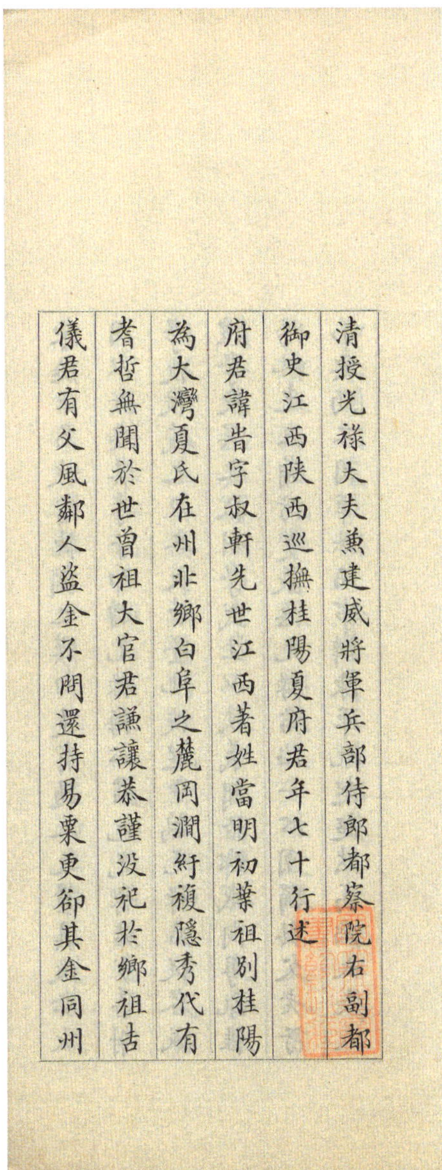
清授光祿大夫兼建威將軍兵部侍郎都察院右副都
御史江西陝西巡撫桂陽夏府君年七十行述
府君諱旹字叔軒先世江西著姓當明初葉祖別桂陽
爲大灣夏氏在州北鄉白阜之麓岡澗紆複隱秀代有
耆哲無聞於世曾祖大官君謙讓恭謹没祀於鄉祖古
儀君有父風鄰人盜金不問還持易粟更卻其金同州

年參加禮部會試，光緒二十四年再度赴京應試，中進士第八名，殿試榜眼及第，一時名滿湖南。歷任翰林院編修、學部圖書館總纂。光緒二十九年升任翰林院侍讀學士。宣統三年（1911）授朝議大夫。民國二年（1913）轉任總統府内史。民國四年十二月袁世凱稱帝，夏壽田追隨左右，袁死後逃匿天津租界，投曹錕，任機要秘書。後定居上海，參禪悟道。夏壽田自幼勤學，文才出衆，能詩善書，書風寛朗凝重。著有《窟居集》《夏太史遺墨》《直心道場詩稿》《孫子選注》《涿州戰紀》《金剛般若贊》等。

行狀，稱『狀』，以後稱之『行狀』或『行述』（也謂之『事略』），是叙述死者世系、生卒年月、籍貫、生平事迹的文體。本文主人公夏旹（1837—1906），字菽軒，清桂陽州（今湖南桂陽）人，咸豐十一年（1861）舉人。光緒三年總辦四川機器局務。光緒八年總辦滇黔邊計鹽務。光緒二十四年授四川川東道兼四川洋務局會辦。光緒二十七年擢陝西布政使，後歷官江西巡撫、陝西巡撫，兵部侍郎、都察院右副都御史，御賜一品封典，誥授光録大夫、建威將軍。他在興學、練兵、勸工、振商、築路等諸新政中多有建樹，是清末新政時期地方督撫大員中頗有治績的一位。光緒三十二年七月三日卒於西安，享年七十歲。

本書據中國國家圖書館藏清末抄本影印。（李靚才）

光緒二十四年殿試策一卷

清夏壽田撰，清末影印本。每半葉六行，行二十四字，四周雙邊，無魚尾。

夏壽田生平見史部《桂陽夏府君行述》條。

殿試，又稱『御試』『廷試』『廷對』等，是古代科舉考試中的最高等級。會試中選者始得參與。目的是對會試合格者進行區別，以利官員選拔。該制始創於唐武則天時期。至北宋初年成爲定制。中者爲『進士』。進士分爲三甲，一甲三名，分別爲狀元、榜眼、探花，二、三甲各若干名。該試策爲夏壽田參加會試時的答卷。

本書據平湖市圖書館藏清末影印本影印。（馬治平）

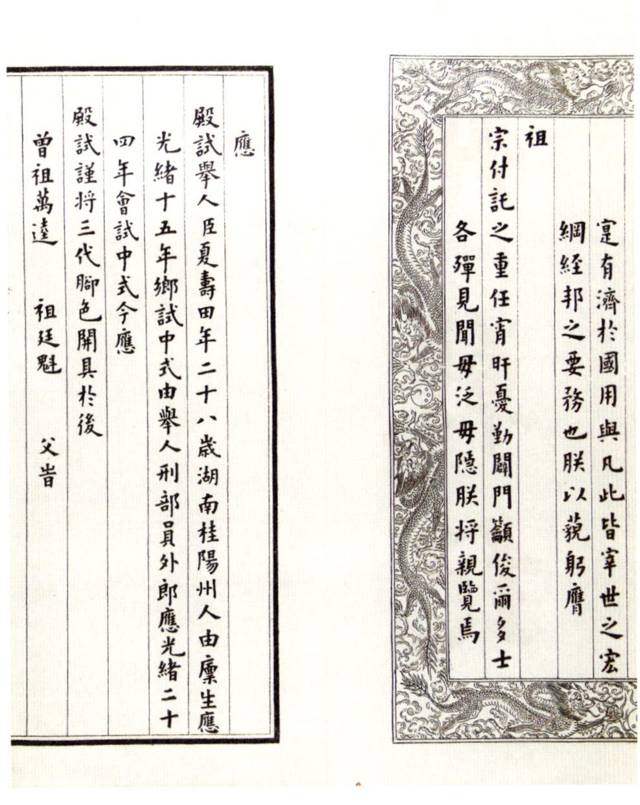
寔有濟於國用與凡此皆宰世之宏
綱經邦之要務也朕以藐躬膺
祖
宗付託之重任宵旰憂勤闢門籲俊爾多士
各殫見聞毋泛毋隱朕將親覽焉

應
殿試舉人臣夏壽田年二十八歲湖南桂陽州人由廩生應
光緒十五年鄉試中式由舉人刑部員外郎應光緒二十
四年會試中式今應
殿試謹將三代脚色開具於後
曾祖萬達　祖廷魁　父旹

涿州戰紀十六卷文書彙編四卷圖表彙編一卷

清夏壽田撰，民國十八年（1929）石印本。每半葉六行，行十六字，白口，四周單邊，無魚尾。

夏壽田生平見史部《桂陽夏府君行述》條。

涿州戰役是發生在民國十六年（1927）九月至民國十七年一月間國民革命軍北方軍（原晉軍）在河北涿州地區對奉軍進行的城市防禦作戰。民國十六年九月底，傅作義爲晉軍第四師師長，率部從晉北直插奉系軍閥要害、北京周邊的涿州城。涿州是京漢鐵路通向北京的咽喉，是北京的屏障，戰略地位極其重要。傅作義部隊以奇襲戰術占領涿州，引起奉系軍閥驚恐。號

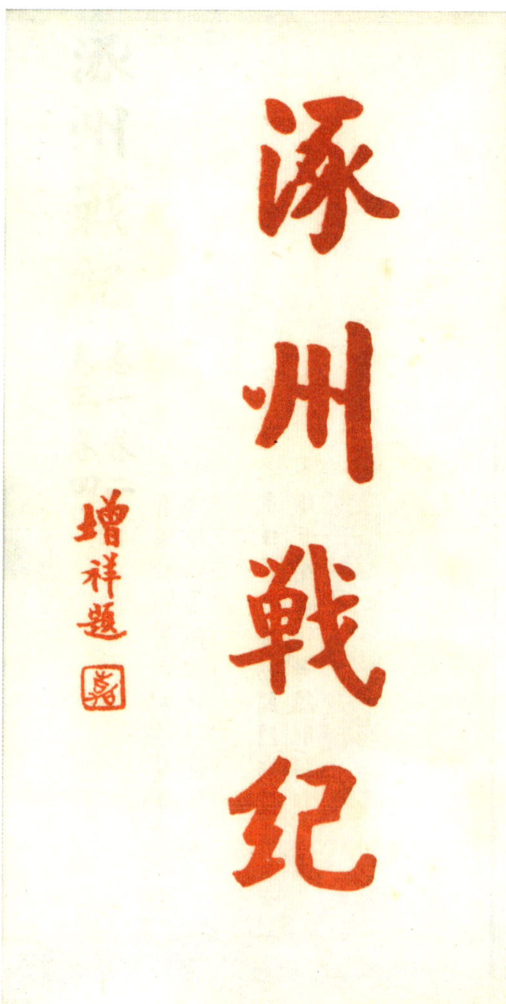

稱『安國軍大元帥』的張作霖，任張學良爲總指揮，調動重兵反攻涿州。民國十七年一月傅作義主動議和，晋軍撤出涿州城。

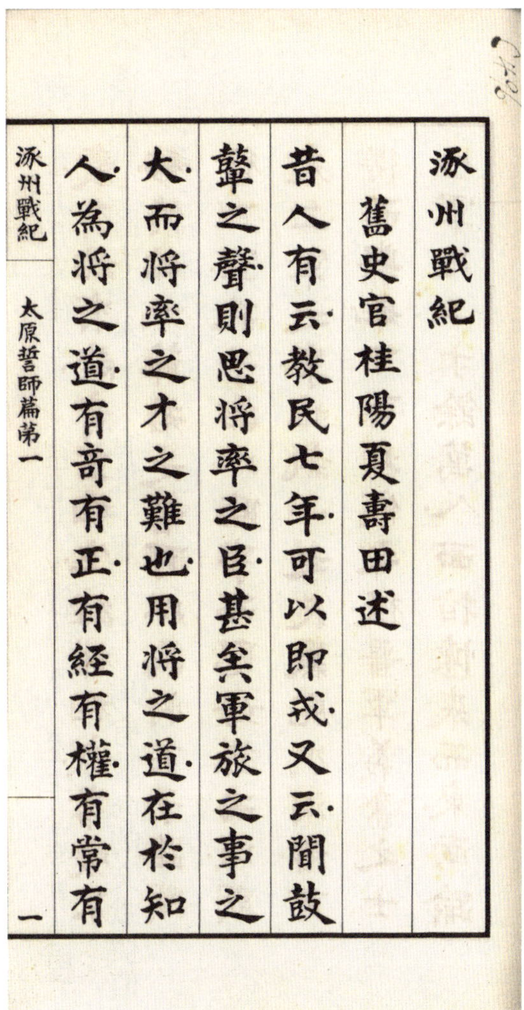
涿州戰紀

舊史官桂陽夏壽田述

昔人有云教民七年可以即戎又云聞鼓鼙之聲則思將率之臣甚矣軍旅之事之大而將率之才之難也用將之道在於知人為將之道有奇有正有經有權有常有

涿州戰紀　太原誓師篇第一　一

《涿州戰紀》采取紀實寫法，全過程全方位記述了傅作義部隊的軍事行動。作者在《前言》中云：『涿州一役，晋軍義烈之聲聞天下。孟子曰：「春秋無義戰。」若是者可以爲義戰矣。百世之下，聞風興起，海外重譯，奮舌抵掌，是不可以無紀也。』因此全書緊扣『義』字行文。卷一《太原誓師》，叙閻錫山發布進軍涿州令，其軍力配置及進軍路綫。卷二《太原奉命》，叙晋軍第四師師長傅作義軍事部署方案。卷三《蔚縣出奇》，述行軍狀，云部隊士氣昂揚，勇敢前進。卷四《涿州襲城》，述傅作義部隊奇襲占領涿州城全過程。卷五至卷六《涿州守城》，此二卷爲本書重點，極力表現傅作義部隊自官佐至士兵克難奮戰，抗擊敵軍，堅守孤城的英雄氣概及嚴格部屬，博取涿州父老擁護的『義』之大節。卷七《保定議和》，叙傅作義爲保全部隊、維護百姓，單騎赴保定奉軍司令部議和并主動撤出涿州城事迹。卷八《天津告成》，叙傅改任天津警備司令，率部進駐天津事。卷九《閻錫山傳》，記閻錫山身世及其治晋、北伐之功。卷十《傅作義傳》，叙傅作義身世及屢建戰功事。卷十一《將校列傳》，叙爲旅長白濡青、師參謀長陳炳謙、旅參謀長朱錫璋及在作戰中有『指臂之功』的各級官佐立傳。卷十二《勤事傳》，叙爲戰鬥中英勇獻身『横草之烈』的官佐士兵記名或立傳。卷十三《文書》，分奉令、呈報、命令、布告文、記載。卷十四《圖表》，圖分形勢圖、戰鬥部署圖、工事圖；表分作戰官佐表、後方官佐表。卷十五《雜記》。卷十六《叙傳》，述作者著書過程。正文後附有《涿州戰紀文書彙編》《涿州戰紀圖表彙編》《官佐一覽表》，均有較高的文獻價值。

本書據上海圖書館藏民國十八年（1929）石印本影印。（馬治平）

條陳要政一卷

清劉次源撰，清光緒鉛印本。每半葉十五行，行三十一字，白口，四周雙邊，單黑魚尾。

劉次源生平見經部《大學發微》條。

《條陳要政》係劉次源於光緒年間任度支部郎中時上書的奏摺，題爲《具呈度支部郎中劉次源爲敬陳消除隱患馴致富强要政呈請代奏事》。主要内容有：（一）内閣會議組織責任内閣，以期憲政之易就範圍；（二）軍機處組織參謀機關，以期兵事之措置

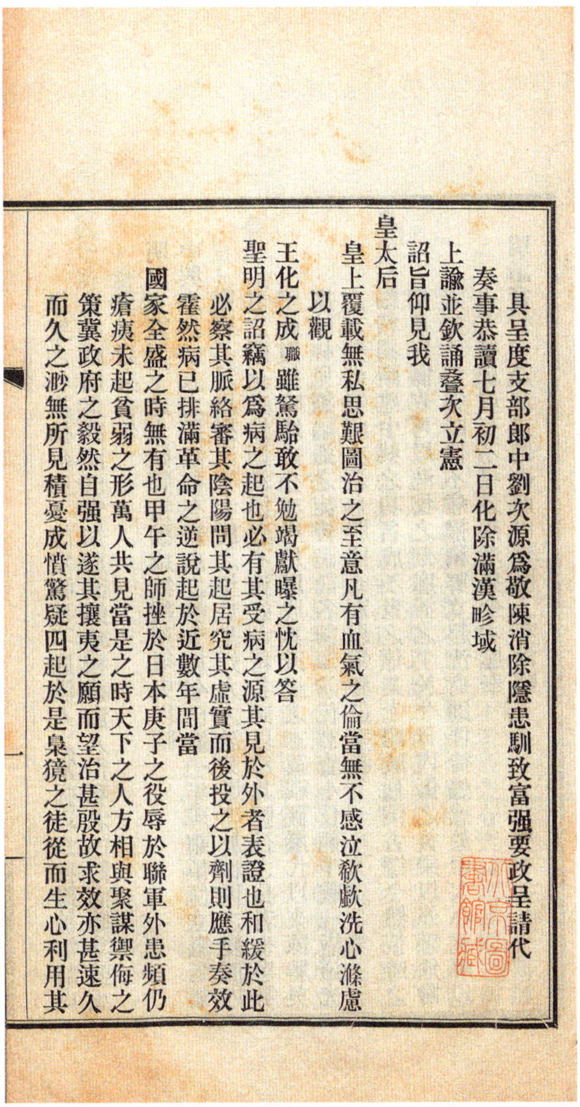

具呈度支部郎中劉次源爲敬陳消除隱患馴致富强要政呈請代
奏事恭讀七月初二日化除滿漢畛域
上諭並欽誦叠次立憲
詔旨仰見我
皇太后
皇上覆載無私思艱圖治之至意凡有血氣之倫當無不感泣欷歔洗心滌慮
以覩
王化之成職雖駑駘敢不勉竭獻曝之忱以答
聖明之詔竊以爲病之起也必有其受病之源其見於外者表證也和緩於此
必察其脈絡審其陰陽問其起居究其虛實而後投之以劑則應手奏效
霍然病已排滿革命之逆説起於近數年間當
國家全盛之時無有也甲午之師挫於日本庚子之役辱於聯軍外患頻仍
瘡痍未起貧弱之形萬人共見當是之時天下之人方相與聚謀禦侮之
策冀政府之毅然自强以遂其攘夷之願而望治甚殷故求效亦甚速久
而久之渺無所見積憂成憤驚疑四起於是梟獍之徒從而生心利用其

靈活；（三）陸軍部統籌軍政全局，以期練兵之政策實施；（四）民政部注重鄉村自治，以期憲政之確有根據；（五）度支部統擔國家行政經費，以期新政之進行無滯；（六）省部間劃清財政界限，以免諸事之互相牽掣；（七）度支部整理租税制度，以期收入之足敷支出；（八）尚侍督撫隨時甄拔，以期憲政之得人而理。

本書據中國國家圖書館藏清光緒鉛印本影印。（馬治平）

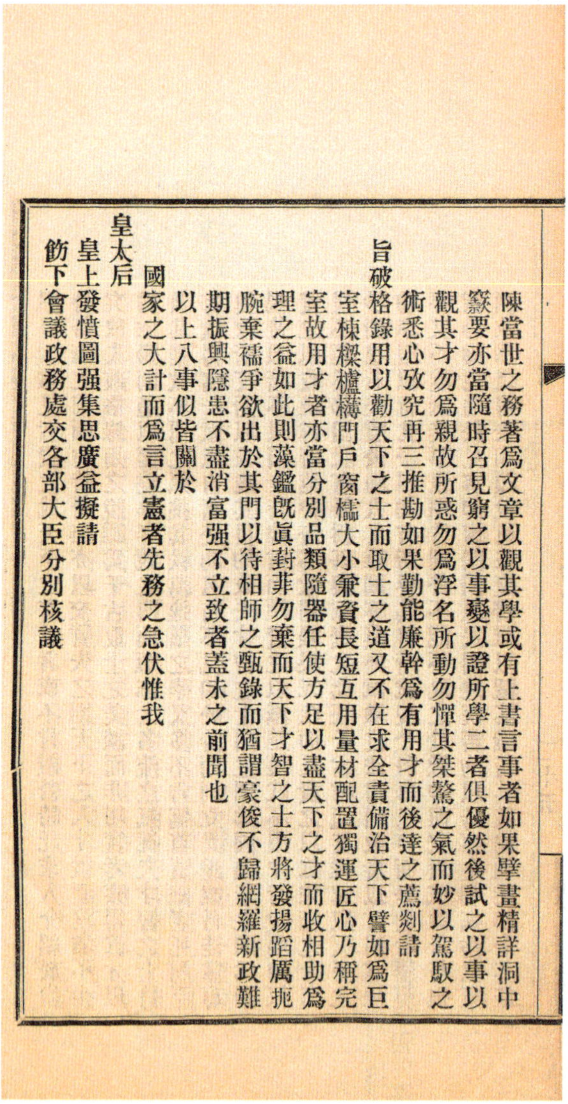
陳當世之務著爲文章以觀其學或有上書言事者如果擘畫精詳洞中竅要亦當隨時召見窮之以事變以證所學二者俱優然後試之以事以觀其才勿爲親故所惑勿爲浮名所動勿憚其桀驁之氣而妙以駕馭之術悉心攷究再三推勘如果勤能廉幹爲有用才而後達之薦剡請

旨破格録用以勸天下之士而取士之道又不在求全責備治天下譬如爲巨室棟樑櫨欂門戶窗櫺大小兼資長短互用量材配置獨運匠心乃稱完室故用才者亦當分別品類隨器任使方足以盡天下之才而收相助爲理之益如此則藻鑑既眞葑菲勿棄而天下才智之士方將發揚蹈厲扼腕棄繻爭欲出於其門以待相師之甄録而猶謂豪俊不歸網羅新政難期振興隱患不盡消富强不立致者蓋未之前聞也

以上八事似皆關於

國家之大計而爲言立憲者先務之急伏惟我

皇太后

皇上發憤圖强集思廣益擬請

飭下會議政務處交各部大臣分別核議

籌國芻言二卷

清劉次源撰，清宣統二年（1910）石印本。每半葉八行，行二十四字，白口，四周雙邊，單黑魚尾。

劉次源生平見經部《大學發微》條。

《籌國芻言》爲宣統年間劉次源任甘肅財政監理官時，撰寫的治國强國方略著作。撰者總結歷史上治國得失，借鑒歐美國家和日本的强國經驗，分析針砭清末國民、社會、國家等層面的弊端和缺失，提出治國强國的建議。全書共分十五篇，卷一依次爲原治、原才、原富、原强、憲法、官制、學制、法制。卷二依次爲財政、兵政、民政、議院、籌邊、備海、外交。篇末附進呈摺子一卷。

本書據中國國家圖書館藏清宣統二年（1910）石印本影印。（馬治平）

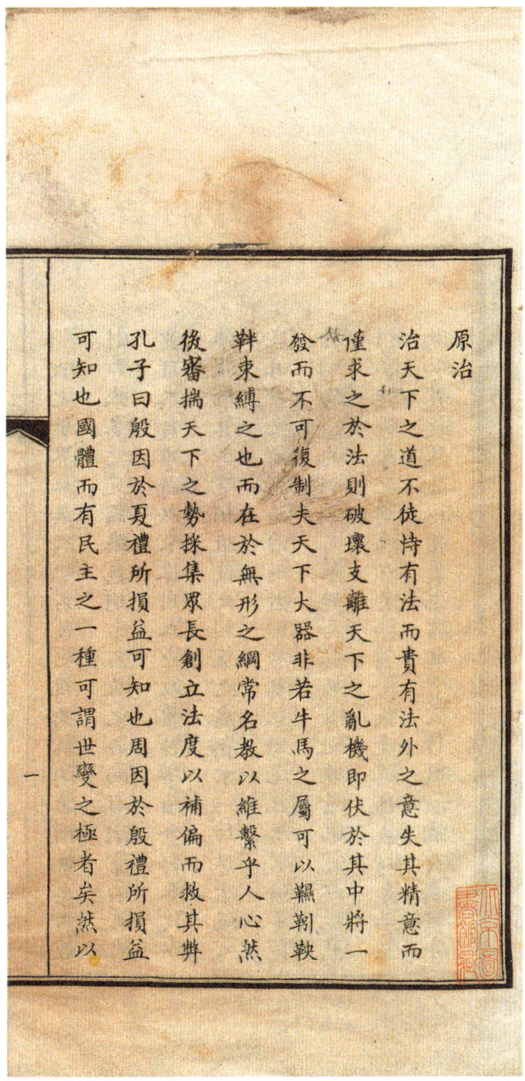
原治
治天下之道不徒恃有法而貴有法外之意失其精意而
僅求之於法則破壞支離天下之亂機即伏於其中將一
發而不可復制夫天下大器非若牛馬之屬可以羈靮鞅
靽束縛之也而在於無形之綱常名教以維繫乎人心然
後審揣天下之勢採集衆長創立法度以補偏而救其弊
孔子曰殷因於夏禮所損益可知也周因於殷禮所損益
可知也國體而有民主之一種可謂世變之極者矣然以

桂臨藍嘉商務擬單不分卷

清佚名編，清末抄本。每半葉十一行，行二十三字不等，朱欄。

該本共抄録文章二十篇（件）。首篇爲《桂臨藍嘉商務擬單》，文章詳述桂陽州及所屬臨武、藍山、嘉禾三縣發展商務地理交通之利，詳論擬設商務分局於臨、藍、嘉三縣交界之地油涵鋪之急需。列舉四地出産績麻、煤碳、棉、靛藍、竹木、茶、白蠟、香樟、桑蠶之品種及優勢。後附《桂屬農務可由商務帶辦一則》《附桂郡籌辦民團芻言》二文。全書詳實準確地反

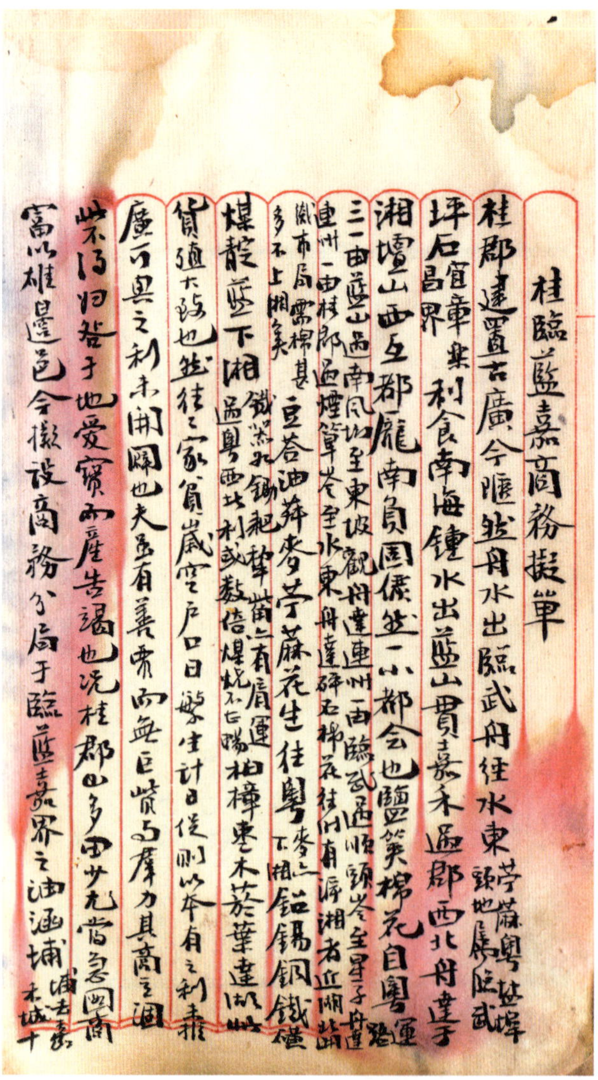

映了清末時期湘南地區商務經濟和地方建政狀況，有較高的史料價值。

該抄本還輯録署名『小秋』或『小秋老師』《問人才世運消息於學校》《與陳復心觀峕書》《與劉茂才伯渾書》《送蕭仙樵之官廣西序》《書寧戚飯牛圖》《書李聞衣麟岩讀書圖》《讀武寧師孝友記》等七篇詩文。『小秋』或『小秋老師』即雷飛鵬。雷飛鵬（1863—1933），字筱秋，清嘉禾縣人。中國近代民主革命家，是辛亥革命時期東北地區同盟會的主要領導人之一，亦是民國早期郴州頗有影響的知名人士。文後還抄録其他信札、雜記十篇。

本書據湖南圖書館藏清末抄本影印。（馬治平）

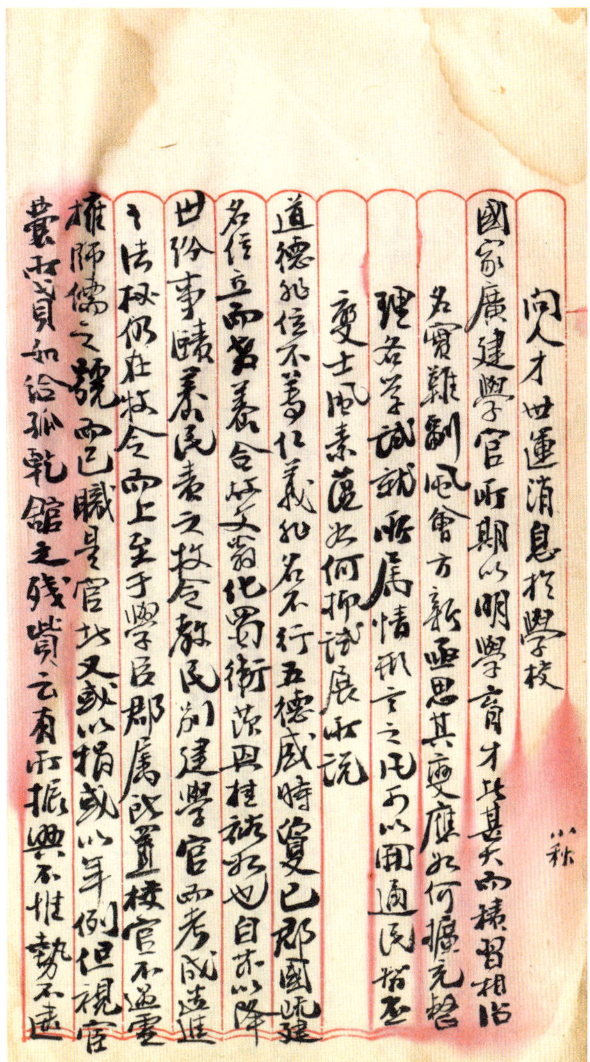
小秋

問人才世運消息於學校

郴州日記

譚延闓撰，稿本。每半葉十四行，行二十字不等，有格。

譚延闓（1880—1930），字組庵，號無畏、切齋，湖南茶陵人。生於浙江杭州，民國時期著名政治家、書法家。光緒二十八年（1902）中舉。三十年中進士，入翰林，授編修。旋返湘辦學，任湖南中路師範、明德學堂總辦。辛亥革命後出任湖南軍政府參議院議長兼民政長。不久被推爲湖南省都督。民國十一年（1922）追隨孫中山，歷任國民黨中央黨部主席、南京國民政府主席、行政院院長等要職。民國十九年病逝於南京。譚延闓有文名，長於詩法、書法、槍法，綽號『譚三法』，尤以書法享譽於世，爲民國顔體第一人。著有《祖庵詩集》等。譚延闓勤於記述個人行迹。一生所遺日記達

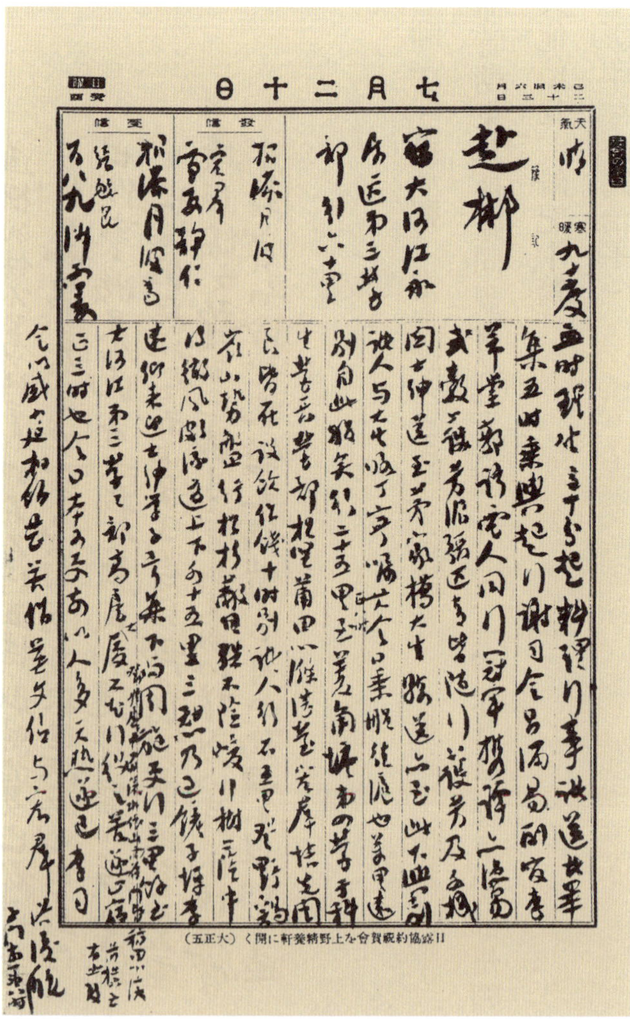

六十六本，《郴州日記》是其重要組成部分。

民國七年南方國民政府軍與北洋軍在湖南混戰。三月北洋軍攻陷長沙，張敬堯出任湖南督軍。四月吴佩孚率軍南下取衡陽，南方國民政府軍退守湘南。六月南方國民政府軍與吴佩孚劃界停戰，湖南戰事稍暫停息。而退守湘南的湘軍又分爲駐永州的湖南督軍譚延闓部和駐郴州的湘軍總司令程潛部，而二人不洽，積嫌甚深。民國八年六月段祺瑞派往湖南信使在郴縣棲鳳渡被廣西軍閥馬濟捕獲，從其身上搜出致程信札，一時程潛被指出賣湘軍，暗通北洋，背叛革命。以趙恒惕爲首的湘軍將領通電宣布脱離程潛，程被迫出走上海。七月十六日南方國民軍政府任命譚延闓爲湖南省省長兼督軍，飭令其移駐郴州。二十日譚延闓奉令從永州出發，經新田、桂陽，抵郴州，設省長兼督軍行轅於郴郡聯合中學（舊考棚），二十五日發表就職演説，正式上任。民國九年五月，湘軍趁吴佩孚撤防衡陽之際，發動攻勢，收復長沙，六月八日譚延闓離郴赴長，開啓第三次督湘之旅。

譚延闓《郴州日記》起於民國八年七月二十日，迄於民國九年六月九日，所記内容龐雜，凡日常起居、來訪接待、公務活動、氣候變化、景物游觀、人事更替，甚至一飲一食，無所不記。其涉及面十分廣泛，有些方面且甚爲深入，對於瞭解民國早期郴州政治生態、經濟狀況、社會風貌、民間習俗等都有重要價值。

本書據上海圖書館藏稿本影印。（尹友波）

玄樓日記

李静撰，稿本。每半葉八行，行十二至二十字不等，四周雙邊，單魚尾，朱欄。

李静（1886—1948），字伯仁，別號玄樓主人，又號香雪康客，桂陽縣人。早年就讀於桂陽龍潭書院，光緒年間留學日本海軍學校，在日本期間加入同盟會。宣統三年（1911）回國後在海軍擔任要職，是民國時期著名將領。民國二十七年（1938），李静辭去軍職，攜家眷從蘇州回到桂陽，歸隱田園。李静崇尚經史典學，寓家習書，日夜不怠，酷愛彈琴和收藏古

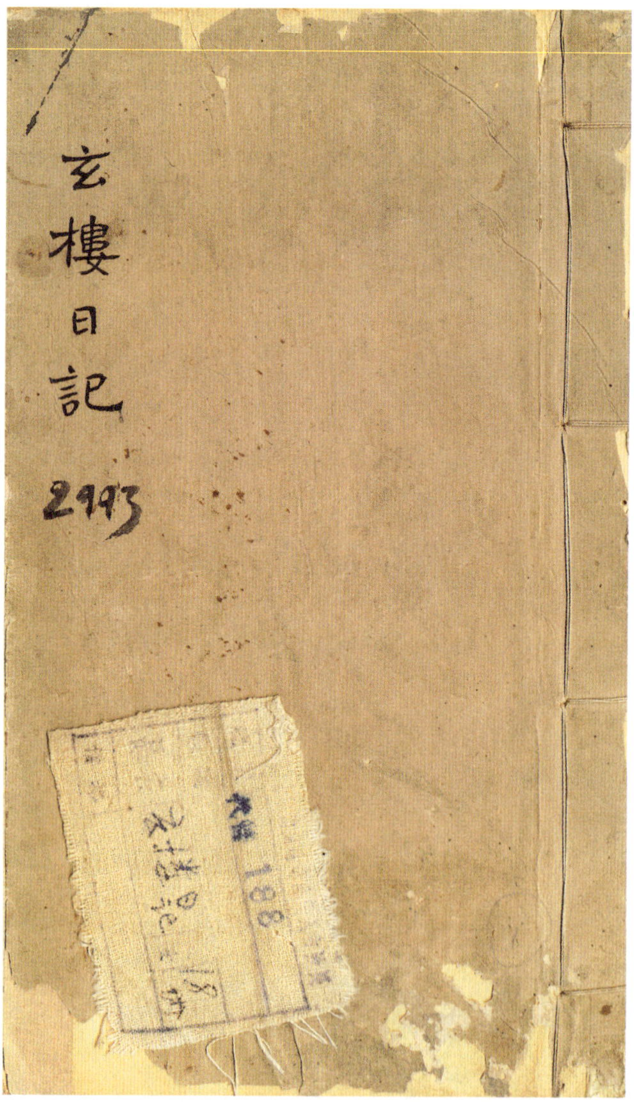

琴，是一位頗具盛譽的湘籍琴家。李静有記筆記、寫日記的習慣。其内容一爲記録所讀書中一些生僻不易理解的字詞予以釋義；二爲記録讀書感想以及琴學研究感悟。《玄樓日記》卷首語曰：『予自十五以後即有日記自課，顧常不終歲月。』

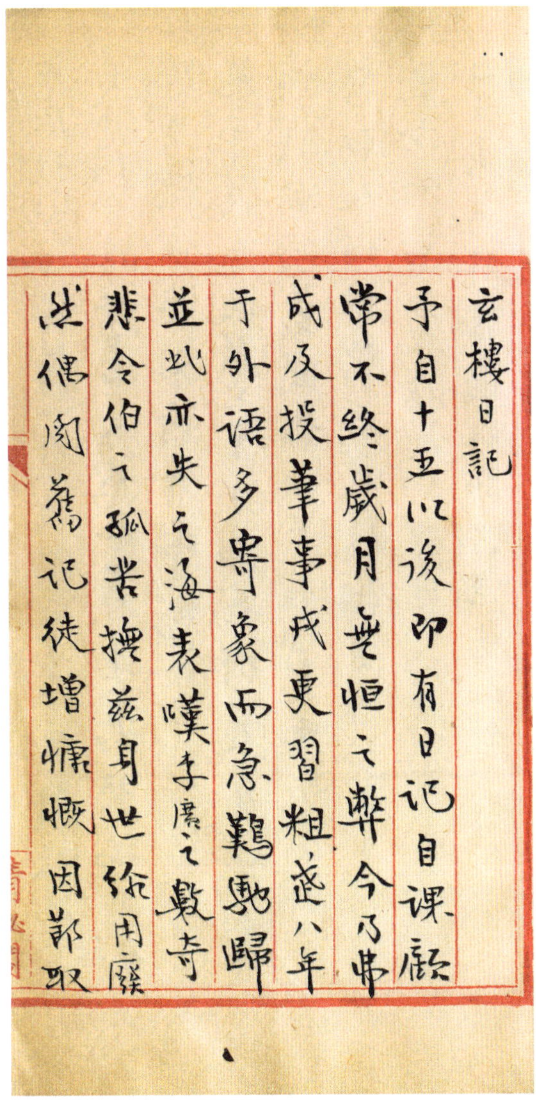
玄樓日記
予自十五以後即有日記自課顧
常不終歲月無恒之弊今乃常

主要著作有《玄樓日記》《玄樓讀書雜抄》《烟塵隨録》《玄樓弦外録》等，另有詩文如《净水蘭影庵三昧草》《九疑山人楊時百先生葬事記》《贈别桂陽親友呈》《愛晚亭琴集贈南薫諸友》《乙酉元旦》《題後愛吾廬并序》《桂陽炸後避居岩門口奉贈》《題聽琴散記四首》等。現僅存《玄樓日記》《玄樓讀書雜抄》《玄樓弦外録》等。

《玄樓日記》共十三册，涉及光緒三十年至三十一年、民國二年至三年、民國六年至七年、民國十八年至二十年、民國三十一至三十五年、民國三十七年共十六年的日記。其特點是時間跨度長，内容涉及面廣，具有明顯的時代特徵。所記内容既有時事戰況、感想隨筆，亦有日常生活、親友往來，還有對古琴音樂的摯愛與欣賞。因爲作者所處時代風雲變幻，所以諸多重大歷史事件注入筆端，溢於言表。反映了作者居廟堂則憂其君，處江湖則憂其民的家國情懷。

本書據湖南圖書館藏稿本影印。（曹知法）

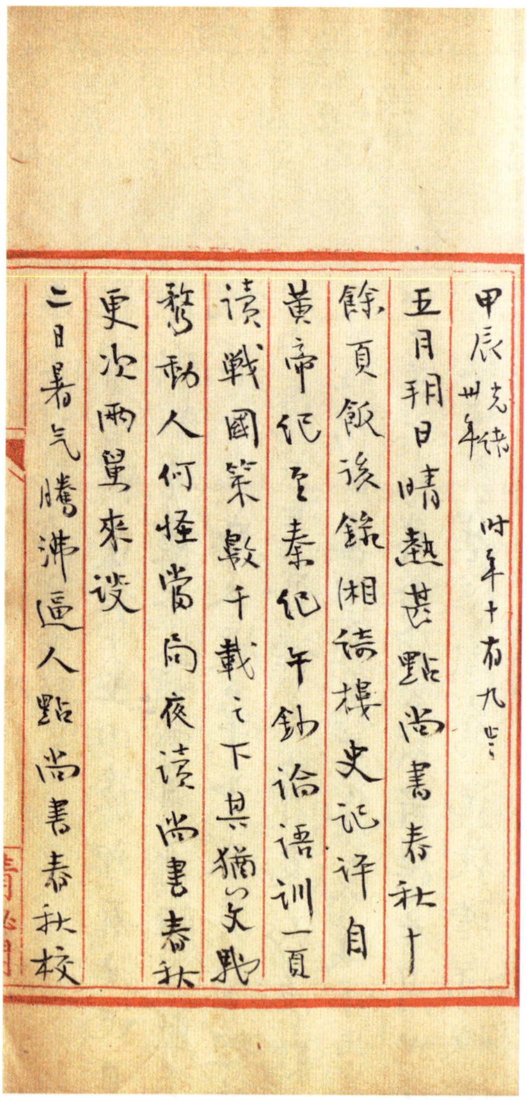
甲辰
五月朔日晴熱甚點尚書春秋
餘頁飯後錄湘綺樓史記評自
黃帝紀至秦紀午鈔論語訓一頁
讀戰國策數千載之下其猶文
驚動人何怪當向夜讀尚書春秋
更次兩星來談
二日暑氣騰沸逼人點尚書春秋校

元和郡縣圖志四十卷

唐李吉甫撰，抄本。每半葉十行，行二十二字，小字雙行同，無格。

李吉甫（758—814），字弘憲，唐趙郡贊皇（今河北趙縣）人。唐代政治家、地理學家。出生於趙郡李氏西祖房，早年以門蔭入仕，歷任左司禦率府倉曹參軍、太常博士、屯田員外郎、明州長史、忠州刺史、郴州刺史、考功郎中、中書舍人等職。元和年間，兩次被拜爲宰相，期間一度出掌淮南藩鎮，爵封趙國公。他策劃討

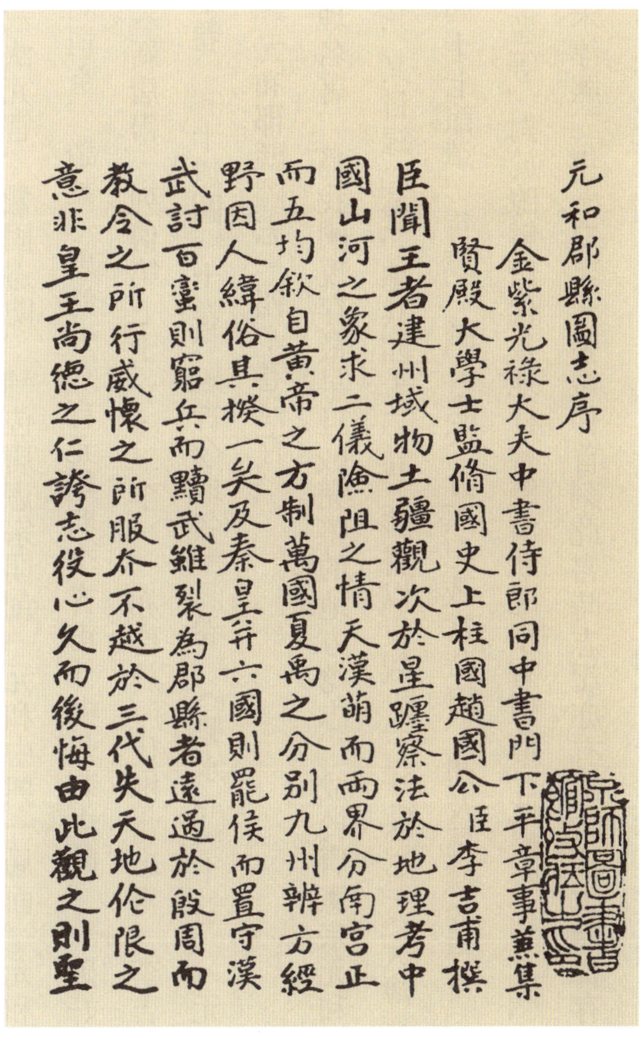
元和郡縣圖志序
金紫光祿大夫中書侍郎同中書門下平章事兼集
賢殿大學士監脩國史上柱國趙國公臣李吉甫撰
臣聞王者建州域物土疆觀次於星躔察法於地理考中
國山河之象求二儀險阻之情天漢萌而兩界分南宮正
而五均叙自黃帝之方制萬國夏禹之分別九州辨方經
野因人緯俗其揆一矣及秦皇并六國則罷侯而置守漢
武討百蠻則窮兵而黷武雖裂為郡縣者遠過於殷周而
教令之所行威懷之所服亦不越於三代失天地倫限之
意非皇王尚德之仁誇志役心久而後悔由此觀之則聖

平西川、鎮海，削弱藩鎮勢力；裁汰冗官，鞏固邊防，輔佐唐憲宗開創『元和中興』局面。元和九年（814），李吉甫去世，追贈司空，謚號『忠懿』。貞元年間李吉甫任郴州刺史時，誅破奸盗窟穴，治稱流聞。其事迹載入《新唐書·列傳第七十一·二李》，亦傳於歷代郴州志書。李吉甫著作頗豐，曾撰《六代略》三十卷、《十道圖》十卷、《古今地名》三卷、《删水經》十卷、《元和國計簿》十卷，均已亡佚。獨《元和郡縣圖志》四十卷殘存。

《元和郡縣圖志》是唐代地理名著，爲我國現存最早且較完整的地方總志，成於唐憲宗元和八年（813），原有圖和志共四十卷，又目録二卷，總共四十二卷。該書以貞觀十三年（639）《大簿》規劃的十道爲綱領，配合當時的四十七節鎮，每鎮一圖一志，分鎮記載當時府、州及屬縣的户口、沿革、山川、道里、貢賦、古迹、物産等，對於瞭解唐代各地社會經濟狀況很有價值。此書每鎮有圖，列於篇首，宋代以後地圖散失。宋淳熙三年（1176）張幾仲首刻此書時志記亦有缺失，大體保存四十二卷之數。宋以後目録二卷亡佚，又缺第十九、二十、二十三、二十四、三十五、三十六卷，今祇存三十四卷。本書卷二十九記載了當時郴州及所屬各縣的情况。其時，郴州屬江南道湖南觀察使，領郴縣（今郴州市區）、義章（今宜章）、義昌（今汝城）、平陽（今桂陽）、資興、高亭（今永興）、臨武、藍山等八縣。

本書據原國立北平圖書館藏甲庫善本抄本影印。（馬治平）

［嘉靖］湖廣圖經志書

明薛綱纂修，明吴廷舉續修，明嘉靖元年（1522）刻本。每半葉九行，行二十二字，小字雙行同，黑口，四周雙邊，單黑魚尾。

薛綱，生卒年不詳，字之綱，明山陰（今浙江紹興）人。天順八年（1464）進士，拜監察御史，巡按陝西，歷湖廣提學副使、廣東按察使、雲南布政使。著有《三湘集》《崧蔭蛙吹》。吴廷舉（1459—1525），字獻臣，祖籍湖北嘉魚，生於廣西梧州。成化二十三年（1487）進士，歷廣東順德知縣、廣東僉事、江西右參政、廣東右布政使、兵部侍郎、

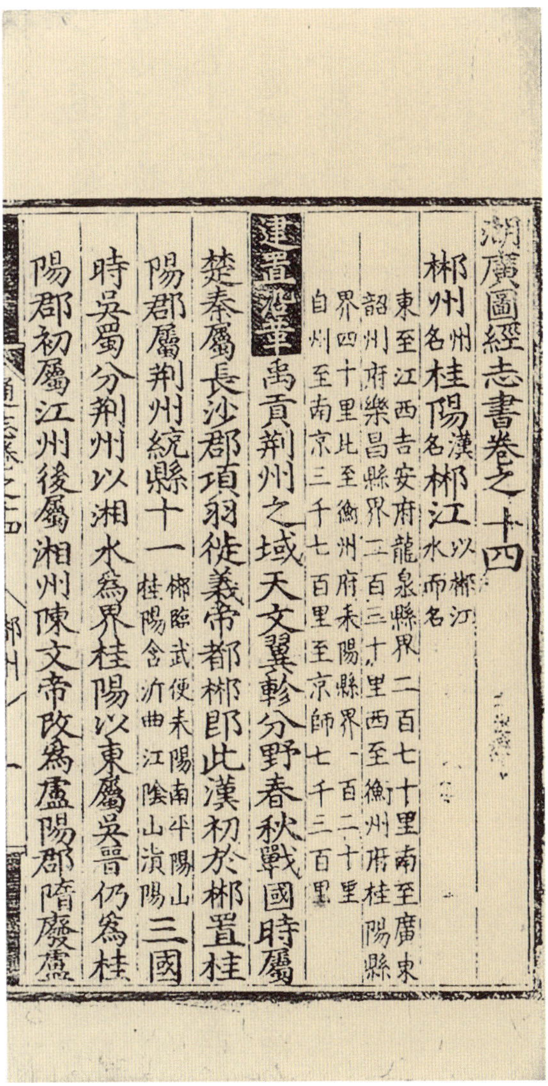

湖廣圖經志書卷之十四

郴州 州名 桂陽 漢名 郴江 以郴江水而名

東至江西吉安府龍泉縣界二百七十里南至廣東韶州府樂昌縣界二百三十里西至衡州府桂陽縣界四十里北至衡州府耒陽縣界一百二十里自州至南京三千七百里至京師七千三百里

建置沿革 禹貢荊州之域天文翼軫分野春秋戰國時屬楚秦屬長沙郡項羽徙義帝都郴即此漢初於郴置桂陽郡屬荊州統縣十一 郴臨武便耒陽南平陽山桂陽含洭曲江陰山湞陽 三國時吳蜀分荊州以湘水為界桂陽以東屬吳晉仍為桂陽郡初屬江州後屬湘州陳文帝改為盧陽郡隋廢盧

右都御史等，著有《西巡類稿》八卷。

《［嘉靖］湖廣圖經志書》是現存最早的明代湖廣省志，其體例按《大明一統志》規定，以行政區劃爲綱，分設細目。全書共二十卷。卷一爲本司志，卷二至卷二十爲所屬各府州卷。

本書所選卷十二爲衡州府、卷十四爲郴州。其時，衡州府領衡陽縣、衡山縣、耒陽縣、常寧縣、安仁縣、酃縣（今湖南炎陵）、桂陽州（今湖南桂陽）、臨武縣、藍山縣、嘉禾縣。郴州領永興縣、宜章縣、興寧縣（今湖南資興）、桂陽縣（今湖南汝城）、桂東縣。

本書據南京圖書館藏明嘉靖元年（1522）刻本影印。（馬治平）

〔嘉靖〕衡州府志九卷

明楊珮修，明劉黻纂，明嘉靖十五年（1536）刻本。每半葉八行，行二十字，小字雙行同，白口，四周雙邊，雙黑魚尾。

楊珮，生卒年不詳，明大理府太和（今雲南大理）人。進士，嘉靖十四年（1535）衡州知府。劉黻，生卒年不詳，字伯繡，號嶽亭，明湖廣衡州府（今湖南衡陽）人。正德十二年（1517）進士，授官行人，任南京國子監學正，嘉靖初擢廣東道監察御史。

該志爲衡州府現存最早的方志，始修於明嘉靖十四年，

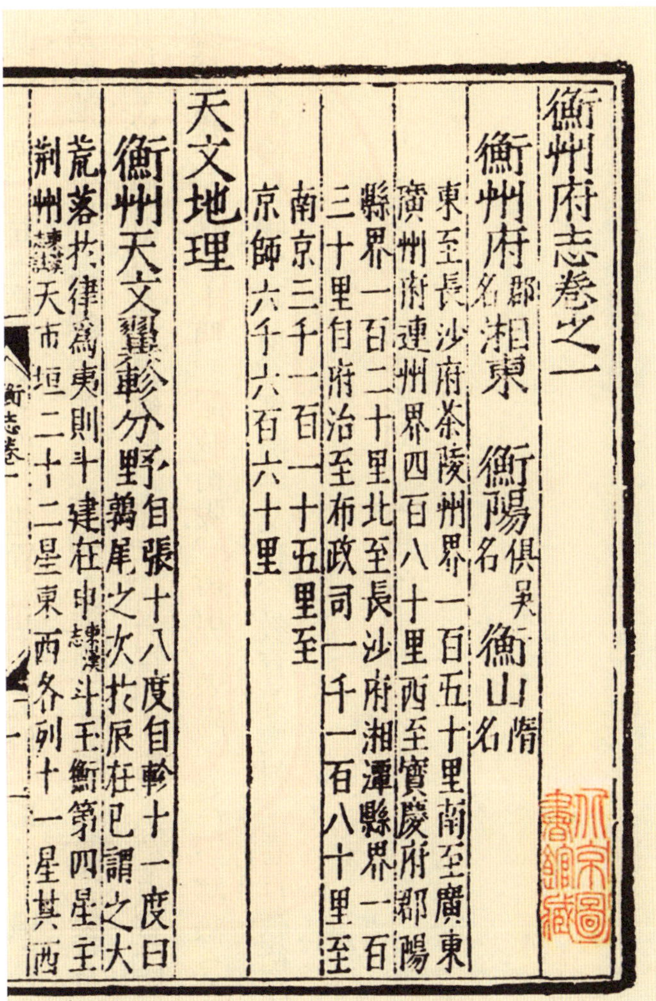
衡州府志卷之一
衡州府郡名湘東衡陽俱吳名衡山隋名
東至長沙府茶陵州界一百五十里南至廣東
衡州府連州界四百八十里西至寶慶府邵陽
縣界一百二十里北至長沙府湘潭縣界一百
三十里自府治至布政司一千一百八十里至
南京三千一百一十五里至
京師六千六百六十里
天文地理
衡州天文翼軫分野自張十八度自軫十一度曰鶉尾之次於辰在巳謂之大
荒落於律爲夷則斗建在申漢志斗王衡第四星主
荊州漢書天市垣二十二星東西各列十一星其西

紀事亦止於是年，次年成書付梓。其書編例，卷一爲天文地理、建置沿革、風俗、郡邑、職官，卷二爲山川名勝、古今亭館，卷三爲城池、公署、郵驛、關梁、坊鄉、藩封、古迹，卷四爲食貨、廪帑、惠政、祠祀（附丘墓），卷五爲學校、選舉，卷六爲鄉賢、節孝、名宦、流寓，卷七爲兵防、祥异，卷八爲藝文，卷九爲寺觀、仙釋、雜志，凡三十門，記載衡陽、衡山、耒陽、安仁、酃縣（今湖南炎陵）、臨武、藍山及桂陽州（今湖南桂陽）政治、經濟、文化、教育等史料。卷首載衡州總圖及屬境輿圖。

本書據中國國家圖書館藏明嘉靖十五年（1536）刻本影印。（馬治平）

〔萬曆〕郴州志二十卷

明胡漢纂修，明劉本學、黃尚明等校，明萬曆四年（1576）刻本。每半葉八行，行十九字，小字雙行同，白口，左右雙邊，單黑魚尾。鈐『范氏天一閣藏書』朱文方印。

胡漢，生卒年不詳，字屏麓，又字文叔，明南直隸新安（今安徽歙縣）人。舉人，萬曆二年（1574）任郴州知州。

劉本學，生卒年不詳，字希聖，明郴州人。嘉靖二十二年（1543）舉人，授常州通判，署上海知縣、升鹽運同知。

黃尚明，生卒年不詳，明郴州人。嘉靖四十一年歲貢，以貴州安順州知州致仕。

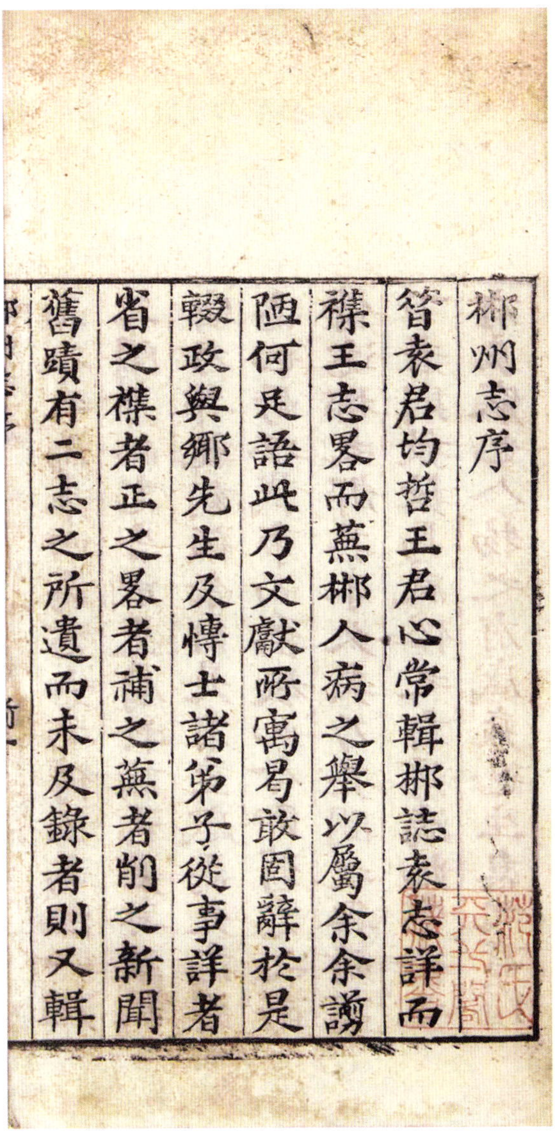

郴州志序
昔袁君均哲王君心常輯郴誌袁志詳而
襍王志畧而蕪郴人病之舉以屬余余謭
陋何足語此乃文獻所寓曷敢固辭於是
輟政與鄉先生及博士諸弟子從事詳者
省之襍者正之畧者補之蕪者削之新聞
舊蹟有二志之所遺而未及錄者則又輯

郴州，春秋戰國屬楚地。秦置郴縣。漢置桂陽郡。隋稱郴州。唐稱郴州桂陽郡。五代改稱敦州，旋復稱郴州。宋爲郴州軍。元爲郴州路。明初爲郴州府，後爲郴州直隸州。清因之。民國初改爲郴縣，後爲湖南省第八行政督察區。中華人民共和國成立後，成立郴縣專區。後更名郴州專區、郴州地區。一九九四年撤銷郴州地區，設立地級郴州市。郴州市轄北湖區、蘇仙區、資興市、桂陽縣、永興縣、宜章縣、嘉禾縣、臨武縣、汝城縣、桂東縣、安仁縣，二區、一市、八縣。

郴州修志始於宋初，現存世方志有《［萬曆］郴州志》《［康熙］郴州總志》《［康熙］直隸郴州總志》《［乾隆］郴州總志》《［嘉慶］郴州總志》《［光緒］郴州直隸州鄉土志》。

本志爲現存世最早之郴州地方志。該志上承宣德年間（1426—1435）郴州知府袁均哲主修之《［宣德］郴州志》和嘉靖二十三年郴州同知王心纂修之《［嘉靖］郴州志》。胡漢在《［萬曆］郴州志序》中言：『詳者省之、雜者正之、略者補之、蕪者削之、新聞舊迹，有二志之所遺而未及録者，則又輯而入之。』萬曆四年付梓印行，紀事止於萬曆二年。全書有圖九（一州五縣總圖、郴州六鄉圖、郴州城治圖、永興縣境圖、宜章縣境圖、興寧縣境圖、桂陽縣境圖、桂東縣境圖、何公書院圖），表四（沿革表、封爵表、秩官表、科貢表），志六（提封志、創設志、食貨志、秩祀志、儒學志、兵戎志），傳五（循良傳、人物傳、孝義傳、僑寓傳、仙釋傳），紀一（祥异紀）。

本書曾由浙江著名藏書家馮貞群收集整理。書後有馮貞群手記：『郴州志殘本，存卷八至二十，明刻，白棉紙印。貞群於昔年從盧君澹園處得之。今登天一閣編録書目，見郴志缺卷，適相符合。故特歸之閣中，俾成完璧。民國二十四年（1935）十月慈谿馮貞群記。』

本書據天一閣博物院藏明萬曆四年（1576）刻本影印。（馬治平）

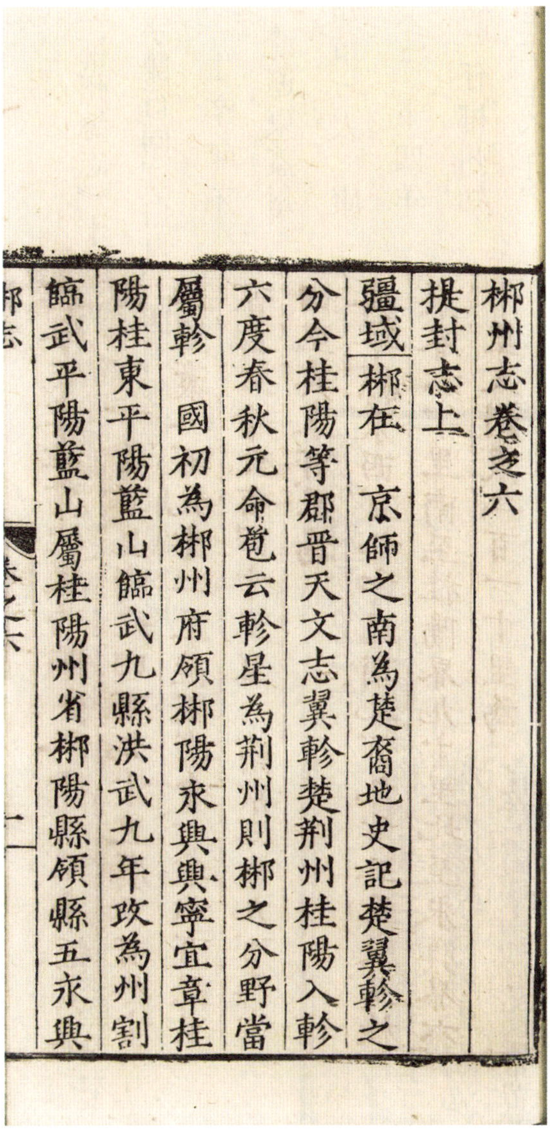
郴州志卷之六
提封志上
疆域 郴在 京師之南為楚裔地史記楚翼軫之分今桂陽等郡晉天文志翼軫楚荆州桂陽入軫六度春秋元命苞云軫星為荆州則郴之分野當屬軫 國初為郴州府領郴陽永興興寧宜章桂陽桂東平陽藍山臨武九縣洪武九年改為州割臨武平陽藍山屬桂陽州省郴陽縣領縣五永興

郴志 卷之六 一

［康熙］郴州總志十一卷

《［康熙］郴州總志》十一卷，清陳邦器修，清李嗣泌、劉帶蕙纂，清康熙刻本。每半葉九行，行二十字，小字雙行同，白口，四周雙邊，單黑魚尾。

陳邦器，生卒年不詳，字允匡，清遼東蓋州（今遼寧蓋州市）人。康熙二十一年至二十四年（1682—1685）任郴州知州。李嗣泌，生卒年不詳，字仲鄴，清湖北孝感人。郴州儒學訓導。劉帶蕙，生卒年不詳，字衣荷，清湖北武昌人。宜章縣訓導。

該志爲清代郴州直隸

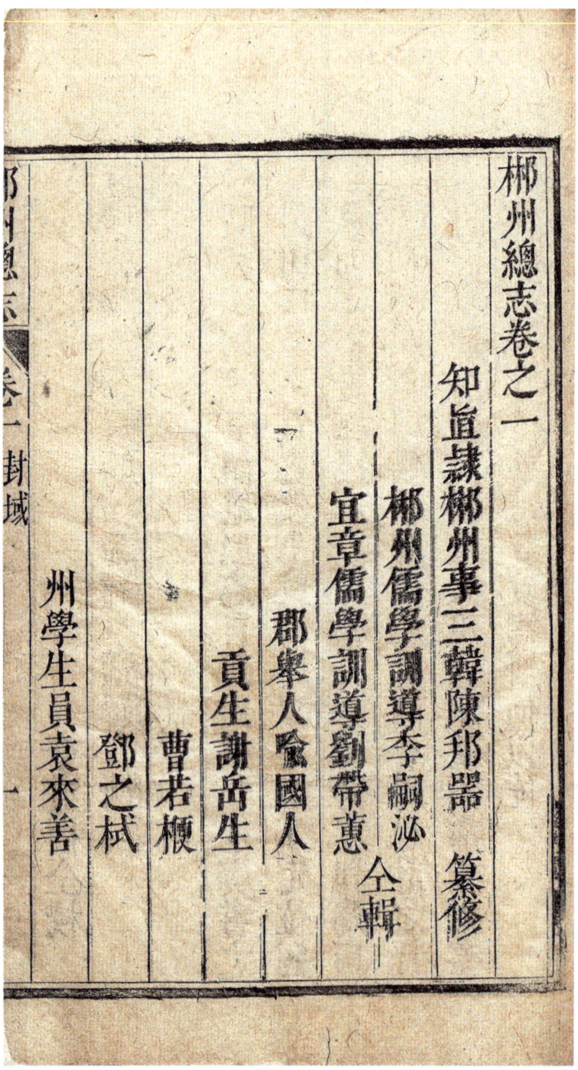

郴州總志卷之一
知直隸郴州事三韓陳邦器　纂修
郴州儒學訓導李嗣泌　仝輯
宜章儒學訓導劉帶蕙
郡舉人喻國人
貢生謝岳生
曹若楩
鄧之栻
州學生員袁來善

郴州總志　卷一　封域　一

州第一部地方志，上承萬曆四年（1576）胡漢纂修的《［萬曆］郴州志》，下續天啓、崇禎年間掌故遺聞，新增清順治、康熙近事，紀事至康熙二十三年。凡十一卷，依次爲：封域、營建、賦役、學校、秩官、武備、風土、選舉、人物、藝文、志餘。

本書據中國國家圖書館藏清康熙刻本影印。（馬治平）

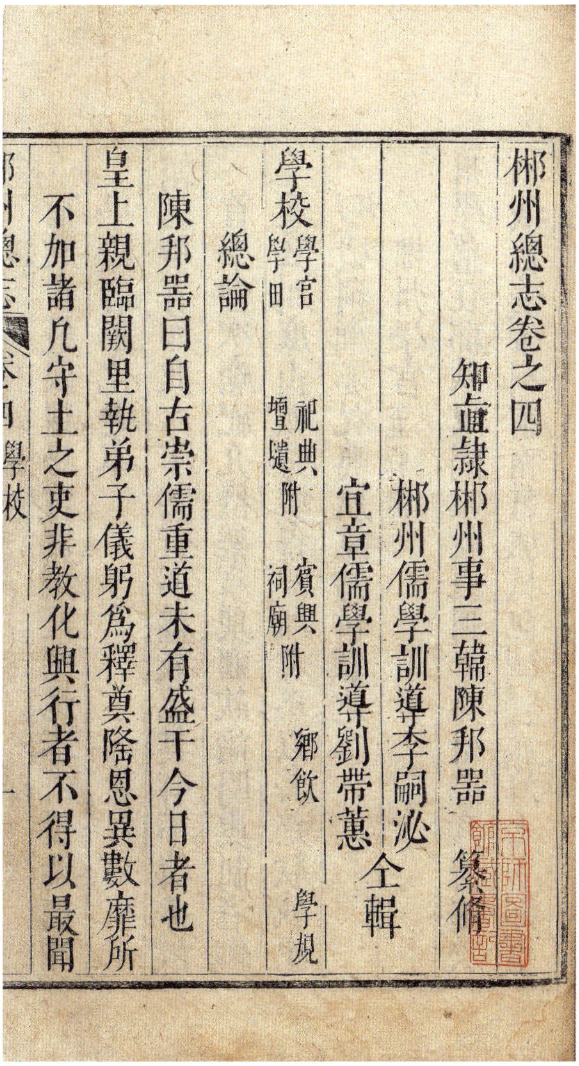
郴州總志卷之四

知直隸郴州事三韓陳邦器　纂修

郴州儒學訓導李嗣泌　仝輯

宜章儒學訓導劉帶蕙

學校　學宮　學田　祀典　壇壝附　賓興附　祠廟附　鄉飲　學規

總論

陳邦器曰自古崇儒重道未有盛于今日者也

皇上親臨闕里執弟子儀躬爲釋奠隆恩異數靡所

不加諸凡守土之吏非教化興行者不得以最聞

郴州總志　卷四　學校　一

［康熙］直隸郴州總志十二卷

清范廷謀增修，清蔡來儀增纂，清康熙五十八年（1719）刻本。每半葉九行，行二十字，小字雙行同，白口，四周雙邊，單黑魚尾。

范廷謀（1659—1728後），號省齋，清鄞縣（今浙江寧波）人。范仲淹之十九世孫，貢生，康熙四十九年至五十八年（1710—1719）任郴州知州，後歷任臺灣府知府、兩淮鹽運使。著有《杜詩直解》《滇南詩稿》《稼石堂詩存》《歸舟詩和集》等。蔡來儀，生卒年不詳，清湖南攸縣人。舉人，曾任郴州學正。

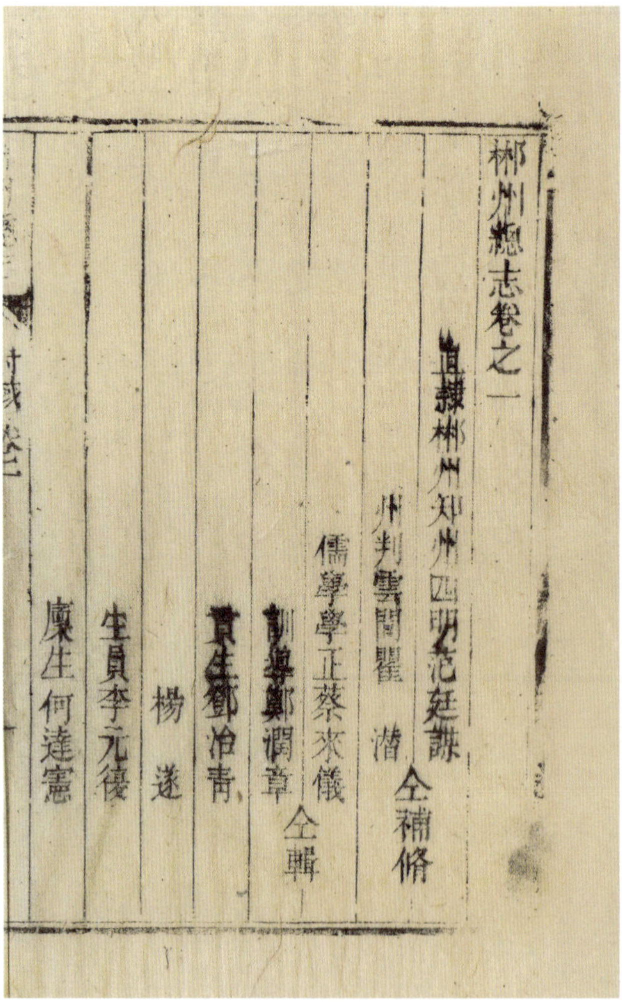
郴州總志卷之一
直隸郴州知州四明范廷謀　仝補脩
州判雲間瞿　潛
儒學學正蔡來儀
訓導鄭調章　仝輯
貢生鄧冶青
楊　遂
生員李元俊
廩生何逵憲

該志爲陳邦器《［康熙］郴州總志》之增補版。康熙五十八年知州范廷謀組織補綴陳《志》，正訛損益，增補考訂，體例類目，悉仍陳《志》，其中藝文志增加一卷。紀事止於康熙五十八年。全書十二卷，依次爲：封域、營建、賦役、學校、武備、風土、選舉、人物、藝文、志餘。

本書據中國國家圖書館藏清康熙五十八年（1719）刻本影印。（馬治平）

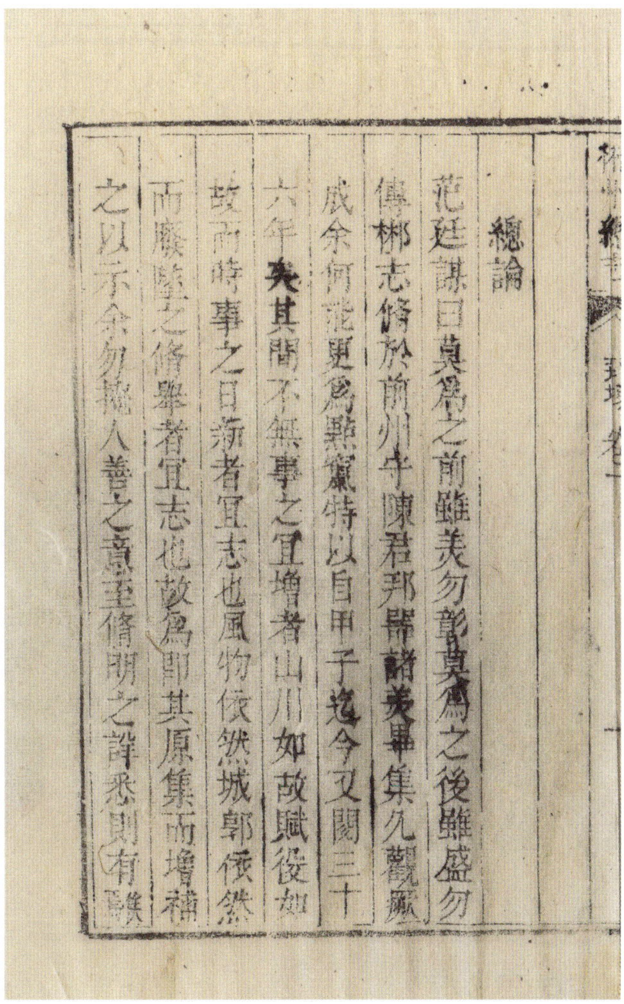

總論

范廷謀曰莫爲之前雖美勿彰莫爲之後雖盛勿傳郴志修於前州守陳君邦器諸美畢集允觀厥成余何能更爲點竄特以自甲子迄今又閱三十六年矣其間不無事之宜增者山川如故賦役如故而時事之日新者宜志也風物依然城郭依然而廢墜之修舉者宜志也故爲即其原集而增補之以示余勿掩人善之意至脩明之詳悉則有雖

［乾隆］郴州總志三十卷首一卷末一卷

清謝仲坃、揚桑阿修，清何全吉等纂，清乾隆三十五年（1770）刻本。每半葉十行，行二十字，白口，四周雙邊，單黑魚尾。

謝仲坃，生卒年不詳，字篪軒、孔六，號耳溪，清廣東陽春人。解元，乾隆三十二年至三十四年（1767—1769）署郴州知州。著有《楚南紀略》《山餘堂詩集》《耳溪文集》。

揚桑阿，生卒年不詳，清蒙古鑲黃旗人。乾隆三十四年至三十六年任

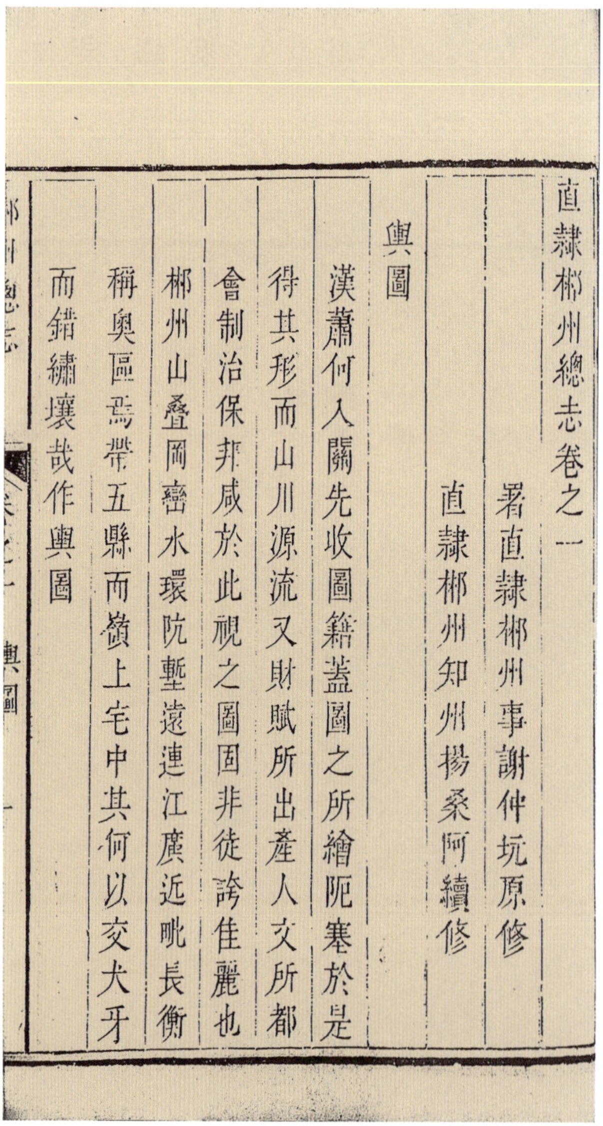

直隸郴州總志卷之一

署直隸郴州事謝仲坃原修

直隸郴州知州揚桑阿續修

輿圖

漢蕭何入關先收圖籍蓋圖之所繪阨塞於是得其形而山川源流又財賦所出產人文所都會制治保邦咸於此覘之圖固非徒誇佳麗也郴州山叠岡巒水環阬塹遠連江廣近眺長衡稱輿區焉帶五縣而嶺上宅中其何以交犬牙而錯繡壤哉作輿圖

郴州總志　卷之一　輿圖　一

郴州知州。何全吉，生卒年不詳，清郴州人。州學生員。

該志上承康熙五十八年（1719）《［康熙］直隸郴州總志》，紀事止於乾隆三十五年。全書三十卷，依次爲：輿圖、星野、沿革、山川、疆域、城池、公署、學校、祀典、賦役、物産、積貯、恤政、風俗、儀禮、秩官、名宦、兵防、選舉、人物、列女、寺觀、仙釋、古迹、藝文、事紀、雜志。卷首爲皇言，卷末爲附考。

本書據日本國立國會圖書館藏清乾隆三十五年（1770）刻本影印。（馬治平）

［嘉慶］郴州總志四十三卷首一卷

清朱偓等修，清陳昭謀纂，清光緒十九年（1893）木活字本。每半葉九行，行二十六字，白口，四周雙邊，單黑魚尾。

朱偓，生卒年不詳，字右全，號曦圖，清四川興文人。進士，嘉慶十四年至二十三年（1809—1818）任郴州知州，著有《訓民俚語》。陳昭謀（1754—1827），字燕貽，號劍溪，清郴州人。乾隆三十八年（1773）入縣學，四十年食廩膳，四十二年取拔貢，朝考一等第三，即引薦江華教諭。四十八年中舉，後任湘陰、湘鄉、嘉禾、綏寧教諭。五十五年補授桂陽州學正，其教學講求根柢，致力實踐爲先，州中自此科第相繼，生員頻增，學風純良，人才輩出。俸滿升山東昌邑知縣。嘉慶十年改任甘肅文縣知縣，因足疾未便，故辭任回籍，掌教郴州東山書院十載。

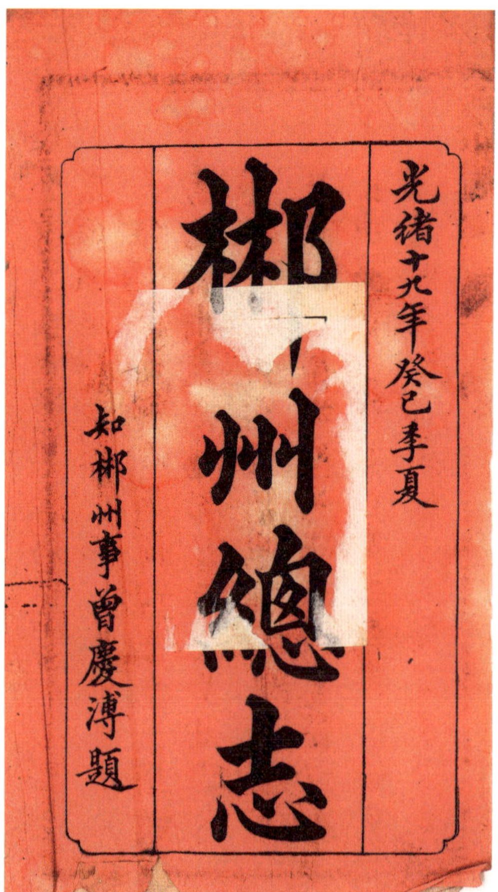

期間，主修《郴州總志》，倡修學宮，改建文昌廟、魁星閣，創建東塔。義舉善行，聲名遠播。

該志於嘉慶二十二年知州朱偓始修，後由署郴州知州至善、常慶、徐鳳喈相繼接修完成。上續清乾隆三十五年《［乾隆］郴州總志》，紀事止於嘉慶二十四年。該志體例完備，門類齊全，篇幅宏大，内容浩博，爲方志中佳品。全書首卷爲皇言。正文内容分三十四門。依次爲：星野、圖考、沿革、疆域、山川、關隘、古迹、城池、公署、學校、典禮、祀禮、賦役、積貯、鹽法、礦廠、蠲恤、風俗、苗瑶、名宦、流寓、職官、兵防、選舉、人物、節孝、典籍、藝文、仙釋、寺觀、物産、事紀、雜志、附考。

本書據上海圖書館藏清光緒十九年（1893）木活字本影印。（馬治平）

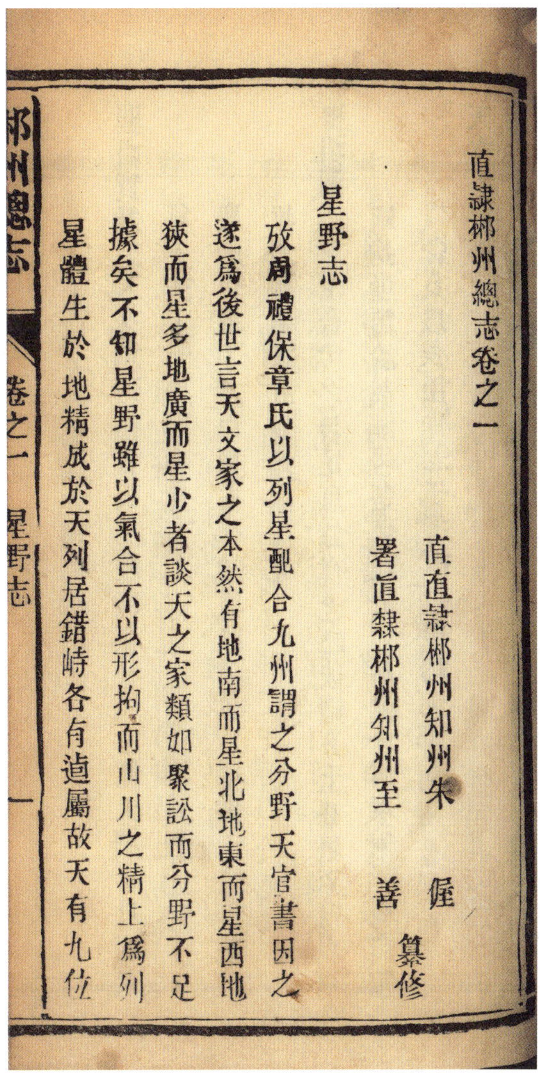
直隸郴州總志卷之一

直隸郴州知州朱　偓　纂修
署直隸郴州知州至　善

星野志

攷周禮保章氏以列星配合九州謂之分野天官書因之遂爲後世言天文家之本然有地南而星北地東而星西地狹而星多地廣而星少者談天之家類如聚訟而分野不足據矣不知星野雖以氣合不以形拘而山川之精上爲列星體生於地精成於天列居錯峙各有攸屬故天有九位

郴州總志　卷之一　星野志

[光緒]郴州直隸州鄉土志二卷

清查慶綏修，清謝馨槐等纂，清光緒三十三年（1907）刻本。每半葉十行，行二十字，白口，四周雙邊，單黑魚尾。

查慶綏，生卒年不詳，清順天宛平縣（今北京）人。貢生，光緒十七年（1891）捐納知縣分湖南試用，三十二年閏四月署郴州知州。謝馨槐，生卒年不詳，清郴州人。歲貢生。

光緒三十一年清廷下詔廢科舉開學堂，命各省府州縣編纂鄉土志，并頒

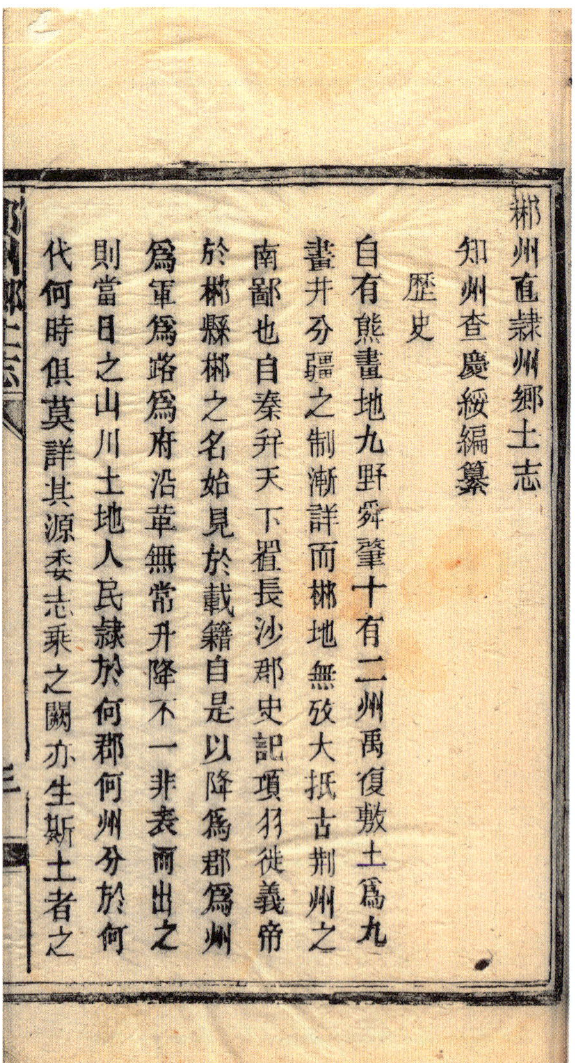
郴州直隸州鄉土志
知州查慶綏編纂
歷史
自有熊畫地九野舜肇十有二州禹復敷土爲九
晝井分疆之制漸詳而郴地無攷大抵古荆州之
南鄙也自秦并天下置長沙郡史記項羽徙義帝
於郴縣郴之名始見於載籍自是以降爲郡爲州
爲軍爲路爲府沿革無常升降不一非表而出之
則當日之山川土地人民隸於何郡何州分於何
代何時俱莫詳其源委志乘之闕亦生斯土者之

布《鄉土志例目》，規定總目分十五目：歷史、政績、兵事、耆舊、人類、户口、氏族、宗教、實業、地理、山、水、道路、物産、商務。

該志紀事上承嘉慶二十五年（1820）《［嘉慶］郴州總志》，下續道光、咸豐、同治、光緒年間邑事；分上、下二卷。其篇目按規定例目將山水合爲一目，增加了橋梁、要隘、祠廟、市鎮、古迹、坊表、學堂七目。該志始修於光緒三十二年，翌年成書付梓。

本書據天津圖書館藏清光緒三十三年（1907）刻本影印。（馬治平）

［康熙］桂陽州志十四卷

清董之輔修，清吳爲相等纂，清康熙二十二年（1683）刻本。每半葉十行，行二十字，白口，四周雙邊，單黑魚尾。

董之輔，生卒年不詳，字枚庵，清奉天義州（今遼寧義縣）人。康熙二十年至二十二年（1681—1683）任桂陽州知州。吳爲相，生卒年不詳，清桂陽州（今湖南桂陽）人。順治年間舉人。

桂陽直隸州州治爲今桂陽縣。桂陽縣，東晉析郴縣西地置平陽縣、平陽郡，縣隸屬郡。隋廢郡、縣，旋復平陽縣，隸屬桂陽郡。唐置桂陽監。宋爲桂陽軍。

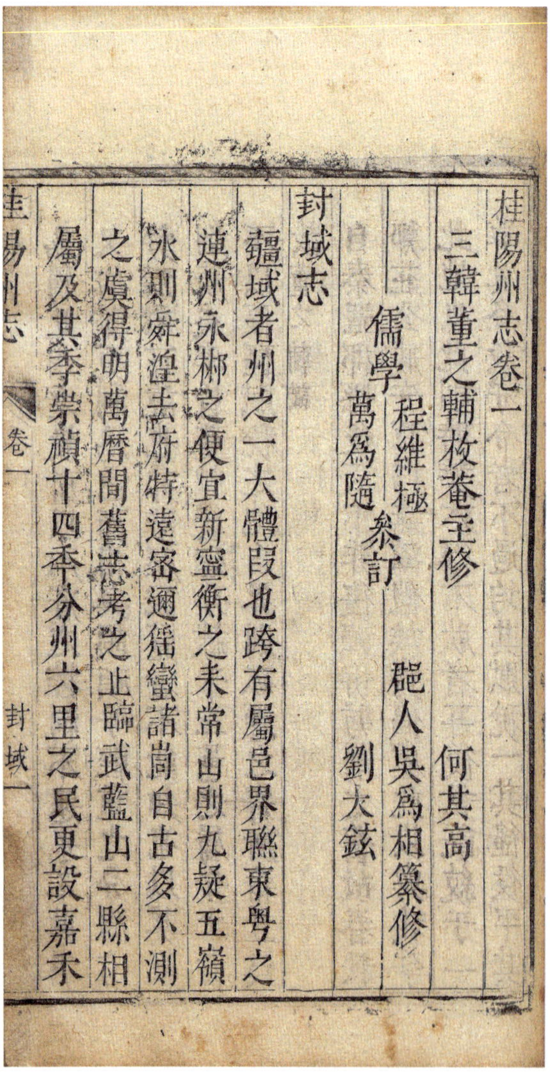
桂陽州志卷一
三韓董之輔枚菴重修　何其高
儒學　程維極　萬爲隨　參訂　邑人吳爲相纂修　劉大鉉
封域志
疆域者州之一大體段也跨有屬邑界聯東粵之連州永郴之便宜新寧衡之耒常山則九疑五嶺水則舜湟去府特遠寄邇徭蠻諸峒自古多不測之虞得明萬曆間舊志考之止臨武藍山二縣相屬及其季崇禎十四年分州六里之民更設嘉禾
桂陽州志　卷一　封域一

元爲桂陽路。洪武元年（1368）爲桂陽府，領平陽、臨武二縣和常寧、耒陽二州，洪武十三年更爲桂陽州，隸衡州府。雍正十年（1732）升爲直隸州，領臨武、藍山、嘉禾三縣，隸衡永郴桂道。民國初改名桂陽縣。今屬郴州市。

古代桂陽州地方志修纂始於南宋，現存世方志有《［康熙］桂陽州志》、《［康熙］桂陽州志》（增補本）、《［雍正］桂陽州志》、《［乾隆］直隸桂陽州志》、《［乾隆］直隸桂陽州志》（增補本）、《［嘉慶］直隸桂陽州志》（增補本）、《［同治］桂陽直隸州志》、《［同治］桂陽直隸州志》（稿本）。

該志爲現存世最早之桂陽州志，紀事止於清康熙二十一年，康熙二十二年成書刻版問世。全書分十四門九十九目。卷一爲封域志、卷二爲營建志、卷三爲賦役志、卷四爲鹽政志、卷五爲學校志、卷六爲風土志、卷七爲秩官志、卷八爲選舉志、卷九爲武備志、卷十爲人物志、卷十一爲列女志、卷十二爲藝文志、卷十三爲祥异志、卷十四爲方外志。其中，卷十二、十三、十四缺佚。

本書據中國國家圖書館藏清康熙二十二年（1683）刻本影印。（馬治平）

[康熙]桂陽州志十四卷

清董之輔修，清吴爲相等纂，清王秉中增補，清康熙三十五年（1696）刻本。每半葉十行，行二十字，小字雙行同，白口，四周雙邊，單黑魚尾。

董之輔生平見史部《[康熙]桂陽州志》（康熙二十二年刻本）條。吴爲相生平見史部《[康熙]桂陽州志》（康熙二十二年刻本）條。王秉中，生卒年不詳，字粹庵，清奉天（今遼寧瀋陽）人。康熙二十八年至三十八年（1689–1699）任桂陽州知州。

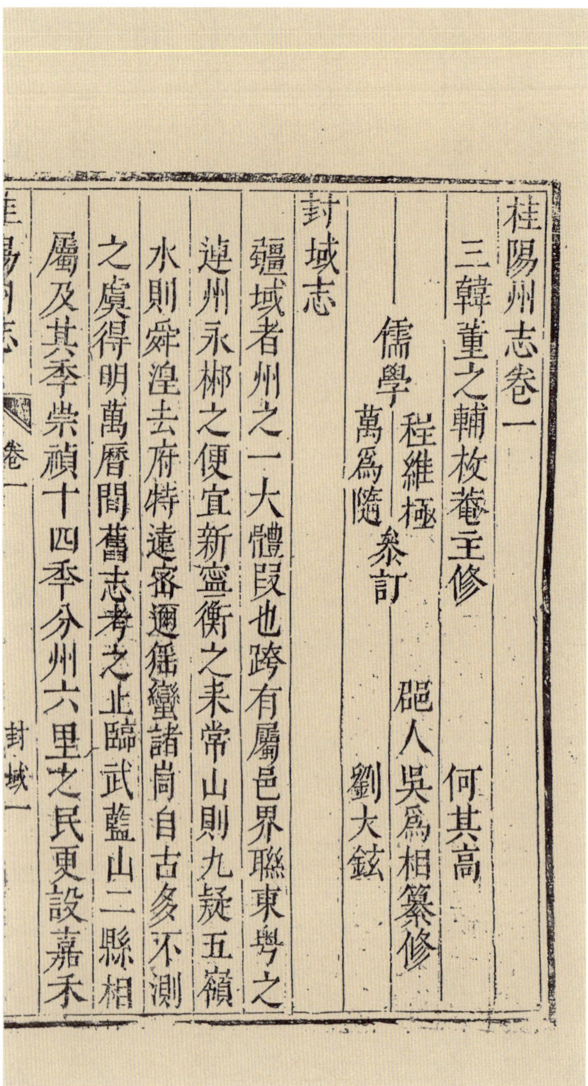
桂陽州志卷一
三韓董之輔校菴主修　何其高
儒學　程維極　參訂　郡人吴爲相纂修
萬爲隨　劉大鉉
封域志
疆域者州之一大體段也跨有屬邑界聯東粵之
逴州永郴之便宜新寧衡之耒常山則九疑五嶺
水則舜湟去府特遠舀邇猺蠻諸峝自古多不測
之虞得明萬曆間舊志考之止臨武藍山二縣相
屬及其季崇禎十四季分州六里之民更設嘉禾
桂陽州志　卷一　封域一

該志修纂於康熙二十二年，紀事止於二十一年。正文分十四門九十九目，爲封域志、營建志、賦役志、鹽政志、學校志、風土志、秩官志、選舉志、武備志、人物志、列女志、藝文志、祥异志、方外志。康熙三十五年，王秉中增補重刻，一仍董志，個别卷目有所增補，增補叙事至康熙三十五年。

本書據天津圖書館藏清康熙三十五年（1696）刻本影印。（馬治平）

［雍正］桂陽州志十四卷

清張明叙修，清李人龍等纂，清雍正七年（1729）刻本。每半葉十行，行二十字，小字雙行同，白口，四周雙邊，單黑魚尾。

張明叙，生卒年不詳，字秩齋，清奉天（今遼寧瀋陽）人。監生，雍正三年至十三年（1725—1735）任桂陽知州。李人龍，生卒年不詳，清桂陽州（今湖南桂陽）人。舉人。

該志承康熙二十二年（1683）董之輔《［康熙］桂陽州志》，始修於雍正七年，同年成書付梓，紀

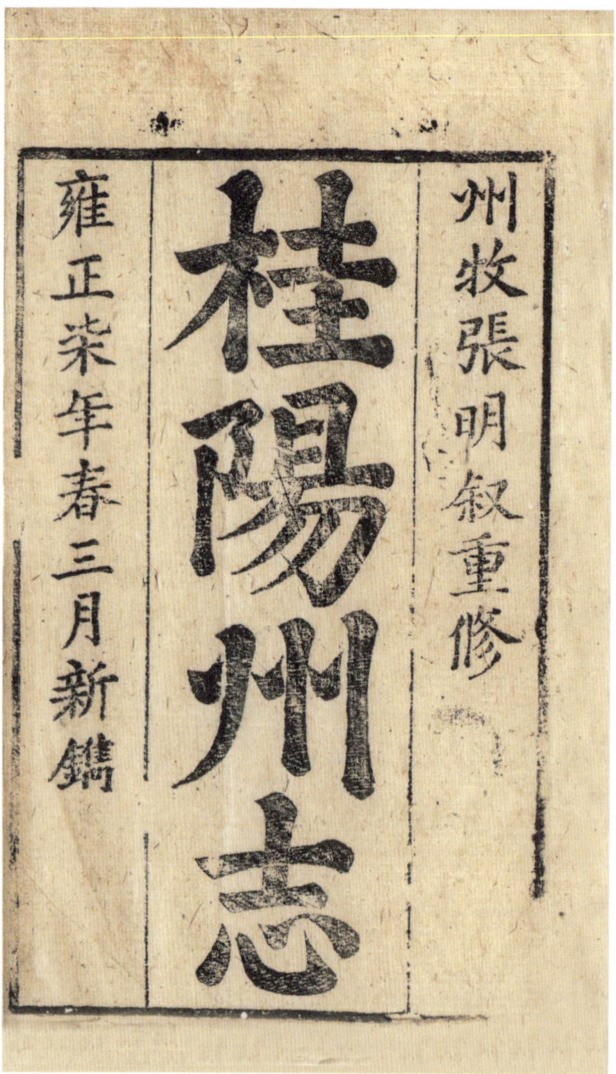

事亦止於是年。正文分十四門九十七目，依次爲：封域志、營建志、賦役志、鹽政志、學校志、風土志、秩官志、選舉志、武備志、人物志、列女志、藝文志、祥异志、方外志。

本書據中國國家圖書館藏清雍正七年（1729）刻本影印。（馬治平）

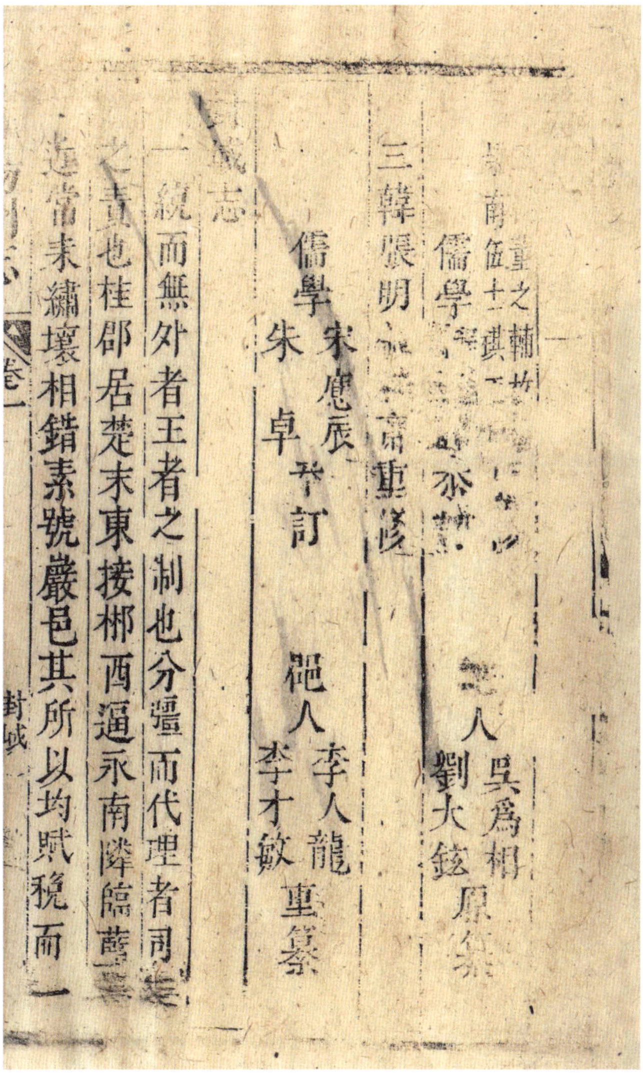
封域志
一統而無外者王者之制也分疆而代理者司
之責也桂郡居楚末東接郴西通永南隣臨藍
進當未續壞相錯素號巖邑其所以均賦稅而一

[乾隆]直隸桂陽州志二十八卷首一卷補續一卷

清張宏燧修，清盧世昌、邵玘纂，清周仕議、李呈焕增補，清乾隆三十年（1765）刻嘉慶十年（1805）增補本。每半葉十一行，行二十二字，小字雙行同，白口，四周雙邊，單黑魚尾。

張宏燧，生卒年不詳，字贊皇，號慧川，清江蘇青浦（今屬上海）人，舉人，乾隆二十七年（1762）至三十一年任桂陽州知州。盧世昌，生卒年不詳，字洄齋，清桂陽州（今湖南桂陽）人，乾隆十九年進士。邵玘，生卒年不詳，字西樵，清江蘇青浦人，貢生。周仕議，生卒年不詳，字弼軒，清湖南祁陽縣人。舉人。嘉慶

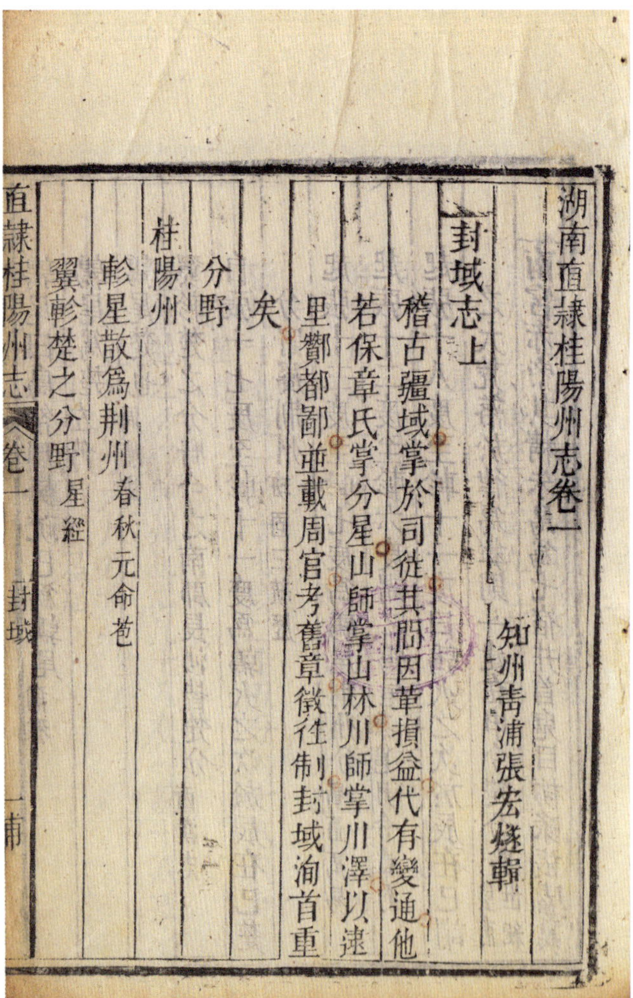
湖南直隸桂陽州志卷一
知州青浦張宏燧輯
封域志上
稽古疆域掌於司徒其間因革損益代有變通他
若保章氏掌分星山師掌山林川師掌川澤以逮
里酇都鄙並載周官考舊章徵往制封域洵首重
矣
分野
桂陽州
軫星散爲荆州春秋元命苞
翼軫楚之分野星經
直隸桂陽州志《卷一 封域 一

八年至十八年（1803—1813）任桂陽州學正。李呈煥，生卒年不詳，字聲堂，清湖南沅陵縣人。貢生，桂陽州訓導。

該志據乾隆三十年張宏燧《［乾隆］直隸桂陽州志》續修增補，始修於嘉慶十年（1805）夏，兩月成書付梓，是年刊刻行世。正文卷目門類，全襲張《志》，分十六門二十八卷一百二十目。續補卷紀事止於嘉慶九年，内容有：營建、典禮、職官、選舉、列女、節烈、藝文、補遺。

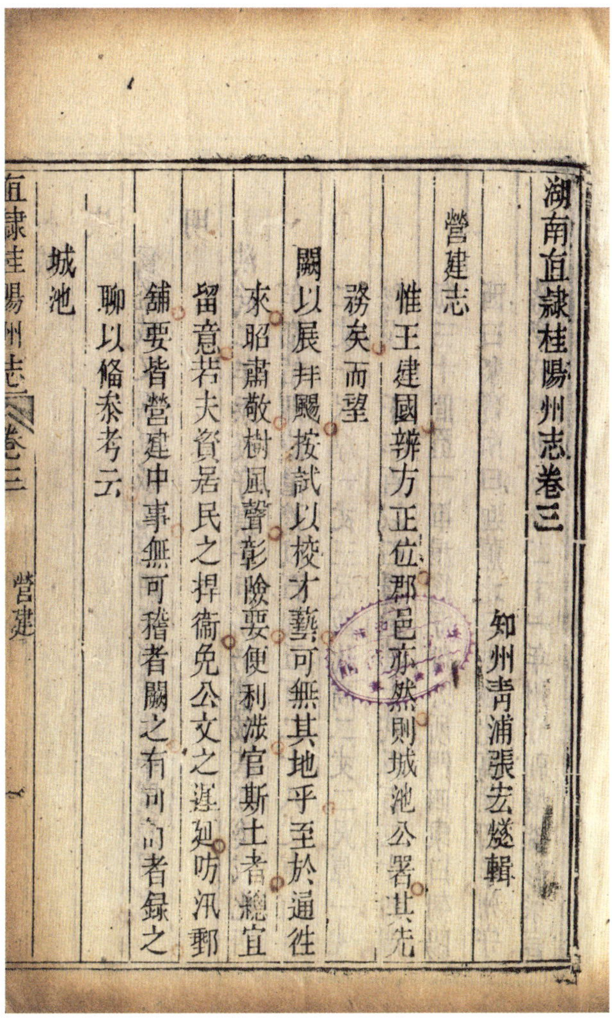

湖南直隸桂陽州志卷三

知州青浦張宏燧輯

營建志

惟王建國辨方正位郡邑亦然則城池公署其先務矣而望闕以展拜颺按試以校才藝可無其地乎至於遍往來昭肅敬樹風聲彰險要便利涉官斯土者總宜留意若夫資居民之捍衛免公文之遲延昉汛郵鋪要皆營建中事無可稽者闕之有可訪者錄之聊以備參考云

城池

直隸桂陽州志卷三　營建

本書據湖南圖書館藏清乾隆三十年（1765）刻嘉慶十年（1805）增補本影印。（馬治平）

［嘉慶］直隸桂陽州志四十三卷

清袁成烈修，清曹昌等纂，清俞昌會增修，清道光間增補刻本。每半葉十一行，行二十二字，白口，四周雙邊，單黑魚尾。

袁成烈，生卒年不詳，清順天府宛平縣（今北京）人。監生，嘉慶二十二年至道光元年（1817—1821）任直隸桂陽州知州。曹昌，生卒年不詳，清桂陽州（今湖南桂陽）人。舉人，曾任山西祁縣知縣。俞昌會，生卒年不詳，清浙江紹興人。道光二十四年任桂陽州知州。

該志上承乾隆三十年

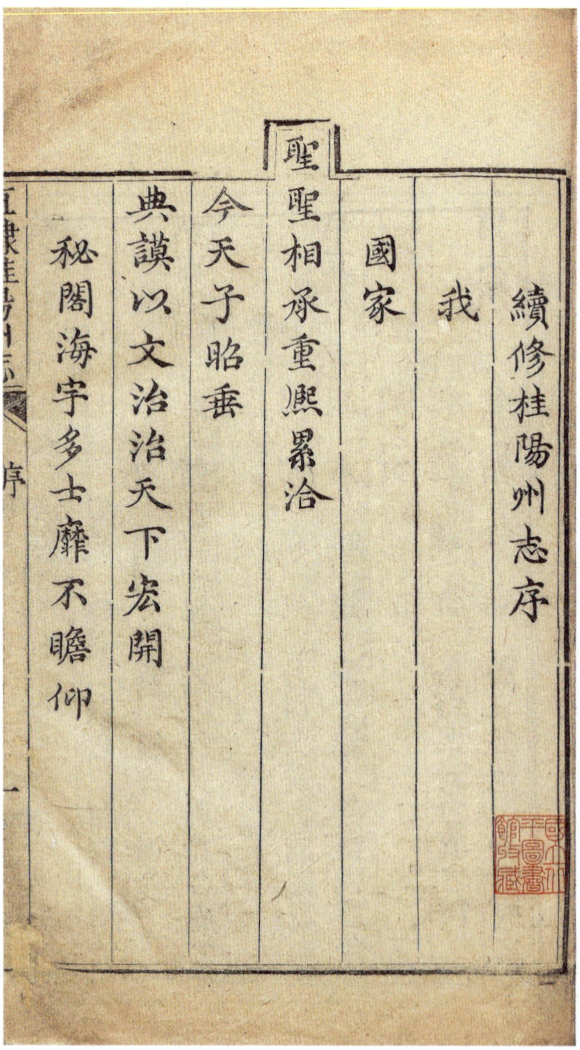

續修桂陽州志序

我

國家

聖聖相承重熙累洽

今天子昭垂

典謨以文治治天下宏開

秘閣海宇多士靡不瞻仰

直隸桂陽州志　序　一

（1765）張宏燧《［乾隆］直隸桂陽州志》，增續乾隆、嘉慶朝史事，紀事止於嘉慶二十三年。分四十三門一百四十六目，依次爲：星野、圖考、建置沿革、疆域、形勢、山川、户口、田賦、水利、城池、關隘、津梁、古迹、公署、學校、祀典、祠廟、風俗、兵制、屯田、鋪遞、苗瑶、武功、寺觀、鹽法、礦廠、蠲政、職官、選舉、封蔭、政績、人物、列女、隱逸、流寓、仙釋、方技、陵墓、藝文、典籍、物産、祥异、雜識。

道光年間，知州俞昌會補修重刻，一仍張志，個别卷目有所增補。

本書據中國國家圖書館藏清道光間增補刻本影印。（馬治平）

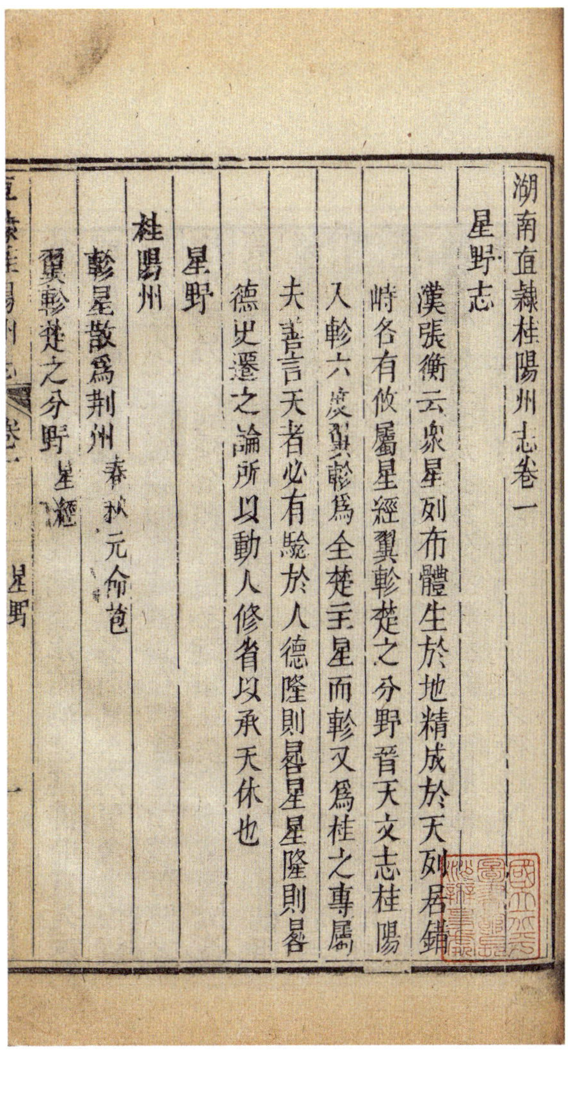
湖南直隸桂陽州志卷一

星野志

漢張衡云衆星列布體生於地精成於天列居錯峙各有攸屬星經翼軫楚之分野晉天文志桂陽入軫六度翼軫爲全楚主星而軫又爲桂之專屬夫言天者必有驗於人德隆則晷星星隆則晷德史遷之論所以動人修者以承天休也

星野

桂陽州

軫星散爲荆州 春秋元命苞

翼軫楚之分野 星經

直隸桂陽州志 卷一 星野 一

［同治］桂陽直隸州志二十七卷首一卷

清汪敩灝修，清王闓運纂，清同治七年（1868）刻本。每半葉十行，行二十一字，小字雙行同，白口，四周雙邊，單黑魚尾。

汪敩灝，生卒年不詳，字習之，清仁和（今浙江杭州）人。監生，咸豐八年至同治八年（1858—1869）任桂陽州知州。王闓運生平見史部《陳巡撫行狀》條。

該志上承清嘉慶二十三年（1818）《［嘉慶］直隸桂陽州志》，新增嘉慶、道光、咸豐、同治史事。始修於同治四年，同治七年成書付梓。該志體例仿《史記》，立紀、表、志、圖、傳五體，因事命篇，無虛門類，一革清代方志通例。全

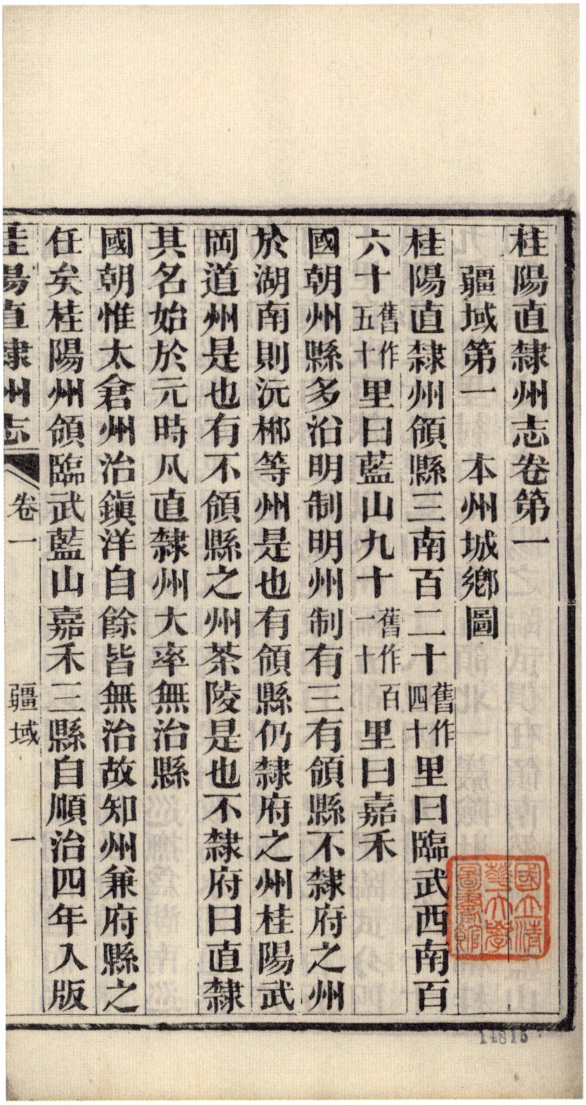
桂陽直隸州志卷第一

疆域第一　本州城鄉圖

桂陽直隸州領縣三南百二十（舊作四十）里曰臨武西南百六十（舊作五十）里曰藍山九十（舊作一十）里曰嘉禾

國朝州縣多治明制明州制有三有領縣不隸府之州於湖南則沅郴等州是也有領縣仍隸府之州桂陽武岡道州是也有不領縣之州茶陵是也不隸府曰直隸其名始於元時凡直隸州大率無治縣

國朝惟太倉州治鎮洋自餘皆無治故知州兼府縣之任矣桂陽州領臨武藍山嘉禾三縣自順治四年入版

桂陽直隸州志　卷一　疆域　一

書分十五篇二十七卷，分爲一紀、三十六表、十志、六十六圖、一百四十三傳，内容依次爲：疆域志、事紀、賦役志、工志、州官表、官師列傳、學校志、禮志、兵志、人物志、貨殖傳、水道志、天文志、洞傜志、藝文志、叙志、匡謬、小説。

本書據清華大學圖書館藏清同治七年（1868）刻本影印。（馬治平）

［同治］桂陽直隸州志二十七卷（存卷一至二十五）

清汪斅灝修，清王闓運纂，稿本。每半葉十行，行二十一字，無魚尾，紅格。鈐『王闓運印』『壬父』朱文方印。

汪斅灝生平見史部《［同治］桂陽直隸州志》（同治七年刻本）條。王闓運生平見史部《陳巡撫行狀》條。

該志上承嘉慶二十三年（1818）《［嘉慶］直隸桂陽州志》，新增嘉慶、道光、咸豐、同治史事。始修於同治四年（1865），同治七年成書付梓。該志

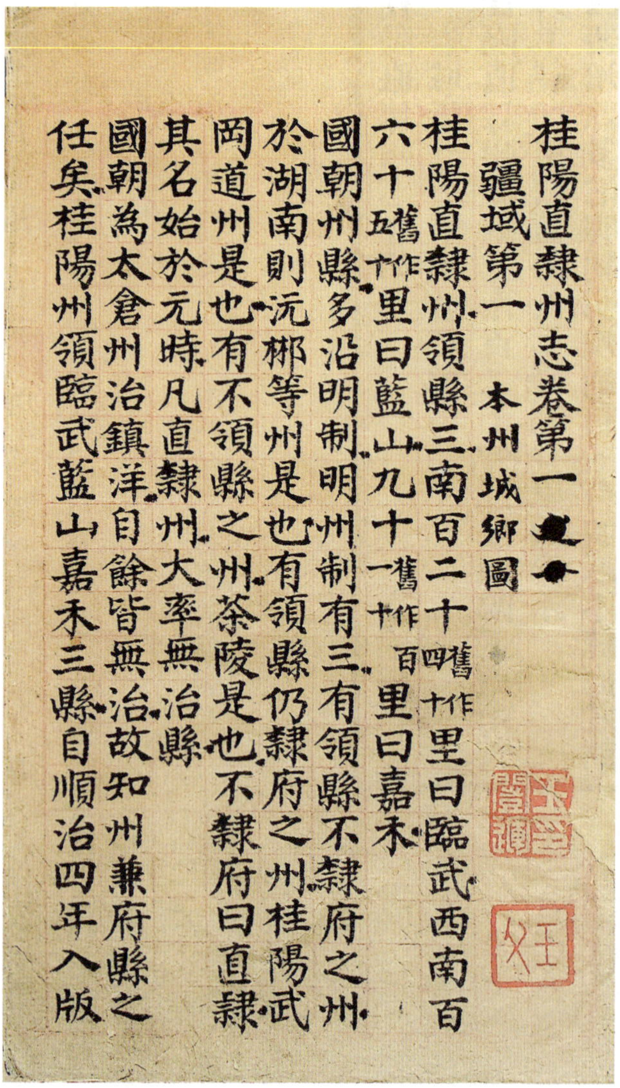
桂陽直隸州志卷第一
疆域第一　本州城鄉圖
桂陽直隸州領縣三南百二十（舊作四十）里曰臨武西南百六十五（舊作六十）里曰藍山九十（舊作一百）里曰嘉禾
國朝州縣多沿明制明州制有三有領縣不隸府之州於湖南則沅郴等州是也有領縣仍隸府之州桂陽武岡道州是也有不領縣之州茶陵是也不隸府曰直隸其名始於元時凡直隸州大率無治縣
國朝為太倉州治鎮洋自餘皆無治故知州兼府縣之任矣桂陽州領臨武藍山嘉禾三縣自順治四年入版

體例仿《史記》，立紀、表、志、圖、傳五體，因事命篇，無虚門類，一革清代方志通例。全書分十五篇二十七卷，分爲一紀、三十六表、十志、六十六圖、一百四十三傳。内容依次爲：疆域志、事紀、賦役志、工志、州官表、官師列傳、學校志、禮志、兵志、人物志、貨殖傳、水道志、天文志、洞徭志、藝文志、叙志、匡謬、小説。該稿本有改動痕迹，無目録，缺佚匡謬、小説二卷。

本書據桂陽縣檔案館藏稿本影印。（馬治平）

[康熙]臨武縣志

清張聲遠纂修，清康熙二十一年（1682）抄本。每半葉九行，行二十字，小字雙行同，無版框。

張聲遠，生卒年不詳，字于野，號晴園，清奉天廣寧（今遼寧北鎮）人。監生。康熙二十年至二十八年（1681—1689）任臨武知縣。

臨武，古屬楚地，戰國時期設臨武邑，漢置縣。王莽建新改名大武。東漢建武元年（25）復稱臨武。唐武則天時期更名隆武，唐中宗神龍元年（705）復名臨武。五代并入桂陽監。宋復置臨武縣。明、清因之，屬桂陽州。今屬郴州市。

臨武縣志古代有七修。

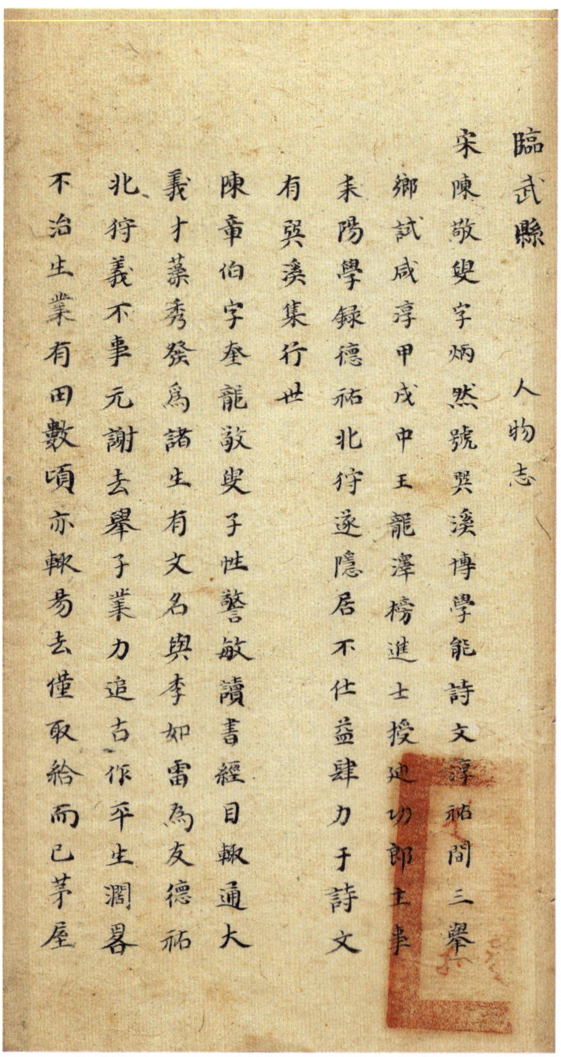
臨武縣　人物志
宋陳敬叟字炳然號巽溪博學能詩文淳祐間三舉
鄉試咸淳甲戌中王龍澤榜進士授廸功郎主簿
耒陽學録德祐北狩遂隱居不仕益肆力于詩文
有巽溪集行世
陳章伯字奎龍敬叟子性警敏讀書經目輒通大
義才藻秀發爲諸生有文名與李如雷爲友德祐
北狩義不事元謝去舉子業力追古作平生澗畧
不治生業有田數頃亦輒易去僅取給而已茅屋

明代三修，惜僅存序。現存《［康熙］臨武縣志》（抄本）、《［康熙］臨武縣志》、《［嘉慶］臨武縣志》、《［同治］臨武縣志》。

該志上承明嘉靖四十年（1561）劉堯誨修《［嘉靖］臨武縣志》，下續隆慶、萬曆、天啓、崇禎邑事，新增順治、康熙近事，纂修於康熙二十一年，紀事亦止於是年。今存抄稿二十八葉，約一萬字。僅存内容有：名宦祠、鄉賢祠、師儒、教諭、訓導、書院、學田、職官（無標題）、人物志。該志應係邑令張聲遠纂修的初稿，無序跋、凡例、目録，屬史料彙輯。

本書據中國國家圖書館藏清康熙二十一年（1682）抄本影印。（馬治平）

［康熙］臨武縣志十六卷首一卷

清張聲遠修，清鄒章周纂，清康熙二十七年（1688）刻本。每半葉十行，行二十字，白口，四周單邊，單黑魚尾。

張聲遠生平見史部《［康熙］臨武縣志》（抄本）條。鄒章周，生卒年不詳，字中石，清鄢縣（今湖南炎陵縣）人。歲貢，臨武縣教諭，著有《蛩響集》《粕遺集》等。

本書上承明嘉靖四十年（1561）劉堯誨修《［嘉靖］臨武縣志》、清康熙二十一年（1682）張聲遠修《［康熙］臨武縣志》（抄本）。始修於

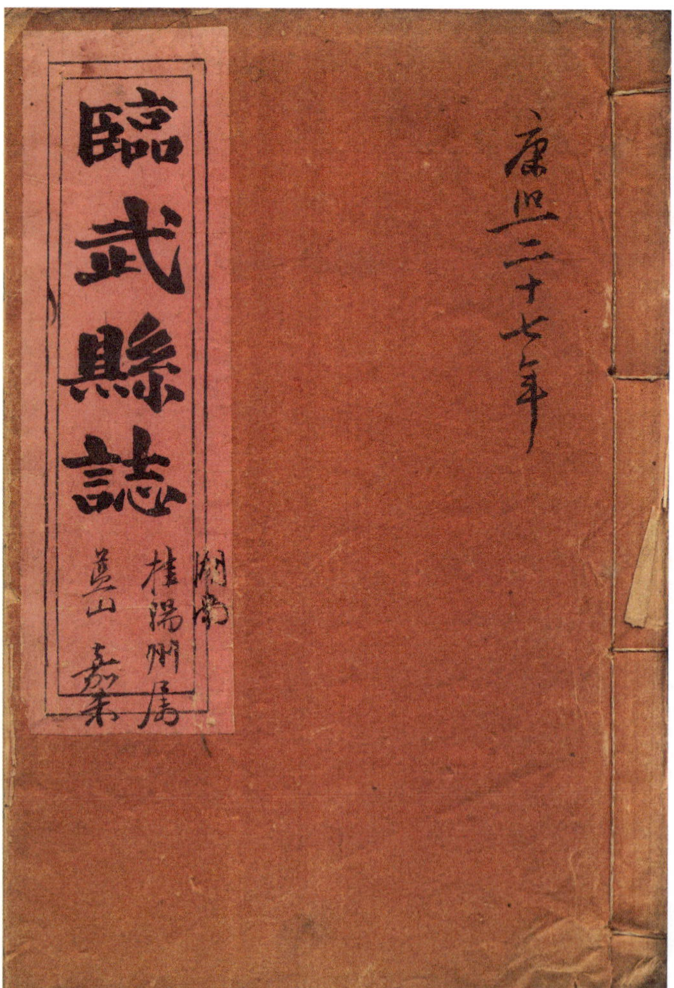

清康熙二十七年，紀事止於二十六年。卷首列地輿圖、八景圖十餘幅。正文分十二門六十五目，依次爲：天文志、封域志、營建志、賦役志、學校志、秩官志、武備志、選舉志、人物志、列女志、藝文志、外志。

本書據天津圖書館藏清康熙二十七年（1688）刻本影印。（馬治平）

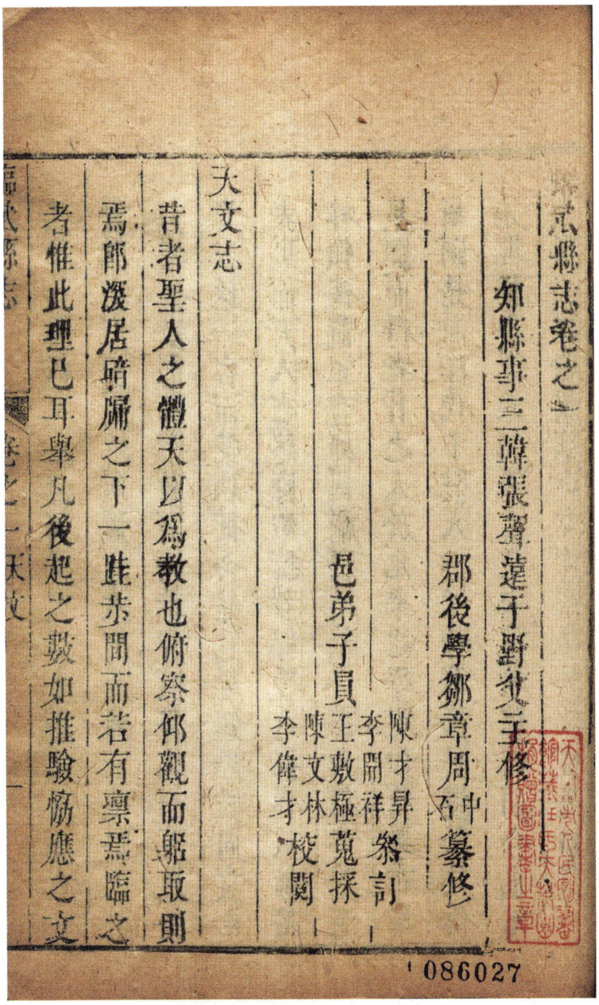
臨武縣志卷之一

知縣事三韓張聲遠子野父主修

郡後學鄒章周石中纂修

邑弟子員 陳才昇 李開祥 參訂 王敷極 蒐採 陳文林 李偉才 校閱

天文志

昔者聖人之體天以爲教也俯察仰觀而躬取則焉郎湲居暗屚之下一跬步間而若有稟焉臨之者惟此理已耳舉凡後起之數如推驗協應之文

臨武縣志 卷之一 天文 一

[嘉慶]臨武縣志四十七卷首一卷

清鄒景文、麥連修，清曹家玉纂，清嘉慶二十二年（1817）刻本。每半葉九行，行二十二字，白口，四周雙邊，單黑魚尾。

鄒景文，生卒年不詳，清江蘇人。監生，嘉慶二十年至二十二年（1815—1817）署臨武知縣。麥連，生卒年不詳，清廣東東莞人。舉人，嘉慶二十二年任臨武知縣。曹家玉，生卒年不詳，清湖南衡山人。嘉慶間臨武教諭。

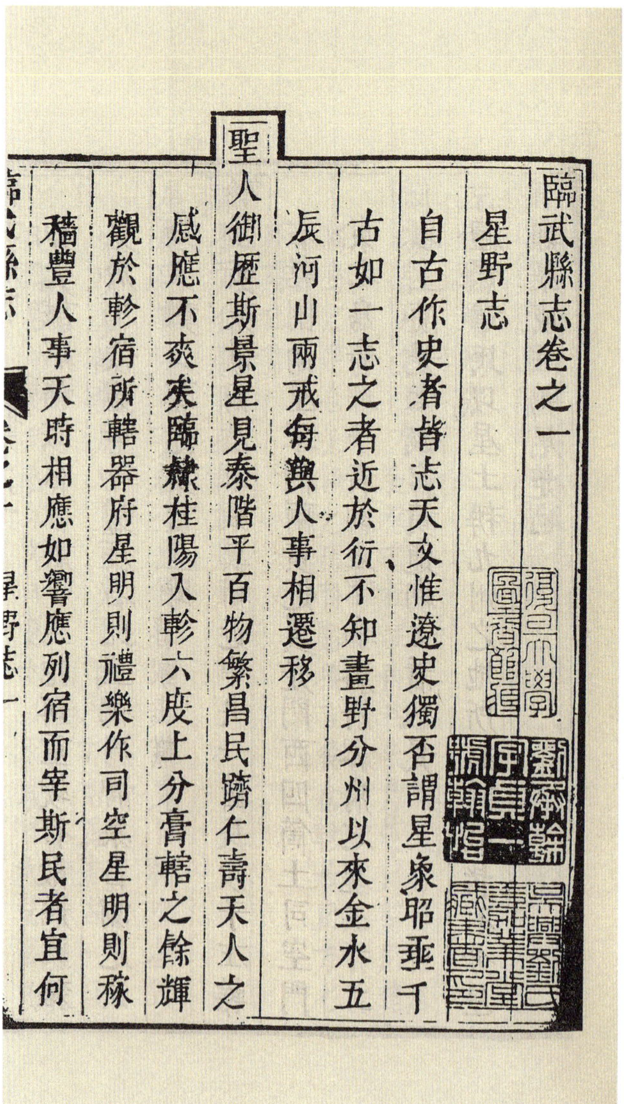
臨武縣志卷之一
星野志
自古作史者皆志天文惟遼史獨否謂星象昭垂千古如一志之者近於衍不知畫野分州以來金水五辰河山兩戒每與人事相遷移
聖人御歷斯景星見泰階平百物繁昌民躋仁壽天人之感應不爽矣臨隸桂陽入軫六度上分膏轄之餘輝觀於軫宿所轄器府星明則禮樂作司空星明則秫穡豐人事天時相應如響應列宿而宰斯民者宜何

該志於清嘉慶二十一年署知縣鄒景文設局纂修，逾年纂成，紀事止於嘉慶二十二年。正文分四十七卷，依次爲：星野、圖考、建置沿革、疆域、形勢、山川、户口、田賦、水利、城池、關隘、津梁、古迹、公署、學校、祀典、祠廟、風俗、兵制、屯田、邊防、鋪遞、苗瑶、武功、寺觀、鹽法、錢法、蠲政、職官、選舉、封蔭、政績、人物、列女、隱逸、流寓、仙釋、方技、陵墓、僭竊、藝文、典籍、金石、物産、祥异、雜識、外紀。

本書據復旦大學圖書館藏清嘉慶二十二年（1817）刻本影印。（馬治平）

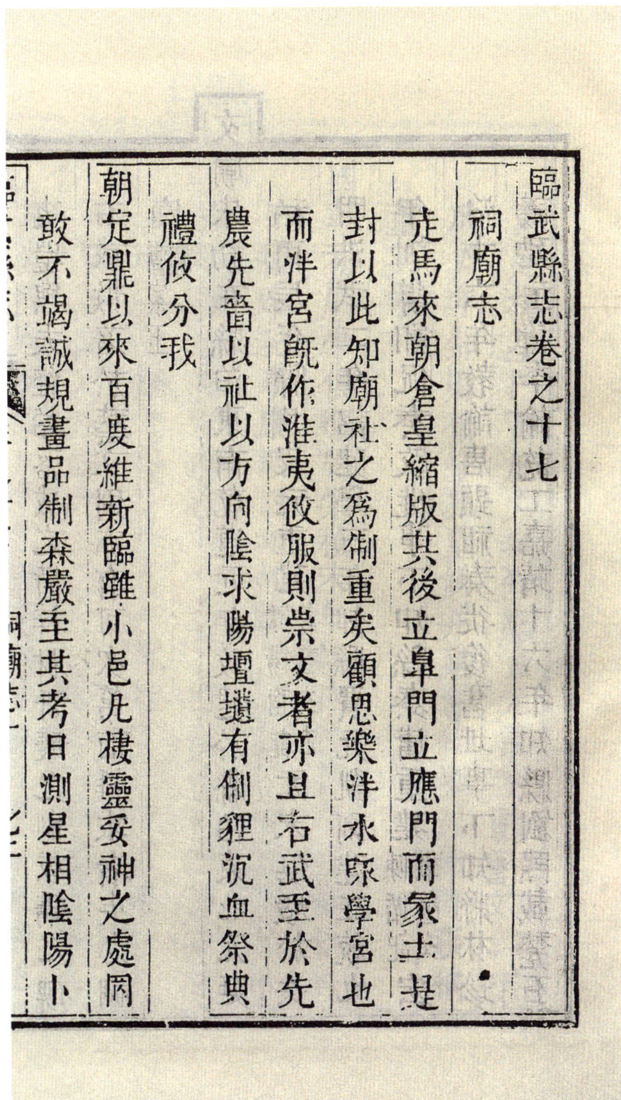
臨武縣志卷之十七
祠廟志
走馬來朝倉皇縮版其後立阜門立應門而冢土是
封以此知廟社之爲制重矣顧思樂泮水廓學宮也
而泮宮既作淮夷攸服則崇文者亦且布武至於先
農先嗇以祉以方向陰求陽壇壝有制貍沉血祭典
禮攸分我
朝定鼎以來百度維新臨雖小邑凡棲靈妥神之處罔
敢不竭誠規畫品制森嚴至其考日測星相陰陽卜

［同治］臨武縣志四十七卷首一卷

清吴洪恩續修，清陳佑啓續纂，清同治六年（1867）增刻本。每半葉九行，行二十一字，白口，四周雙邊，單黑魚尾。

吴洪恩，生卒年不詳，清河南固始人。舉人，臨武縣知縣。陳佑啓，生卒年不詳，清武陵（今湖南常德）人。拔貢，臨武縣教諭。

該志爲嘉慶二十二年（1817）《［嘉慶］臨武縣志》續修本，體例一仍其舊。續補自嘉慶二十二年以來五十年

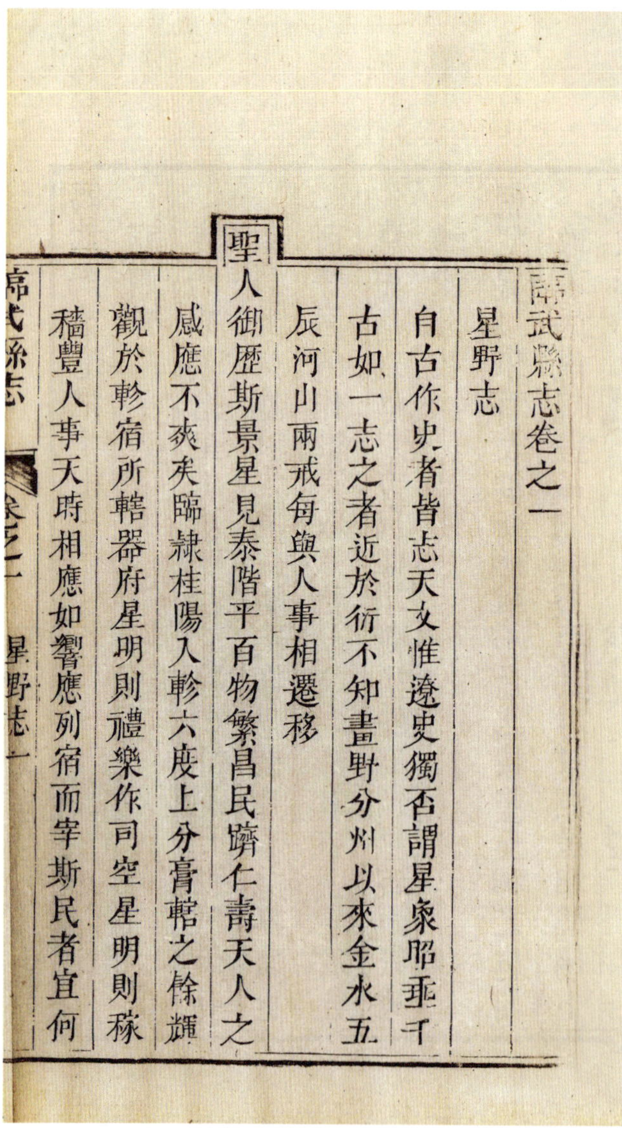
臨武縣志卷之一
星野志
自古作史者皆志天文惟遼史獨否謂星象昭垂千
古如一志之者近於衍不知晝野分州以來金水五
辰河山兩戒每與人事相遷移
聖人御歷斯景星見泰階平百物繁昌民躋仁壽天人之
感應不爽矣臨隸桂陽入軫六度上分膏轄之餘耀
觀於軫宿所轄器府星明則禮樂作司空星明則稼
穡豐人事天時相應如響應列宿而宰斯民者宜何
臨武縣志　卷之一　星野志　一

間史事。叙事止於同治六年（1867）。續修内容附於嘉慶志各類之後，專列《續修臨武縣志目録》於卷首。續修分二十四目，依次爲：續山川、續城池、續津梁、續公署、續學校、續祀典、續祠廟、續寺觀、續兵制、續兵事、續鹽法、續職官、續政績、續選舉、續仕宦、續封蔭、續人物、續忠義、續孝友、續列女、續耆壽、續方技、續祥异、續藝文。

本書據中國國家圖書館藏清同治六年（1867）增刻本影印。（馬治平）

［康熙］桂陽縣志六卷（存卷二至四、卷六上）

清盛民譽修，清周一錦纂，清康熙十二年（1673）刻本。每半葉九行，行二十字，白口，四周雙邊，無魚尾。

盛民譽，生卒年不詳，字來初，清浙江嘉興人。進士，康熙九年至十四年（1670—1675）任桂陽知縣。周一錦，生卒年不詳，清桂陽縣（今湖南汝城）人。貢生。

桂陽縣即今汝城縣。汝城縣，始置於東晋。南北朝廢汝城縣置盧陽郡。唐稱義昌縣。五代稱郴義縣。北宋稱桂陽縣。元、明、清因之。民國二年（1913）復名

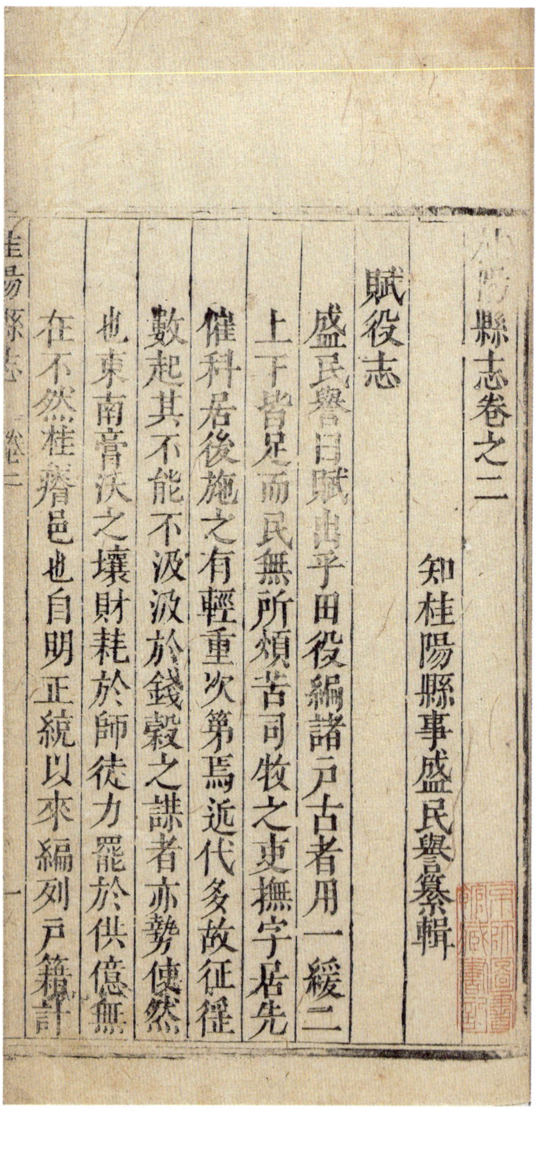
桂陽縣志卷之二
知桂陽縣事盛民譽纂輯
賦役志
盛民譽曰賦出乎田役編諸户古者用一緩二
上下皆足而民無所煩苦司牧之吏撫字居先
催科居後施之有輕重次第焉近代多故征徭
數起其不能不汲汲於錢穀之諜者亦勢使然
也東南膏沃之壤財耗於師徒力罷於供億無
在不然桂瘠邑也自明正統以來編列户籍計
桂陽縣志 卷二 一

汝城縣。今屬郴州市。

汝城縣古代首部縣志爲明正德年間邑人、梧州知府曹琚創修，後有八修。現存《［康熙］桂陽縣志》、《［康熙］桂陽縣續志》、《［乾隆］桂陽縣志》、《［乾隆］桂陽縣志》（增補本）、《［嘉慶］桂陽縣志》、《［同治］桂陽縣志》、《［光緒］桂陽縣鄉土志》。

該志上溯明嘉靖三十四年（1555）縣志，下續明隆慶、萬曆、天啓、崇禎四朝舊史，新增清順治、康熙近事，始修於康熙十一年，翌年成書付梓。正文分八門三十餘目。時因吴三桂反清自立，攻占衡州、郴州、桂陽州等地，官府納印歸順，加之廣西紅巾軍進入郴境，戰火連年。據康熙二十年《［康熙］桂陽縣續志》跋中言：『致使志之板帙藏之白石岩洞，燥濕不時，因多有損壞。』現存卷二賦役志、卷三風土志、卷四職官志、卷六藝文志上。该志爲現存最早之汝城縣志。

本書據中國國家圖書館藏清康熙十二年（1673）刻本影印。（馬治平）

[康熙]桂陽縣續志一卷

清沈玘修，清鄧嗣禹纂，清康熙二十年（1681）思誠堂刻本。每半葉九行，行二十字，白口，四周雙邊，無魚尾。

沈玘，生卒年不詳，字席珍，清浙江紹興人。拔貢，康熙十七年至二十六年（1678—1687）任桂陽縣（今湖南汝城）知縣。鄧嗣禹，生卒年不詳，字龍陰，清桂陽縣人。貢生。

該志上承康熙十二年盛民譽《[康熙]桂陽縣志》，下續康熙十二年至二十年近事。始修於康熙二十年，同年成書付梓。體例內容

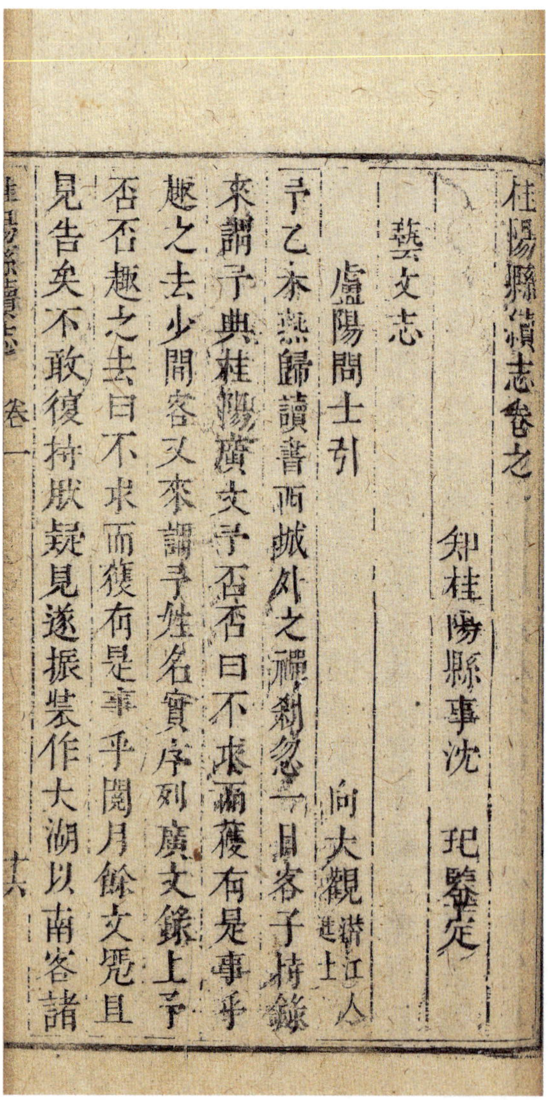
桂陽縣續志卷之
知桂陽縣事沈　玘鑒定
藝文志
盧陽閒士引　向大觀 潜江人 進士
予乙未燕歸讀書西城外之禪刹忽一日客子持錄來謂予典桂陽廣文予否否曰不求爾獲有是事乎趣之去少間客又來謂予姓名實序列廣文錄上予否否趣之去曰不求而獲有是事乎閱月餘文憑且見告矣不敢復持㪚疑見遂振裝作大湖以南客諸
桂陽縣續志　卷一　十六

全襲盛《志》，續補封域志、營建志、賦役志、學校志、職官志、選舉志、人物志、武備志、藝文志諸門目。

本書據中國國家圖書館藏清康熙二十年（1681）思誠堂刻本影印。（馬治平）

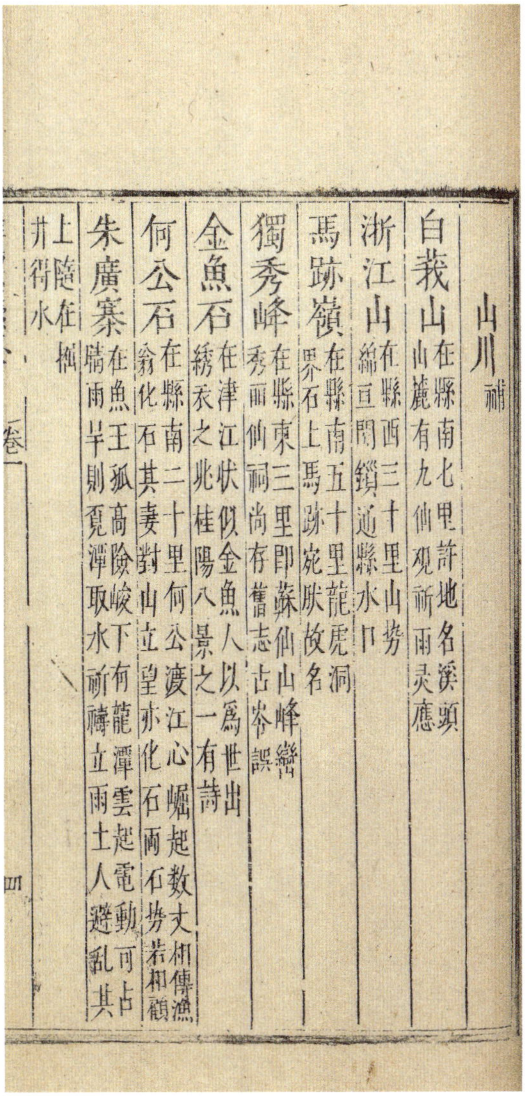

山川 補

白莪山 在縣南七里許地名溪頭山麓有九仙觀祈雨灵應

浙江山 在縣西三十里山勢綿亘閘鎖通縣水口

馬跡嶺 在縣南五十里龍虎洞界石上馬跡宛然故名

獨秀峰 在縣東三里即蘇仙山峰巒秀麗仙祠尚存舊志古岑誤

金魚石 在津江狀似金魚人以爲世出綉衣之兆桂陽八景之一有詩

何公石 在縣南二十里何公渡江心崛起數丈相傳漁翁化石其妻對山立望亦化石兩石勢若相顧

朱廣寨 在魚王孤高險峻下有龍潭雲起電動可占晴雨旱則覓潭取水祈禱立雨土人避亂其

上隨在撫井得水

卷一 四

［乾隆］桂陽縣志十三卷

清凌魚修，清朱有斐、李宗纂，清乾隆二十年（1755）刻嘉慶七年（1802）吴乘時增刻本。每半葉十行，行二十一字，白口，四周雙邊，單黑魚尾。

凌魚，生卒年不詳，字西波，號滄洲，清番禺（今廣東廣州）人。乾隆十三年（1748）進士，乾隆十七年至二十二年任桂陽縣知縣，著有《書耘齋前後集》等。

朱有斐，生卒年不詳，清桂陽縣（今湖南汝城）人。諸生。

李宗，生卒年不詳，清桂陽縣（今湖南汝城）人。諸生。

吴乘時，生卒年不詳，清順

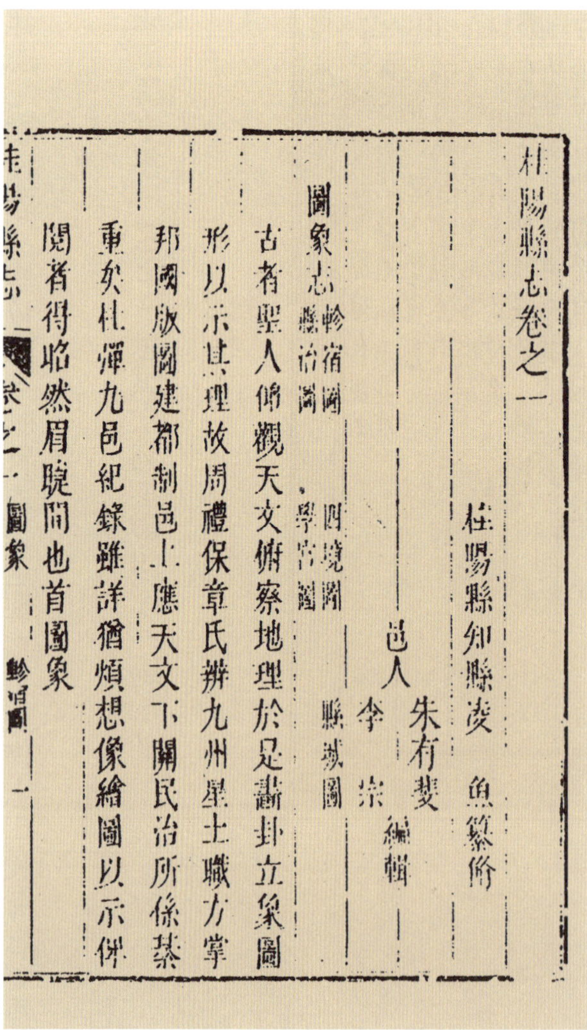

桂陽縣志卷之一

桂陽縣知縣凌魚纂修

邑人朱有斐 李宗編輯

圖象志 軫宿圖 四境圖 縣城圖 縣治圖 學宮圖

古者聖人仰觀天文俯察地理於是畫卦立象圖形以示其理故周禮保章氏辨九州星土職方掌邦國版圖建都制邑上應天文下關民治所係綦重矣杜彈九邑紀錄雖詳猶煩想像繪圖以示俾閱者得昭然眉睫間也首圖象

桂陽縣志 卷之一 圖象 軫宿圖 一

天大興（今北京）人。監生，嘉慶六年至八年（1801—1803）任桂陽知縣。

該志上承清康熙十二年（1673）盛民譽《［康熙］桂陽縣志》、康熙二十年沈《［康熙］桂陽縣續志》，下續康、雍、乾七十餘年邑事，始修於乾隆十九年，翌年成書付梓。全書十三卷，依次爲：圖像、輿地、建置、風土、賦役、學校、典禮、職官、選舉、人物、武備、藝文、雜志。尤重藝文，篇幅幾近一半。

嘉慶七年吴乘時主持補修重刻縣志，其在《補修縣志叙》中言：『而志則殘缺已甚。蓋自乾隆甲辰歲，雨積溪漲，冲没版圖，什損四五……余乃於簿書暇餘，鈎考搜索，循其次第，補其遺亡，悉心校讎，捐廉給稟，分授書史，兼恤梓人，刻期告竣，頓還全書。』

本書據中國科學院南京地理與湖泊研究所藏清乾隆二十年（1755）刻嘉慶七年（1802）吴乘時增刻本影印。（馬治平）

〔嘉慶〕桂陽縣志十卷

清常慶、丁煦修，清盧達邦等纂，清嘉慶二十二年（1817）刻本。每半葉九行，行二十一字，小字雙行同，白口，四周雙邊，單黑魚尾。

常慶，生卒年不詳，清滿洲正藍旗人。舉人，嘉慶十四年至二十一年（1809—1816）任桂陽知縣，二十三年復任。丁煦，生卒年不詳，清武進（今江蘇常州）人。北闈解元，嘉慶二十二年署桂陽縣。盧達邦，生卒年不詳，清桂陽縣（今湖南汝城）人。貢生。

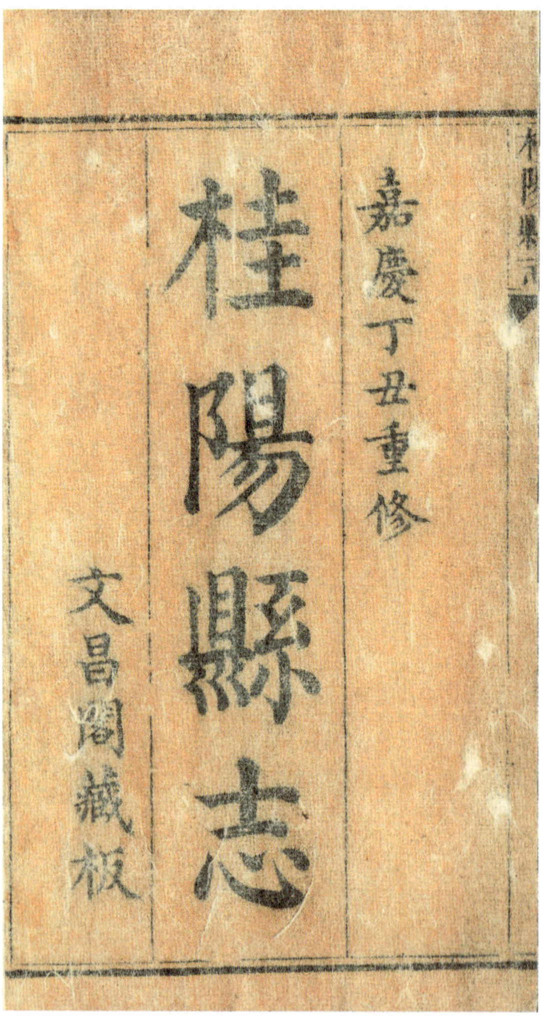

該志始修於嘉慶二十二年，上承乾隆二十年（1755）凌魚《〔乾隆〕桂陽縣志》，紀事止於嘉慶二十二年。正文

分十三綱一百一十一目。依次爲：圖象志、地輿志、建置志、賦役志、學校志、典禮志、風土志、武備志、職官志、選舉志、人物志、列女志、藝文志。

本書據北京大學圖書館藏清嘉慶二十二年（1817）刻本影印。（馬治平）

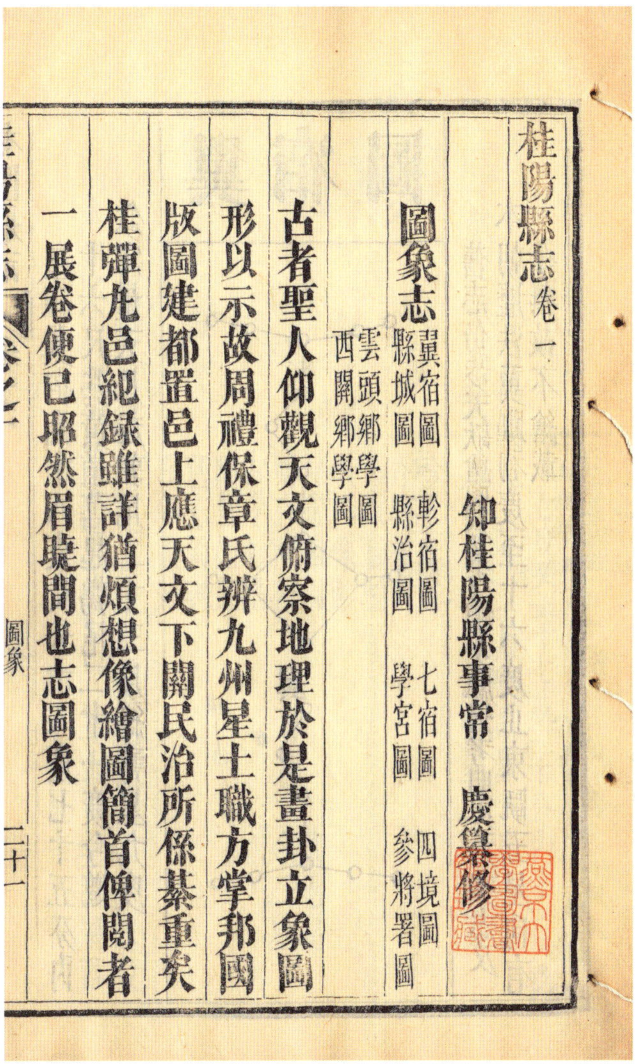
桂陽縣志卷一

知桂陽縣事常　慶纂修

圖象志　翼宿圖　軫宿圖　七宿圖　四境圖　縣城圖　縣治圖　學宮圖　參將署圖　雲頭鄉學圖　西開鄉學圖

古者聖人仰觀天文俯察地理於是畫卦立象圖形以示故周禮保章氏辨九州星土職方掌邦國版圖建都置邑上應天文下關民治所係綦重矣桂彈丸邑紀錄雖詳猶煩想像繪圖簡首俾閱者一展卷便已瞭然眉睫間也志圖象

桂陽縣志　卷之一　圖象　二十一

[同治]桂陽縣志二十二卷

清錢紹文、孫光燮修，清朱炳元等纂，清同治六年（1867）刻本。每半葉九行，行二十字，小字雙行同，白口，四周雙邊，單黑魚尾。

錢紹文，生卒年不詳，字子宣，清武進（今江蘇常州）人。監生，同治五年（1866）署桂陽知縣。孫光燮，生卒年不詳，清直隸玉田縣（今河北玉田縣）人。監生，同治六年署桂陽知縣。朱炳元，生卒年不詳，清桂陽縣（今湖南汝城）人。舉人，揀選知縣。

該志《凡例》言：『纂輯以舊志爲宗，間參以《湖

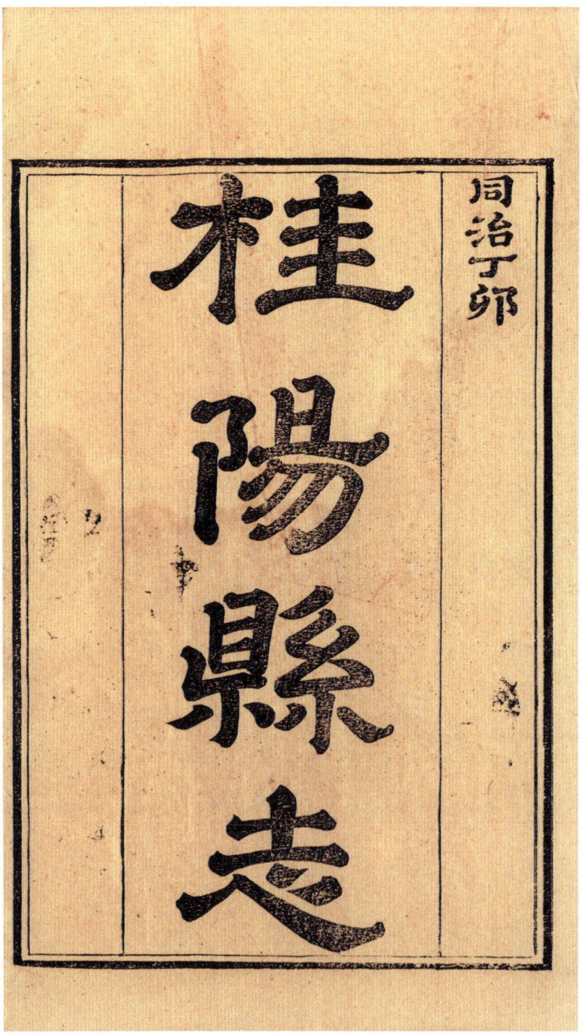

南通志》《郴州總志》。』紀事止於同治六年，同年付梓，次年告竣。卷首輯録皇言。正文依次爲：星野、輿圖、沿革、疆域、山川、建置、賦役、典祀、學校、武備、職官、選舉、人物、列女、風土、藝文、方外、祥异、雜識、外紀。

本書據中國國家圖書館藏清同治六年（1867）刻本影印。（馬治平）

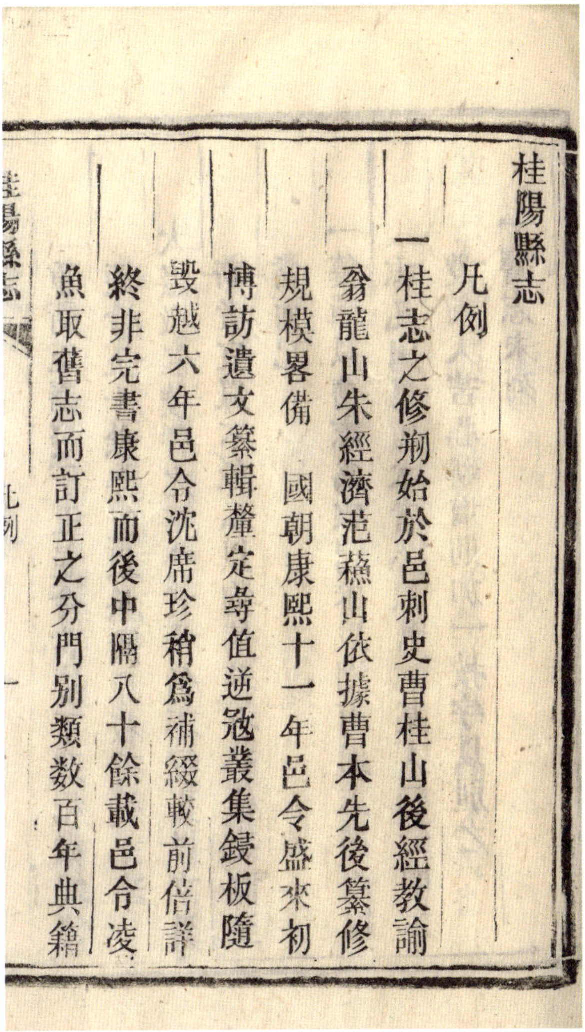
桂陽縣志

凡例

一桂志之修剏始於邑刺史曹桂山後經教諭翁龍山朱經濟范蘊山依據曹本先後纂修規模畧備 國朝康熙十一年邑令盛來初博訪遺文纂輯釐定奇值逆寇叢集鋟板隨燬越六年邑令沈席珍稍爲補綴較前倍詳終非完書康熙而後中閣八十餘載邑令凌魚取舊志而訂正之分門別類數百年典籍

桂陽縣志　凡例　一

[光緒]桂陽縣鄉土志一卷

清黃國瓊修，清胡祖復編，清光緒三十四年（1908）活字印本。每半葉九行，行二十五字，白口，四周雙邊，單黑魚尾。

黃國瓊，生卒年不詳，字仙璈，清四川人。舉人，光緒三十二年（1906）二月署桂陽縣知縣。

胡祖復（1837—1913），字建德，號心源，又號桂樓，清桂陽縣（今湖南汝城）人。少穎异能文，同治十二年（1873）拔貢，入都謁選，候選教諭。因親老無心仕進，掌教朝陽書院二十餘年。光緒、宣統兩舉制科，加同知銜。平生最篤於以孝友和。性

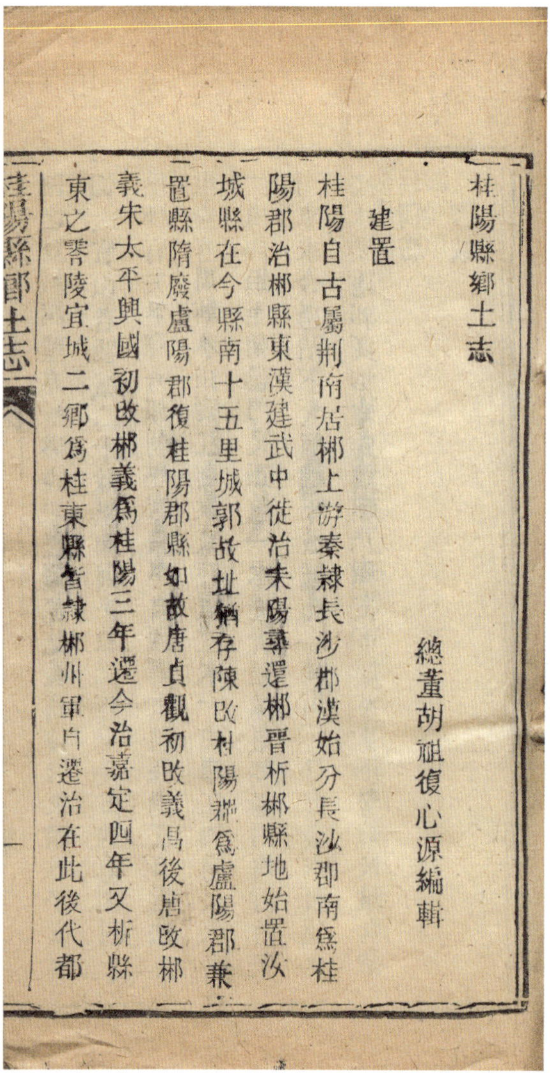
桂陽縣鄉土志

建置　　總董胡祖復心源編輯

桂陽自古屬荊南居郴上游秦隸長沙郡漢始分長沙郡南爲桂陽郡治郴縣東漢建武中徙治耒陽尋還郴晉析郴縣地始置汝城縣在今縣南十五里城郭故址猶存陳改杜陽郡爲盧陽郡兼置縣隋廢盧陽郡復桂陽郡縣如故唐貞觀初改義昌後唐改郴義宋太平興國初改郴義爲桂陽三年遷今治嘉定四年又析縣東之訾陵宜城二鄉爲桂東縣皆隸郴州軍自遷治在此後代都

桂陽縣鄉土志　一

靜，喜花木，尤癖桂，胡祖復曾造一住宅，名『培桂軒』。培桂軒『外臨曠野，下有溪流，北窗尤軒廓，俯視園林，棕桂與軒窗相向，懸「小山叢桂」，匾於樓上，下署其門曰「培桂軒」，自號爲「桂樓山人」』（見卷末胡祖復著《培桂軒記》）。著有《桂樓雜藝古今體詩賦》《鄉土志·避寇紀録》《北上程記》等。

清光緒三十一年，清廷下詔廢科舉開學堂，命各省府州縣編纂鄉土志，并頒布《鄉土志例目》，規定總目分十五目：歷史、政績、兵事、耆舊、人類、户口、氏族、宗教、實業、地理、山、水、道路、物産、商務。

該志上承同治六年（1867）錢紹文《［同治］桂陽縣志》，下續清光緒年間近事，始修於光緒三十四年，是年付梓刊行。正文分十四目，依次爲：建置、疆域、山脉、水道、古迹、祠廟、坊表、橋梁、人類、宗教、政績録、人物志、兵燹志、風土志。

本書據天津圖書館藏清光緒三十四年（1908）活字印本影印。（馬治平）

[康熙]興寧縣志十三卷（缺卷十二至十三）

清耿念劬修，清林春芳等纂，清康熙十一年（1672）刻本。每半葉八行，行二十字，小字雙行同，白口，四周單邊，單黑魚尾。

耿念劬，生卒年不詳，字緑房，清河南杞縣人。順治十六年（1659）進士，康熙七年（1668）任興寧縣知縣，著有《若園詩》等。林春芳，生卒年不詳，字芝山，清興寧縣（今湖南資興）人。舉人。

興寧縣即今資興市。東漢建縣，稱漢寧。以後多有更名，爲陽安，爲晉寧，爲晉興，爲資興，爲泰縣。南宋稱興寧，元、

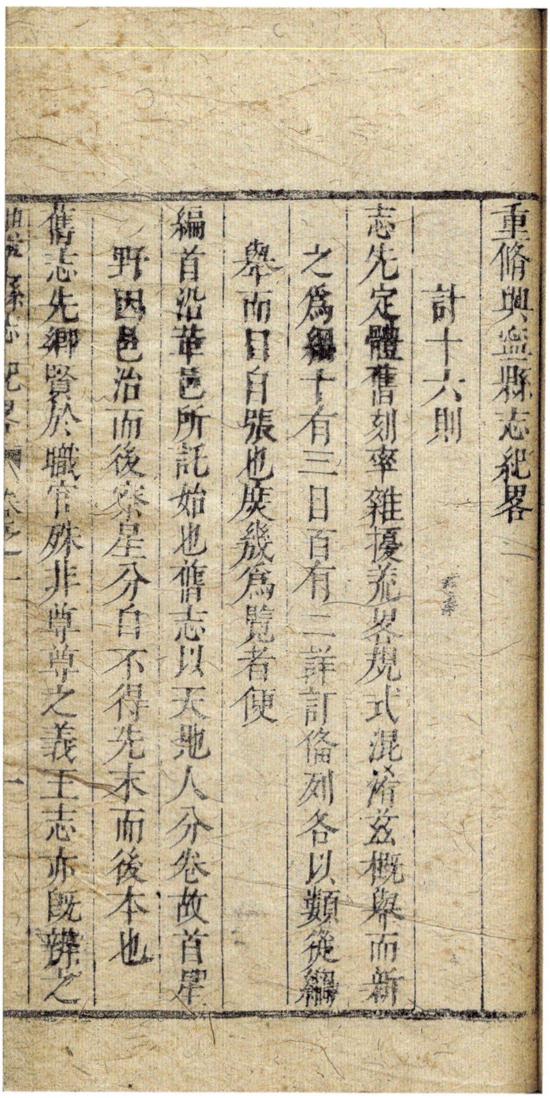
重脩興寧縣志紀畧
計十六則
志先定體舊刻率雜擾荒畧規式混淆茲概舉而新
之爲綱十有三目百有二詳訂條列各以類從綱
舉而目自張也庶幾爲覽者便
編首沿革邑所託始也舊志以天地人分卷故首星
野因邑治而後察星分自不得先末而後本也
傳志先鄉賢於職官殊非尊尊之義王志亦既辨之

明、清因之。民國三年（1914）復稱資興縣。一九八四年撤縣建市。

古代興寧縣志有八修。明代三修，皆佚。清代五修，現存世有《［康熙］興寧縣志》《［乾隆］興寧縣志》《［道光］興寧縣志》《［光緒］興寧縣志》。

該志上承明《［天啓］興寧縣志》，下續明代崇禎，清代順治、康熙三朝邑事，紀事止於康熙九年。正文分十三門一百零二目，依次爲：封域、營建、秩官、風土、賦役、祀典、禮儀、選舉、人物、灾异、藝文、方外、拾遺。因該志是清朝鼎革以後郴屬五縣修纂的第一部縣志，故得時任郴州知州葉臣遇稱贊并爲之作序。

本書據中國國家圖書館藏清康熙十一年（1672）刻本影印。（馬治平）

[乾隆]興寧縣志十二卷

清羅紳修，清張九鐔纂。清乾隆二十三年（1758）刻本。每半葉十行，行二十字，小字雙行同，白口，四周雙邊，單黑魚尾。

羅紳，生卒年不詳，字帶溪，號憲甫，清廣西蒼梧人。拔貢，乾隆二十年至二十四年（1755—1759）任興寧知縣。

張九鐔（1721—1799），字竹南，號吾溪，清湖南湘潭人。張九鉞之弟。乾隆二十一年（1756）任興寧儒學訓導，後升任郴州學正。乾隆四十三年進士，官翰林院編修。時年已六十，館中以耆宿推之，參

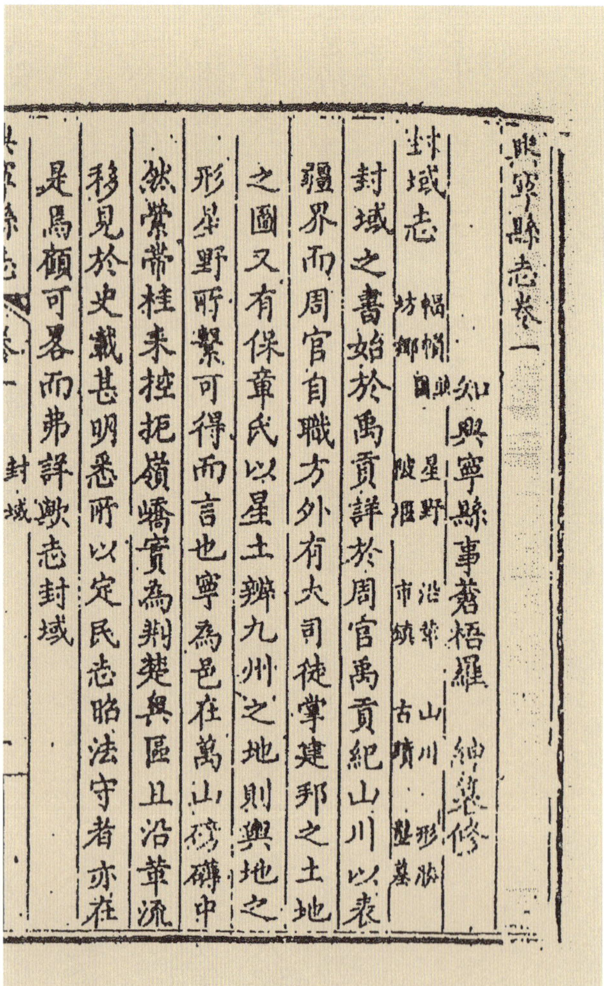
興寧縣志卷一
知興寧縣事蒼梧羅紳纂修
封域志 幅幀 輿圖 星野 沿革 山川 形勝 坊鄉 陂堰 市鎮 古蹟 坵墓
封域之書始於禹貢詳於周官禹貢紀山川以表疆界而周官自職方外有大司徒掌建邦之土地之圖又有保章氏以星土辨九州之地則輿地之形與野所繫可得而言也寧為邑在萬山磅礴中然襟帶桂耒控扼嶺嶠實為荊楚奧區且沿革流移見於史載甚明悉所以定民志昭法守者亦在是焉顧可畧而弗詳歟志封域
興寧縣志 卷一 封域

與《四庫全書》編修。張九鐔内行敦篤，居京師二十二年，蕭然一身，不應官外，閉户著書。有《笙雅堂詩集》《清史列傳》行於世。

該志上承清康熙九年（1670）《［康熙］興寧縣志》，下續康熙十年至乾隆二十四年事。翌年刊刻問世。正文分十二門一百零五目，依次爲：封域志、營建志、秩官志、風土志、賦役志、學校志、典禮志、選舉志、人物志、藝文志、紀异志、拾遺志。

本書據中國國家圖書館藏清乾隆二十三年（1758）刻本影印。（馬治平）

[道光]興寧縣志六卷

清李之梓、劉澍、張偉修，清孫鋌纂，清道光元年（1821）刻本。每半葉九行，行二十一字，小字雙行同，白口，四周雙邊，單黑魚尾。

李之梓，生卒年不詳，清雲南人。進士，嘉慶二十年（1815）署興寧知縣。劉澍，生卒年不詳，清雲南蒙自人。舉人，嘉慶二十二年署興寧知縣。張偉（1765—1833），字遜夫，清山東掖縣（今山東萊州）人。進士，嘉慶二十三年至道光四年（1824）任興寧知縣。孫鋌，生卒年不詳，字雪園，清湖南新化人。舉人，興寧教

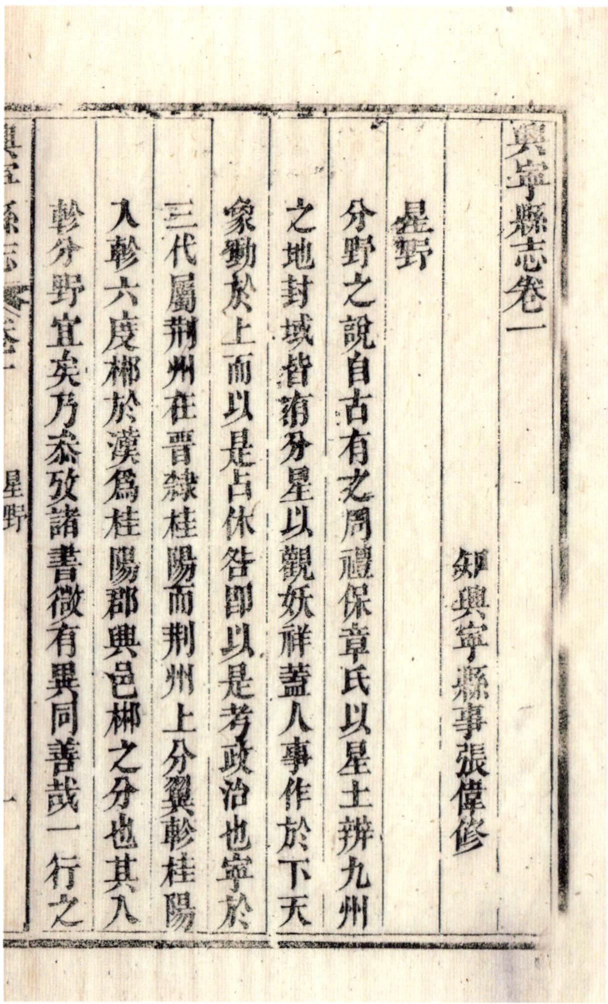
興寧縣志卷一
知興寧縣事張偉修
星野
分野之說自古有之周禮保章氏以星土辨九州之地封域皆有分星以觀妖祥蓋人事作於下天象動於上而以是占休咎即以是考政治也寧於三代屬荊州在晉隸桂陽而荊州上分翼軫桂陽入軫六度郴於漢爲桂陽郡興邑郴之分也其入軫分野宜矣乃參攷諸書徵有異同善哉一行之
興寧縣志　卷一　星野　一

諭。

該志肇修於嘉慶二十二年，紀事止於嘉慶二十四年。正文分二十三門，依次爲：星野、沿革、圖考、疆域、户口、賦役、建置、職官、封蔭、祀典、兵制、苗瑶、礦廠、政績、選舉、人物、列女、學校、流寓、典籍、風土、雜記、藝文。

該志修纂期間連换三任知縣，工作時斷時續，直到嘉慶二十四年終稿，道光元年（1821）付諸刻版刊行，故稱道光志。卷首輯録自康熙九年以來歷次參與縣志修纂者、助梓者姓名兩千餘人，爲其他邑志所罕見。

本書據中國國家圖書館藏清道光元年（1821）刻本影印。（馬治平）

［光緒］興寧縣志十八卷首一卷末一卷

清郭樹馨、黄善福、俞文葆、劉錫九修，清黄榜元、李佑奇、許萬松纂，清光緒元年（1875）刻本。每半葉十行，行二十字，小字雙行同，白口，四周雙邊，單黑魚尾。

郭樹馨，生卒年不詳，號桂山，清寧鄉縣（今山西中陽縣）人。舉人，同治五年（1866）任興寧知縣。黄善福，生卒年不詳，號蘭生，清廣西人。進士，同治七年任興寧知縣。俞文葆，生卒年不詳，號蔭棠，清浙江人。舉人，同治十二年任興寧知縣。劉錫九，生卒年不詳，號桂生，清天津人。舉人，光緒元年（1875）任興寧知縣。黄榜元，生卒年不詳，清興寧縣（今湖南資興）人。恩貢。

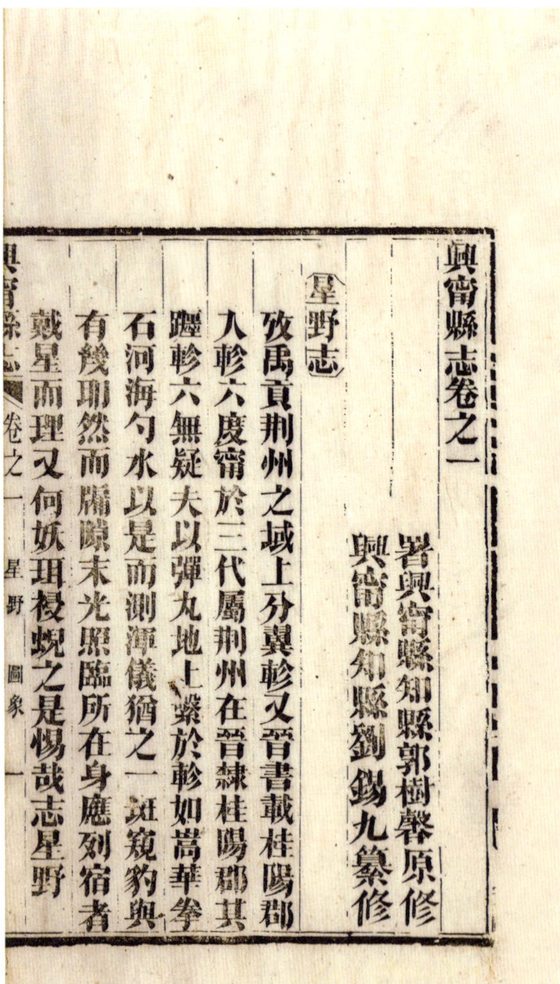
興寧縣志卷之一
署興寧縣知縣郭樹馨原修
興寧縣知縣劉錫九纂修
星野志
攷禹貢荆州之域上分翼軫又晉書載桂陽郡
入軫六度寧於三代屬荆州在晉隸桂陽郡其
躔軫六無疑夫以彈丸地上繫於軫如嵩華拳
石河海勺水以是而測渾儀猶之一斑窺豹與
有幾耶然而牖隙末光照臨所在身應列宿者
戴星而理又何妨珥祲蜺之是惕哉志星野
興寧縣志 卷之一 星野 圖象 一

李佑奇，生卒年不詳，清興寧縣（今湖南資興）人。拔貢。

許萬松，生卒年不詳，清興寧縣（今湖南資興）人。拔貢。

該志肇修於於清同治六年，歷經七年四任知縣，至光緒元年成書付梓。紀事上承《〔道光〕興寧縣志》，止於光緒元年。卷之首爲皇言，輯録順治至乾隆四朝皇帝上諭二十一篇。卷末爲舊傳，輯録明代以來興寧人士著述書目八十三種，輯録明嘉靖志之分卷小序、天啓志之分卷頌首，清康熙志之凡例。正文爲十五門，依次爲：星野志、沿革志、疆域志、建置志、風土志、賦役志、學校志、典禮志、武備志、秩官志、選舉志、人物志、列女志、藝文志、雜紀志。

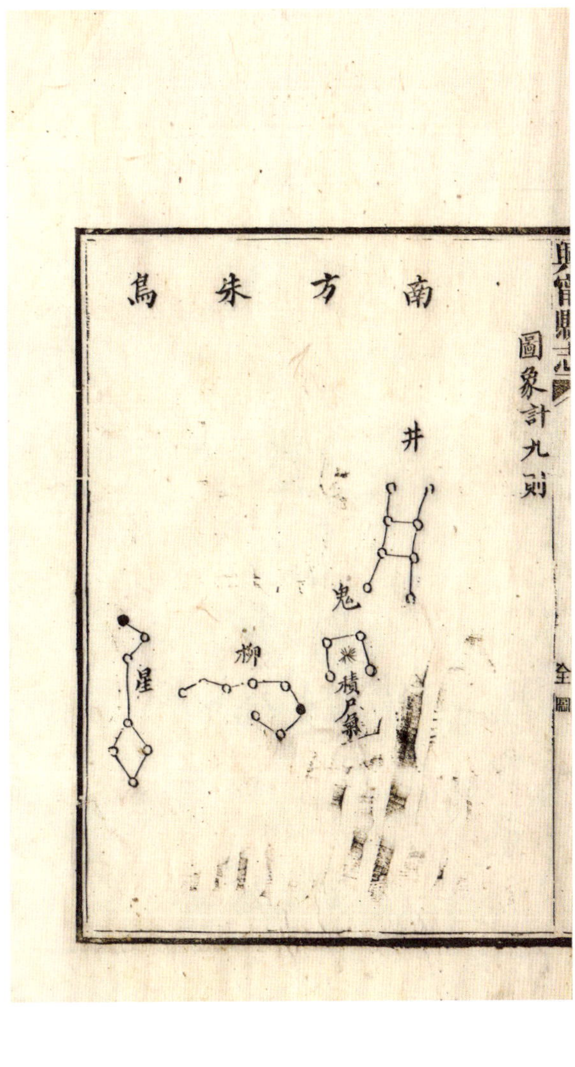

本書據中國國家圖書館藏清光緒元年（1875）刻本影印。（馬治平）

［乾隆］永興縣志十二卷首一卷

清吕宣曾修，清黄立幹等纂，清乾隆十四年（1749）刻本。每半葉九行，行二十一字，小字雙行同，白口，四周雙邊，單黑魚尾。

吕宣曾（1695—1765），字揚祖，號伊蔚，又號柏岩，清河南新安人。康熙五十三年（1714）中舉，乾隆八年（1743）選任永興知縣，後歷任江華知縣、靖州知州。著有《柏岩文集》《柏岩詩集》《古宫室圖附古冠服圖》。主持修纂《［乾隆］永興縣志》《［乾隆］靖州志》。黄立幹，生卒年不詳，字正度，清永興縣人。拔貢，

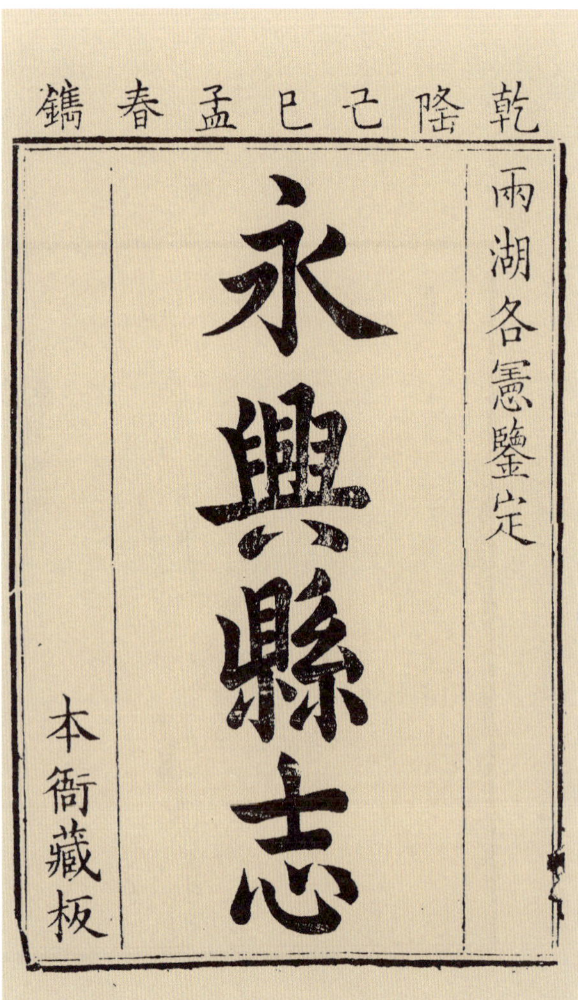

平江縣教諭。

永興縣建置始自西漢，始稱便縣，唐置安陵縣，後改稱高亭縣，宋稱永興縣，元、明、清因之。今屬郴州市。

永興縣志修纂自明正德七年（1512）邑人、兵部主事李永敷創修《［正德］永興縣志》始。以後有八修邑志。現存世有《［乾隆］永興縣志》（乾隆十四年）、《［乾隆］永興縣志》（乾隆二十七年）、《［嘉慶］永興縣志》、《［光緒］永興縣志》、《［光緒］永興鄉土志》。

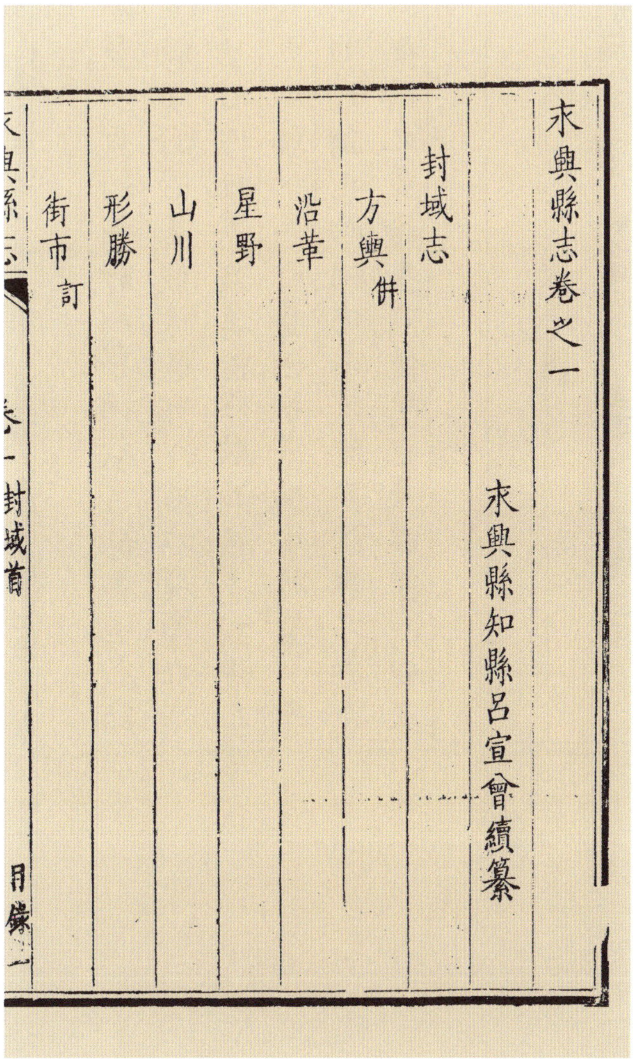

該志自乾隆十二年夏編纂，迄冬稿成。翌年呂宣曾調任江華知縣，攜稿赴任，繼續訂正，

十四年刻成於江華縣署。該志爲現存最早之永興縣志，上承康熙二年縣志，遠溯明正德、天啓舊志，紀事至乾隆十四年。正文分十二門一百零七目，依次爲：封域志、營建志、秩官志、武備志、風土志、賦役志、祀典志、禮儀志、選舉志、人物志、藝文志、見聞志。

本書據故宫博物院藏清乾隆十四年（1749）刻本影印。（馬治平）

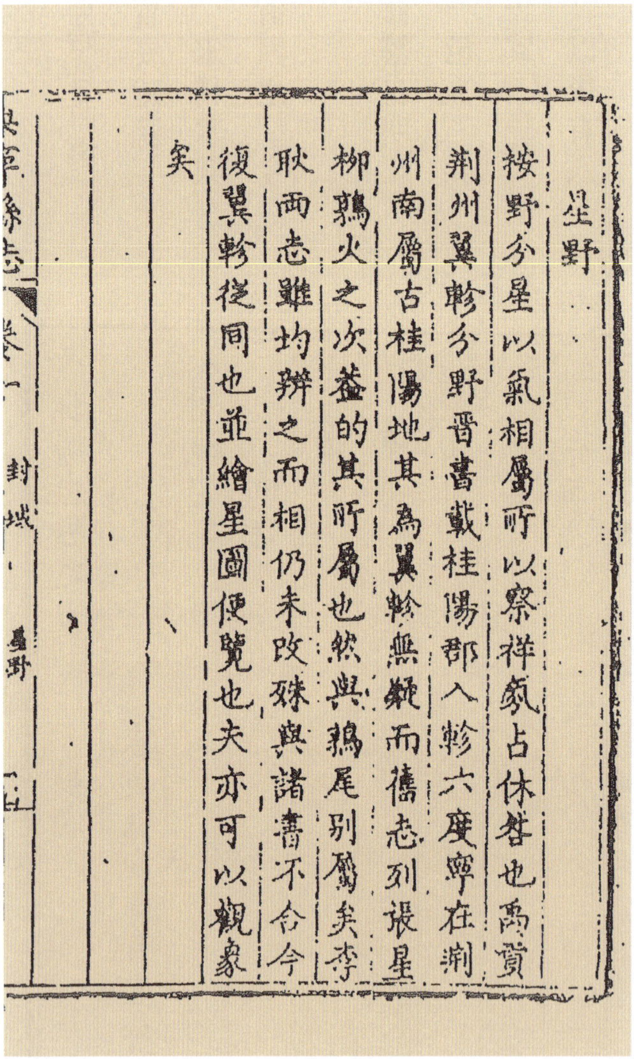

星野

按野分星以氣相屬所以察祥氛占休咎也禹貢荆州翼軫分野晋書載桂陽郡入軫六度寧在荆州南屬古桂陽地其爲翼軫無疑而舊志列誤星柳鶉火之次蓋的其所屬也然與鶉尾别屬矣李耿而志雖均辨之而相仍未改殊與諸書不合今復翼軫從同也並繪星圖便覽也夫亦可以觀象矣

〔乾隆〕永興縣志十二卷首一卷

清沈維基修，清楚大德纂，清乾隆二十七年（1762）刻本。每半葉九行，行二十一字，小字雙行同，白口，四周雙邊，單黑魚尾。

沈維基（1706—？），字抑恭，號心齋，清浙江海寧人。貢生。乾隆二十二年（1757）任永興縣知縣，兩年後升郴州知州，再署宜章。乾隆二十七年冬十月調任長沙。有《紫薇山人詩鈔》八卷、《文昌帝君覺世鴻文圖説》四卷傳世。楚大德，生卒年不詳，清永興縣人。諸生。

該志體裁全因呂宣曾

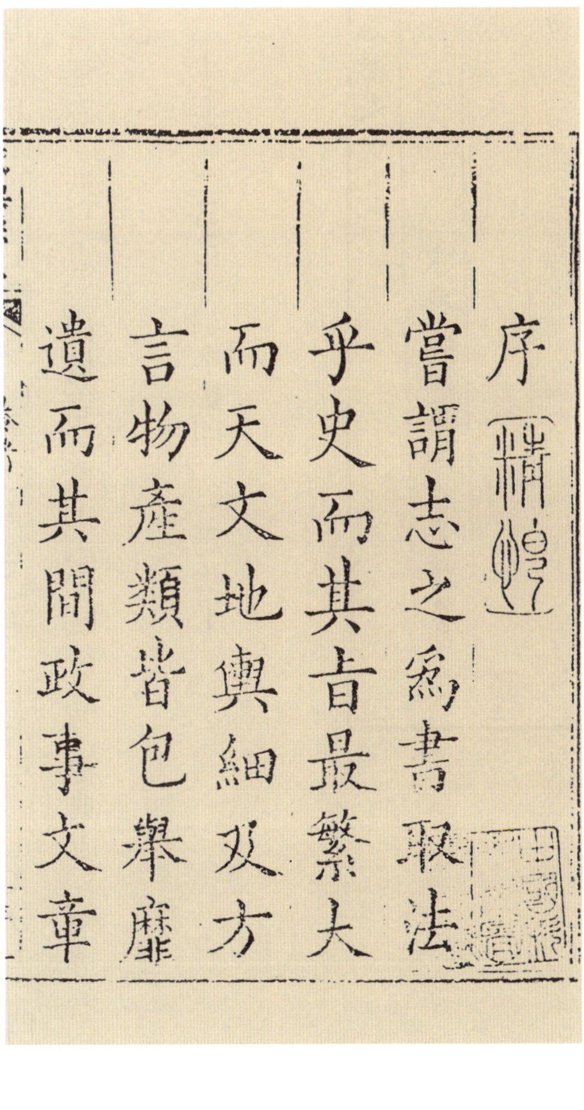
序

嘗謂志之爲書取法乎史而其旨最繁大而天文地輿細及方言物產類皆包舉靡遺而其間政事文章

修《［乾隆］永興縣志》，衹作内容方面的訂正輯補，增續紀事至乾隆二十六年。正文分十二門一百零七目，依次爲：封域志、營建志、秩官志、武備志、風土志、賦役志、祀典志、禮儀志、選舉志、人物志、藝文志、見聞志。

本書據故宫博物院藏清乾隆二十七年（1762）刻本影印。（馬治平）

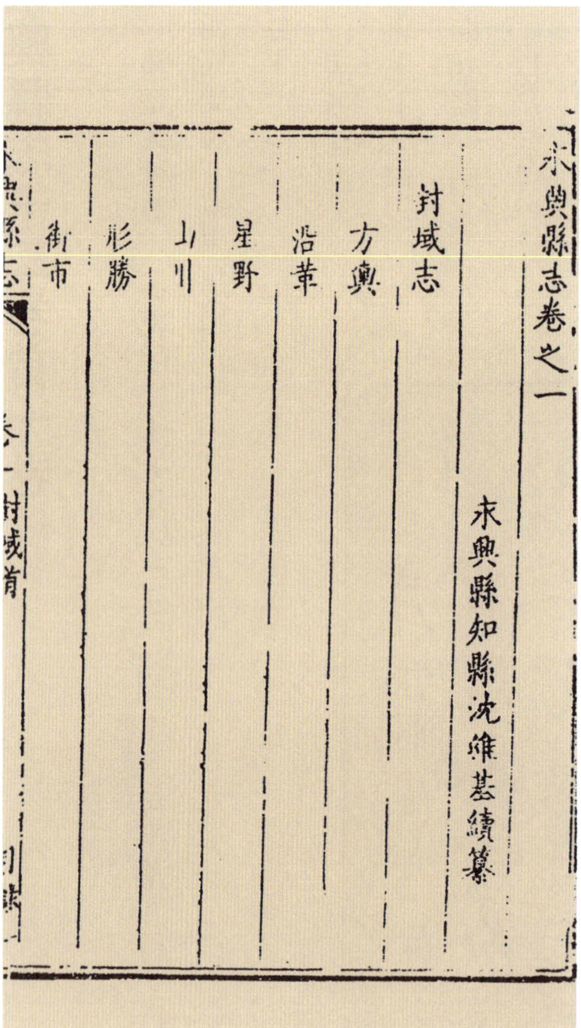
永興縣志卷之一
永興縣知縣沈維基續纂
封域志
方輿
沿革
星野
山川
形勝
街市

〔嘉慶〕永興縣志五十五卷首一卷

清劉統修，清曹流湛、馬步青纂，清嘉慶二十三年（1818）刻本。每半葉九行，行二十一字，小字雙行同，白口，四周雙邊，單黑魚尾。

劉統，生卒年不詳，字子充，號筠坪，清山西介休人。進士。嘉慶十九年至二十五年（1814—1820）任永興知縣。曹流湛，生卒年不詳，清永興縣人。歲貢生，候選訓導。馬步青，生卒年不詳，清永興縣人。拔貢生。

該志上承清康熙二十七年（1762）沈維基志，紀事止於嘉慶二十二年。正文五十五卷，分八冊。第一冊卷首、卷一至六，

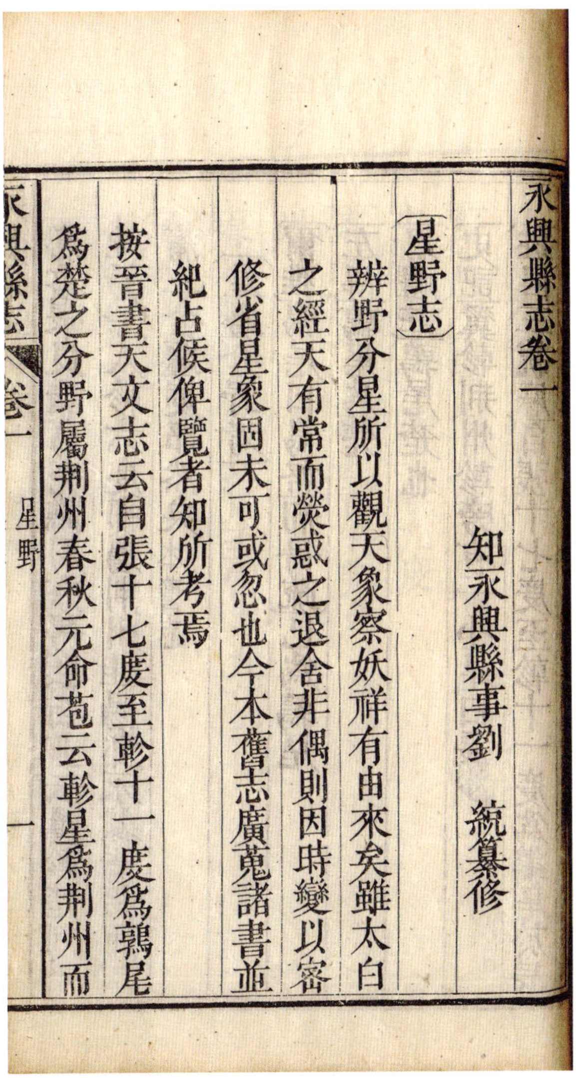
永興縣志卷一

知永興縣事劉　統纂修

星野志

辨野分星所以覩天象察妖祥有由來矣雖太白之經天有常而熒惑之退舍非偶則因時變以寄修省星象固未可或忽也今本舊志廣蒐諸書並紀占候俾覽者知所考焉

按晉書天文志云自張十七度至軫十一度爲鶉尾爲楚之分野屬荆州春秋元命苞云軫星爲荆州而

永興縣志　卷一　星野　一

分别爲：星野、圖考、建置沿革、疆域、形勢、山川；第二册卷七至十五，分别爲户口、田賦、水利、城池、關隘、津梁、古迹、公署、學校；第三册卷十六至三十四，分别爲祀典、祠廟、風俗、兵制、屯田、邊防、驛傳、鋪遞、苗瑶、武功、屯練、寺觀、鹽法、茶法、錢法、木政、榷政、礦廠、蠲政；第四册卷三十五至三十八，爲職官、選舉、封蔭、政績；第五册卷三十九至四十，分别爲人物、列女；第六册卷四十一至四十九之上，分别爲隱逸、流寓、仙釋、方技、古帝王、故宫、壟墓、僭竊、藝文上；第七册卷四十九之中，爲藝文中；第八册卷四十九之下至五十五，分别爲藝文下、典籍、金石、物産、祥异、雜識、外紀。

本書據湖南圖書館藏清嘉慶二十三年（1818）刻本影印。（馬治平）

［光緒］永興縣志五十五卷首一卷

清吕鳳藻修，清李獻君纂，清光緒九年（1883）刻本。每半葉十行，行二十字，小字雙行同，白口，四周雙邊，單黑魚尾。

吕鳳藻，生卒年不詳，字子京，清仁和（今浙江杭州）人。監生，光緒六年（1880）任永興知縣。李獻君，生卒年不詳，字賓欽，清永興縣人。舉人，揀選知縣。

該志體例因嘉慶劉統志，增續其後。紀事至光緒八年，光緒九年刊刻。卷首録宸翰。正文分五十六目，

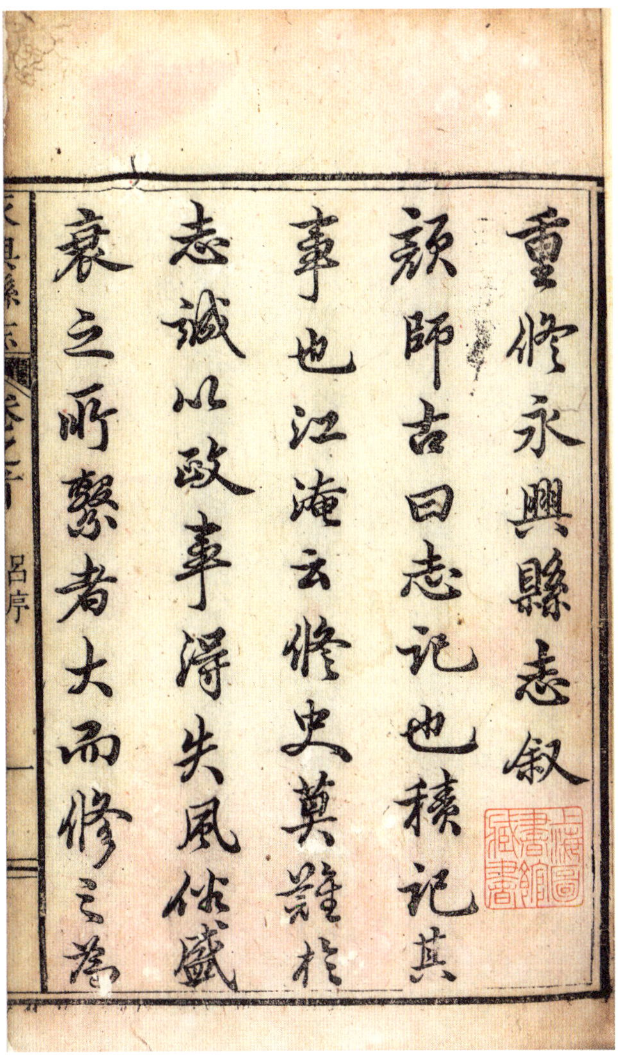
重修永興縣志敘
頴師吉曰志記也積記其
事也江淹云修史莫難於
志識以政事得失風俗盛
衰之所繫者大而修之為

依次爲：星野、圖考、建置、沿革、疆域、形勢、山川、户口、田賦、水利、城池、關隘、津梁、古迹、公署、學校、祀典、祠廟、風俗、兵制、屯田、邊防、驛傳、鋪遞、苗瑶、武功、屯練、寺觀、鹽法、茶法、錢法、木政、榷政、礦廠、钃政、職官、選舉、封蔭、政績、人物、列女、隱逸、流寓、仙釋、方技、古帝王、故宫、壟墓、潛竊、藝文、典籍、金石、物産、祥异、雜識、外紀。其中邊防、屯練、茶法、木政、榷政、礦廠、古帝王、故宫、金石等僅存目，無内容。

本書據上海圖書館藏清光緒九年（1883）刻本影印（缺葉據中國國家圖書館藏清光緒九年刻本補）。（馬治平）

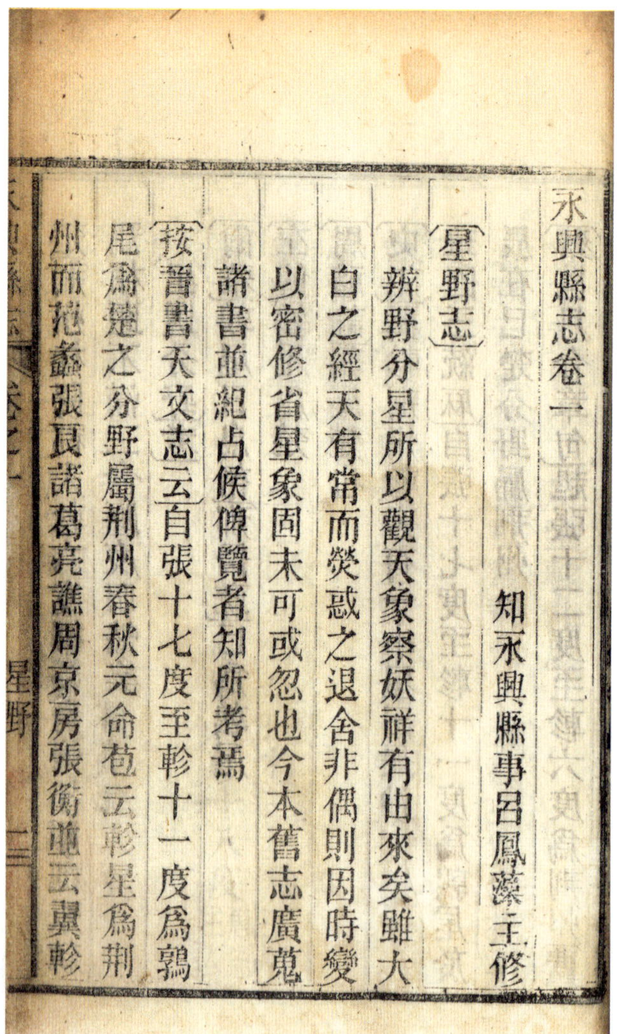
永興縣志卷一
知永興縣事呂鳳藻主修
星野志
辨野分星所以觀天象察妖祥有由來矣雖大白之經天有常而熒惑之退舍非偶則因時變以密修省星象固未可或忽也今本舊志廣蒐諸書並紀占候俾覽者知所考焉
按晉書天文志云自張十七度至軫十一度爲鶉尾爲楚之分野屬荆州春秋元命苞云軫星爲荆州而范蠡張良諸葛亮譙周京房張衡並云翼軫
永興縣志　卷之一　星野　二

［光緒］永興鄉土志二卷

清劉朝焜修，清劉允嘉、李仙培纂，清光緒三十二年（1906）刻本。每半葉十行，行二十字，小字雙行同，白口，四周雙邊，雙黑魚尾。

劉朝焜，生卒年不詳，清安徽合肥人。光緒三十二年三月至三十三年（1906—1907）五月任永興知縣。劉允嘉，生卒年不詳，清永興縣人。貢生。李仙培，生卒年不詳，清永興縣人。歲貢生。

光緒三十一年清廷下詔廢科舉開學堂，命各省府州縣編纂鄉土志，并頒布《鄉土志例目》，規定總目分十五目：歷史、政績、兵事、耆舊、人類、户口、氏族、宗教、實業、地理、

山、水、道路、物産、商務。

本志依據《鄉土志例目》，將山、水合爲一目，正文分十四目，依次爲：建制沿革、政績、兵事、耆舊、人類、户口、氏族、宗教、實業、地理、山水、道路、物産、商務。

本書據北京大學圖書館藏清光緒三十二年（1906）刻本影印。（馬治平）

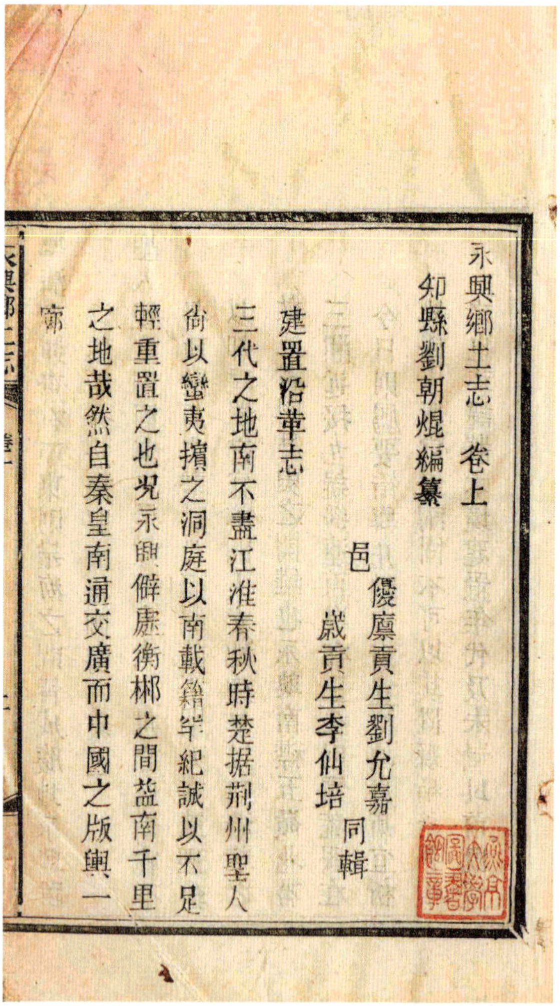

〔康熙〕宜章縣志十卷

清鹿廷瑛修，清錢奇才、劉帶蕙纂，清康熙二十四年（1685）刻本。每半葉九行，行二十字，小字雙行同，白口，四周雙邊，單黑魚尾。

鹿廷瑛，生卒年不詳，字芝陽，清福山（今山東烟臺）人。進士，康熙十九年至二十四年（1680—1685）任宜章知縣。錢奇才，生卒年不詳，字飛三，清黃陂（今湖北武漢）人。舉人，宜章縣教諭。劉帶蕙生平見史部《〔康熙〕郴州總志》條。

宜章縣建置自隋始，稱義章，宋更名宜章，元、明、

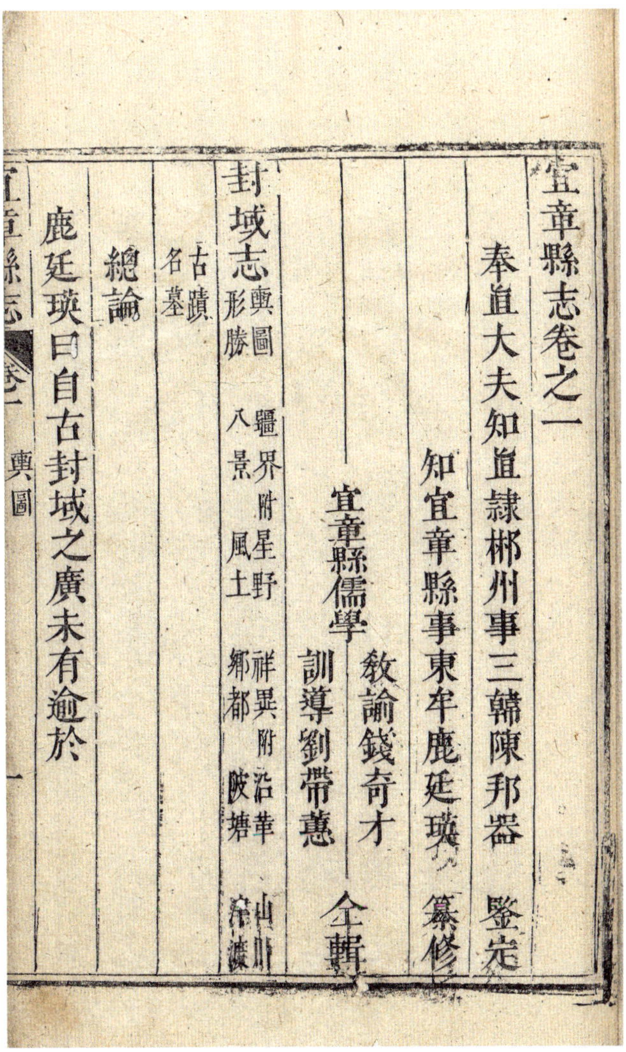
宜章縣志卷之一
奉直大夫知直隸郴州事三韓陳邦器 鑒定
知宜章縣事東牟鹿廷瑛 纂修
宜章縣儒學 教諭錢奇才 訓導劉帶蕙 仝輯
封域志 輿圖 形勝 疆界 附星野 八景 風土 祥異 附沿革 鄉都 陂塘 山川 津渡
古蹟 名墓
總論
鹿廷瑛曰自古封域之廣未有逾於
宜章縣志 卷一 輿圖 一

清因之。今屬郴州市。

宜章縣古代縣志修纂有八次。明代三修俱佚，僅存序。清代五修，現存世有《［康熙］宜章縣志》《［乾隆］宜章縣志》《［嘉慶］宜章縣志》《［光緒］宜章縣鄉土風俗志》。

本志以明崇禎『舊志爲藍本，而廣摭群書，詳加考訂，有本有末，庶足備文獻之傳』。又增以本朝事，同時厘清綱目，以便『開卷瞭然，庶幾稱便』（本書《凡例》）。全書凡十門七十五目。依次爲：封域志、營建志、賦役志、學校志、秩官志、武備志、選舉志、人物志、藝文志、方外志。《［康熙］宜章縣志》十卷爲現存最早之宜章縣志。封面封底及《序》均缺，《藝文志》之傳下、序、記、文、詞、詩等文體及《方外志》亦佚。

本書據中國國家圖書館藏清康熙二十四年（1685）刻本影印。（馬治平）

〔乾隆〕宜章縣志十三卷

清楊文植、姜順修，清楊河、儲早纂，清乾隆二十一年（1756）刻本。每半葉九行，行二十字，小字雙行同，白口，四周雙邊，單黑魚尾。

楊文植，生卒年不詳，字履正，清廣西桂林人。舉人，乾隆二十年（1755）任宜章知縣。姜順，生卒年不詳，字朋梧，清曹州（今山東曹縣）人。進士，乾隆二十一年至二十三年任宜章知縣。楊河，生卒年不詳，字伏圖，號易舉，清湖南新化人。舉人，宜章縣教諭。儲早，生卒年

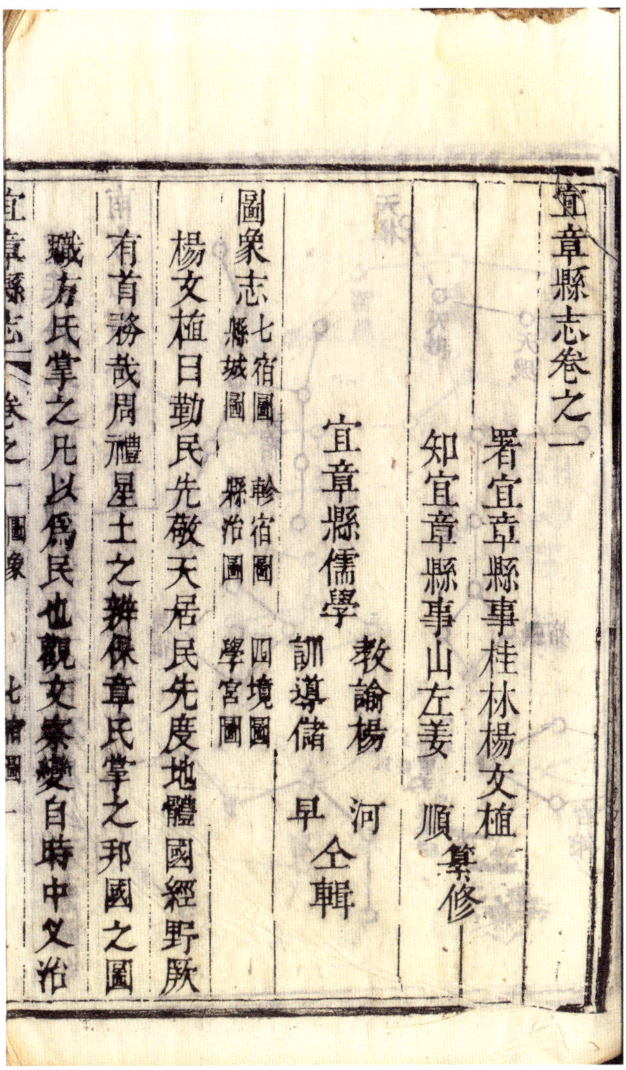

宜章縣志卷之一

署宜章縣事桂林楊文植

知宜章縣事山左姜　順　纂修

宜章縣儒學　教諭楊　河

訓導儲　早　仝輯

圖象志七宿圖　軫宿圖　四境圖

縣城圖　縣治圖　學宮圖

楊文植曰勤民先敬天居民先度地體國經野厥

有首務哉周禮星土之辨保章氏掌之邦國之圖

職方氏掌之凡以爲民也觀文察變自時中爻治

宜章縣志　卷之一　圖象　七宿圖　一

不詳，字先聲，清湖南靖州人。貢生，宜章縣訓導。

該志於乾隆二十年楊文植主修，次年姜順續修。全書分爲十三卷，依次爲：圖象志、輿地志、營建志、風土志、賦役志、學校志、典禮志、秩官志、武備志、選舉志、人物志、藝文志、雜志。

本書據湖南圖書館藏清乾隆二十一年（1756）刻本影印。（馬治平）

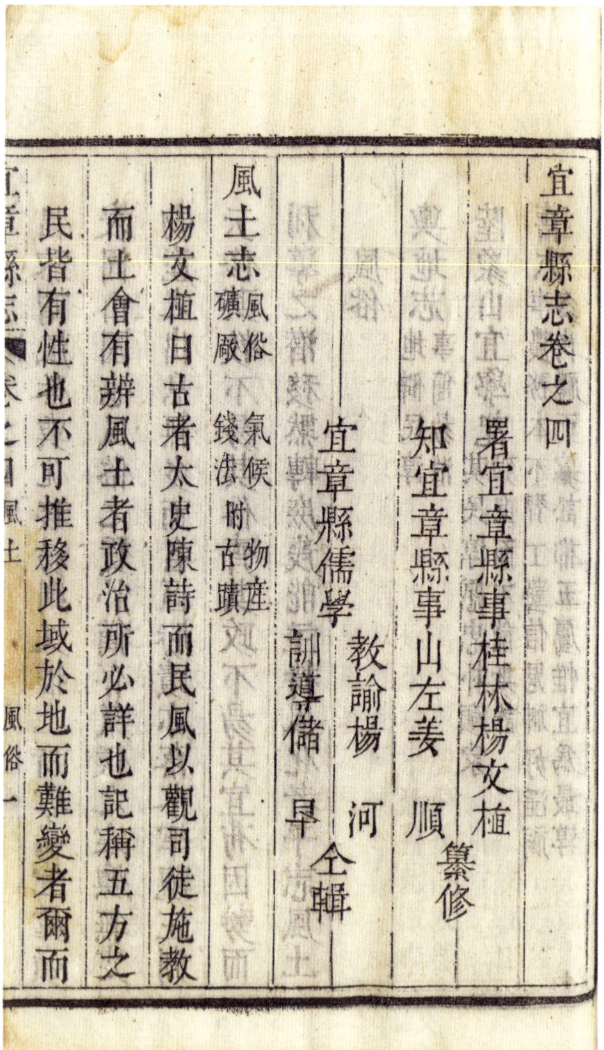
宜章縣志卷之四
署宜章縣事桂林楊文植
知宜章縣事山左姜　順　纂修
宜章縣儒學　教諭楊　河　訓導儲　旱　仝輯
風土志　風俗　氣候　物產　礦廠　錢法　附古蹟
楊文植曰古者太史陳詩而民風以觀司徒施教
而土會有辨風土者政治所必詳也記稱五方之
民皆有性也不可推移此域於地而難變者爾而
宜章縣志　卷之四　風土　風俗　一

[嘉慶] 宜章縣志二十四卷首一卷

清陳永圖修，清龔立海、黄本騏纂，清嘉慶二十年（1815）刻本。每半葉十行，行二十一字，小字雙行同，白口，四周雙邊，單黑魚尾。

陳永圖（1772—1849），字固庵，清涪州（今四川涪陵）人。進士，嘉慶十七年至二十三年（1812—1818）任宜章知縣。龔立海，生卒年不詳，字雲濤，清巴陵（今湖南岳陽）人。歲貢生。黄本騏（1776—?），清湖南寧鄉人。舉人。

該志卷首載有明隆慶、萬曆、崇禎，清康熙、乾隆六次修志纂修姓氏及序跋。叙事止於清嘉慶二十

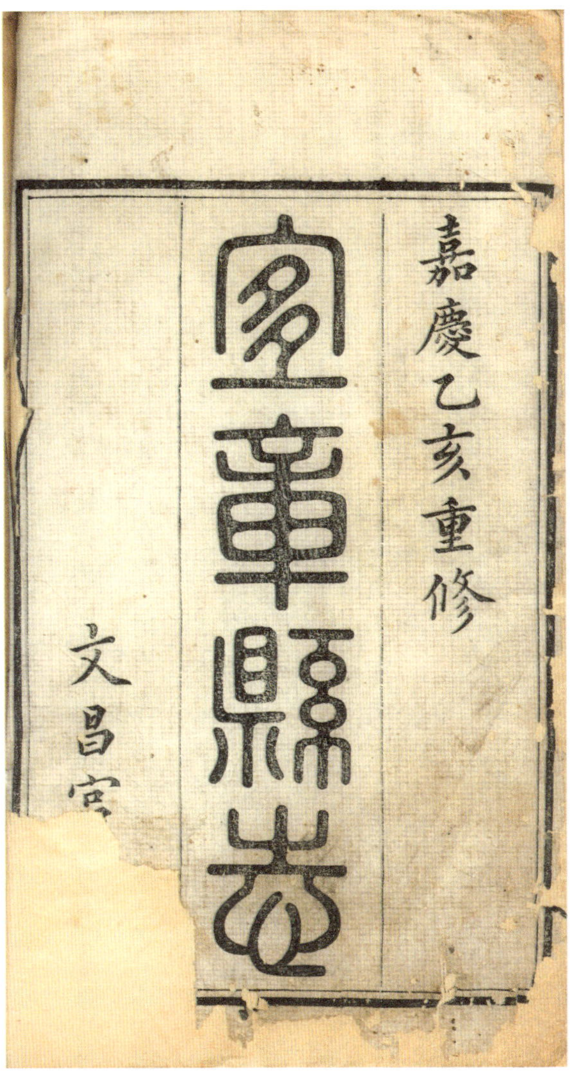

年。正文分二十四卷。依次爲：卷一輿圖，卷二沿革志，卷三象緯志，卷四至五疆域志，卷六建置志，卷七風土志，卷八至九田賦志，卷十至十一學校志，卷十二祀典志，卷十三兵防志，卷十四秩官志，卷十五選舉志，卷十六名宦志，卷十七人物志，卷十八列女志，卷十九至二十二藝文志，卷二十三事紀，卷二十四外志。

本書據天津圖書館藏清嘉慶二十年（1815）刻本影印。（馬治平）

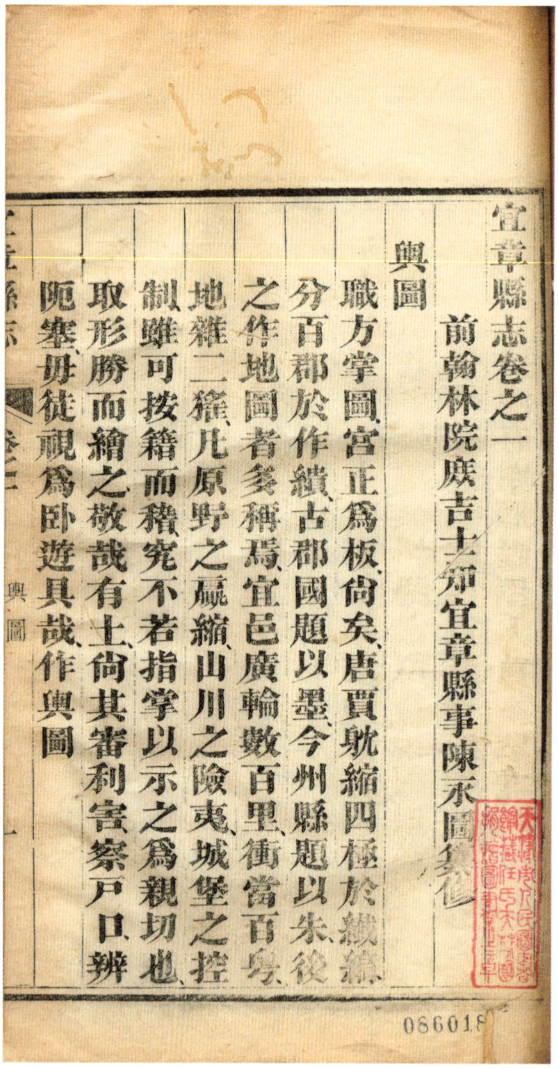
宜章縣志卷之一
前翰林院庶吉士知宜章縣事陳丕圖纂修
輿圖
職方掌圖、宮正爲板、尚矣、唐賈耽縮四極於纖縑、分百郡於作繪、古郡國題以墨、今州縣題以朱、後之作地圖者爹稱焉、宜邑廣輪數百里、衝當百粵、地雜二猺、凡原野之贏縮、山川之險夷、城堡之控制、雖可按籍而稽、究不若指掌以示之爲親切也、取形勝而繪之、敬哉有土、尚其審利害、察戶口、辨阨塞、毋徒視爲卧遊具哉、作輿圖
宜章縣志　卷之一　輿圖　一

［光緒］宜章縣鄉土風俗志不分卷

清陳玉祥編撰，清光緒十六年（1890）抄本。無邊框。

陳玉祥，生卒年不詳，清廣西平樂人。附生，光緒十三年至二十年任宜章知縣。

該志成書於光緒十六年，未付梓。全書未分卷，亦無類目，編纂采取問答方式，應爲縣衙呈送上司縣情時輯録而成。内容述及光緒十六年前宜章縣的地理位置、名山大川、陂澤關隘，耕地荒野、河工水利、礦産開采、武廟書院、服食婚喪、營制弁兵、人文特色等。

本書據湖南圖書館藏清光緒十六年（1890）抄本影印。（馬治平）

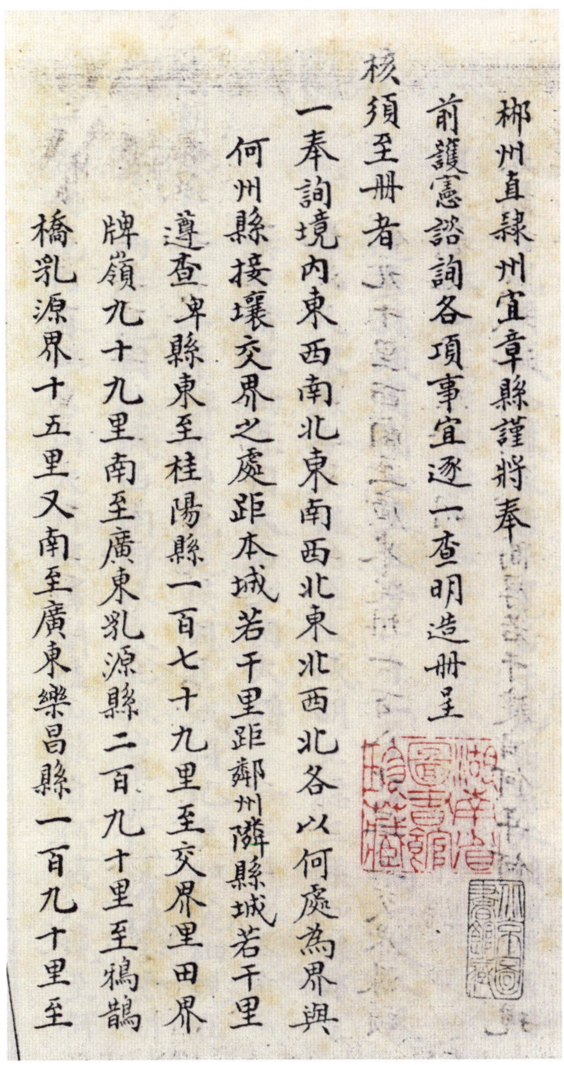
郴州直隸州宜章縣謹將奉
前護憲諮詢各項事宜逐一查明造冊呈
核須至冊者
一奉詢境內東西南北東南西北東北西北各以何處為界與
何州縣接壤交界之處距本城若干里距鄰州隣縣城若干里
遵查卑縣東至桂陽縣一百七十九里至交界里田界
牌嶺九十九里南至廣東乳源縣二百九十里至鴰鶹
橋乳源界十五里又南至廣東樂昌縣一百九十里至

〔嘉慶〕安仁縣志十四卷首一卷末一卷

清侯鈐修，清歐陽厚均纂，清嘉慶二十四年（1819）刻本。每半葉九行，行二十一字，小字雙行同，白口，四周雙邊，單黑魚尾。

侯鈐，生卒年不詳，字補齋，清金匱（今江蘇無錫）人。進士，嘉慶二十二年至道光二年（1817—1822）任安仁知縣。歐陽厚均（1766—1846），字福田，號坦齋，清安仁縣人。進士。嘉慶二十三年任嶽麓書院山長，連續掌教達二十七年之久。歐陽厚均曾兩次參與纂修

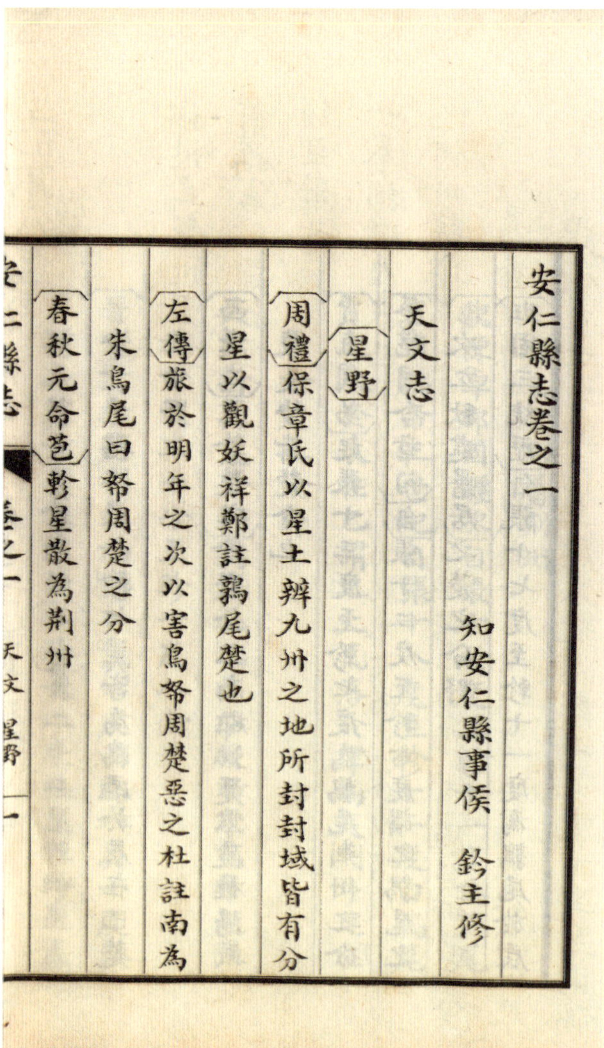
安仁縣志卷之一
知安仁縣事侯　鈐主修
天文志
星野
周禮保章氏以星土辨九州之地所封封域皆有分
星以觀妖祥鄭註鶉尾楚也
左傳旅於明年之次以害鳥帑周楚惡之杜註南為
朱鳥尾曰帑周楚之分
春秋元命苞軫星散為荊州
安仁縣志　卷之一　天文　星野　一

安仁縣志，第一次是乾隆五十七年（1792）做縣廪生時參與纂修《［乾隆］安仁縣志》。第二次是在浙江道監察御史任上辭官還籍閑居時，嘉慶二十二年，知縣侯鈐聘其爲《［嘉慶］安仁縣志》總纂。

安仁縣建置自宋始。宋以前爲安仁場，宋乾德三年（965）升爲安仁縣，屬衡州衡陽郡。元、明、清因之。民國仍屬。一九四九年後隸屬多變，或爲衡陽專區，或爲湘南行政區，或爲郴縣專區（郴州地區），或爲株洲市。一九八三年复屬郴州地區，今屬郴州市。

安仁縣志纂修始自明代洪武、永樂年間，以後有八次纂修。明代三修，俱佚。清代五修，現存世有《［嘉慶］安仁縣志》《［同治］安仁縣志》。

《［嘉慶］安仁縣志》成於嘉慶二十四年，同年付梓。紀事亦止於是年。正文分十四門十二志兩紀，依次爲：天文志、地輿志、營建志、風土志、賦役志、學校志、典禮志、職官志、選舉志、人物志、列女志、藝文志、事紀、外紀。

本書據湖南圖書館藏清嘉慶二十四年（1819）刻本影印。（馬治平）

［同治］安仁縣志十六卷首一卷末一卷

清張景垣等修，清張鵬、侯材驥纂，清同治八年（1869）刻本。每半葉十行，行二十二字，白口，四周雙邊，單黑魚尾。

張景垣，生卒年不詳，字曉峰，清高苑（今山東高青）人。拔貢，同治七年（1868）署安仁知縣。張鵬，生卒年不詳，清安仁縣人。拔貢，候選州判。侯材驥（1837—1893），清安仁縣人。時任户部廣東司候補主事。

該志以《［嘉慶］安仁縣志》爲底本。始修於同治四年，同治八年刊刻問世，紀事止於清同治六年。卷之首爲序、凡例、

新修姓氏、舊志纂修姓氏、舊志序跋。卷之末爲拾遺。正文分十四門一百三十一目。依次爲：天文志、地輿志、營建志、風土志、賦役志、學校志、典禮志、職官志、選舉志、人物志、列女志、藝文志、事紀、外紀。

本書據中國國家圖書館藏清同治八年（1869）刻本影印。（馬治平）

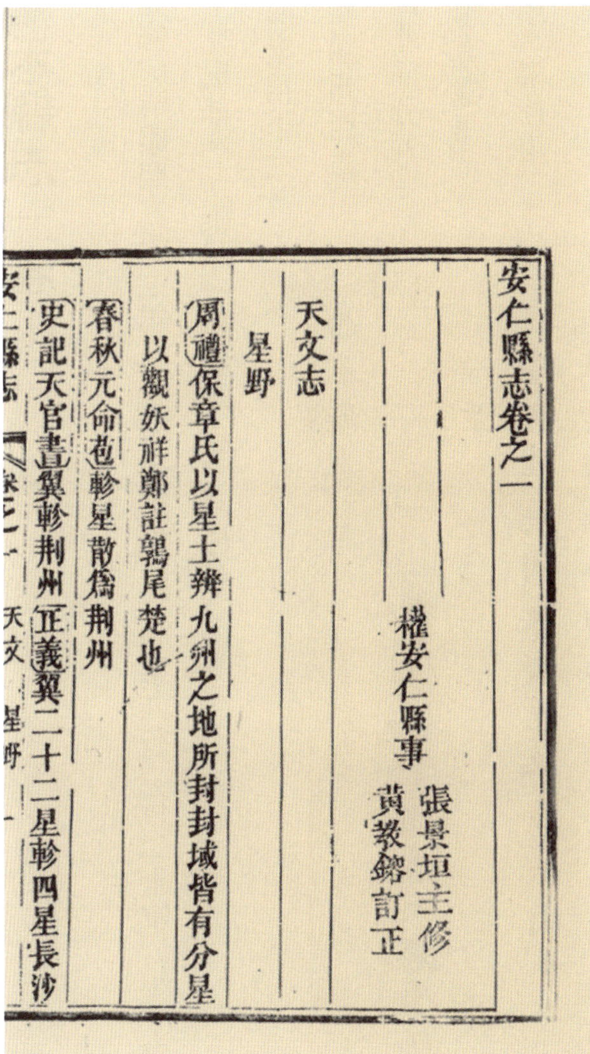

安仁縣志卷之一

權安仁縣事 張景垣主修

黃黎鎔訂正

天文志

星野

周禮保章氏以星土辨九州之地所封封域皆有分星以觀妖祥鄭註鶉尾楚也

春秋元命苞軫星散爲荆州

史記天官書翼軫荆州正義翼二十二星軫四星長沙

安仁縣志 卷之一 天文 星野 一

［康熙］嘉禾縣志一卷

清張聲遠纂修，清康熙二十二年（1683）抄本。每半葉九行，行二十字，小字雙行同，無版框。

張聲遠生平見史部《［康熙］臨武縣志》（抄本）條。

嘉禾縣，明崇禎十二年（1639）析桂陽州西南部分和臨武縣西北部分置。明、清均屬桂陽直隸州。民國屬湖南省衡永郴桂道。現屬郴州市。

嘉禾縣志纂修始自康熙二十二年（1683）《［康熙］嘉禾縣志》（抄本），清代有五修。現存《［康熙］嘉禾縣志》（抄本）、《［乾

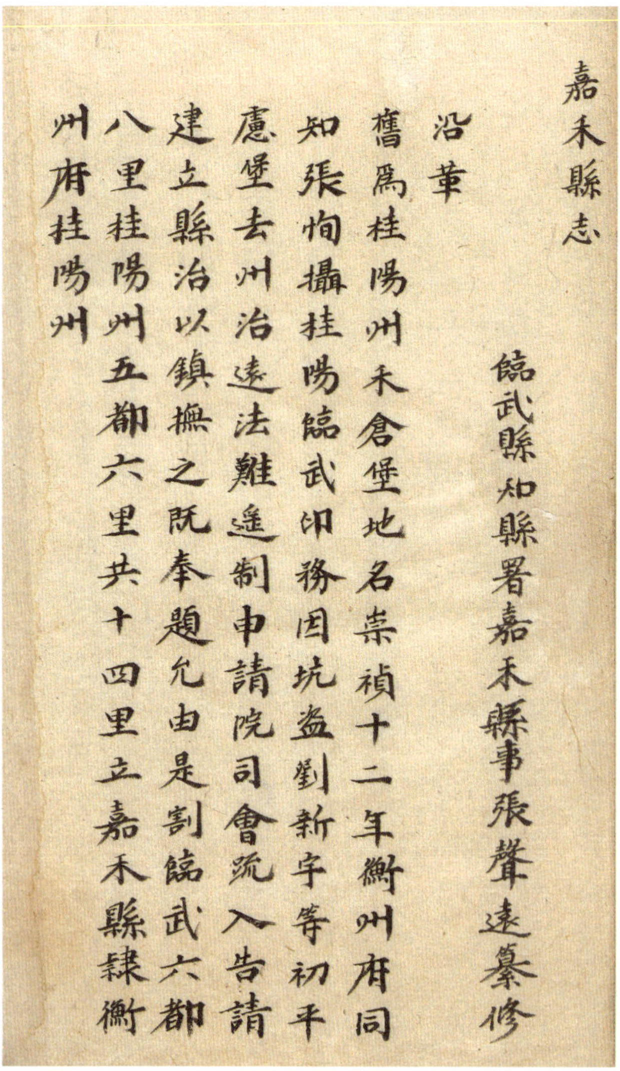

嘉禾縣志

臨武縣知縣署嘉禾縣事張聲遠纂修

沿革

舊爲桂陽州禾倉堡地名崇禎十二年衡州府同知張恂攝桂陽臨武印務因坑盜劉新宇等初平慮堡去州治遠法難遥制申請院司會疏入告請建立縣治以鎮撫之既奉題允由是割臨武六都八里桂陽州五都六里共十四里立嘉禾縣隸衡州府桂陽州

隆〕嘉禾縣志》、《〔嘉慶〕嘉禾縣志》、《〔同治〕嘉禾縣志》。

該志爲康熙二十二年張聲遠任臨武知縣署理嘉禾縣事時所修。内容有沿革、疆界、鄉都、山川、古迹、城池、廨署、驛鋪、祠廟、壇遺、關市、橋梁、别構、學校、風土、秩官、貢選、貤封、武備、賦役、外志、上寺等二十二目，約三千字。紀事自崇禎十二年，迄清康熙十八年，各項記載多簡明扼要，寥寥數語，勾勒邑地政治、經濟、軍事之大致輪廓。該志應爲初稿，無序跋、凡例，是嘉禾現存最早之縣志。

本書據中國國家圖書館藏清康熙二十二年（1683）抄本影印。（馬治平）

［乾隆］嘉禾縣志二十六卷首一卷

清高大成修，清李光甲纂，清乾隆三十一年（1766）刻本。每半葉十行，行二十字，小字雙行同，白口，四周雙邊，單黑魚尾。

高大成，生卒年不詳，字希魯，清滿洲鑲黄旗人。監生，乾隆三十年至三十四年（1765—1769）任嘉禾知縣。李光甲，生卒年不詳，字東曉，清湖南湘潭人。舉人，嘉禾縣教諭兼訓導。

該志上承康熙五十五年（1716）邑志，下續雍正、乾隆朝近事，始修於乾隆三十年，翌年書成刊刻問世。

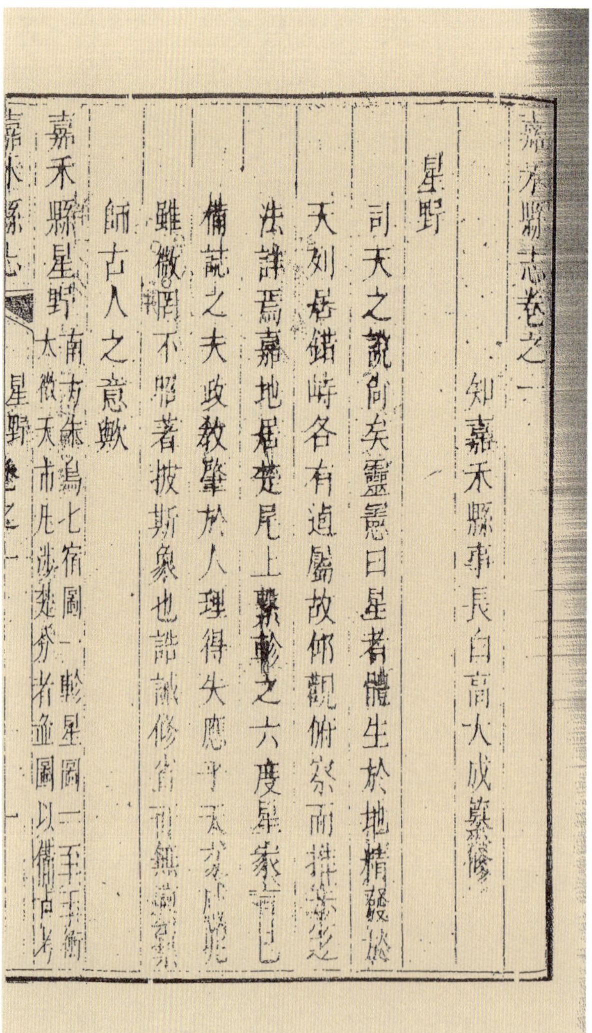

嘉禾縣志卷之一
知嘉禾縣事長白高大成纂修
星野
司天之説尚矣靈憲曰星者體生於地精發於天列居錯峙各有攸屬故仰觀俯察而[illegible]之法詳焉嘉地居楚尾上繫軫之六度星家言已備誌之夫政教肇於人理得失應乎天故[illegible]雖微罔不昭著披斯象也語誠修省而無[illegible]師古人之意歟
嘉禾縣星野南方朱鳥七宿圖一 軫星圖一 至王衡太微天市凡涉楚分者並圖以備占考
嘉禾縣志 星野 卷之一 一

卷首輯録清順治、康熙、雍正、乾隆上諭十二篇。正文分二十三門一百零五目，依次爲：星野、沿革、輿圖、疆域、山川、城池、公署、賦役、積貯、學校、典禮、秩祀、風土、物産、官師、兵防、選舉、誥命、人物、列女、祥异、寺觀、藝文。

本書據上海圖書館藏清乾隆三十一年（1766）刻本影印。（馬治平）

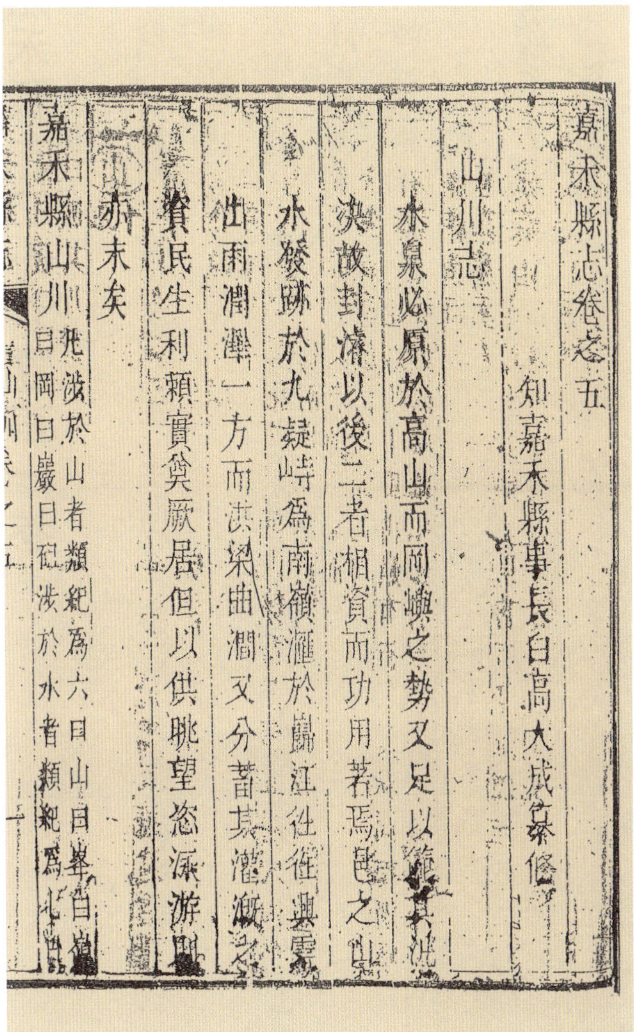
嘉禾縣志卷之五
知嘉禾縣事長白高大成纂修
山川志
水泉必原於高山而岡巒之勢又足以[illegible]其洪
決故封濬以後二者相資而功用著焉邑之山
水發跡於九疑峙爲南嶺灌於湘江往往興雲
出雨潤澤一方而洪梁曲澗又分蓄其灌溉之
資民生利賴實奠厥居但以供眺望恣游覽
亦末矣
嘉禾縣山川　凡涉於山者類紀爲六曰山曰峯曰嶺
曰岡曰巖曰石涉於水者類紀爲[illegible]

［嘉慶］嘉禾縣志二十六卷首一卷

清張英舉續修，清龍翔增纂，清嘉慶二十四年（1819）刻本。每半葉十行，行二十字，小字雙行同，白口，四周雙邊，單黑魚尾。

張英舉，生卒年不詳，字雲岩，清河南固始人。恩貢，嘉慶二十二年（1817）任嘉禾知縣。龍翔，生卒年不詳，字雲嵐，清湖南桃源人。舉人，嘉禾儒學訓導。

該志以清乾隆三十一年（1766）《［乾隆］嘉禾縣志》爲基礎續修增補。始修於嘉慶二十二年，紀事亦止於是年，二十四年成書付梓。體例悉仍舊志，所續史事，均附原志各門後。卷首録上諭。正文分

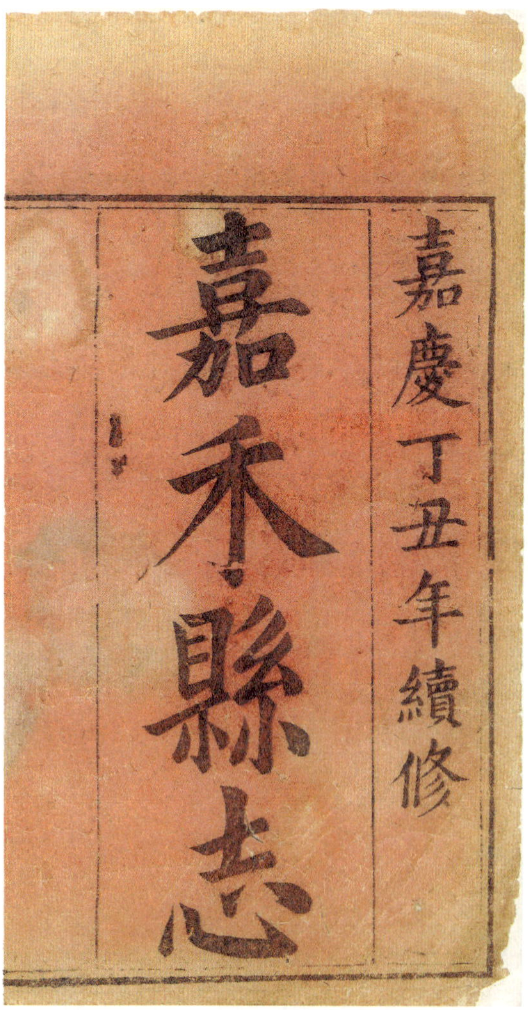

二十三門一百零五目，依次爲：星野、沿革、輿圖、疆域、山川、城池、公署、賦役、積貯、學校、典禮、秩祀、風土、物産、官師、兵防、選舉、誥命、人物、列女、祥异、寺觀、藝文。

本書據中國國家圖書館藏清嘉慶二十四年（1819）刻本影印。（馬治平）

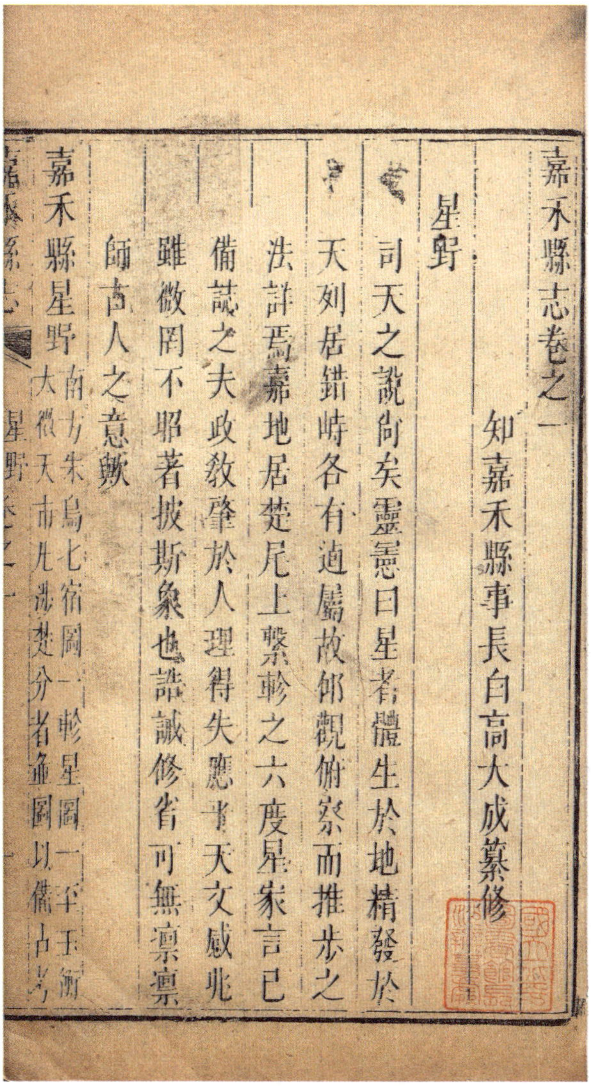
嘉禾縣志卷之一
知嘉禾縣事長白高大成纂修
星野
司天之說尚矣靈憲曰星者體生於地精發於
天列居錯峙各有逌屬故仰觀俯察而推步之
法詳焉嘉地居楚尾上繫軫之六度星家言已
備誌之夫政教肇於人理得失應乎天文感兆
雖微罔不畢著披斯象也諶誠修省可無凜凜
師古人之意歟
嘉禾縣星野　南方朱鳥七宿圖一　軫星圖一　太微天市凡涉楚分者並圖以備占考

［同治］嘉禾縣志二十五卷首一卷

清陳國仲續修，清吴紱榮續纂，清同治二年（1863）續增刻本。每半葉十行，行二十字，小字雙行同，白口，四周雙邊，單黑魚尾。

陳國仲，生卒年不詳，字少卿，清湖北宜都人。監生，同治元年（1862）任嘉禾知縣。吴紱榮，生卒年不詳，清善化（今湖南長沙）人。同治初任嘉禾珠泉書院院長。

該志係據清嘉慶二十四年（1819）《［嘉慶］嘉禾縣志》續修增補而成。始修於同治二年，是年付梓刊竟

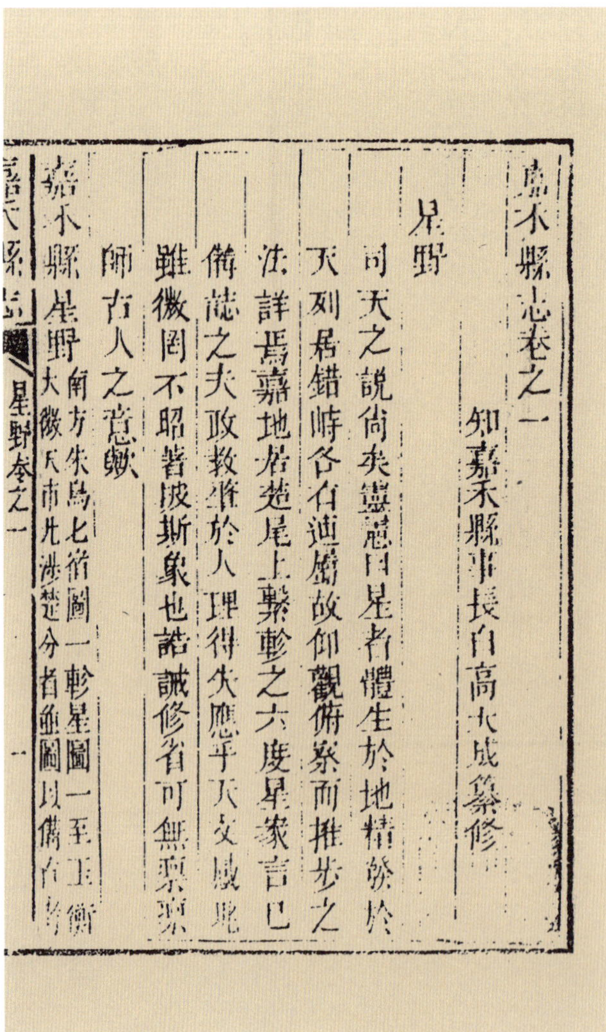
嘉禾縣志卷之一
知嘉禾縣事長白高大成纂修
星野
司天之說尚矣靈憲曰星者體生於地精發於
天列居錯峙各有逌屬故仰觀俯察而推步之
法詳焉嘉地居楚尾上繫軫之六度星家言已
備誌之夫政教准於人理得失應乎天文感兆
雖微罔不昭著披斯象也詎誠修省可無稟稟
師古人之意歟
嘉禾縣星野 南方朱鳥七宿圖一軫星圖一至玉衡大微天市北涉楚分者並圖以備考
嘉禾縣志　星野卷之一　一

行世。較前志新增文字萬餘。其序言：『是書照前本舊例，外於近今數十年中，凡遺迹之漸改、人品之可傳者，命諸生分類加增。』卷首載聖制。正文二十五卷，内容依次爲：星野、沿革、輿圖、疆域、山川、城池、公署、賦役、積貯、學校、典禮、秩祀、風土、物産、官師、兵防、選舉、人物、列女、祥异、寺觀、藝文、珠泉書院。

本書據中國科學院文獻情報中心藏清同治二年（1863）續增刻本影印。（馬治平）

［康熙］桂東縣志六卷

清田國輔修，清周一寬纂，清康熙十一年（1672）刻本。每半葉九行，行二十字，小字雙行同，白口，四周單邊，單黑魚尾。

田國輔，生卒年不詳，字右君，清漢軍鑲藍旗人。生員。康熙十一年至十七年（1672—1678）任桂東知縣。周一寬，生卒年不詳，清桂東縣人。貢生。

桂東縣，南宋析桂陽縣（今汝城縣）宜城、零陵二鄉置。今屬郴州市。

桂東縣志纂修始於明洪武年間。以後明代有《［永樂］桂東縣志》《［萬曆］桂東縣志》，俱佚。清代有《［康

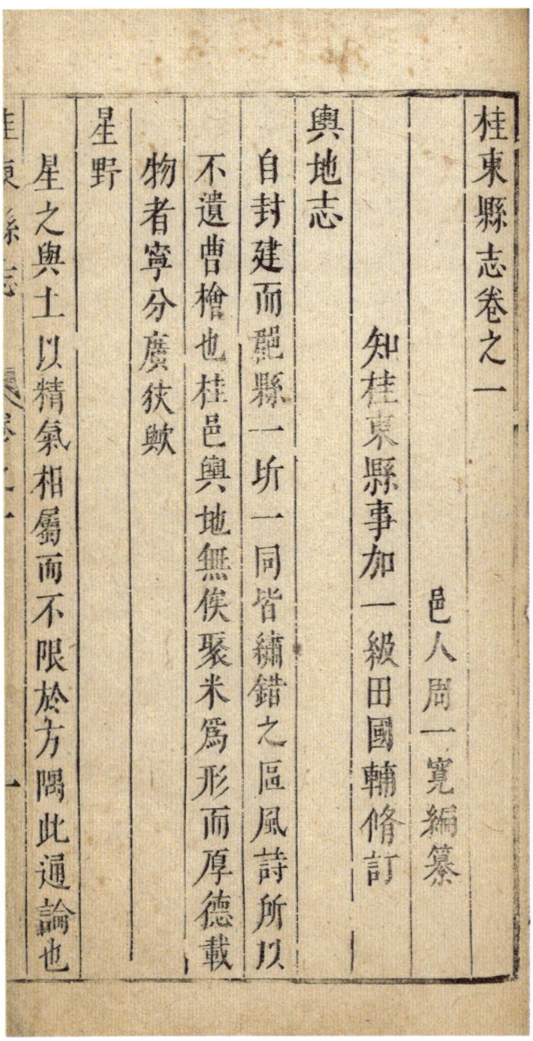
桂東縣志卷之一
邑人周一寬編纂
知桂東縣事加一級田國輔脩訂
輿地志
自封建而郡縣一圻一同皆繡錯之區風詩所以
不遺曹檜也桂邑輿地無侯聚米為形而厚德載
物者寧分廣狭歟
星野
星之與土以精氣相屬而不限於方隅此通論也

熙〕桂東縣志》《〔乾隆〕桂東縣志》《〔嘉慶〕桂東縣志》《〔同治〕桂東縣志》《〔光緒〕桂東縣鄉土志》。

該志修於康熙十一年，爲桂東縣現存最早邑乘。因之前所修縣志均毀，故以記載於明《〔萬曆〕郴州志》中資料爲基礎，叙事止於康熙十一年。全書分六卷，依次爲：輿地志、創建志、食貨志、秩官志、人物志、藝文志。

本書據中國國家圖書館藏清康熙十一年（1672）刻本影印。（馬治平）

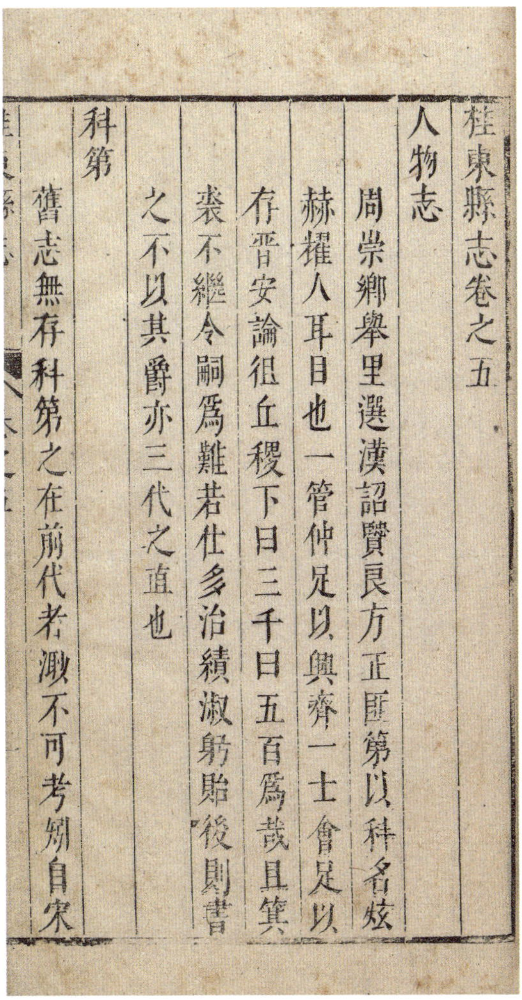
桂東縣志卷之五

人物志

周崇鄉舉里選漢詔賢良方正匪第以科名炫赫耀人耳目也一管仲足以興齊一士會足以存晉安論徂丘稷下日三千日五百爲哉且箕裘不繼令嗣爲難若仕多治績淑躬貽後則書之不以其爵亦三代之直也

科第

舊志無存科第之在前代者湮不可考斷自宋

［乾隆］桂東縣志十二卷

清洪鐘、張煥、盧庭琮修，清黃體德等纂，清乾隆二十四年（1759）刻本。每半葉十行，行二十一字，小字雙行同，四周雙邊，單黑魚尾。

洪鐘，生卒年不詳，清湖北公安人。進士，乾隆二十一年至二十二年（1756—1757）任桂東知縣。張煥，生卒年不詳，清江蘇蘇州人。舉人，乾隆二十三年署桂東知縣。盧庭琮，生卒年不詳，清武昌（今湖北武漢）人。進士，乾隆二十四年任桂東知縣。黃體德，生卒年不詳，清桂東縣人。舉人，候選主事。

該志上承康熙十一年（1672）《［康熙］桂東縣志》，

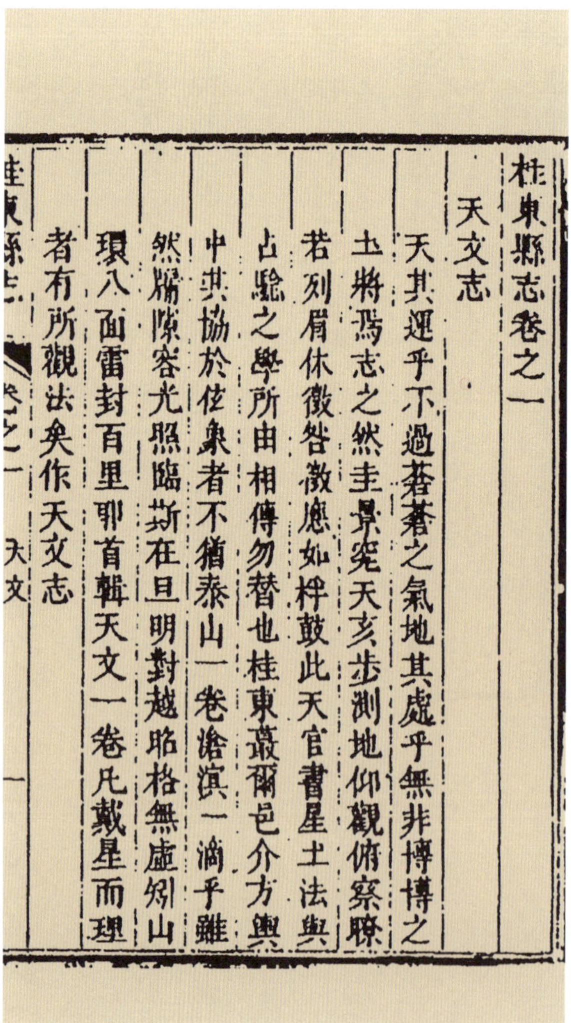
桂東縣志卷之一

天文志

天其運乎不過蒼蒼之氣地其處乎無非博博之土將焉志之然圭景窺天亥步測地仰觀俯察瞭若列眉休徵咎徵應如桴鼓此天官書星土法與占驗之學所由相傳勿替也桂東蕞爾邑介方輿中其協於佐象者不猶泰山一卷滄溟一滴乎雖然牖隙容光照臨斯在旦明對越昭格無虛矧山環八面雷封百里聊首輯天文一卷凡載星而理者有所觀法矣作天文志

桂東縣志　卷之一　天文　一

始修於乾隆二十三年，期間三任知縣接力修纂，乾隆二十四年成書付梓。卷首輯録康熙志舊序、形勝圖、四境圖、城池圖、縣署圖、義學圖。正文分十二門一百零二目，依次爲：天文志、方輿志、營建志、賦役志、學校志、禮儀志、秩官志、武備志、選舉志、人物志、藝文志、外志。

本書據故宫博物院藏清乾隆二十四年（1759）刻本影印。（馬治平）

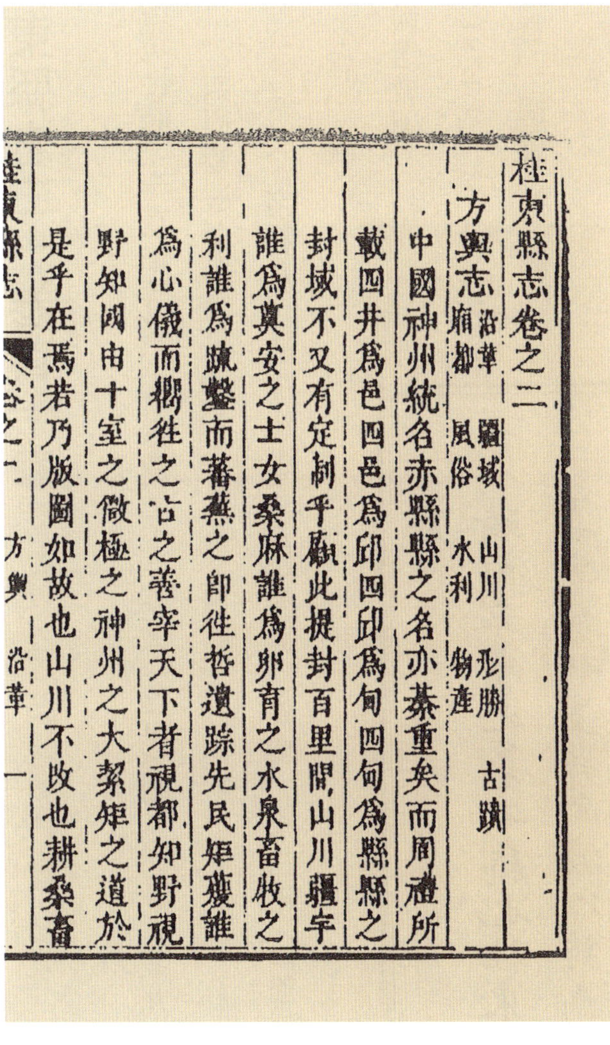
桂東縣志卷之二
方輿志 沿革 疆域 山川 形勝 古蹟 廂都 風俗 水利 物產
中國神州統名赤縣縣之名亦綦重矣而周禮所載四井爲邑四邑爲邱四邱爲甸四甸爲縣縣之封域不又有定制乎顧此提封百里間山川疆宇誰爲奠安之士女桑麻誰爲卵育之水泉畜牧之利誰爲疏鑿而蕃蕪之即徃哲遺踪先民矩矱誰爲心儀而嚮徃之古之奄宰天下者視都知野視野知國由十室之微極之神州之大絜矩之道於是乎在焉若乃版圖如故也山川不改也耕桑畜
桂東縣志 卷之二 方輿 沿革 一

[嘉慶]桂東縣志二十卷首一卷

清曾鈺修，清黄性時、李克鈿等纂，清嘉慶二十二年（1817）刻本。每半葉九行，行二十一字，小字雙行同，白口，四周雙邊，單黑魚尾。

曾鈺（1765—1829），字石友，清福建惠安人。舉人。嘉慶二十二年（1817）任桂東知縣。

黄性時，生卒年不詳，清桂東縣人。拔貢，候選教諭。

李克鈿（1783—1821），清桂東縣人。拔貢，候選直隸州州判。

該志始修於嘉慶二十二年，同年成書付梓。卷首輯録康熙以來縣志舊序、明洪武以來歷次修志姓名、星野圖、縣境圖、城池圖、學宫

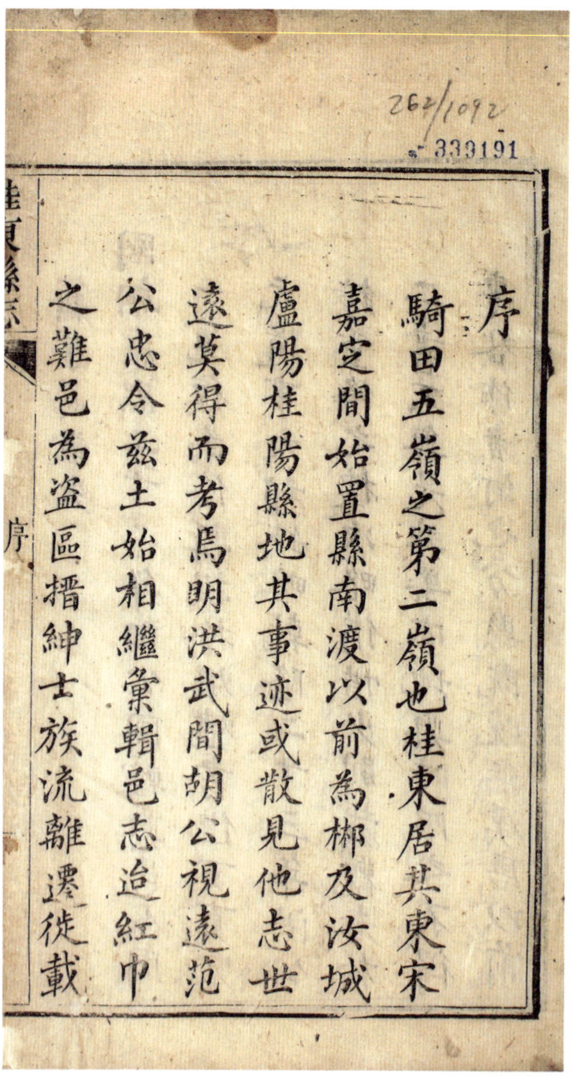

序
騎田五嶺之第二嶺也桂東居其東宋
嘉定間始置縣南渡以前為郴及汝城
盧陽桂陽縣地其事迹或散見他志世
遠莫得而考焉明洪武間胡公視遠范
公忠令茲土始相繼彙輯邑志迨紅巾
之難邑為盜區搢紳士族流離遷徙載
桂東縣志 序

圖、縣署圖、義學圖、八景圖。正文分二十門五十二目。依次爲：星野、沿革、疆域、建置、田賦、學校、秩祀、兵防、物産、風俗、古迹、祥异、職官、選舉、名宦、人物、節烈、藝文、寺觀、仙釋、雜志。

本書據中國人民大學圖書館藏清嘉慶二十二年（1817）刻本影印。（馬治平）

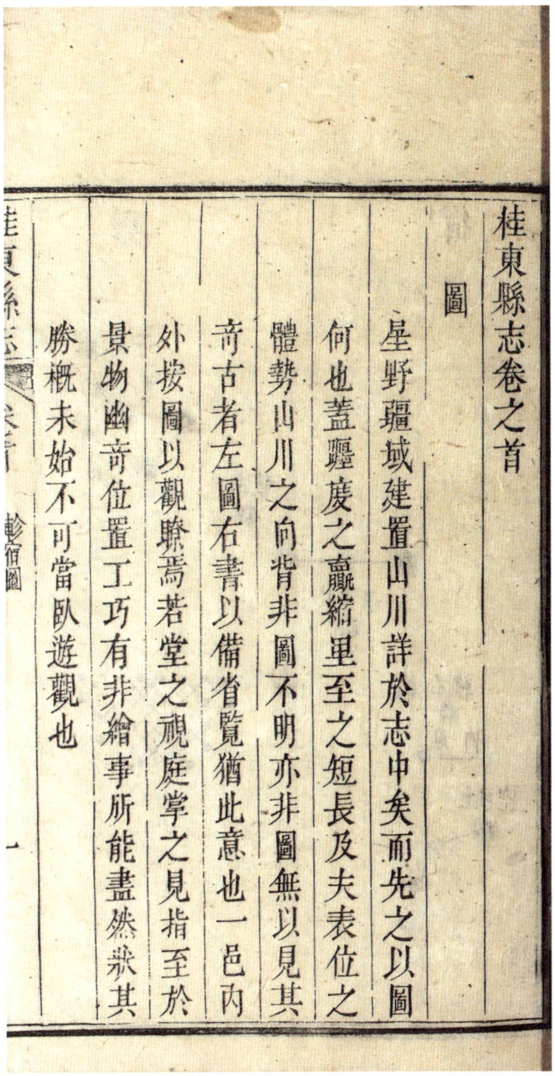

桂東縣志卷之首

圖

星野疆域建置山川詳於志中矣而先之以圖何也蓋疆度之嬴縮里至之短長及夫表位之體勢山川之向背非圖不明亦非圖無以見其奇古者左圖右書以備省覽猶此意也一邑內外按圖以觀瞭焉若堂之視庭掌之見指至於景物幽奇位置工巧有非繪事所能盡然彙其勝概未始不可當臥遊觀也

［同治］桂東縣志二十卷首一卷

清劉華邦修，清郭岐勳等纂，清同治五年（1866）尊經閣刻本。每半葉九行，行二十一字，白口，四周雙邊，單黑魚尾。

劉華邦，生卒年不詳，清江西泰和人。進士，同治五年（1866）任桂東知縣。郭岐勳，生卒年不詳，清桂東縣人。曾任江華縣教諭、零陵縣訓導。

該志以清嘉慶二十二年（1817）《［嘉慶］桂東縣志》爲底本，新續道光、咸豐、同治間五十餘年史事，叙事止於同治四年，

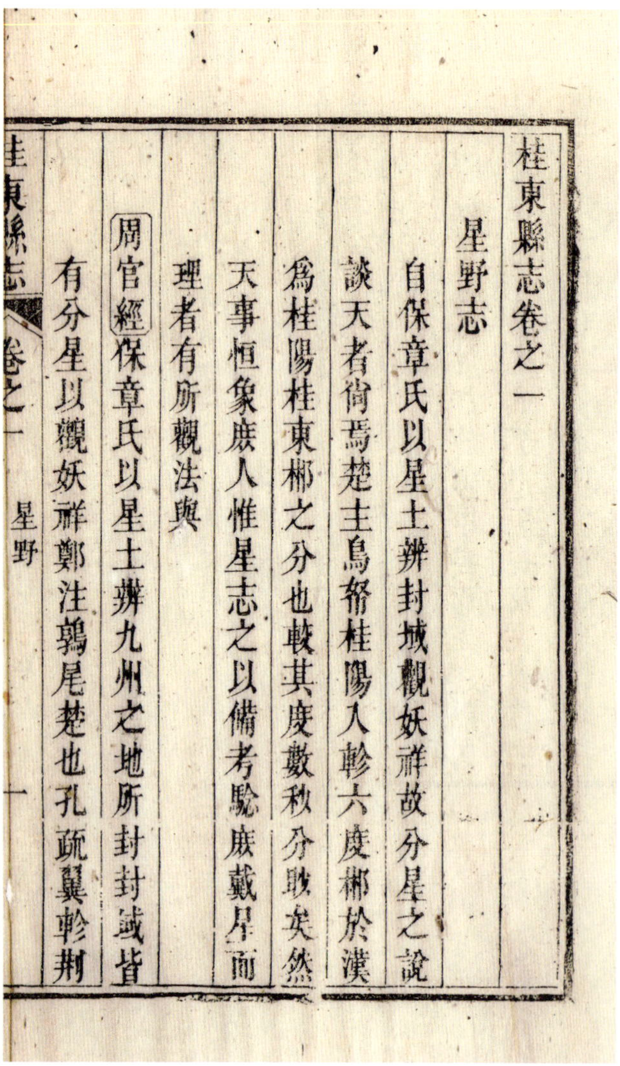
桂東縣志卷之一

星野志

自保章氏以星土辨封域觀妖祥故分星之說談天者尚焉楚主鳥帑桂陽入軫六度郴於漢爲桂陽桂東郴之分也載其度數秩分較然天事恒象庶人惟星志之以備考驗庶戴星而理者有所觀法與

周官經保章氏以星土辨九州之地所封封域皆有分星以觀妖祥鄭注鶉尾楚也孔疏翼軫荆

桂東縣志　卷之一　星野　一

翌年刻印問世。卷首輯歷代志序、例言、修志姓名、圖。正文分二十一門五十八目。依次爲：星野、沿革、疆域、建置、田賦、學校、秩祀、兵防、物産、風俗、古迹、祥异、職官、選舉、名宦、人物（附壽民、方技）、節烈、藝文、寺觀、仙釋、雜志。

本書據中國國家圖書館藏清同治五年（1866）尊經閣刻本影印。（馬治平）

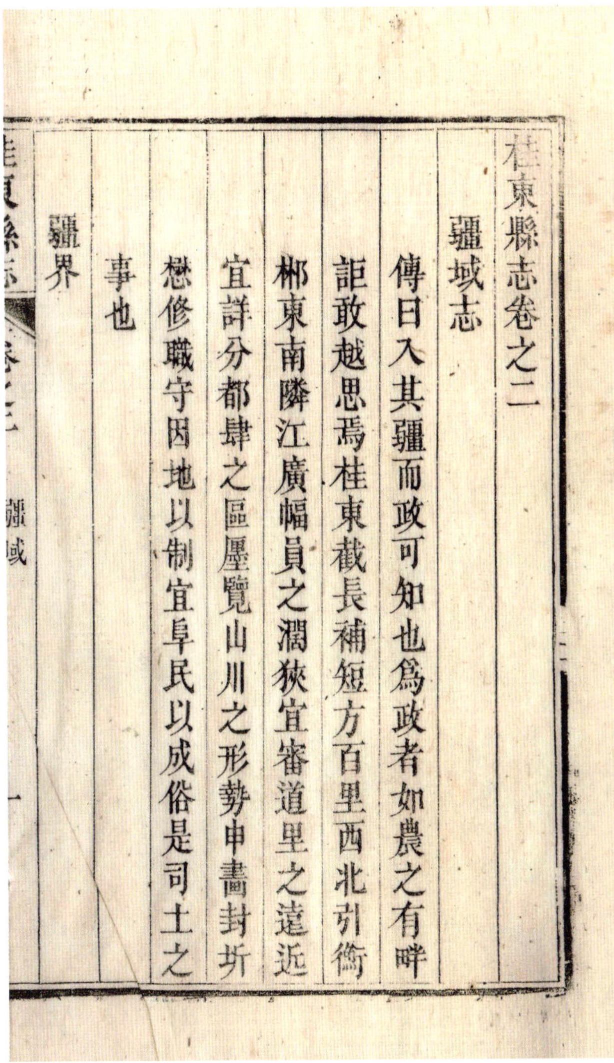
桂東縣志卷之二

疆域志

傳曰入其疆而政可知也爲政者如農之有畔詎敢越思焉桂東截長補短方百里西北引衡郴東南隣江廣幅員之濶狹宜審道里之遠近宜詳分都肆之區歴覽山川之形勢申畫封圻懋修職守因地以制宜阜民以成俗是司土之事也

疆界

［光緒］桂東縣鄉土志三卷

清何閎烈編撰，清光緒三十三年（1907）刻本。每半葉十一行，行字不等，白口，四周雙邊，白魚尾。

何閎烈，生卒年不詳，清桂東縣人。廩生。

光緒三十一年（1905）清廷下詔廢科舉開學堂，命各省府州縣編纂鄉土志，并頒布《鄉土志例目》，規定總目分十五目：歷史、政績、兵事、耆舊、人類、户口、氏族、宗教、實業、地理、山、水、道路、物産、商務。

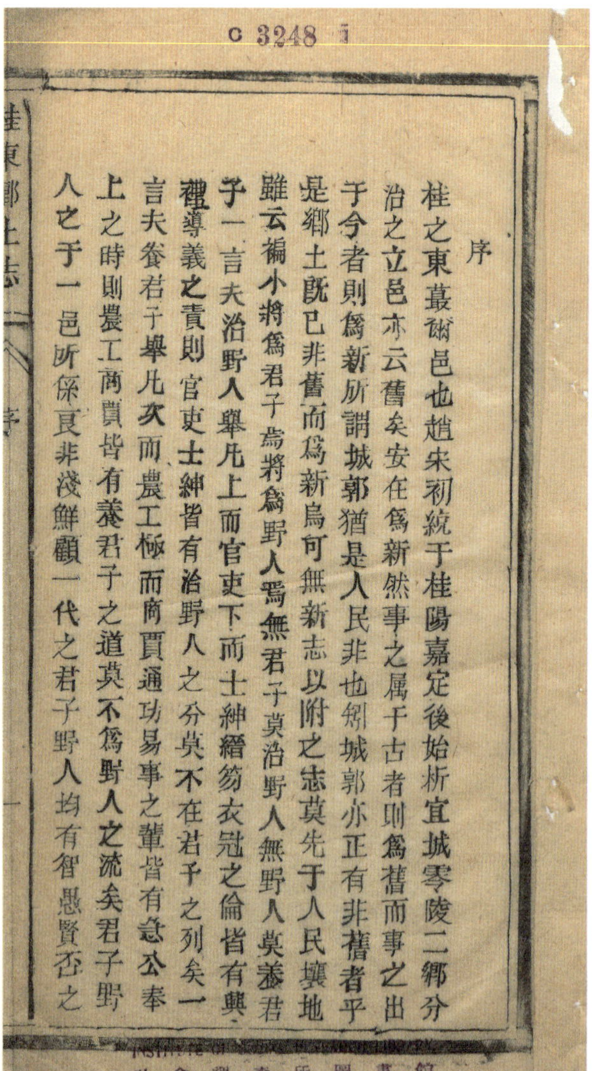

序

桂之東蕞爾邑也趙宋初統于桂陽嘉定後始析宜城零陵二鄉分治之立邑亦云舊矣安在爲新然事之屬于古者則爲舊而事之出于今者則爲新所謂城郭猶是人民非也剏城郭亦正有非舊者乎是鄉土既已非舊而爲新烏可無新志以附之志莫先于人民壤地雖云褊小將爲君子焉將爲野人焉無君子莫治野人無野人莫養君子一言夫治野人舉凡上而官吏下而士紳縉笏衣冠之倫皆有與禮導義之責則官吏士紳皆有治野人之分矣不在君子之列矣一言夫養君子舉凡农而農工極而商賈通功易事之輩皆有急公奉上之時則農工商賈皆有養君子之道莫不爲野人之流矣君子野人之于一邑所係良非淺鮮顧一代之君子野人均有智愚賢否之

桂東鄉土志　二　序　一

該志修於光緒三十三年，正文分三卷，上卷爲歷史、政績録（含興利、除害、聽訟）、兵事録、耆舊録（含宦迹、孝友、義行、文學、節烈）。中卷爲古迹、祠廟、坊表、橋梁、市鎮、學堂、城池、山界、水道、道路、物産（動物、植物、礦物）、商務。下卷爲户口、氏族、地理。

本書據中國社會科學院經濟研究所藏清光緒三十三年（1907）刻本影印。（馬治平）

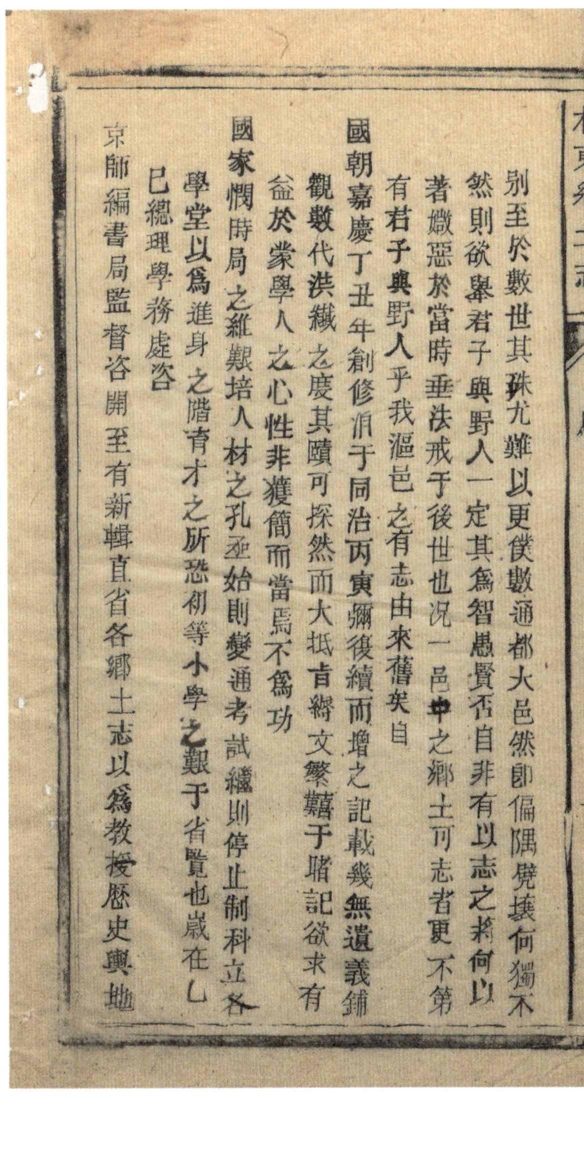
桂東鄉土志　序　一

别至於數世其殊尤雖以更僕數通都大邑然即偏隅僻壤何獨不然則欲舉君子與野人一定其爲智愚賢否自非有以志之將何以著懲惡於當時垂法戒于後世也况一邑中之鄉土可志者更不第有君子與野人乎我漚邑之有志由來舊矣自
國朝嘉慶丁丑年創修洎于同治丙寅彌復續而增之記載幾無遺義鋪觀數代洪纖之度其賾可探然而大抵肯綮文繁藉于睹記欲求有益於蒙學人之心性非獲簡而當焉不爲功
國家憫時局之維艱培人材之孔亟始則變通考試繼則停止制科立各學堂以爲進身之階育才之所恐初等小學之艱于省覽也歲在乙巳總理學務處咨
京師編書局監督咨開至有新輯直省各鄉土志以爲教授歷史輿地

子部

九仙二佛傳三卷附録一卷

明崔巖撰，明何孟春、袁子讓訂，清同治十一年（1872）刻本。每半葉九行，行十九字，小字雙行同，四周雙邊，無魚尾。

崔巖（1446—1522），字民瞻，明郴州人。成化十七年（1481）進士，歷任户部主事，江西、河南布政使，都察院右副都御史，大同巡撫，陝西巡撫，以工部侍郎致仕。崔巖在任期間，爲官清廉，爲民解患，勤於理政，成就顯著。據《［萬曆］郴州志》卷十六《人物志》記載：『家人以詩禮檢其遺

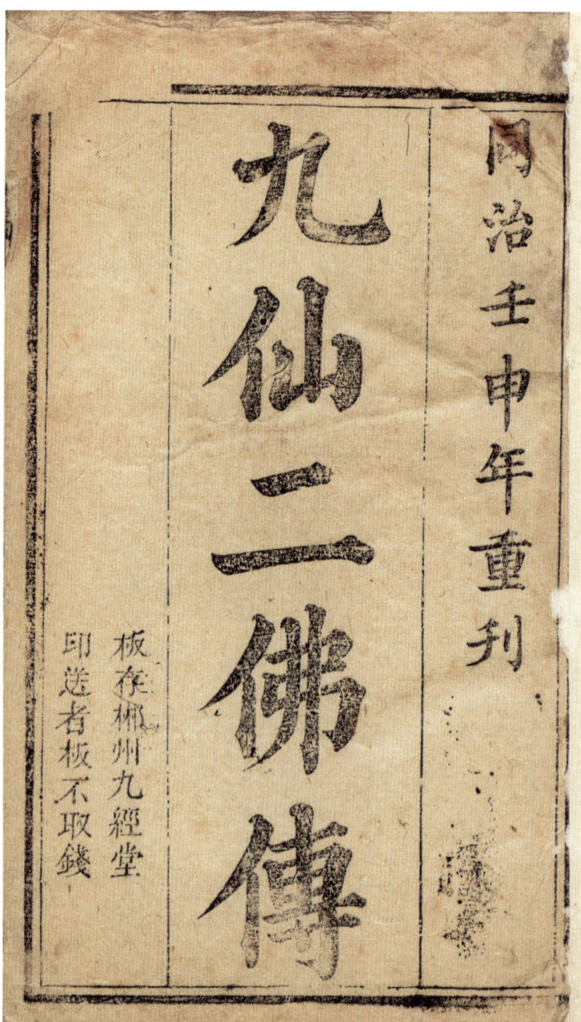

物，倒囊不過百金，清白之操卓爲後生模範。』其爲人厚樸，懷有仁慈濟民之情、佛道之念。乞歸養病之年，建蘇仙石橋以濟病涉，民稱之。又對漢、唐以來郴州民間得道成仙佛人物故事予以傳記，撰寫成《九仙二佛傳》。郡人何孟春、袁子讓爲《九仙二佛傳》修訂并作注，郡庠後學崔超、崔忻校。

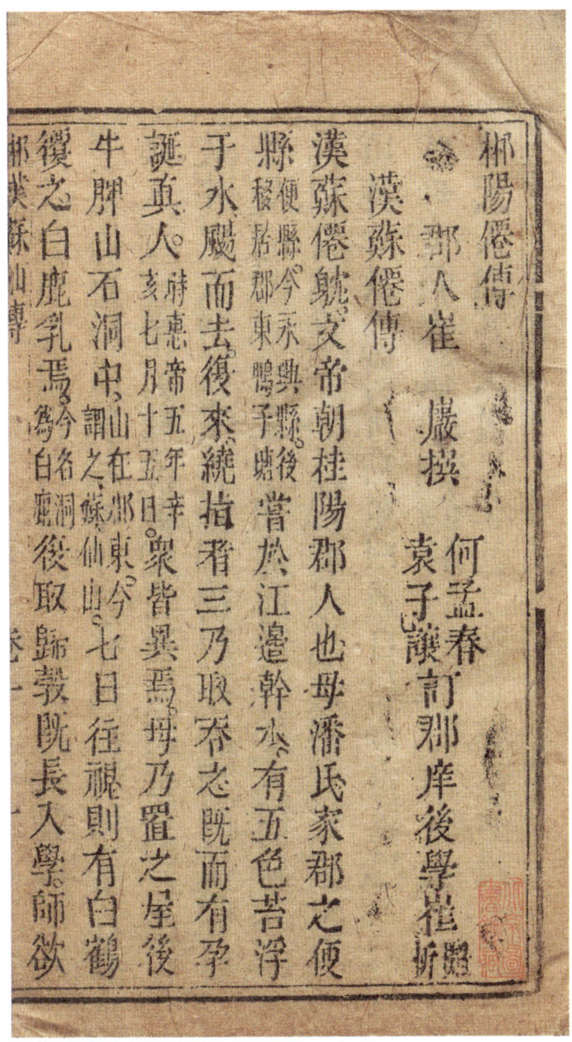
郴陽僊傳
郡人崔巖撰　何孟春　袁子讓訂　郡庠後學崔超　忻
漢蘇僊傳
漢蘇僊號文帝朝桂陽郡人也母潘氏家郡之便縣便縣今永興縣後移治郡東鵯子塘嘗於江邊幹水有五色苔浮于水飈而去復來繞指者三乃取吞之既而有孕誕真人時惠帝五年辛亥七月十五日衆皆異焉母乃置之屋後牛脾山石洞中山在郡東今謂之蘇仙山七日往視則有白鶴覆之白鹿乳焉今名洞爲白鹿洞後取歸教既長入學師欲
郴漢蘇仙傳　卷一

《九仙二佛傳》三卷《附録》一卷。卷一爲《郴陽仙傳》，以傳記文體記叙西漢桂陽郡孤兒蘇耽，東漢桂陽郡臨武縣人成武丁，唐代郴人范伯慈、唐道可、廖法正、劉[illegible]、劉瞻、劉助、王錫九位生平事迹及得道成仙之經歷。

卷二爲《郴陽佛傳》，叙述唐代郴縣程水鄉（今湖南資興）人周全真、唐代郴縣大奎上（今郴州市蘇仙區）人朱道廣二位生平事迹及修煉成佛之經歷。

卷三爲《郴陽神傳》，記叙唐代郴州宜陽人柳毅傳書救龍女之神話故事，柳毅受封爲魚鮮侯，稱之爲神；又以傳記文體記叙唐代郴州人黄師浩，因破敵有功，官至都統，唐懿宗嘉其屢立戰功，英勇殉國，追封爲武陵侯，元世祖封其爲神。此後，郴州便有九仙二佛二神之傳説，故事完整，叙説精煉，膾炙人口，廣爲流傳。

卷末附録諸仙誥號神敕，稱蘇仙『冲素普應静惠昭德真人』，成仙『靈慧仁慈普濟真人』，范仙『仁孝玄一真人』，唐仙『静壽真人』，廖仙『專寂玄妙真人』，劉大仙『妙應真人』，劉二仙（一稱劉仲仙）『救民護國端方文惠真人』，劉三仙（劉季仙）『玄通慈悌真人』，王仙『利澤惠愛施藥真人』。無量壽佛『慈信寂照妙應禪師』，朱佛『寂通證誓禪師』。柳侯『魚之神』，黄侯『武陵石虎之神』。卷末還録有崇德山釋子依仁清乾隆四年（1739）歲次己未蒲月（五月）書寫的跋文两篇。

本書據中國國家圖書館藏清同治十一年（1872）刻本影印。（曹知法）

孔子家語注八卷

明何孟春補注，明正德十六年（1521）永明書院刻本。每半葉九行，行二十字，小字雙行同，白口，四周雙邊，單黑魚尾。

何孟春生平見史部《何文簡公疏議》條。

孔子（前551—前479），名丘，字仲尼，祖籍宋國栗邑（今河南商丘夏邑縣），生於春秋時期魯國陬邑（今山東曲阜東南）。孔子是儒家學說創始人，我國古代偉大的思想家、教育家。相傳孔子有弟子

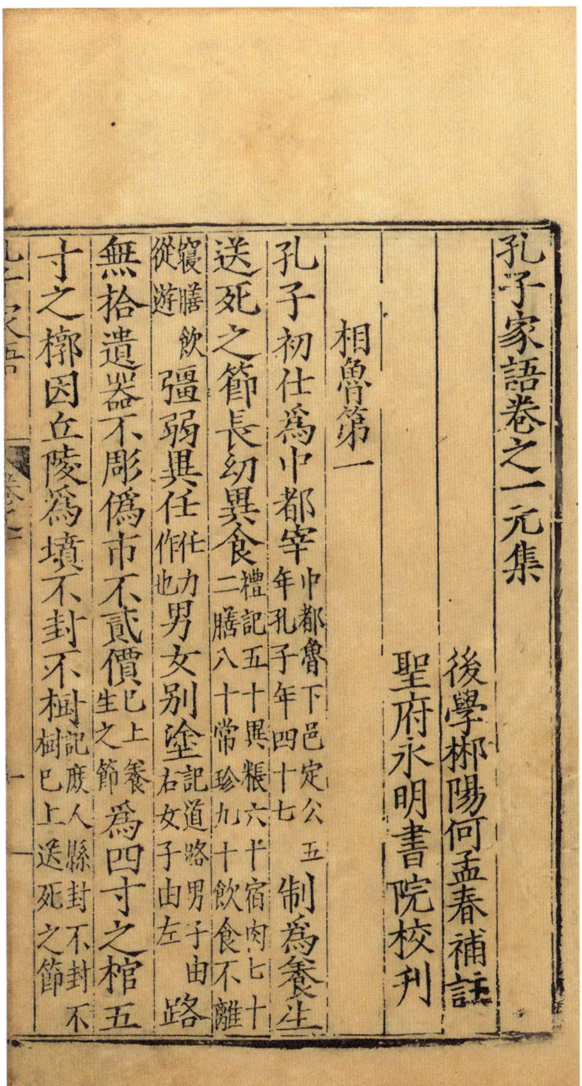
孔子家語卷之一元集

後學郴陽何孟春補註

聖府永明書院校刊

相魯第一

孔子初仕爲中都宰中都魯下邑定公五年孔子年四十七制爲養生送死之節長幼異食禮記五十異粻六十宿肉七十二膳八十常珍九十飲食不離寢膳飲從遊彊弱異任任力作也男女別塗記道路男子由右女子由左路無拾遺器不彫僞市不貳價巳上養生之節爲四寸之棺五寸之椁因丘陵爲墳不封不樹記庶人縣封不封不樹巳上送死之節

三千人，其中賢者七十二人。

《孔子家語》又名《孔氏家語》，或簡稱《家語》，是一部記録孔子及孔門弟子思想言行的儒家著作。《孔子家語》歷代多有注疏，其中以三國魏王肅注本爲善。明代有衆多學者研究《孔子家語》，其中以何孟春和黄魯曾爲主要代表。何孟春所著《孔子家語注》八卷以元代王廣謀注本爲底本予以注釋、考訂、補綴。

是書八卷。書前有何孟春正德二年二月撰寫的《孔子家語序》，後附《家語題辭》。書中所載内容頗廣，有孔子世系、政事、周游、問禮和與國君問對、同弟子問答及孔門七十二弟子事迹、禮樂制度等。在《孔子家語》多種注本中，何孟春《孔子家語》注本頗受關注，但由於何孟春未見王肅《孔子家語》注本，更未見《孔子家語》古本，其疏漏在所難免，故《四庫全書總目提要·子部五·儒家類存目一》言：『《孔子家語注》，明何孟春撰。孟春有《何文簡疏議》，已著録。古本《家語》久佚，今本《家語》撰自王肅……然明代罕傳。』『孟春以元王廣謀《家語注》庸陋荒昧，又正文多所漏略，乃爲此注。其考訂補綴，不爲無功，而由未見王肅注，故臆測亦所不免。』雖如此，此書仍有重要的文獻價值和研究價值。

本書據日本國立公文書館藏明正德十六年（1521）永明書院刻本影印。（曹知法）

賈太傅新書十卷

明何孟春訂注，明正德刻本。每半葉十行，行二十字，小字雙行同，白口，四周單邊，無魚尾。鈐有『寒雲秘笈珍藏之印』等印。

何孟春生平見史部《何文簡公疏議》條。

《賈太傅新書》是何孟春對賈誼《新書》的訂注本。

賈誼（前200—前168），洛陽（今河南洛陽東）人，西漢初年著名政論家、文學家，世稱賈生。漢文帝時任博士，遷太中大夫，受大臣周勃、灌嬰等排擠，謫爲長沙王太傅，故後世亦稱『賈太傅』。其著作主要爲散文和辭賦，其《過秦論》《論積貯疏》《陳政事疏》等政論文，魯迅稱之爲『西漢鴻文』。其辭賦皆爲騷體，

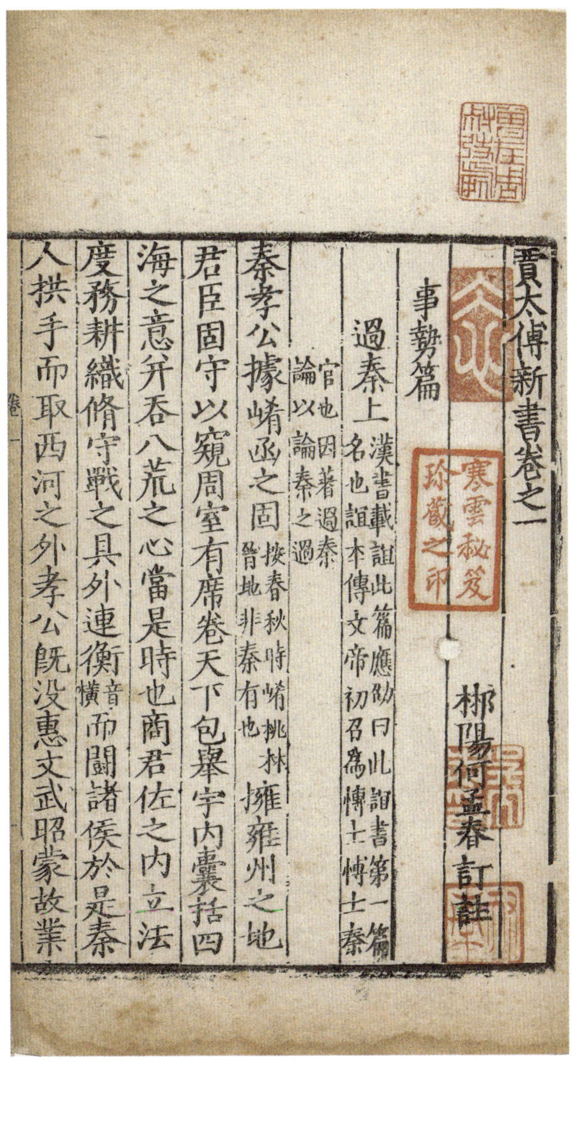
賈太傅新書卷之一
郴陽何孟春訂註
事勢篇
過秦上 漢書載誼此篇應劭曰此誼書第一篇名也誼本傳文帝初召爲博士博士秦官也因著過秦論以論秦之過
秦孝公據崤函之固 按春秋時崤桃林皆地非秦有也 擁雍州之地
君臣固守以窺周室有席卷天下包舉宇內囊括四
海之意并吞八荒之心當是時也商君佐之內立法
度務耕織脩守戰之具外連衡音橫而鬭諸侯於是秦
人拱手而取西河之外孝公既沒惠文武昭蒙故業

以《吊屈原賦》《鵩鳥賦》最爲著名。

《賈誼新書》爲賈誼撰寫之政論名著，西漢後期由劉向整理編輯而成，初稱《賈子新書》，亦稱《新書》，劉向校定爲五十八篇。而《新書》世傳本衹有五十六篇，缺二篇，故有後人改動之嫌。何孟春《賈太傅新書序》云：『班史稱誼所著述五十八篇，春求之今《新書》，而竊疑其書篇目之非實也……今《新書》略不見焉，益足徵孟堅之所謂五十八篇者散佚多矣。』由是，何孟春就其文之誤者、事之隱者、篇次之錯亂者、所疑所缺者等爲之訂注。

是書爲《賈太傅新書》最早訂注本之一，共十卷。前有張志淳《訂注賈太傅新書序》及何孟春序，末有周廷用《刻賈太傅新書叙》。全書彙集賈誼著述六十四篇，詳加訂注。其篇目分類、篇次排序較之世傳《新書》概有區别。卷一至卷四爲事勢篇，卷五至卷七爲連語篇，卷八爲連語、雜事篇，卷九爲雜事篇，卷十爲附録，收賈誼賦體五篇以及《小傳》，卷十爲增收篇目。

『事勢篇』爲政論文章，『連語篇』爲説理和講學文章，『雜事篇』多爲雜記。本書内容涉及廣泛，其政論哲理明晰，對『道』多以闡發，且主張以『道』治國，法理兼治，其中名作《過秦論》總結秦亡教訓尤爲深刻，其他諸篇則針對時弊，提出削藩强邊、加强中央集權、重本抑末、注重禮儀等諸多主張，可謂集政論、道法、禮數、辭賦、雜記於一書。

本書據中國國家圖書館藏明正德刻本影印。（曹知法）

餘冬序録六十卷閏集五卷

明何孟春撰，明嘉靖七年（1528）郴州家塾自刻本。每半葉十一行，行二十一字，小字雙行同，白口，左右雙邊，無魚尾。

何孟春生平見史部《何文簡公疏議》條。

《餘冬序録》爲何孟春多年傾心所作。『餘冬』二字取自西晋皇甫謐及北齊李鉉『春夏務農，唯季冬末纔得一旬學』的典故，又引魏董遇當以『三餘』（冬，歲之餘；夜，日之餘；陰雨，時之餘）發奮求學之意。該書爲何孟春筆記之作。初名《子元案垢》，

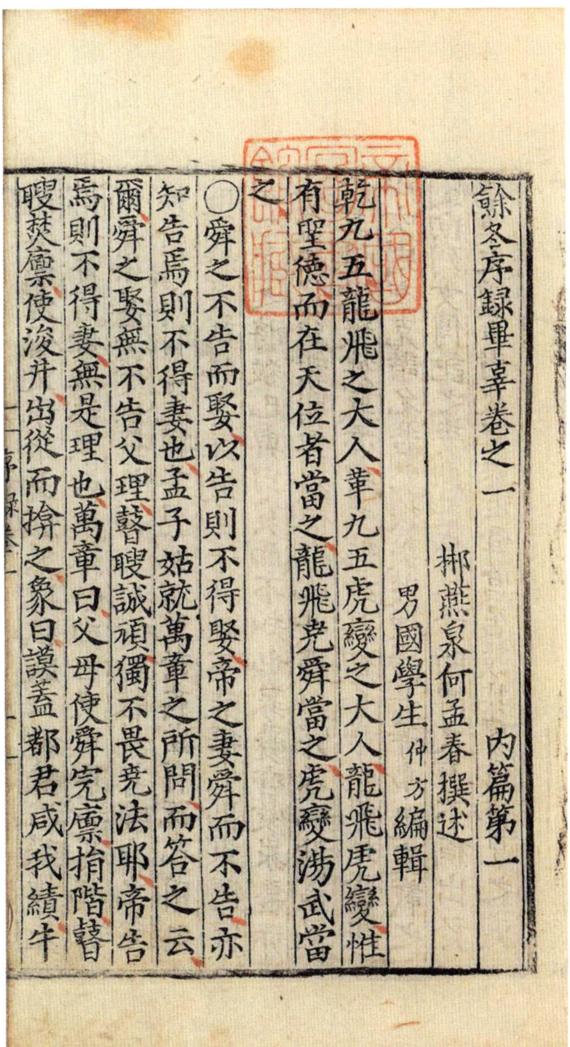
餘冬序録畢辜卷之一　內篇第一
郴燕泉何孟春撰述
男國學生仲方編輯
乾九五龍飛之大人革九五虎變之大人龍飛虎變性有聖德而在天位者當之龍飛堯舜當之虎變湯武當之
○舜之不告而娶以告則不得娶帝之妻舜而不告亦知告焉則不得妻也孟子姑就萬章之所問而荅之云爾舜之娶無不告父理瞽瞍誠頑嚚不畏堯法耶帝告焉則不得妻無是理也萬章曰父母使舜完廩捐階瞽瞍焚廩使浚井出從而揜之象曰謨蓋都君咸我績牛

因身處官宧，事務繁忙，無暇寫作。又因多病無力，老年歸梓，『干局稍閑，乃理舊稿』，乃令其子仲方編輯成書，帙成六十餘卷，以歲陽爲序，遂題爲《餘冬序録》。

《餘冬序録》全書共六十五卷，分内、外二篇。内篇二十五卷，卷一至卷五多論君道，卷六至卷二十五多論人事；外篇三十五卷及《閏集》五卷，均爲雜論。書首有何孟春《餘冬序録序》。全書舉凡君道、人事、雜事，雖一得之見，均加以評論，自成一家之言。此書體例類似王充《論衡》，重在品評得失，而不重考證同异。書中所述，涉及政治、經濟、軍事、文化、社會生活及民族、宗教等方面。

本書據日本國立國會圖書館藏明嘉靖七年（1528）郴州家塾自刻本影印。（曹知法）

何恭簡公筆記不分卷

明何孟春撰，明抄本。每半葉十行，行二十字，小字雙行同，白口，四周單邊，無魚尾。鈐『杭州葉氏藏書』印。

何孟春生平見史部《何文簡公疏議》條。

何孟春自幼博覽群書，當讀書所悟，見聞所思，凡有所得，記入筆記。是書係何孟春多年積纍筆記之手抄本，抄録者未署名，以字迹可斷爲三人合抄而成。所存抄本僅六册，然是否爲原本全部，無以考證。該書與《餘冬序録》内容密切相關，多數條則，采録入《餘冬序録》。

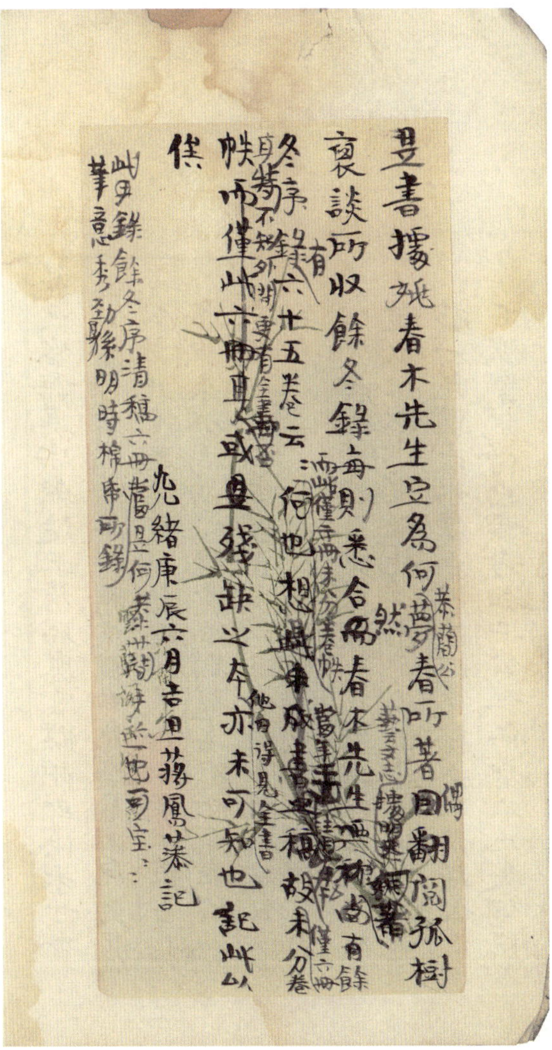
是書據姚春木先生定爲何孟春所著，因翻閱孤樹
裒談所收餘冬録，每則悉合，而春木先生
冬序録六十五卷云
何也，想與成書
帙，而僅此六册，或是殘缺之本，亦未可知也，記此以
俟。
光緒庚辰六月吉旦蔣鳳藻記

據書前葉景葵跋云：『詳閱此抄本六册，既未分卷又未分類，當作於《案垢》之後，《序録》之前，即所謂單牘片削（今按：應爲「屑」），既不能名以《子元案垢》，又不能名以《餘冬序録》，因而定名曰《何恭簡公筆記》。』自序云：『余有《餘冬序録》萬曆復刊本六十五卷，當仔細核對一遍，確知此書已采入録者共計若干。』

該書抄録筆記共四百八十餘條，内容繁多龐雜，評人論事，言政論理。涉及君道、職官、人品、經傳、禮儀、懿行、農事、物産，史論、詩論。涵蓋政治、經濟、軍事、文化、社會生活以及民族、宗教等諸多領域。

本書據上海圖書館藏明抄本影印。（曹知法）

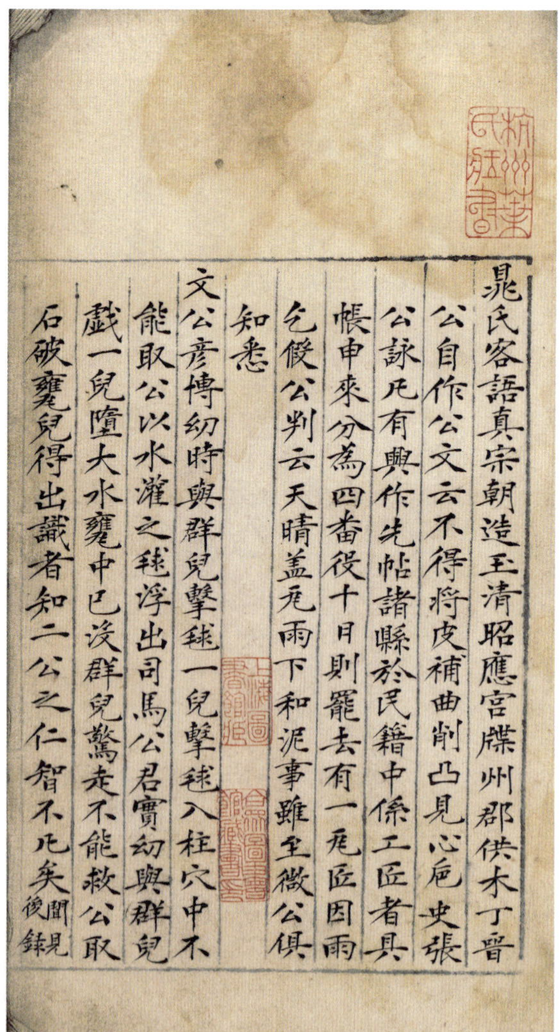
晁氏客語真宗朝造玉清昭應宮牒州郡供木丁晉公自作公文云不得將皮補曲削凸見心危史張公詠凡有興作先帖諸縣於民籍中係工匠者具帳申來分為四番役十日則罷去有一瓦匠因雨乞假公判云天晴蓋瓦雨下和泥事雖至微公俱知悉

文公彥博幼時與群兒擊毬一兒擊毬入柱穴中不能取公以水灌之毬浮出司馬公君實幼與群兒戲一兒墮大水甕中已沒群兒驚走不能救公取石破甕兒得出識者知二公之仁智不凡矣見聞後録

群方續鈔一卷

明何孟春輯，明刻本。每半葉八行，行十八字，小字雙行同，白口，左右雙邊，單黑魚尾。何孟春生平見史部《何文簡公疏議》條。

是書爲何孟春繼丘濬《群書鈔方》之續作。

《群書鈔方》，明丘濬輯，成書於成化十年（1474）。丘濬（1421—1495），字仲深，號深庵、瓊山，别號海山老人，明瓊州府（今屬海南海口瓊山區）人，祖籍福建泉州。官至户部尚書、武英殿大學士，贈太傅，謚號『文莊』。丘濬精儒而通醫，爲著名醫家，撰有《本草格

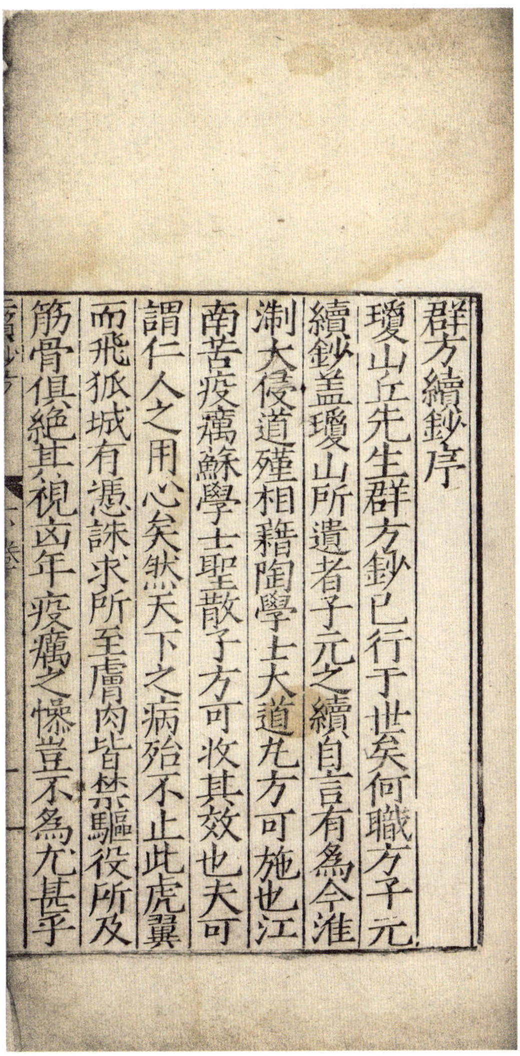

群方續鈔序

瓊山丘先生群方鈔已行于世矣何職方子元續鈔蓋瓊山所遺者子元之續自言有為今淮淛大侵道殣相藉閩學士大道尤方可施也江南苦疫癘蘇學士聖散子方可收其效也夫可謂仁人之用心矣然天下之病殆不止此虎翼而飛狐城有憑誅求所至膚肉皆禁驅役所及筋骨俱絕其視凶年疫癘之慘豈不為尤甚乎

式》等，又博覽醫家群書，録其中之效方驗方，成《群書鈔方》一卷行世。《群方續鈔》成書於弘治十七年（1504）冬，書前有何孟春《群方續鈔序》。何序云：『予於群書中所得之方，鈔而傳之，以續丘瓊山先生之所鈔者也……今歲兩淮、三吴、浙東西民饑，道殣相籍，陶學士大道丸方可施也。往歲江西、湖南民苦疫甚，蘇學士聖散子方可以收效，而人弗知也。予兹寔致意焉。』足見著者續抄藥方用心之良苦。全書沿抄《孫思邈集》《李筌太白經》等二十八家所記五十七副藥方。其體例與《群書鈔方》大致類同，以書爲綱，以方爲目，將記載於各書中之醫方集中一起。每目將醫方、藥物組成、藥味劑量、服用方法按方書格式列述，部分藥方加以注釋。書末附有著者巡撫雲南時發下軍中的備急藥方。

本書據中國國家圖書館藏明刻本影印。（曹知法）

五先堂文市榷酤四卷

明袁子讓撰，明萬曆三十六年（1608）刻本。每半葉十行，行十七字，白口，四周單邊，單黑魚尾。

袁子讓生平見經部《五先堂字學元元》條。

《五先堂文市榷酤》書名之『五先堂』乃袁子讓堂名，『榷酤』是中國封建政權實行的酒類專賣制度，亦稱榷酒酤、酒榷，始於漢武帝天漢三年（前98），官府控制酒的生產和流通，獨占酒利，不許私家自由釀酤。袁子讓在《文市榷酤自序》中道：『漢武有榷酤，孔孟亦有榷酤，孔孟用之於道，則理窮而德富；漢武用之於利，則民窮而國傾。』又說：『嗜

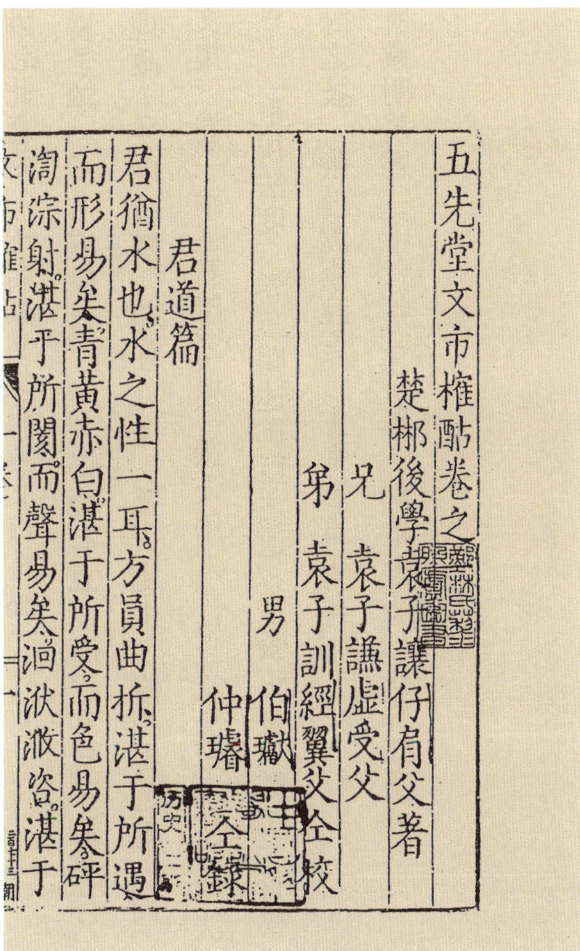
五先堂文市榷酤卷之一

楚郴後學袁子讓仔肩父著

兄 袁子謙虛受父

弟 袁子訓經翼父仝校

男 伯瓛

仲璠

君道篇

君猶水也水之性一耳方員曲折湛于所遇而形易矣青黃赤白湛于所受而色易矣砰訇淙射湛于所閡而聲易矣洄洑瀊沓湛于

利敗名，嗜學成德。』彙編文集『願毋忘此義』，遂名其文集爲《文市榷酤》。

是書前有雲南按察副使羅琨序和袁子讓《文市榷酤自序》，書後有袁子謙序和袁子訓後序。全書四卷，内容極爲豐富，涵蓋治國理政、法度政體、選任人才、爲人處世、修身養德等方面，是一部研究封建社會治國之術的政論文集。卷一論述君臣之道、選人用人、論功賞罰、守法執法。卷二論述治國之要、考核官員、選拔賢士、重視法度。卷三闡述御臣之道，主張正直、懿矩、實學、養心的爲人品德。卷四論及進諫、巧諫之技，鞭撻讒蠹誣言，主張忠直正派。

本書據中國社會科學院歷史研究所藏明萬曆三十六年（1608）刻本影印。（曹知法）

奉先集一卷心開隨筆一卷

明黃應舉撰，清同治九年（1870）黃氏家刻本。每半葉十二行，行二十四字，白口，四周雙邊，單黑魚尾。

黃應舉，生卒年不詳，字直齋，號碧瀾，明興寧縣（今湖南資興）人。嘉靖十八年（1539）選貢，曾任廣東長樂縣訓導。

《奉先集》書前有劉本學序、王之梅跋及自跋。本書是黃應舉爲規範家族祭祖，取稽古定制彙編而成。內容爲須知、題建祠堂疏、祠堂上梁文、神主式、祭期

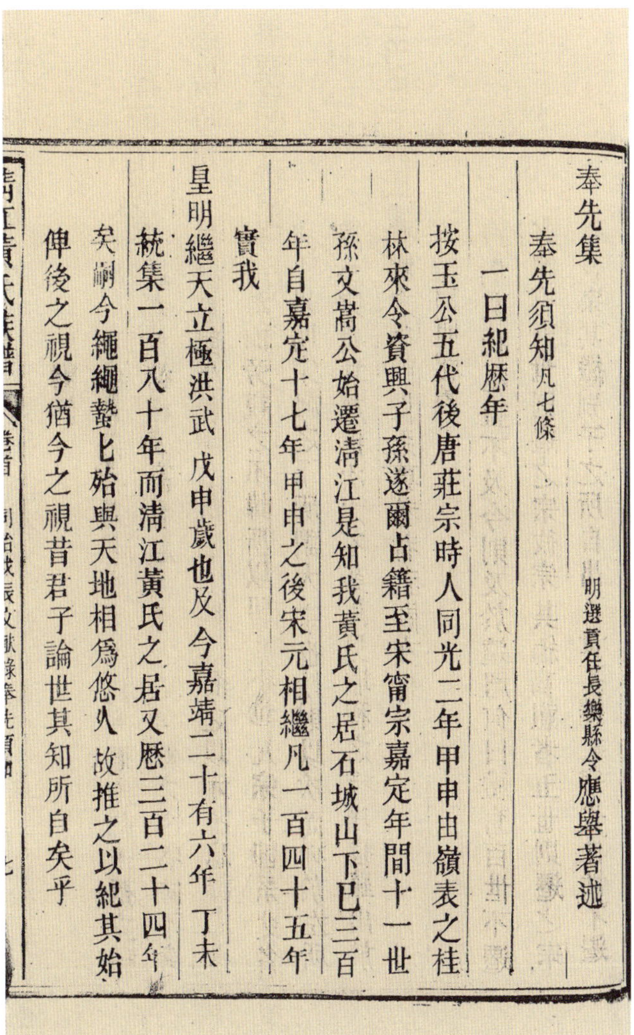
奉先集

奉先須知凡七條　明選貢任長樂縣令應舉著述

一曰紀歷年

按玉公五代後唐莊宗時人同光二年甲申由嶺表之桂林來令資興子孫遂爾占籍至宋甯宗嘉定年間十一世孫文嵩公始遷清江是知我黃氏之居石城山下巳三百年自嘉定十七年甲申之後宋元相繼凡一百四十五年實我

皇明繼天立極洪武戊申歲也及今嘉靖二十有六年丁未統集一百八十年而清江黃氏之居又歷三百二十四年矣嗣今繩繩蟄蟄殆與天地相爲悠久故推之以紀其始俾後之視今猶今之視昔君子論世其知所自矣乎

考證、祭禮儀節、聖諭、鄉約、墓祭先祖大宗文、墓祭文、奠酒讀祝文、法祖篇等，是一部祭祖敦德、奉先追遠的家禮典籍。

《心開隨筆》是黄應舉爲垂訓子孫而作的家訓，内容分圖書篇、省身篇、居家篇。前有李廷柬序。其圖書篇有《惜陰圖》，告誡子孫珍惜時光。省身篇對修養身心的貌、言、視、聽、思五事漸次闡釋，列次形色箴、直齋銘、心學議、果粟論等章節。居家篇含膚訓十五章和俚戒十一章，爲訓誡後輩、修身齊家之教材。

本書據民間藏清同治九年（1870）黄氏家刻本影印。（尹友波）

圭竇存知六十卷

明陳元旦撰，明萬曆三十九年（1611）刻本。每半葉十行，行二十字，白口，左右雙邊，單黑魚尾。

陳元旦，生卒年不詳，字明甫，號賓暘，明興寧縣（今湖南資興）人。萬曆三十二年（1604）由選貢進書授善化訓導，升贛榆知縣，轉沈府長史。陳元旦酷愛讀書，本書自叙稱『每覽聖賢群籍，潛心酷好，至忘寒暑』，『心有開處，握管而書；時有見聞，隨筆而紀』，『前人存此以詔我，我肯弃其所知而不以之詔後人耶？其責似有不容辭』。

元旦學識淵博，著述頗豐，主要著作有《理學管窺》、《闡道臆解》、《孔門正學宗旨》、《徹性悟言》、《墨刻四種》、《撫世皇猷》、《孝經章句》、《敬一箴注》、《歷代祖述纂要》、《昭代

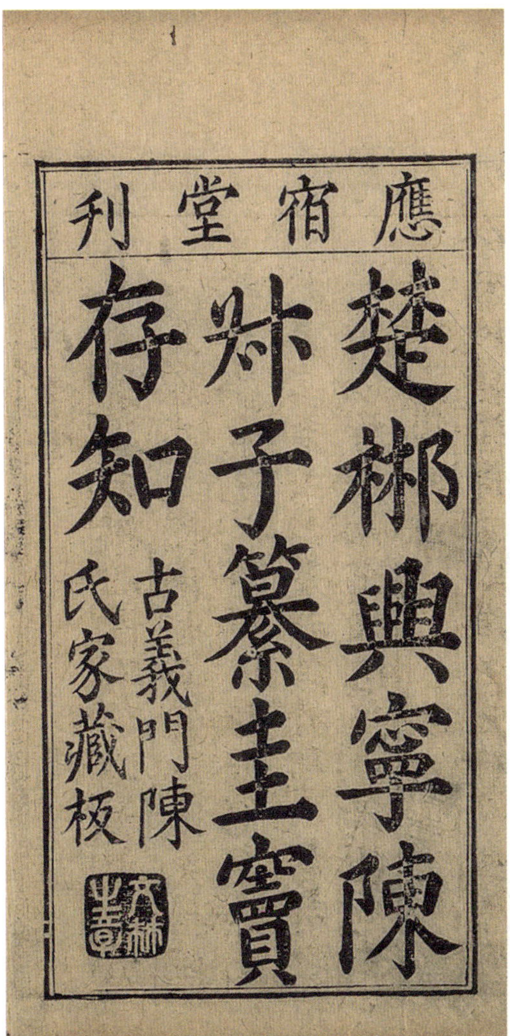

憲章纂要》、《困勉韋弦》、《吾儒真咏》、《垂世名章》（八十卷）、《鳳雅遺言》（六十卷）、《興寧縣志》（萬曆四十三年纂）等二十餘部，其中《孝經章句》《敬一箴注》《撫世皇猷》等於萬曆三十三年進呈，奉旨留覽。惜現僅存《圭竇存知》。

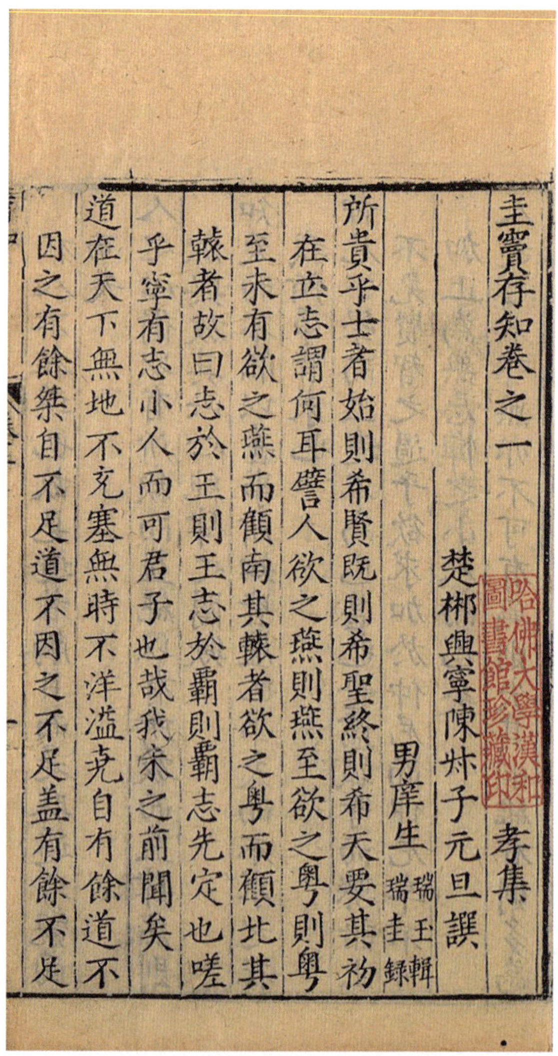

圭竇存知卷之一　孝集

楚郴興寧陳牀子元旦譔

男庠生　瑞玉輯　瑞圭録

所貴乎士者始則希賢既則希聖終則希天要其初在立志謂何耳譬人欲之燕則燕至欲之粤則粤至未有欲之燕而顛南其轅者欲之粤而顛北其轅者故曰志於王則王志於霸則霸志先定也嗟乎寧有志小人而可君子也哉我宋之前聞矣

道在天下無地不充塞無時不洋溢充自有餘道不因之有餘終自不足道不因之不足蓋有餘不足

《圭竇存知》爲陳元旦讀書感悟之作。『圭竇』意爲墻上鑿門，上鋭下方，形狀像圭，借指寒微門户。陳元旦爲官清廉，身居『圭竇』。『存知』乃存其所知。王廷璣所撰《跋圭竇存知》云：『所存即其所知，知在經傳注疏之中，則存其源也；知在詞章騷賦之間，則存其流也；知在濂洛關閩之奥，則存其神也；知在漆園柱下之談，則存其緒也。』作者借其意，取名爲《圭竇存知》。

《圭竇存知》内容豐富，涉獵古今典籍、六藝百家。王廷璣《跋圭竇存知》云：『存知一書或馳騁六藝之圃，或咀擷百家之潤，或窮山聲陸之迹，或窺天測地之微，或搜今昔之所未有，或話耳目之所不逮。』

是書前有高登龍《圭竇存知序》及陳元旦《圭竇存知自叙》，卷末有陳元旦外甥王廷璣於萬曆四十一年孟秋撰寫的《跋圭竇存知》。全書共六十卷，十二册。以『六德六行』爲紀綱。分孝集、友集、睦集、婣集、任集、恤集、智集、仁集、聖集、義集、中集、和集。前五卷原名《叔子支談》，後依次爲所得經書之玄締、昭代憲章之緒餘、目擊見聞之時事、批評詩文之佳話及群籍事務之考證，間有一些戲謔奇异之談。

本書據美國哈佛大學哈佛燕京圖書館藏明萬曆三十九年（1611）刻本影印。（曹知法）

羅經解芟訛一卷

明蕭洪治撰，明萬曆三十二年（1604）抄本。每半葉九行，行二十六字，無格。

蕭洪治，生卒年不詳，字自本，晚號三式，明末清初宜章縣人。縣學生員，天啓時諸生，生當嬗替之際，不求仕進，遂弃巾服遠遁。吴三桂慕其名，遣人訪之，婉言謝絶。後遍游海内，至交賢家。晚携二子卜居衡陽常寧，築舍曰『五十居』，隱於家，自稱『傘屐人家』。洪治勤於研讀，嗜書如命，人稱『齒登期頤，手不釋卷』。其博學多才，著述宏富，凡七十餘種。究心《易》學，認爲《易》之變化無窮，惟以五與十爲本，而著《五十學易圖》《周易復古》等書傳世。精五行，通地學風

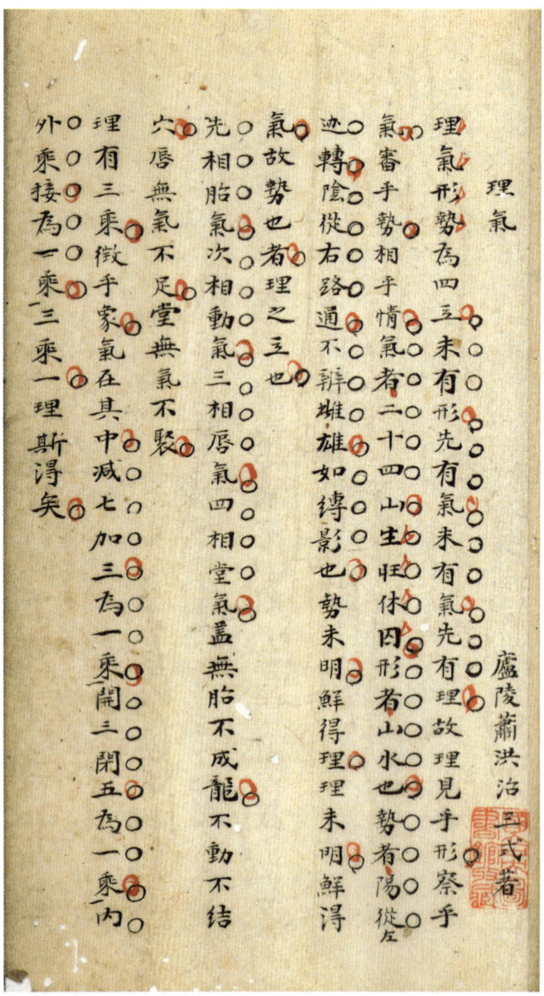
理氣

廬陵蕭洪治三式著

理氣形勢爲四三未有形先有氣未有氣先有理故理見乎形察乎氣審乎勢相乎情氣者二十四山生旺休囚形者山水也勢者陽從左逆轉陰從右路通不辨雌雄如縛影也勢未明鮮得理理未明鮮得氣故勢也者理之三也

先相胎氣次相動氣三相唇氣四相堂氣蓋無胎不成龍不動不結穴唇無氣不足堂無氣不聚

理有三乘微乎象氣在其中減七加三爲一乘開三閉五爲一乘内外乘接爲一乘三乘一理斯得矣

水堪輿術，著有《蕭三式先生地學》《金玉圖傳》《羅經據修解》《字字金略解》《斗首家藏秘本》《地理隙景圖》《地理精義》等。惜今僅存《蕭三式先生地學》《金玉圖傳》《斗首家藏秘本》等。

何謂羅經？『羅』者，畢羅萬象而無滲漏；『經』者，經理二五而有該博，是故謂之羅經也。『芟訛』，即除去錯言謬語。著者以爲，對羅經之義衆説不一，純雜皆有，爲正其本乃據修之。《羅經解芟訛》開頭語云：『《羅經解》《頂門針》，雖詳而未也，如定例之不該定而曰定；楊賴針之可以兼而不兼；五行之用未逢源，四喻之説致人惑。皆關症之針也，本卷砭其病而甦之。』《羅經據修解小引》中云：『致使上下千百年，承訛襲謬，并古制而移之……殊不知前繆既竄，新説愈奇，魚目混珠，鮮知去取。余於是乃從其間，據其所得者修之，其所戾者辨而芟之，故曰《羅經據修解》。』

《羅經解芟訛》一卷，内容與康熙三年抄本《蕭三式先生地學》第二册《羅經據修解》大體相同。前有《羅經解芟訛》《羅經解取式》，後抄録有蕭洪治所著《羅經據修解》中部分卷目内容，諸如理氣、正針、浄陰陽、孤虚旺相、分數、穿山虎、透地龍、分金、合穿透分金、兩縫通論、正縫參同契、合雙山納甲兩縫兼加引證、破縫針分金之惑、天盤地盤解、雙山三合墓合辨解、耳腧乘氣、掛綫、鑑格講要等十餘目。書後録有《玄空議狀》《剖諸家五行用法之誤》。然此《羅經解芟訛》抄本，較之以《蕭三式先生地學》第二册《羅經據修解》，其内容有諸多删減。

本書據南京圖書館藏明萬曆三十二年（1604）抄本影印。（曹知法）

斗首家藏秘本不分卷

明蕭洪治撰，抄本。每半葉九行，行二十五字，有格。

蕭洪治生平見子部《羅經解芰訛》條。

《斗首家藏秘本》爲蕭洪治潛心研究斗首選擇、造命要訣之文稿，由後學郭步貴照軒氏校正集抄成册。

明代斗首擇日盛行於江西，是贛域天星派的正宗擇日法。其派別有『玉函』『爐傳』『玉環』『豐城』等家。重點爲『十干化氣』演變而出的『坐山斗首五行』，與用事的年月日時『四柱天

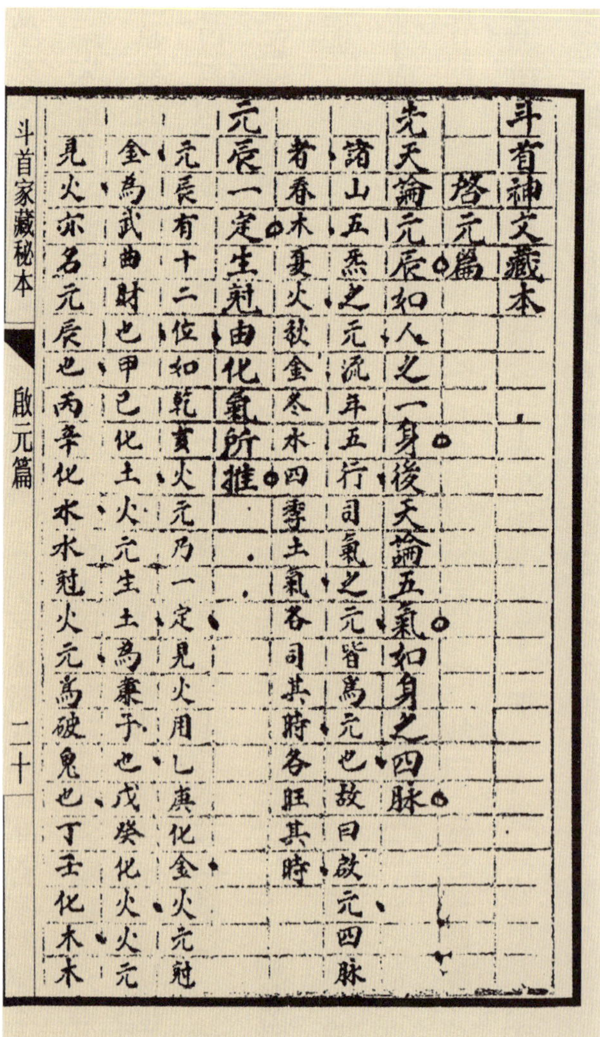
斗首神文藏本

啓元篇

先天論元辰如人之一身。後天論五氣如身之四脉。

諸山五氣之元流年五行司氣之元皆爲元也，故曰啟元、四脉者春木夏火秋金冬水四季土氣各司其時各旺其時

元辰一定，生剋由化氣所推。

元辰有十二位如乾亥火元乃一定見火用乙庚化金火元剋金爲武曲財也甲己化土火元生土爲乘子也戊癸化火火元見火亦名元辰也丙辛化水水剋火元爲破鬼也丁壬化木木

斗首家藏秘本　啟元篇　二十

干』論生克關係，定出元辰、廉貞、武曲、貪狼、破軍五個星曜。又以『坐山斗首五行』爲體，『四柱五行』爲用，年月爲外，日時爲内，視五星翻化之情，生入、生出、克入、克出，以辨吉凶。并配合月令、地支論生旺衰死。

歷代擇日家對『斗首』擇日的學理架構各有不同見解，存在争論。蕭洪治遠訪名師，博求秘訣，對諸家斗首秘本，潜心研摩，辨别真訛，以求正旨。書前《造命講要引》云：『余之選造，與時俗异，實訂訛例，歸諸至當者，乃酌爲講要凡八條，造命凡五章，及評訂陰陽貴人合曜用法。』遂付之梓自成斗首秘訣。

是書分斗首正旨上、斗首正旨下及斗首外篇，共三册。前有康熙五年（1666）陳芳朝序、張英叙及蕭洪治《造命講要引》。内容主要有：選擇講要、爐傳斗首造命藏本説、先天斗首元辰、後天五氣叙、啓元篇、啓天篇、啓用篇、啓格篇、啓元篇辰篇、啓廉子篇、啓武財篇、啓破鬼篇、啓貪官篇、啓帑篇、啓氣篇、啓秀篇、啓遁篇、啓關篇、啓人篇、啓外篇、啓先篇、啓命篇、造命篇。斗首外篇主要有爐傳外篇。附録彙集斗首品格定局、斗首集要。

本書據民間藏抄本影印。（曹知法）

蕭三式先生地學五種

明蕭洪治撰，清康熙三年（1664）抄本。每半葉十二行，行二十四字，無格。

蕭洪治生平見子部《羅經解芟訛》條。

《蕭三式先生地學》

由蕭洪治五種地學著作彙集而成，共三册。書衣有墨書題記云：『《天玉經注》《玉尺經注》《字字金注》《隙景圖》《地理精義》《金玉合傳圖説》《羅經據修解》，計書七種，現祇得五種，惟《天玉》《玉尺》經注未見，俟以待之，今先將五種録爲定本裝以

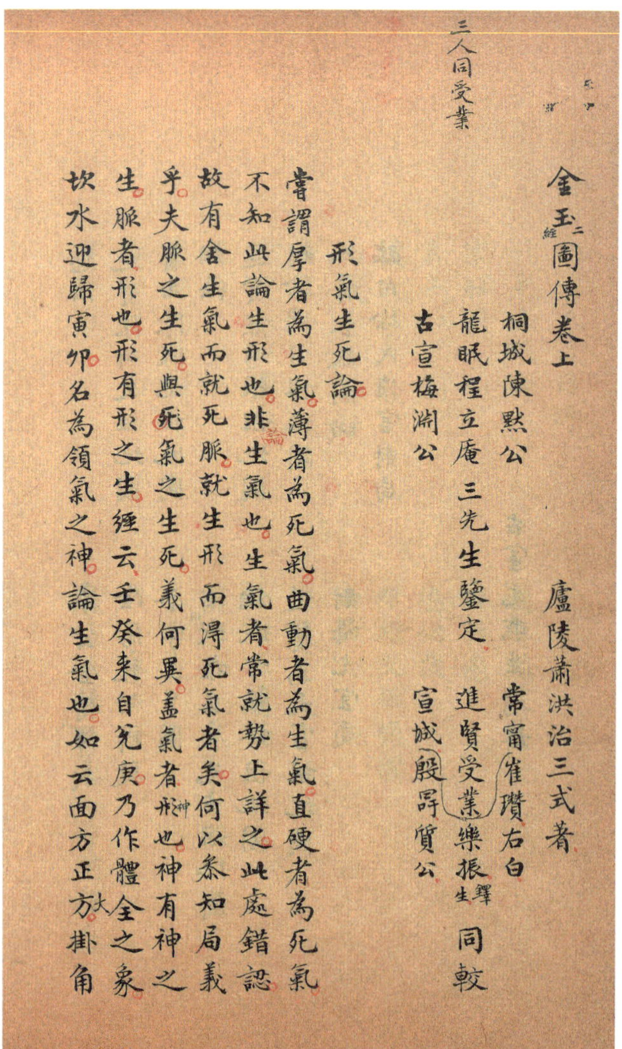
三人同受業

金玉二經圖傳卷上

廬陵蕭洪治三式著

桐城陳默公 常甯崔瓚右白

龍眠程立庵 三先生鑒定 進賢受業樂振鐸生 同較

古宣梅淵公 宣城殷爵質公

形氣生死論

嘗謂厚者爲生氣薄者爲死氣曲動者爲生氣直硬者爲死氣不知此論生形也非論生氣也生氣者常就勢上詳之此處錯認故有舍生氣而就死脉就生形而得死氣者矣何以參知局義乎夫脉之生死與死氣之生死義何異蓋氣者形神也神有神之生脉者形也形有形之生經云壬癸來自兑庚乃作體全之象坎水迎歸寅卯名爲領氣之神論生氣也如云面方正方大掛角

成册焉。』

第一册爲《金玉合傳圖説》。前有梅清撰《金玉圖傳序》，次有康熙甲辰（三年，1664）自序，再有《金玉合傳圖説凡例》。《金玉合傳圖説》乃取雪庵之《字字金》和元太師劉秉忠之《玉尺經》兩書加圖傳而成。《金玉圖傳自序》云：『余留心兹道，古編近刻大略過半。於理氣則取之元太師劉邢州之《玉尺經》，是經以「山」「水」二字爲體用，分左右，判陰陽，辨雌雄，審配偶，例八卦，總四墓，凡吉凶微妙之機、藏合迎避之法，無不剖晰於其間，誠理氣之玉帙也；於巒頭則取雪庵之《字字金》……是書舉四暈以窮變，妙萬化而爲言，細認根苗，遠觀約束，通以子父財官，貫生剋制化之情，誠巒頭之金鏡也。兩書合一，亦可以奏裁成輔相之功，余管窺一斑，合加圖傳，欲付諸剞劂，以告天下後世之仁人孝子，而未敢遽以爲然也。』該册分卷上、卷中、卷下。卷上有形氣生死論、想相訣等三十八目；卷中有撥神存鬼没之機、啣柴葬法等十八目；卷下有趕裏圖傳、星砂略等二十八目。闡之以圖，詳之以傳，縷析分明，令觀者豁如指掌。陰陽、向背、生殺、吉凶指點劃然，無不微中。

第二册爲《羅經據修解》《地理隙景圖》兩種合册。《羅經據修解》，前有許來惠序、蕭洪治《羅經據修解小引》。是册分篇首、上卷、中卷、下卷。篇首有羅經講要等三目；上卷有天池説、後天八卦説、孤虚解等十二目；中卷有剖諸家五行之誤説、五行體用論、雙山三合墓合辨解等十二目；下卷有鑑格論、總論、入首逆入手順勢之格等十三目。

《地理隙景圖》爲《蕭三式先生地學》之重要部分。前有蕭洪治《地理隙景圖引》、陳焯《隙景圖題詞》及蕭洪治《地理隙景圖自叙》。『隙景圖』意爲洞察小景知大義。《地理隙景圖引》云：『隙景圖者，見小日明之意也。易曰山天大蓄，夫山河以蓄天，有方寸之目，無方寸之山，目之蓄山，則山之蓄天可知矣。宇内君子留心山水，能於隙景中用明，則形勢性情陰陽變化，於是乎著是書，耑言細以及大，言近及遠。』

該書有脉景、穴景、性景、情景、水景、神景、龍景等二十九目。以隙景圖觀山水、辨雌雄、判陰陽、尋龍脉。《地理隙景圖自叙》云：『雖然隙景至小，古有微悟者，寸隙可誘出神，放大金光，則普地圓明，晃晃朗朗矣。』

第三册爲蕭三式《字字金略解》三十篇及《地理精義》十二則兩種合册。『字字金』，即爲地理字字金，取之雪庵和尚傳經。蕭洪治以吴學成所著《字字金注》本予以解注，書題爲《字字金略解》。是書有形勢、胎元、機軸、尋龍指掌、峽中真機、傳變尋龍、傳變入穴、龍穴砂水、立穴趨避、穴中諸證、四穴真諦、十一大格、龍分貴賤、品題富貴、青紫樞機、花假、四龍要訣、趕裏、極暈、龍穴交度、官鬼禽曜、朝對、五星生剋、三合元機、方位真訣、約束真機、山水大觀、用神不用冲、十龍貴賤、心地三十篇。逐篇解注，無漏一席，見地宏大。

《地理精義》對地理風水、星脉陰陽、五星形相等精益闡述。有星脉圖説、屏帳説、龍虎説、蟬翼蝦須説、明堂横閘説、門户説、擬龍説、帶結説、總歌、五星正形、五星形相變曜訣十二則，附録形勢凶占説。

書後附有《寶藏地理秘訣字字金》三十篇，抄本，署『明仙師雪庵長老甫著，後學魏胤昌録』。另附有佚名傳抄本《字字金》二十二篇。

本書據中國國家圖書館藏清康熙三年（1664）抄本影印。（曹知法）

金玉圖傳三卷

明蕭洪治撰，抄本。每半葉九行，行二十二字，無格。

蕭洪治生平見子部《羅經解芟訛》條。

《金玉圖傳》抄本，其内容與清康熙三年（1664）抄本《蕭三式先生地學》第一册《金玉合傳圖説》（又稱：《金玉圖傳》）同。『金』指《字字金》，取之雪庵之《字字金》，『玉』指《玉尺經》《天玉經》，取之元太師劉秉忠之《玉尺經》，兩書合傳，且加圖説，是謂《金玉圖傳》。

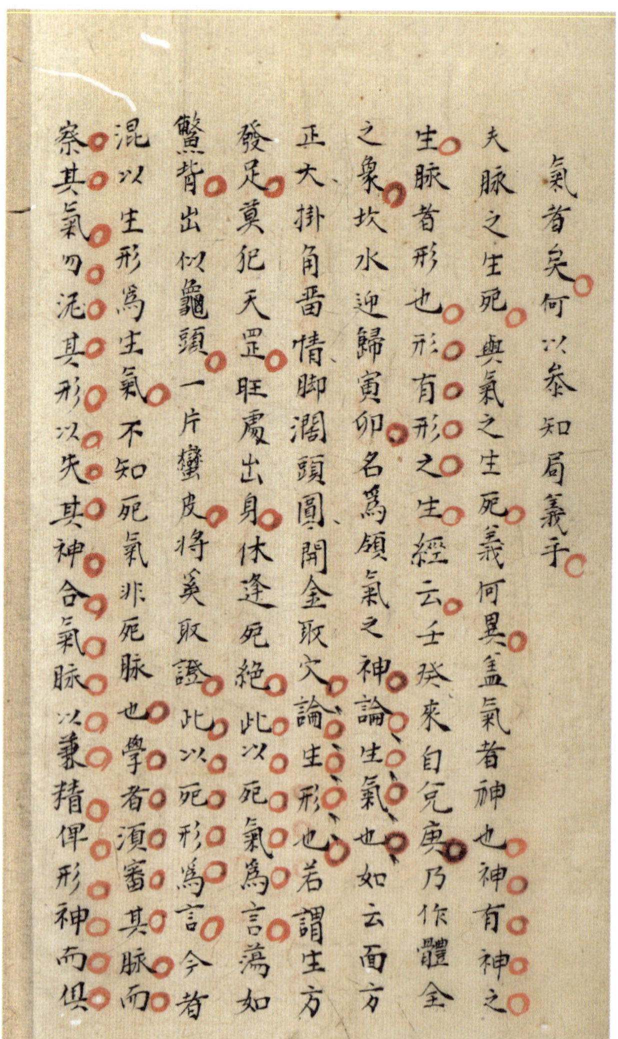
氣首矣何以叅知局義乎
夫脉之生死與氣之生死義何異蓋氣者神也神有神之
生脉者形也形有形之生經云壬癸來自兑庚乃作體金
之象坎水迎歸寅卯名爲領氣之神論生氣也如云面方
正大掛角番情脚濶頭圓開金取文論生形也若謂生方
發足莫犯天罡旺處出身休逢死絶此以死氣爲言焉如
鱉背出似龜頭一片蠻皮將奚取證此以死形爲言今者
混以生形爲生氣不知死氣非死脉也學者須審其脉而
察其氣毋泥其形以失其神合氣脉以兼精俾形神而俱

該書爲抄本，卷首抄録有《董德彰妥先約矩巒頭駐雲飛四関》：龍法難言、穴法難言、砂法難言、水法難言；《理氣駐雲飛四関》：龍法天星、穴法天星、砂法天星、水法天星。後抄有《金玉圖傳凡例》。

是書分卷上、卷中、卷下。卷上有形氣生死論、想相訣等三十八目；卷中有撥神存鬼没之機啣柴葬法等十八目；卷下有趕裏圖傳、星砂略等二十八目。闡之以圖，詳之以傳，縷析分明。書後附有宋司馬頭陀所作《玄關同竅歌》。

本書據南京圖書館藏抄本影印。（曹知法）

痘科辨證二卷

清陳堯道撰，清林愈蕃輯，清咸豐二年（1852）聚奎堂刻本。每半葉九行，行二十字，小字雙行同，白口，四周單邊，單黑魚尾。

陳堯道（1609—1683），字素中，明末清初陝西三原人。著名醫學家。順治三年（1646）撰《痘科辨證》三卷。《痘科辨證》初爲清陳堯道撰，爲兒科專著，書以明魏直《博愛心鑑》爲底本，結合自身多年診治經驗所著，後林愈蕃對其細讀精研，點校增補，輯成上下兩卷。林愈蕃生平見經部《論語讀朱求是編》條。

卷上有《痘疹受病之

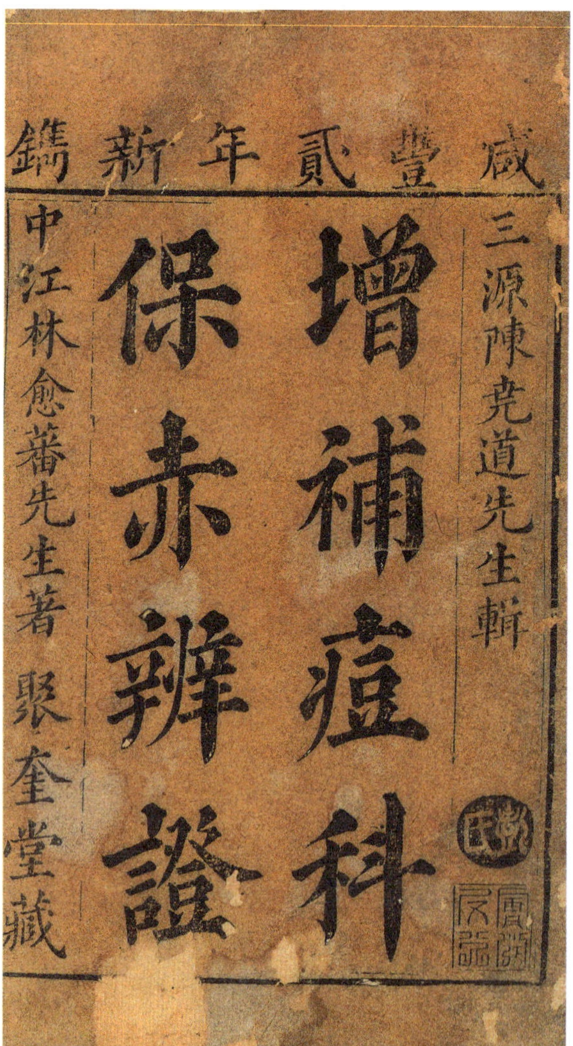

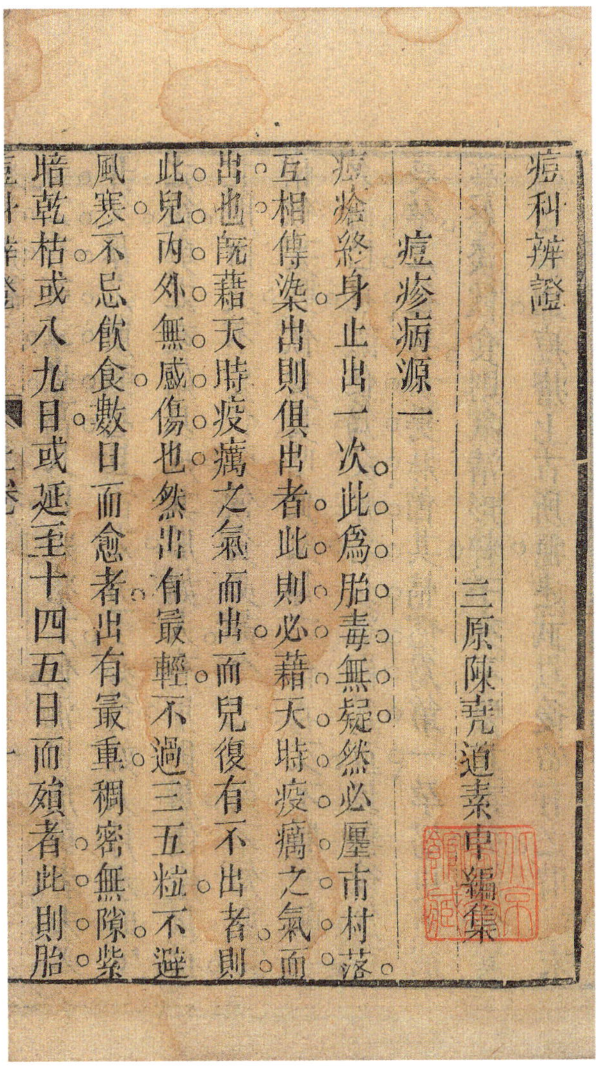

痘科辨證

三原陳堯道素中編集

痘疹病源一

痘瘡終身止出一次。此爲胎毒無疑。然必廛市村落
互相傳染，出則俱出者，此則必藉天時疫癘之氣而
出也。既藉天時疫癘之氣而出，而兒復有不出者，則
此兒內外無感傷也。然出有最輕，不過三五粒，不避
風寒，不忌飲食，數日而愈者；出有最重，稠密無隙，紫
暗乾枯，或八九日，或延至十四五日而殞者，此則胎

源》《古人治痘大法》《運氣》《氣血盈虧消長之理》《脉候》等六十八篇。卷下主要論及先哲辨證治痘大法，計一百零三篇。以疏解、解毒、補托爲主。附有古人治痘法一百零三條及常用藥方。

本書據中國國家圖書館藏清咸豐二年（1852）聚奎堂刻本影印。（曹知法）

醫理輯要十三卷首一卷

清吴德漢輯，清乾隆二十八年（1763）刻本。每半葉九行，行二十字，小字雙行同，白口，四周單邊，單黑魚尾。

吴德漢（1725—1784），字宗海，號南溪，又號爲章，清宜章縣人。幼時喪母，隨祖讀書，穎异不凡。乾隆二十一年（1756）舉人，揀選知縣，改善化教諭，監課嶽麓、城南兩書院。德漢重文教，行善舉，施婆心，宜章文廟、考棚、東塔、奎星閣及節孝祠皆其倡建。吴德漢自幼懷有濟人之心、扶危之志。精於儒而明於

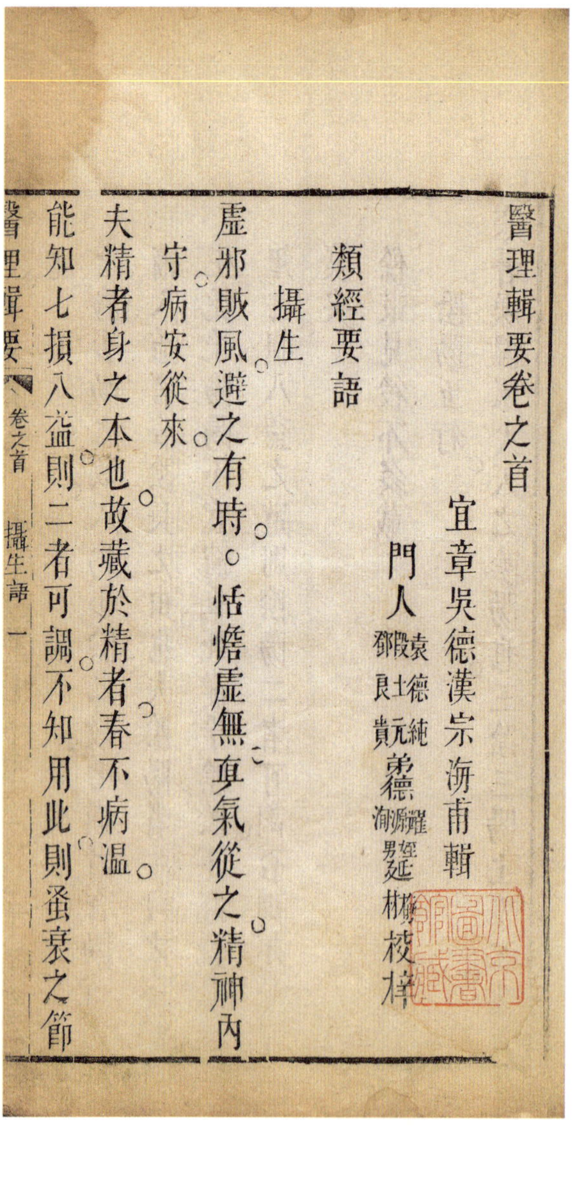
醫理輯要卷之首

宜章吴德漢宗海甫輯

門人　　校梓

類經要語

攝生

虛邪賊風避之有時。恬惔虛無真氣從之精神內守病安從來

夫精者身之本也故藏於精者春不病温

能知七損八益則二者可調不知用此則蚤衰之節

醫理輯要　卷之首　攝生部　一

醫。酷愛古今醫著，精研醫理。張梅在此書序中稱：『吴爲章品行之端方，學問之純粹，文章之大雅扶輪，久已望重鄉邦矣。間以餘力寓心於醫，亦其濟人利物之誠。』著有《醫理輯要》，又輯《鄺忠肅公遺録》《柳侯傳》等。

《醫理輯要》一書，是著者以醫濟世救人之善念，博覽古今之醫著，輯其精要，彙輯而成的醫理著作。劉宗珙序稱『其所熟讀精研而彙爲一書者，名曰《醫理輯要》』『其濟人利物之心，其所爲書大指，皆抉内經之心』。

是書成書於乾隆二十八年，張梅、劉宗珙、劉權分别爲之作序，書末有其姻眷教弟段必昌、紹賓氏跋。卷首概述攝生、陰陽五行、藏象、脉色、經絡、標本、氣味、論治、針灸、運氣、病機等，其後分述陰陽病、經絡臟腑病、損傷病、虚實病、時氣病、氣血津液病、情志病、頭項病、七竅病、胸脇腰背病、皮毛筋骨病、二陰、四肢病、風證、寒熱病、喘咳嘔、腫脹、諸痛、積聚癥瘕、癲狂驚癇、消隔、胎孕、汗證、卧證、疝證、腸泄瀉、癰腫、雜病、死證等類病症的病因病理，并運用中醫原理逐一辨析，推而辨證施治。

《醫理輯要》内容甚廣，彙輯此前諸家醫書之要，劉權序稱該書『上泝軒岐，下及仲景之岳諸家彙輯』，『此書實爲初學之津梁而救世之婆心，亦於此中寓之矣』。作者在《醫理輯要·錦囊覺後篇》中云：『要知易風爲病者，表氣素虚；易寒爲病者，陽氣素弱；易熱爲病者，陰氣素衰；

易傷食者，脾胃必虧；易勞傷者，中氣必損。須知病發有餘之日，即正氣不足之時。』稱不良體質乃發病之内因，體質決定某些致病因素的易感性，爲中醫學科『因人攝生』提供了重要的理論根據。是書爲研究探索中醫醫理具有積極作用，對繼承、豐富和發展中醫學科具有較高的醫學價值。

本書據中國國家圖書館藏清乾隆二十八年（1763）刻本影印。（曹知法）

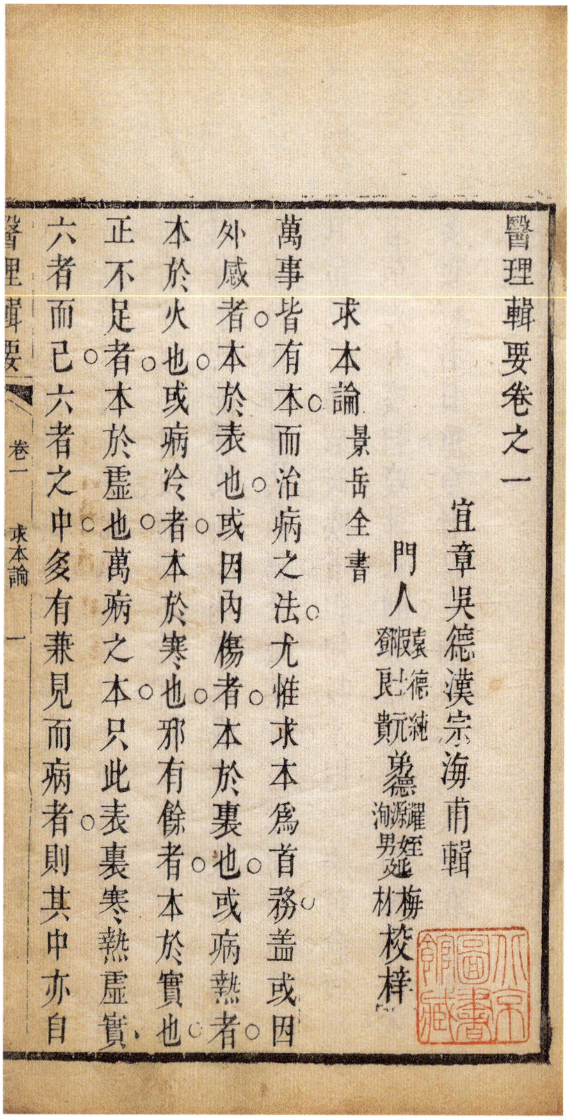
醫理輯要卷之一
宜章吳德漢宗海甫輯
門人 [illegible] 校梓
求本論 景岳全書
萬事皆有本而治病之法尤惟求本爲首務蓋或因外感者本於表也或因內傷者本於裏也或病熱者本於火也或病冷者本於寒也邪有餘者本於實也正不足者本於虛也萬病之本只此表裏寒熱虛實六者而已六者之中多有兼見而病者則其中亦自
醫理輯要 卷一 求本論 一

驗方彙輯四卷

清黃體端編，清乾隆三十九年（1774）刻本。每半葉十行，行二十二字，小字雙行同，白口，四周雙邊，單黑魚尾。

黃體端（1730—1795），字臨廷，號硯楷，清桂東縣人。乾隆二十四年（1759）授直隸布政司經歷，二十六年擢正定府通判，三十年改天津府通判，繼調北運河楊村通判，四十二年升直隸大名府同知，次年改北運河關務同知。黃體端出生於懸壺濟世之世家。祖父好藏驗方，常懷濟人利物之念。在《桂東中醫珍本集·驗方彙輯

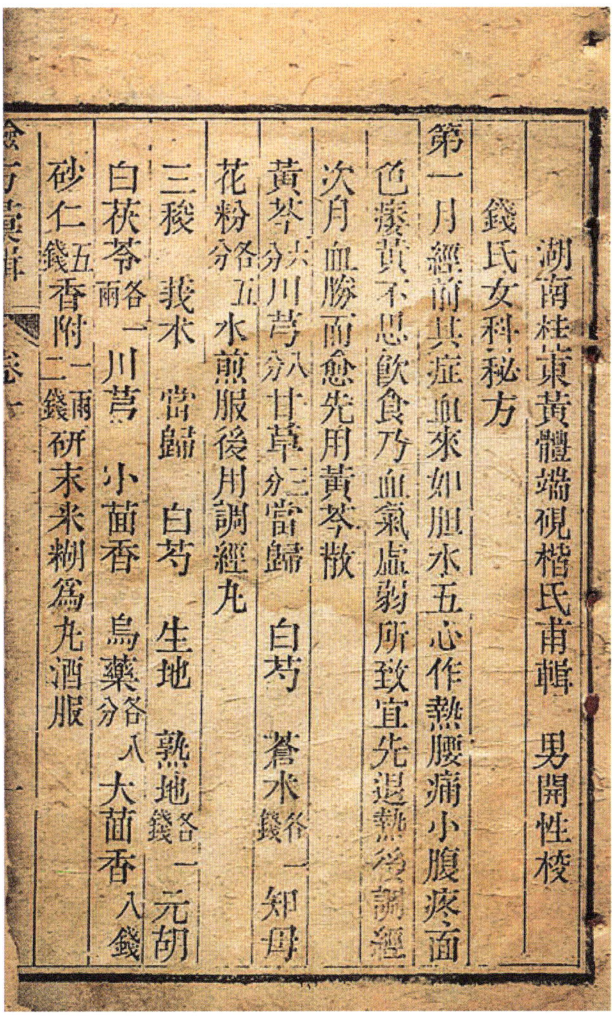
湖南桂東黃體端硯楷氏甫輯　男開性校
錢氏女科秘方
第一月經前其症血來如膽水五心作熱腰痛小腹疼面色痿黃不思飲食乃血氣虛弱所致宜先退熱後調經次月血勝而愈先用黃芩散
黃芩六分川芎八分甘草三分當歸　白芍　蒼术各一錢　知母花粉各五分水煎服後用調經丸
三稜　莪术　當歸　白芍　生地　熟地各一錢　元胡白茯苓各一兩　川芎　小茴香　烏藥各八分　大茴香八錢砂仁五錢　香附一兩二錢研末米糊爲丸酒服
驗方彙輯　卷一

自序》中云：『余幼時，見先君子於醫方之最驗者，必手録之，并刊刻施送。顧謂余曰：「士君子懷濟人利物之念，力苟不足，則贈人以言。醫方其亦贈言之一端也。」余謹志之。』體端遵其祖訓，廣搜博采，收集驗方，輯《驗方彙輯》《女科秘方》等醫書，以濟世利民。《驗方彙輯》刊刻於乾隆三十九年，據自序可知，黄體端任職北運河楊村通判官時，遇祁陽名醫劉相甫，得其所抄《錢氏女科秘本》及所輯《女科秘方》，後增入己驗，類聚群分，編爲《驗方彙輯》一書。該書卷首有《彙集良方序》。全書分四卷，卷一爲錢氏女科秘方，卷二爲劉氏女科秘方，卷三爲兒科驗方，全書卷四爲雜科驗方。

本書據中國中醫科學院圖書館藏清乾隆三十九年（1774）刻本影印。（曹知法）

采菽堂舊聞四卷

清周璣撰，清道光二十三年（1843）刻本。每半葉七行，行十八字，白口，四周雙邊，單黑魚尾。

周璣（1729—1819），字漢儀，號玉圃，清桂陽縣（今湖南汝城）人。乾隆二十四年（1759）舉人，授河南尉氏知縣，旋改杞縣知縣，督修黄河。嘉慶元年（1796）攝鄧州知州，嘉慶二年升南陽知府，纍官江西督糧道。周璣少年喪父，家境貧寒，初以充教蒙學私塾供養母弟。但從學嚴謹，觸類旁通，品行端方，學問淵博。有《采菽堂舊聞》《［乾隆］杞縣志》《歸田吟》等著作刊行於世。

該書乃周璣嘉慶元年任鄧州知州時，年近七旬的他利用治事閑暇之餘，憩息於書房與孫輩讀書講課，將書中嘉言懿行之語，

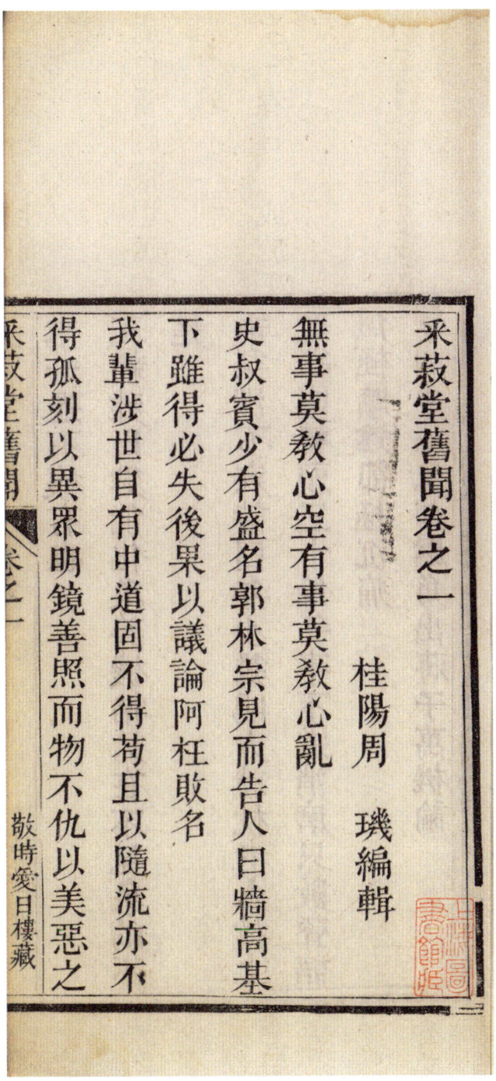
采菽堂舊聞卷之一　　桂陽周　璣編輯

無事莫教心空有事莫教心亂

史叔賓少有盛名郭林宗見而告人曰牆高基下雖得必失後果以議論阿枉敗名

我輩涉世自有中道固不得苟且以隨流亦不得孤刻以異衆明鏡善照而物不仇以美惡之

敬時愛日樓藏

采菽堂舊聞　卷之一

悉心録輯每日手録數則，謂之『采菽』，且附己之所見，加以理論。期以自勖并以勖後人。久之成四卷，題書名《采菽堂舊聞》。

書中既有勸世之語，告人處世當胸懷坦蕩，志向高遠，明理知行。亦有勸人之言，勸人篤學勵志，修身養性，德行兼優。還有誨人之訓，言之做人當忠孝仁愛，治家立業。令讀者裨益匪淺。該書始於嘉慶丙辰（元年，1796）春日，成於丁巳（二年，1797）夏日。前有江寧布政使陳繼昌序及自序，末附長孫周世錦跋。

本書據上海圖書館藏清道光二十三年（1843）刻本影印。（曹知法）

講武新編不分卷

清李文盛撰，清同治元年（1862）抄本。每半葉八行，行二十二字，小字雙行同，無格。

李文盛，生卒年不詳，字虎臣，清嘉禾縣人。少時落拓不羈，貌黑如鬃，雙目炯炯。咸豐中入湘軍，喜馳戰，善走，能使髮平直如矢。湖北巡撫胡林翼愛其樸勇，置之左右，嘗率隊解鮑超之圍，遂結爲兄弟。後管帶霆軍桂字營，所部以能戰著稱，纍積戰功，擢安徽總兵。固始之役，被捻軍擊潰，未幾歸。同治三年（1864）管帶廣武左營，旋發疽死，年僅四十餘。

是書爲李文盛帶兵用人、練勇操戈實際經驗之總結。文盛初不識字，中年好學，喜讀諸家兵書，上馬提戈，下馬操筆，始終如一，所

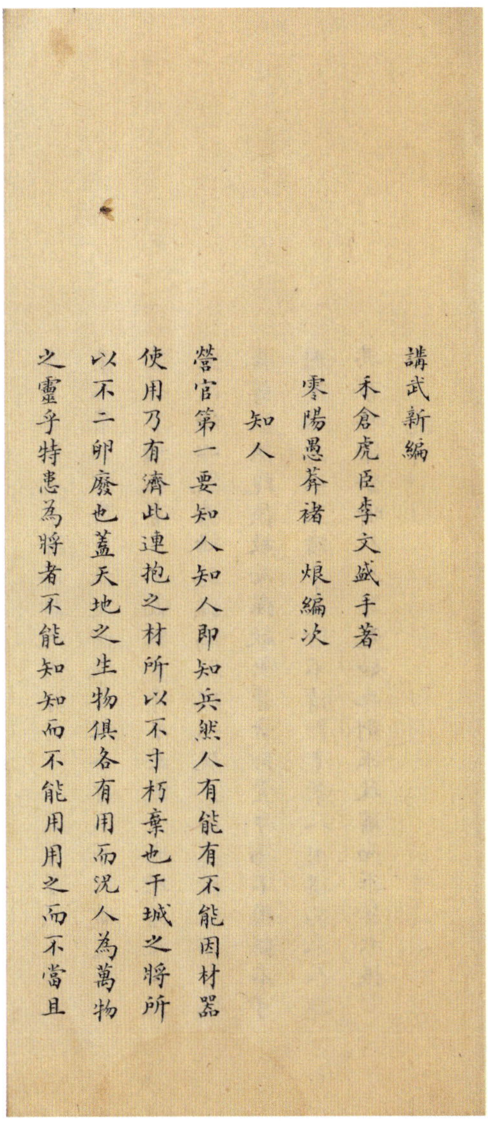
講武新編
禾倉虎臣李文盛手著
零陽愚莽褚　烺編次
知人
營官第一要知人知人即知兵然人有能有不能因材器使用乃有濟此連抱之材所以不寸朽棄也干城之將所以不二卵廢也蓋天地之生物俱各有用而況人為萬物之靈乎特患為將者不能知知而不能用用之而不當且

性然也。對用兵之道、練兵之法頗感興致，且能靈活運用，每於風晨月夕、燈灺酒酣，相與談論兵法，有條有理，娓娓不休。自從戎以來，大小數百戰，何因而勝，何因而敗，靡不周知。文盛以親身經歷，而宣之於口、筆之於紙，爲其所轄將官講武之用。久而久之，積稿成帙。同治元年，經褚煨編次，遂成《講武新編》。

書中内容，從募勇招兵到知人選將，從編伍訓勇到操戈練兵，從行營扎壘到用兵實戰，精微細緻，具體實用。這些内容均爲作者帶兵打仗時親身經歷之精義。計有四十餘目：知人、選將、任人、招募、募勇不拘地方、募勇不徇私情、募勇不必拳師、編伍、度地、扎營、訓勇、律勇、謹小事、傳令、練大小鎗、練刀矛、練籐牌、練隊旗鼓、回馬鎗、小操、大操、站壘、防賊圍壘站壘、破賊近壘打仗、出隊警隊、兵以勝仗、觀陣進兵、臨陣慎機、搬營派事、行營預備子藥、在路歸隊、行營扎壘、寅夜假以驚營試勇法、平原山壠退營、試隊長、避練膽練氣法、寬嚴并用、占風雲氣色、營中失火、營規總、言簡意賅，軒豁透露，凡識字明義者，皆可一目了然。書前有褚煨序。

本書據浙江圖書館藏清同治元年（1862）抄本影印。（曹知法）

桂考一卷

清張光裕撰，清光緒十七年（1891）湘霞仙館刻本。每半葉八行，行二十字，白口，四周雙邊，單黑魚尾。書前刻有『光緒辛卯季冬湘霞仙館校刊』牌記。

張光裕（1851—1905），號亮臣，又號小谷，清郴州人。初爲湘軍將領王之春幕僚，隨同勘測中越邊界，以功升廣東試用通判，後委辦前山洋藥厘局、魚雷局監造、樂昌查勘等職，歷署佛岡直隸同知、合浦知縣。著有《小谷山房雜記》。其父張炳鏞（1834—1892），字夔卿，號韶九，纍官廣東東安縣典史，對中醫學造詣

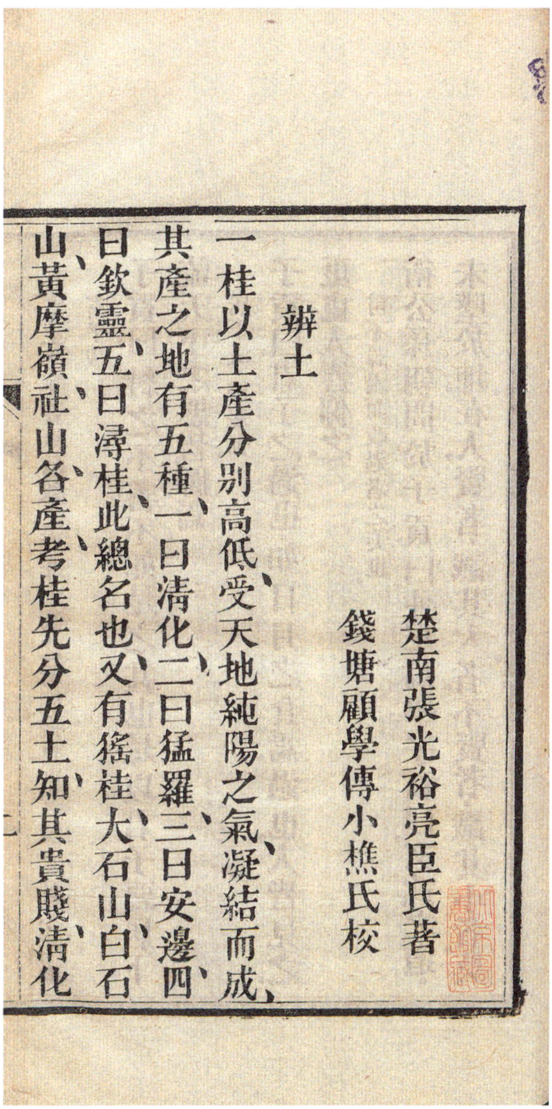
楚南張光裕亮臣氏著
錢塘顧學傳小樵氏校
辨土
一桂以土產分別高低受天地純陽之氣凝結而成其產之地有五種一曰清化二曰猛羅三曰安邊四曰欽靈五曰潯桂此總名也又有猺桂大石山白石山黃摩嶺社山各產考桂先分五土知其貴賤清化

頗深，著有《推拿法》等。張光裕受其父影響，熱愛醫學，常以中草藥醫治百姓疾病。

『桂』乃一種傳統名貴中藥材。《桂考》爲張光裕於光緒十三年（1887）受命勘中越邊界之事期間對『桂』進行細心考察後所作。書前有自叙，後有顧學傳跋及楊宜治跋。自叙云：『光緒丁亥適有中越勘界之事，余從王灼棠方伯於役邊居東興，近分茅嶺地。公餘單騎度嶺，遍歷桂山，又周咨土耆商民相與辨論，窮究其土色氣味及取用製藏各法，耳目聞見，饒有心得，覓得十餘株，洵安邊上品也。』又云：『夫醫家治病，有非桂不治之症，然往往用之，而反受其害者，則以僞亂真之咎也，余拾閱藥書，多無考，因作《桂考》數則，藉辨物以明志，亦庶幾人世之一助云。』《桂考》一書有辨土、辨色、辨氣、辨味、取法、製法、用法、藏法等『四辨四法』八目。對『桂』之藥理詳加辨別，又對『桂』入藥之取法、製法、用法、藏法細以分述。

本書據中國國家圖書館藏清光緒十七年（1891）湘霞仙館刻本影印。（曹知法）

小谷山房雜記四卷

清張光裕撰，清光緒二十二年（1896）湘霞仙館刻本。每半葉九行，行二十字，小字雙行同，細黑口，左右雙邊，單黑魚尾。

張光裕生平見子部《桂考》條。張炳鏞對其子光裕期望甚殷，《小谷山房雜記序》曰：『自少而長至於今，猶碌碌不能脱穎，大懼繼述佑啓，一無所諧，重貽先君子羞亦，惟是惴惴小心，如臨於谷，庶免顛蹶典型，或亦折半之道，爰就「光裕」二字，截下掩、左適成「小谷」，以顔吾山房楣，出入户庭，輒寓目以自警耳。』『彙其大著都爲四卷，題

曰《小谷山房雜記》。其中分類爲四，列目四十有餘，自學古入官以來，凡身所經歷、耳目所聞見、案牘謀議之所及、法術考鏡之所明，靡不提要勾玄，備書梗概，合而觀之，實具才識。』

卷一爲稟牘類文稿。彙集瓊州領事建署稟、查勘山路估工繪圖稟、開路稟、報開工招勇稟、稟報工竣、工竣善後章程等十八件稟牘文稿。內容涉及外事、路政、客田、民情、政務等事宜。

卷二爲公案類文稿。彙集三級幌、蝦蟆有靈、訟師受辱、硬頸契、生劉死陳、空山祭祖、清厘、狗骨埋冤、小虎沙、城隍選妻、巖神、龍種、冥訟、前生、野猪坳、制虎八法共十六件公案文稿。內容涉及山林争議、家庭糾紛等民事。

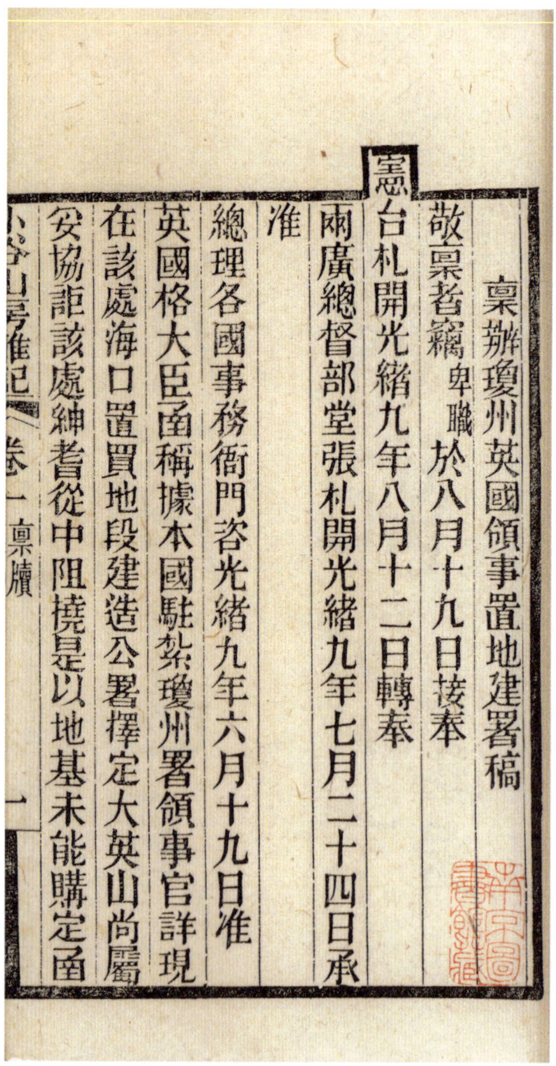
稟辦瓊州英國領事置地建署稿
敬稟者竊卑職於八月十九日接奉
憲台札開光緒九年八月十二日轉奉
兩廣總督部堂張札開光緒九年七月二十四日承
准
總理各國事務衙門咨光緒九年六月十九日准
英國格大臣函稱據本國駐紮瓊州署領事官許現
在該處海口置買地段建造公署擇定大英山尚屬
妥協詎該處紳耆從中阻撓是以地基未能購定函
小谷山房雜記　卷一　稟牘　一

卷三爲修議類文稿。彙集議開楚粤山路、議整頓保甲、議禁四大寇、議墾田賑濟流民、議整頓山墳、議開戲院、議清理南番監羈、議籌辦嬰冢、議開瀧河、條陳時事策共十件修議文稿。卷四爲雜藝類文稿。彙集桂考、醫案、海南烟瘴論、開山祭文、羅浮山朝陽洞記、奇門課術論、時醫論共七篇。其中桂考、醫案、時醫論爲著者兼通藥理之作。

本書據南京圖書館藏清光緒二十二年（1896）湘霞仙館刻本影印。（曹知法）

傷寒講義三卷

清朱鴻漸撰，民國三年（1914）北洋醫學堂刻本。每半葉九行，行二十一字，小字雙行同，白口，四周雙邊，單黑魚尾。

朱鴻漸（1852—1917），字先民，清桂陽縣（今湖南汝城）人。歲貢，少好學，博醫群書，精醫術，爲人豪俠仗義，遠近就診者紛來，應手輒效，不取酬，貧者兼施以藥。晚年掌教長沙官立醫校。著有醫案及《傷寒講義》。

《傷寒講義》成書於民國三年（1914），爲北洋醫學堂《傷寒論》課程輔助教材，内容包括辨寒熱往來胸脇痞滿柴胡諸症治法、辨傷寒不宜汗下用刺法、辨熱

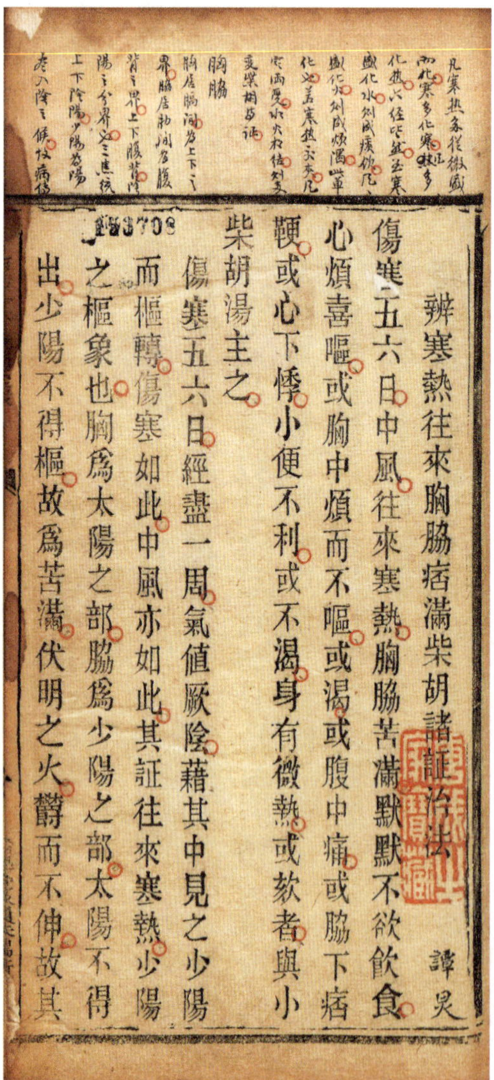
辨寒熱往來胸脇痞滿柴胡諸症治法
傷寒五六日中風往來寒熱胸脇苦滿默默不欲飲食
心煩喜嘔或胸中煩而不嘔或渴或腹中痛或脇下痞
鞕或心下悸小便不利或不渴身有微熱或欬者與小
柴胡湯主之
傷寒五六日經盡一周氣值厥陰藉其中見之少陽
而樞轉傷寒如此中風亦如此其證往來寒熱少陽
之樞象也胸爲太陽之部脇爲少陽之部太陽不得
出少陽不得樞故爲苦滿伏明之火鬱而不伸故其

入血室、辨火攻誤治變證、辨誤吐變證、辨結胸臟結證治、辨痞痛證治、辨實證譫語及血結證治、辨傷寒虛證虛脉宜用補法、辨傷寒風淫證治、辨傷寒温病風温證治及擬温病在表虛邪治法、擬温病在表實邪治法、擬温病表熱治法、擬温病裏熱治法等十五篇。

是書以張仲景《傷寒論》教諸生，引證諸家并參以己意批注。其中引據唐宗海《血證論》《傷寒論淺注補正》和張令韶《傷寒論直解》尤多。

本書據中國中醫科學院圖書館藏民國三年（1914）北洋醫學堂刻本影印。（曹知法）

孫子選注十三卷

清夏壽田撰，民國二十一年（1932）石印本。每半葉六行，行十六字，小字雙行同，無魚尾，朱欄。

夏壽田生平見史部《桂陽夏府君行述》條。

《孫子兵法》作者孫武（約前545—約前470），字長卿，春秋時期著名軍事家、政治家，尊稱『兵聖』，被譽爲『百世兵家之師』。《孫子兵法》又稱《孫武兵法》《吴孫子兵法》《孫子兵書》《孫武兵書》等，是中國現存最早的兵書，其内容精博深邃，被譽爲『兵學聖典』，

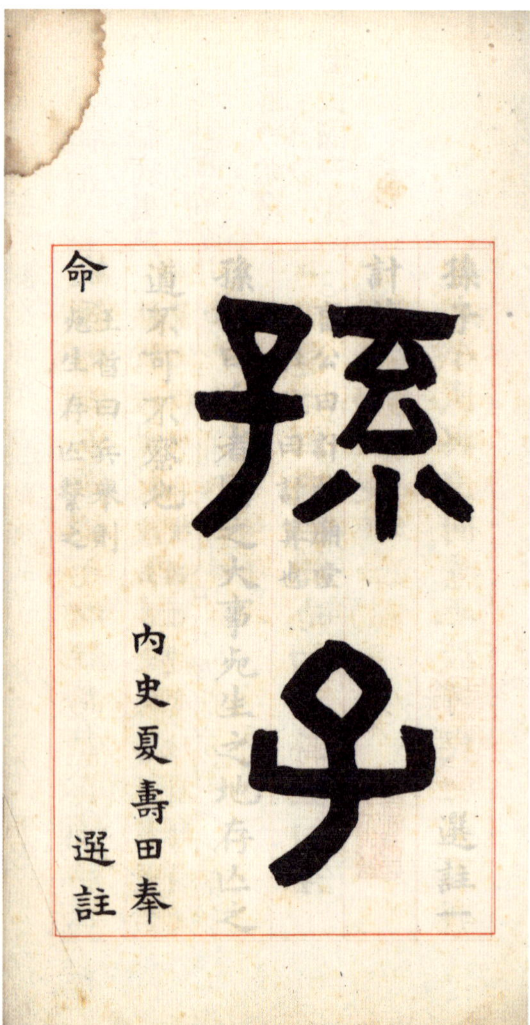

共十三篇。在中國乃至世界軍事史和哲學思想史上都占有極爲重要的地位。

《孫子選注》是夏壽田在精研《孫子兵法》并博覽古今軍事著作、經典文集的基础上所作的注釋，全書分十三篇，以《孫子兵法》之計篇、作戰篇、謀攻篇、形篇、勢篇、虛實篇、軍争篇、九變篇、行軍篇、地形篇、九地篇、火攻篇、用間篇爲序。對《孫子兵法》原著分篇選其重點，逐句作注，其作注方式主要是『引文作釋』。以諸家之言，注釋《孫子兵法》之説，由此相互印證。書中還選入曹操、張預、梅堯臣、杜牧、王皙、李筌、杜佑、賈林、何氏、孟氏、陳皞等十一家釋文，其中以張預、梅堯臣的釋文爲主要篇幅。

本書據上海圖書館藏民國二十一年（1932）石印本影印。（曹知法）

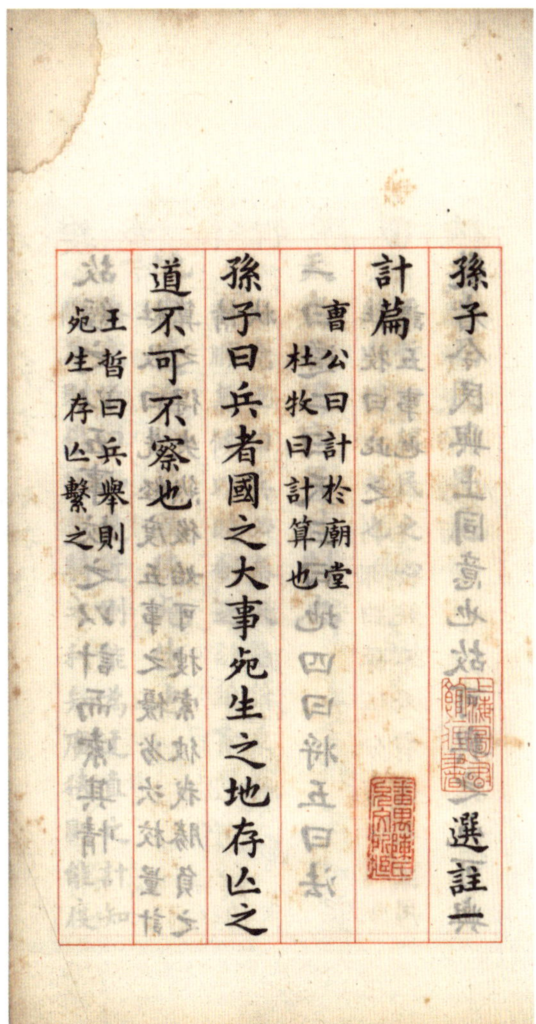
孫子選註一
計篇
曹公曰計於廟堂
杜牧曰計算也
孫子曰兵者國之大事死生之地存亡之
道不可不察也
王晳曰兵舉則死生存亡繫之

玄樓讀書雜抄不分卷

李静撰，稿本。每半葉八行，行十二至二十字不等，四周單邊，無魚尾，藍欄。

李静生平見史部《玄樓日記》條。

《玄樓讀書雜抄》共四册，两萬餘字。第一册摘録王闓運《湘綺樓日記》所記詩文及楹聯。第二册爲記事、雜感及詩詞。第三册爲讀《漢書》《三國志》等典籍之隨筆抄録。第四册爲手書詩集及對聯。

本書據湖南圖書館藏稿本影印。（曹知法）

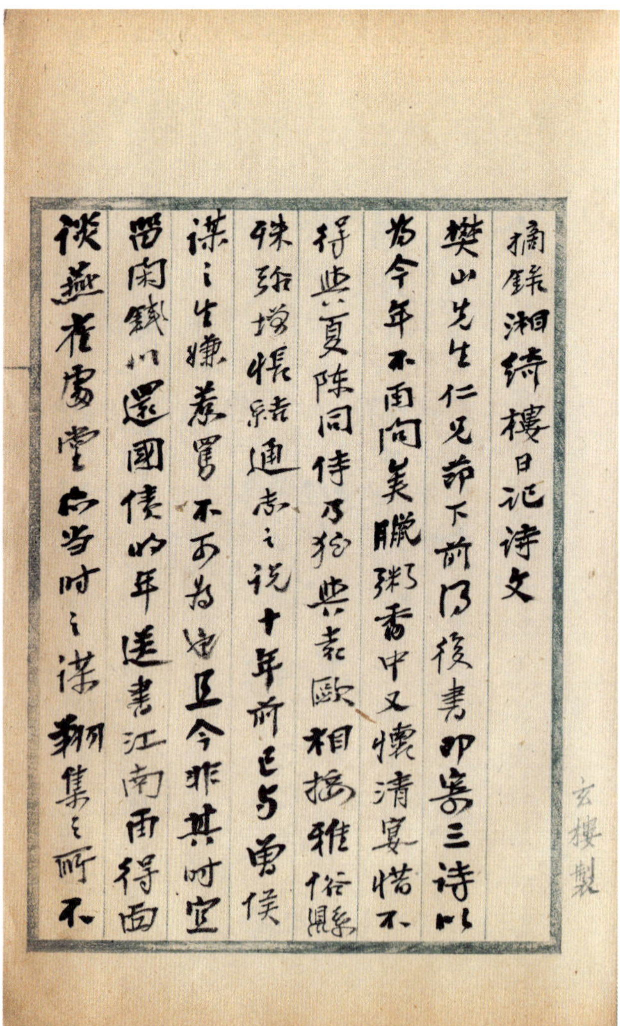
摘録湘綺樓日記詩文
樊山先生仁兄節下前得復書即寄三詩以
為今年不面向美膩粥香中又懷清宴惜不
得與夏陳同侍乃独與袁歐相揖雅俗懸
殊銘拶悵結通忠之說十年前已與曾侯
謀之生嫌蔡罵不可為也且今非其时宜
留閑鐵以還國債的年送書江南而得西
淡燕莅處堂而当时之謀翔集之所不
玄樓製

玄樓弦外録

李静撰，稿本。每半葉十行，行二十四字不等，白口，四周雙邊，單魚尾，朱欄。

李静生平見史部《玄樓日記》條。

《玄樓弦外録》一册。爲李静撰寫的古琴文稿，其《記飛泉》《所見潞琴之一》《秋塘寒玉》《獨幽》《祭九嶷先生文》《萬壑松風跋》六篇短文，是民國琴學研究頗具史料價值的文獻。此外，還有《授琴記》《阿翠小傳》《九嶷山人楊時百先生葬事記》《春省耕而補不足》《題聽琴散記四首》等文，均爲李静記録琴學之研究感悟。

本書據湖南圖書館藏稿本影印。（曹知法）

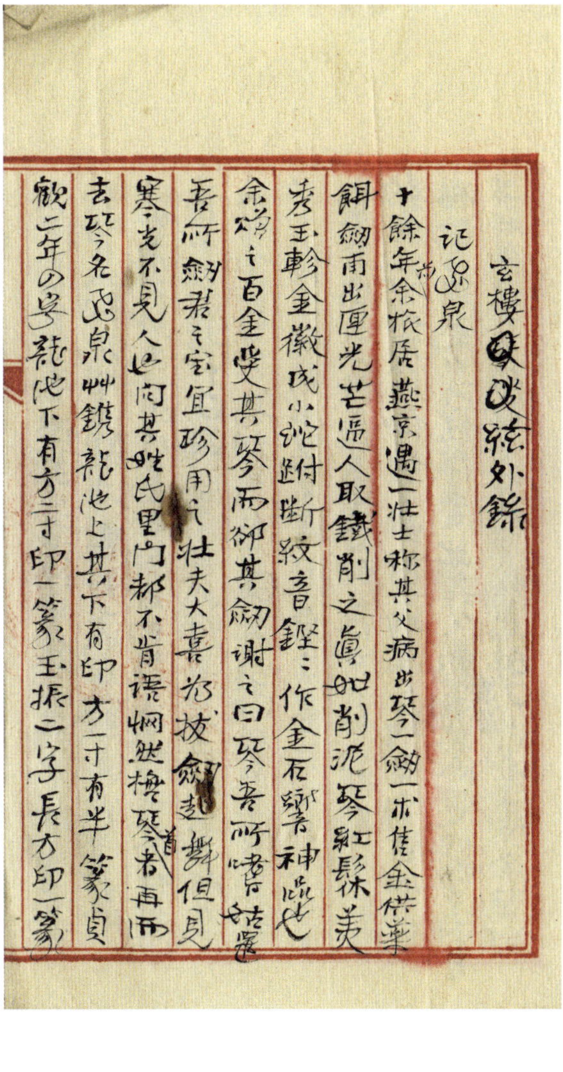

集部

本事詩一卷

唐孟啓編，明刻本。每半葉十行，行十八字，白口，左右雙邊，單黑魚尾。

孟啓（810？—？），又作孟棨、孟綮，唐郴州人。唐進士孟琯之子。大和九年（835），孟琯貶作梧州司户參軍，啓陪父同往，『啓讀書爲文，舉進士，久不得第』。乾符二年（875）始得進士，曾任鳳翔節度使推官、司勛郎中。

《本事詩》一卷，乃據唐人筆記、小説、文集中若干詩人詩歌、故事彙編而成，其中亦有作者親見親聞之詩事。作者仿照《詩經》『四始』分類法，將其分爲情感、事感、高逸、怨憤、徵异、徵咎、嘲戲

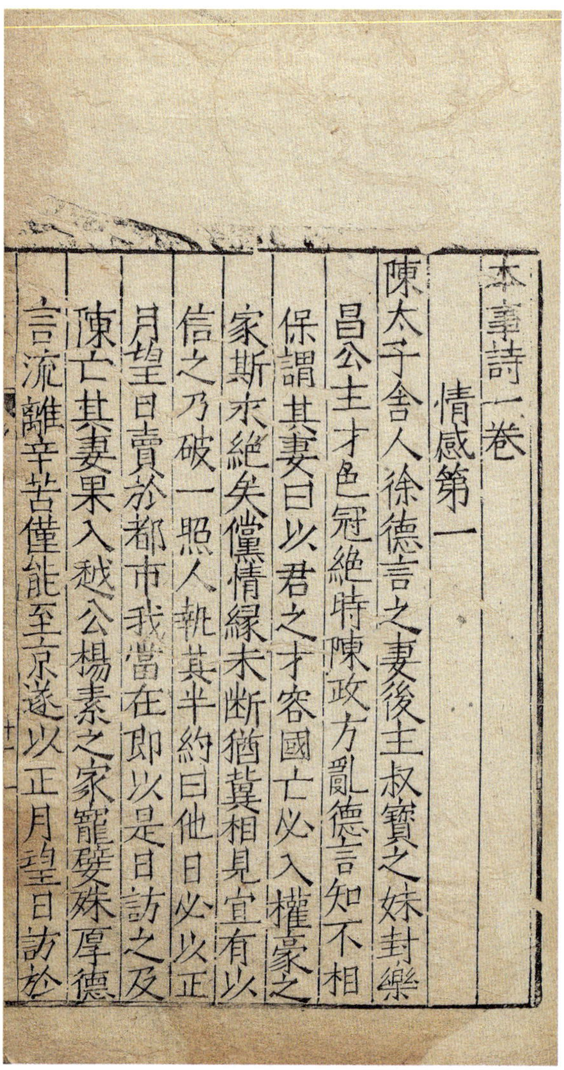
本事詩一卷
情感第一
陳太子舍人徐德言之妻後主叔寶之妹封樂
昌公主才色冠絶時陳政方亂德言知不相
保謂其妻曰以君之才容國亡必入權豪之
家斯永絶矣儻情緣未斷猶冀相見宜有以
信之乃破一照人執其半約曰他日必以正
月望日賣於都市我當在即以是日訪之及
陳亡其妻果入越公楊素之家寵嬖殊厚德
言流離辛苦僅能至京遂以正月望日訪於

七類，以此展示唐代詩壇風貌。每類舉詩若干，詳叙詩之緣起、典出、影響。其中情感詩十二則、事感類六則、高逸類三則、怨憤類五則、徵异類五則、徵咎類三則、嘲戲詩七則，共四十一則，成書時間約在唐僖宗光啓二年（886）。

《本事詩》現存最早刻本成於明代，後有顧元慶輯《顧氏文房小説》、吴琯輯《古今逸史》、毛晋輯《津逮秘書》三種刻本，其中顧氏刻本最早，毛氏刻本爲顧氏刻本之校訂本。二〇一四年中華書局出版《本事詩》評注本。

本書據中國國家圖書館藏明刻本影印。（曾廣高）

宋濂溪周元公先生集十卷世系遺芳集五卷

宋周敦頤撰，明周與爵輯，明萬曆四十二年（1614）刻本。每半葉十行，行二十字，白口，四周單邊，單黑魚尾。

周敦頤（1017—1073），字茂叔，名敦實，又名惇實，因避宋英宗舊諱，改名敦頤，宋道州營道（今湖南道縣）人。理學開山鼻祖。慶曆六年（1046）冬，周敦頤任郴縣縣令，四年後移任郴州桂陽縣（今湖南汝城）縣令。熙寧四年（1071），再遷郴州知州（未到任）。任職郴縣、桂陽令期間，是其理學思想形成之重要階段。時程顥、程頤亦隨之受教，後成理學衣鉢傳人。周敦頤著作主要有《太極圖說》《愛蓮說》《養心亭說》《拙賦》等。周與爵，生卒年不詳，字邦禄，明長洲人。周敦頤裔孫。

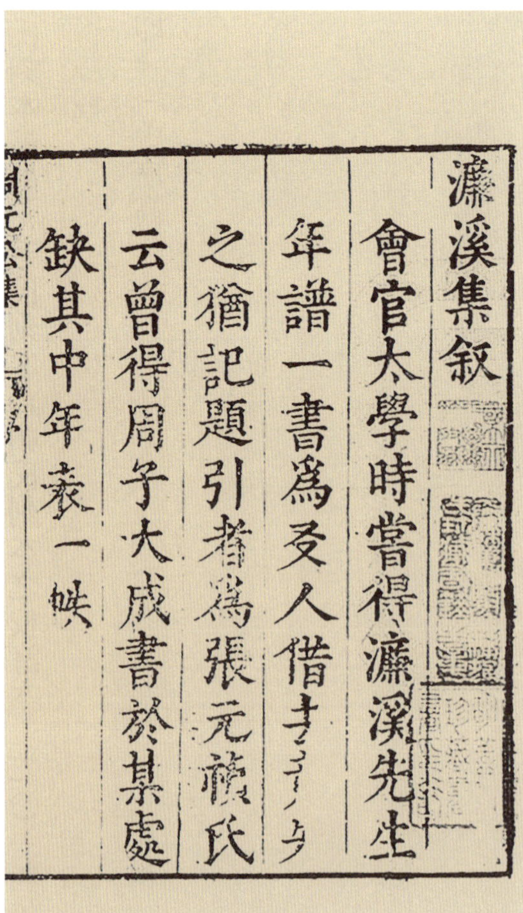
濂溪集叙
會官太學時嘗得濂溪先生
年譜一書爲友人借去[illegible]
之猶記題引署爲張元禎氏
云曾得周子大成書於某處
缺其中年表一帙

《宋濂溪周元公先生集》十卷《世系遺芳集》五卷乃後人搜集整理周敦頤全部存世著作，及精選後人所作有關周敦頤評議、志傳、祭文、贊詩、祠宇記等彙集而成。

書前附王會《濂溪集叙》、王汝憲《刻濂溪集跋》、丁懋儒《刻濂溪周元公集叙》、蔣春生《宋濂溪周元公先生集序》、黄廷聘《刻宋濂溪周元公先生集序》、吕藿《宋濂溪周元公先生集序》。卷一收録《濂溪故里祠宇書院圖》《濂溪在州祠宇書院圖》《月岩圖》《元公像并贊》。卷二收録《元公世系圖》《元公年譜》。卷三收録《元公遺書》《太極圖説》《通書》。附録朱熹著《太極通書總序》，張栻撰《太極圖解》《太極圖解後序》《通書後跋》。卷四收録元公雜著：文四篇、賦一篇、詩二十八首、書簡六篇。卷五收録諸儒議論十三條，均爲對周元公之評價贊頌之語。卷六收録朱熹、潘興嗣、脱脱『事狀』各一篇，乃記述周元公生平史事之作。卷七收録歷代皇家褒崇周元公文六篇。卷八收録各地周元公祠堂、墓田諸祀文十九篇。卷九收録與周元公相關詩二十三首。卷十收録歷代祭祀周元公祭文十九篇。

《世系遺芳集》五卷，爲後人搜集整理周元公之後世名宦人物事典，以彰顯周氏族人後繼發達。周敦頤著作影響甚巨。《四庫全書總目提要·周元公集》評云：『《太極圖》究萬物之終始，《通書》明孔孟之本源，有功於學者甚大。而其他詩文亦多精粹深密，有光風霽月之概。』

本書據中國國家圖書館藏明萬曆四十二年（1614）刻本影印。（曾廣高）

郴江百咏一卷

宋阮閲撰，清乾隆嘉慶間趙氏星鳳閣鈔《唐宋元三朝名賢小集》本。每半葉十行，行二十字不等，細黑口，左右雙邊，無魚尾。

阮閲，生卒年不詳，原名美成，字閎休，自號散翁，又號松菊道人，宋舒城（今屬安徽）人。宋神宗元豐八年（1085）進士。建炎初，知袁州。宋徽宗宣和五年（1123）由朝散大夫知郴州，任職三年，時有吟咏，集之百首，故稱《郴江百咏》。

阮閲自序云：『郴，古桂陽郡陳迹。故事盡載圖史，亦間見於名人才士歌咏。如杜子美《寄聶令

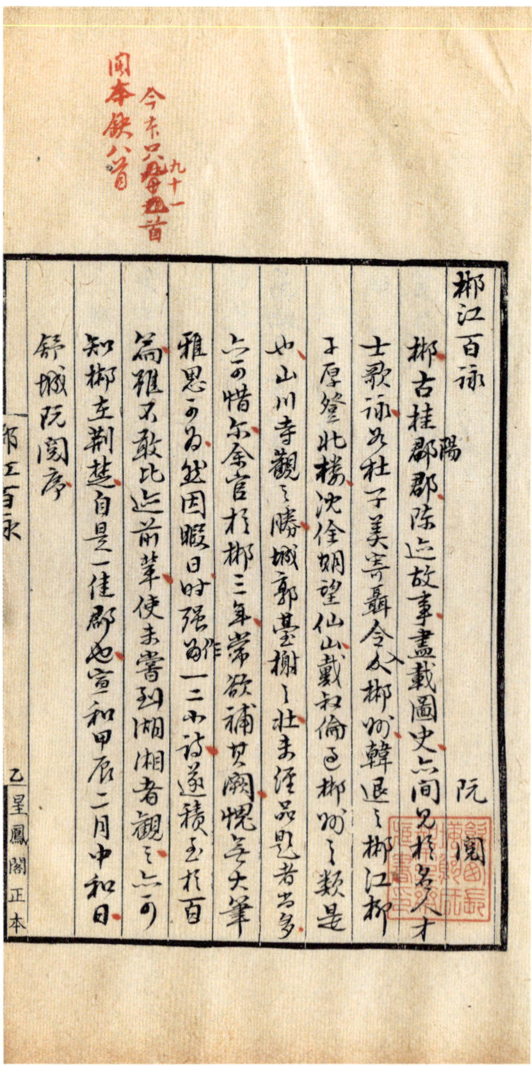

郴江百詠　阮閱

郴古桂陽郡陳迹故事盡載圖史亦間見於名人才士歌詠如杜子美寄聶令及郴州韓退之郴江柳子厚登北樓沈佺期望仙山戴叔倫至郴州之類是也山川寺觀之勝城郭臺榭之壯未經品題者尚多亦可惜爾余官於郴三年常欲補其闕愧無大筆雅思可為然因暇日時强為作一二小詩遂積至於百篇雖不敢比近前輩使未嘗到瀟湘者觀之亦可知郴在荆楚自是一佳郡也宣和甲辰二月中和日

舒城阮閱序

郴江百詠

乙　星鳳閣正本

入郴州》、韓退之《郴江柳子厚登北樓》、沈佺期《望仙山》、戴叔倫《過郴州》之類是也。山川寺觀之勝，城郭臺榭之壯，未經品題者尚多，亦可惜爾。余官於郴三年，常欲補其闕，愧無大筆雅思可爲。然因暇日，時强作一二小詩，遂積至於百篇，雖不敢比迹前輩，使未嘗到湖湘者觀之，亦可知郴在荆楚，自是一佳郡也。』

《郴江百咏》歌咏的都是郴境名勝，名山名水，名泉名亭。蘇仙嶺、蘇仙橋，北湖、東樓等，皆郴人耳熟能詳之處。《郴江百咏》另有陳九韶《郴江百咏》箋校本。

本書據湖南圖書館藏清乾隆嘉慶間趙氏星鳳閣鈔《唐宋元三朝名賢小集》本影印。（曾廣高）

郴江百咏箋校一卷

宋阮閲撰，陳九韶箋校，民國二十一年（1932）鉛印本。每半葉十行，行二十四字，小字雙行同，白口，四周雙邊，單黑魚尾。

阮閲生平見集部《郴江百咏》條。陳九韶（1875—1968），字先瀛，號雯裳，郴州人。光緒二十四年（1898），歲試一等補廩。後肄業於北京國立財政學堂，又轉國立法政大學政治經濟科畢業。辛亥革命後，加入同盟會，曾任國民黨郴縣分部長，後改任中國國民黨總部文書科幹事。民國二年（1913），當選爲國會衆議院議員，旋因斥責袁世凱被取消議員資格，即南下廣州，被孫

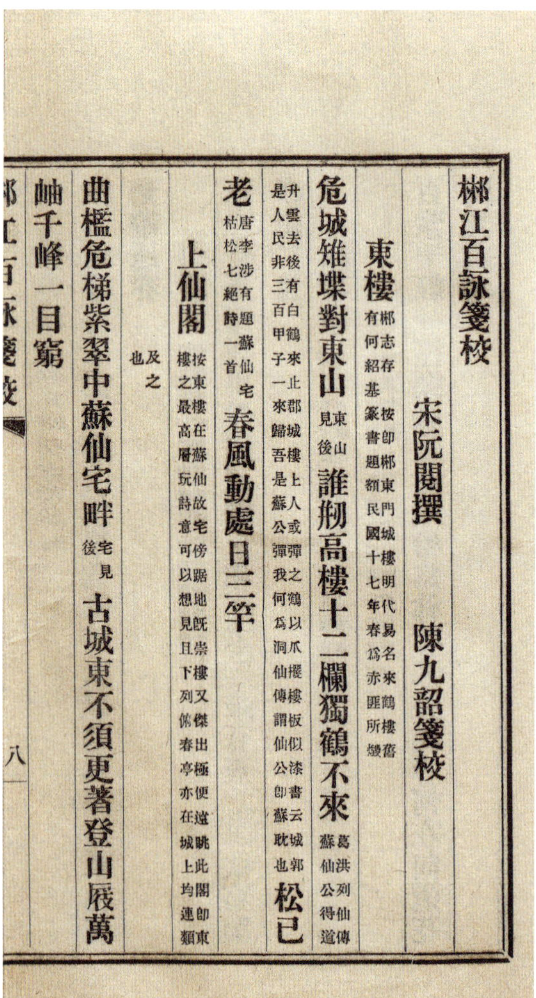
郴江百詠箋校

宋阮閲撰　陳九韶箋校

東樓郴志存按即郴東門城樓明代易名來鶴樓舊有何紹基篆書題額民國十七年春爲赤匪所燬

危城雉堞對東山東山見後誰栩高樓十二欄獨鶴不來葛洪列仙傳蘇仙公得道升雲去後有白鶴來止郡城樓上人或彈之鶴以爪攫樓板似漆書云城郭是人民非三百甲子一來歸吾是蘇公彈我何爲洞仙傳謂仙公卽蘇耽也松已老唐李涉有題蘇仙宅枯松七絕詩一首春風動處日三竿

上仙閣按東樓在蘇仙故宅傍踞地既崇樓又傑出極便遠眺此閣卽東樓之最高層玩詩意可以想見且下列偹春亭亦在城上均連類及之也

曲檻危梯紫翠中蘇仙宅畔宅見後古城東不須更著登山屐萬岫千峰一目窮

郴江百詠箋校　八

中山委任爲總統府參議。民國八年十一月因制憲無望離粤回郴。期間孫中山委任陳爲中華總工會會長。并於民國十一年赴北京續任國會衆議院議員職。不久，回郴寓居。一九五三年十一月任湖南省文史館館員。一九六八年病逝於長沙。

民國二十一年，陳九韶根據《四庫全書總目》所記載，撰寫了《郴江百咏箋校》，對阮閲《郴江百咏》中涉郴景點及事由作了校正和注釋。

書前冠序，説明得書過程。增補《便縣》和《高亭》二首，鉛印出版，書名爲《郴江百咏箋注》，方便了讀者對阮詩内容的理解。

本書據中國國家圖書館藏民國二十一年（1932）鉛印本影印。（曾廣高）

增修詩話總龜前集五十卷後集五十卷

宋阮閲編，明嘉靖刻本。每半葉十一行，行二十二字，小字雙行同，白口，四周單邊，單黑魚尾。

阮閲生平見集部《郴江百咏》條。

《詩話總龜》係阮閲在郴州任上所編。『詩話』者，評論詩歌、詩人、詩派及記録詩人故事之著也；『總龜』者，龜有十龜，多也。總龜，衆龜彙集，同類彙編也，即詩話彙編之意也。

《詩話總龜》分前集、後集。前集共五十卷，按内容分爲四十七類；後集五十卷，按内容分爲六十二

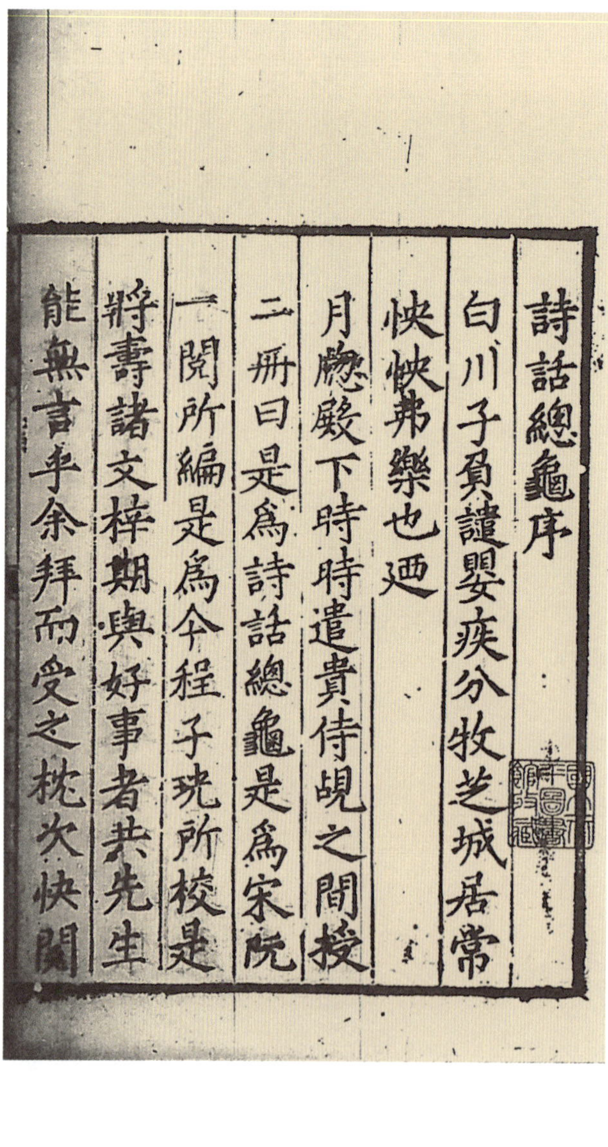
詩話總龜序
白川子負譴嬰疾分牧芝城居常
怏怏弗樂也迺
月應殿下時時遣貴侍覘之間授
二册曰是爲詩話總龜是爲宋阮
一閲所編是爲令程子玭所校是
將壽諸文梓期與好事者共先生
能無言乎余拜而受之枕次快閲

類，前後集共一百零九類。

《天禄琳琅書目》認爲，《詩話總龜》『在詩話中薈萃最爲繁富』。周本淳在《詩話總龜》點校本前言中説：『我以爲如從資料豐富這一點來評論《詩話總龜》，其價值不在《苕溪漁隱叢話》之下，遠非《詩人玉屑》所能及。也是《詩話總龜》值得整理重印的主要理由。』（《詩話總龜》，人民文學出版社一九八七年版）

本書據原國立北平圖書館藏甲庫善本明嘉靖刻本影印。（曾廣高）

止齋先生文集五十二卷附録一卷

宋陳傅良撰，明正德元年（1506）林長繁刻本。每半葉十三行，行二十三字，黑口，四周雙邊，雙黑魚尾。

陳傅良（1137—1202），字君舉，宋温州瑞安人。九歲痛失雙親，靠祖母撫養成人。二十六歲出爲温州茶院寺私塾先生。因精於教法，不泥舊説，見解獨到，從學者衆。乾道五年（1169）隨艮齋先生薛季宣到江蘇常州就讀，乾道八年登進士，先后任迪功郎、泰州州學教授、太學録、福州通判。期間因治惡獲罪，罷官歸里。淳熙十一年（1184）洗冤起用，候任湖南桂陽軍知軍。候職期間在仙巖創辦書院，直至淳熙十四年到職。任内勸農務本、勸民受教守法，推廣

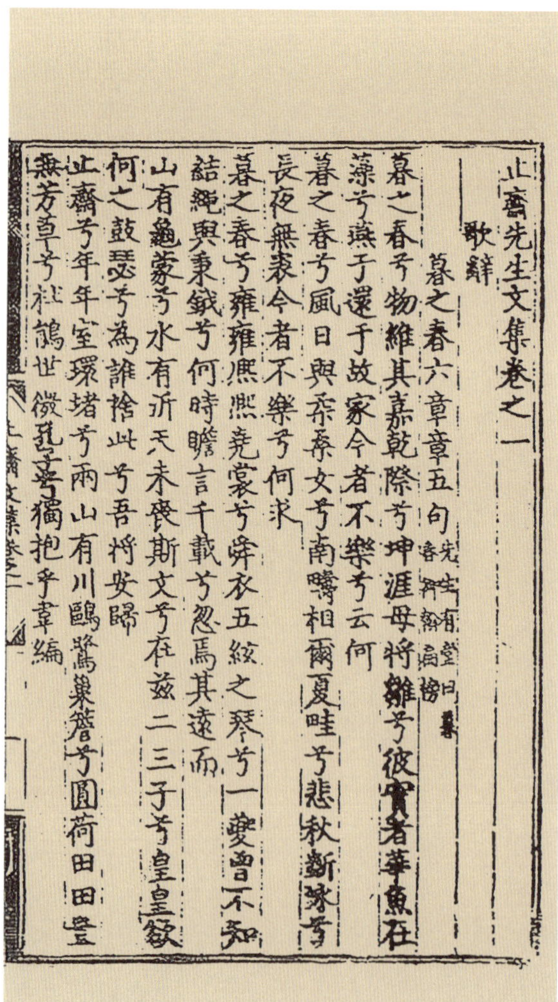
止齋先生文集卷之一

歌辭

暮之春六章章五句 [illegible]

暮之春兮物維其嘉乾際兮坤涯母將雛兮彼實者華魚在藻兮燕于還于故家今者不樂兮云何

暮之春兮風日與柔柔女兮南疇相爾夏畦兮悲秋漸遂兮長夜無裘今者不樂兮何求

暮之春兮雍雍熙熙堯裳兮舜衣五絃之琴兮一變曾不知結繩與秉鉞兮何時瞻言千載兮忽焉其遠而

山有龜蒙兮水有沂夭未喪斯文兮在兹二三子兮皇皇欲何之鼓瑟兮爲誰捨此兮吾將安歸

止齋兮年年室環堵兮兩山有川鷗鷺巢簷兮圓荷田田豈無芳草兮社鵠世微孔子兮獨抱乎韋編

家鄉龍骨水車等農業技術，改善民生，政績卓著。後升任湖南提舉茶鹽公事，遷轉運判官。紹熙五年（1194）六月，陳傅良應召再任中書舍人兼侍講，兼直學士院同實録院修撰。冬，因庇護朱熹罷官。後便閉門静居，取室名爲『止齋』，故稱止齋先生。其著述有《詩解詁》《周禮説》《春秋後傳》《左氏章指》《止齋先生文集》。

《止齋先生文集》書前有太學博士曹叔遠序、國史館翰林院編修王瓚序。《止齋先生文集》五十二卷。收詩四百三十七首：其中歌辭兩首、古詩一百三十三首、律詩二百五十八首、挽詩四十四首。詩中有寫於郴州的律詩《桂陽勸農》一首，與郴守丁端叔唱和詩六首，以及在郴所寫記事、紀游、感懷詩若干。收文七百零二篇：其中收宫廷『内制』公文十五篇、『外制』公文二百七十六篇、奏狀札子七十七篇、講議故事廟議四篇、壬辰廷對一篇、賀表四十七篇、啓五十一篇、手書（書信）四十二篇、記八篇、序十三篇、題序二十四篇、題跋二十九篇、策問十四篇、雜著十三篇、祭文三十七篇、誌銘三十六篇、行狀三篇、附録十二篇。其中『啓』文有《與郴州丁守》、『手書』有《與王謙仲參政薦郴州丁端叔》、『序』有《丁端叔南征集序》、雜著有《桂陽軍修城隍祝文》《桂陽軍勸農文》等。其中《桂陽軍勸農文》《桂陽軍告諭納税榜文》《桂陽軍告諭百姓文》對於今日之治國理政，仍有借鑒意義。

本書據中國國家圖書館藏明正德元年（1506）刻本影印。（曾廣高）

昌谷集二十二卷

宋曹彦約撰，清抄本。每半葉九行，行二十一字，白口，左右雙邊，單黑魚尾。

曹彦約（1157—1228），字簡甫，號昌谷，宋南康軍都昌（今江西南康）人。淳熙八年（1181）中進士。歷官建平縣尉，桂陽軍録事參軍、司法參軍，知樂平縣、江西安撫司、京湖宣撫司。曾從朱熹講學，後權知漢陽軍事時抗金有方，改知漢陽軍。嘉定初爲湖南轉運判官，力主鎮壓瑶民起義。寶慶元年（1225）擢爲兵部侍郎，遷禮部侍郎，不久升爲兵部尚書，但力辭不拜，後以華文閣學士致仕，卒謚『文簡』。

《昌谷集》二十二卷，

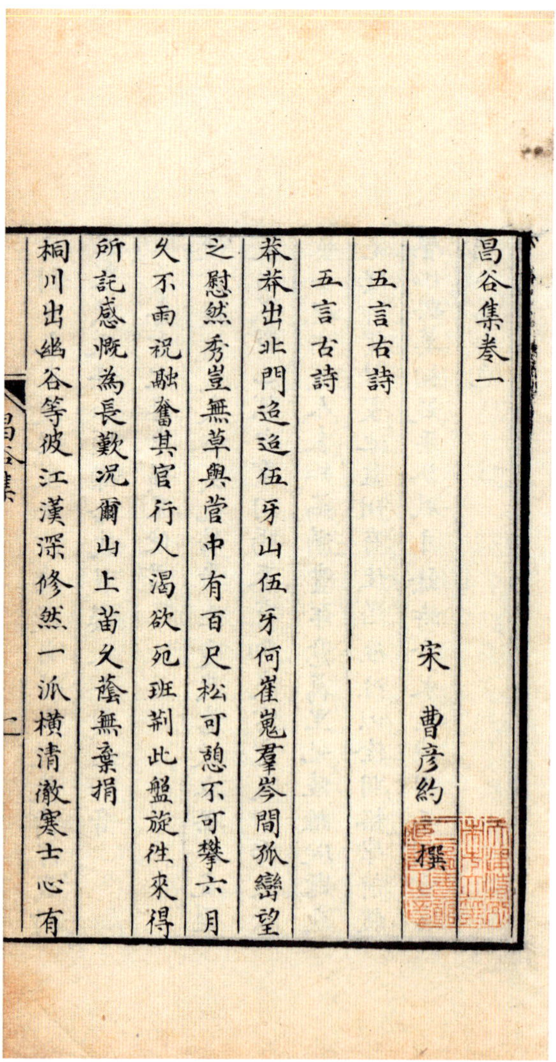
昌谷集卷一
宋 曹彦約 撰
五言古詩
五言古詩
莽莽出北門迢迢伍牙山伍牙何崔嵬羣峯間孤巒望之慰然秀豈無草與菅中有百尺松可憩不可攀六月久不雨祝融奮其官行人渴欲死班荆此盤旋往來得所託感慨為長歎況爾山上苗久蔭無棄捐
桐川出幽谷等彼江漢深修然一泒横清澈寒士心有

共收六百三十二首（篇）詩文。『昌谷』者，曹彦約出生地『城下昌谷巷』也。其中卷一至卷三爲詩：有五言古詩十六首、七言古詩十六首、五言律詩一百一十一首、七言律詩一百五十四首、五言絶二首、七言絶八十二首，共收詩三百八十一首。卷四至卷二十二爲各類文稿：卷四收表三十二篇、箋八篇，卷五收封事二篇，卷六收上書二篇，卷七收啓四十四篇、書二篇，卷八至卷九收狀二十六篇，卷十至卷十三收札子五十篇，卷十四收序十三篇，卷十五收記七篇，卷十六收榜文六篇、議一篇、説二篇，卷十七收跋二十五篇、贊一篇，卷十八至卷二十收墓誌銘二十五篇，卷二十一至卷二十二收雜著五篇，共收文二百五十一篇。

《昌谷集》文體駁雜，内容繁富，重點在敷陳祖訓、規箴時政，《四庫全書總目提要》言：『所論兵事利害尤確鑿有識，不同於摭拾游談』，主要内容體現在五十篇札子中，所書札子多與湘粤贛邊軍政官員議論協剿郴州瑶民戰事，所論兵戰策略，均在此中。其《答郴州潘守札子》，嚴斥潘守剿事失策，舉凡排兵布陣要義，警令將士務須忠要盡命。

本書據天津圖書館藏清抄本影印。（曾廣高）

蕭冰崖詩集拾遺三卷

宋蕭立之撰，明弘治十八年（1505）刻本。每半葉十行，行十六字，黑口，四周雙邊，三黑魚尾。

蕭立之（1203—？），字斯立，自號冰崖，宋寧都（今屬江西）人。淳祐十年（1250）進士及第，寶祐四年（1256）入郴州幕。開慶二年（1260）知長汀縣。蕭立之頗有詩名。其律詩絕句極具特色。七律《梅》云：『不受世間塵土涴，山之南北水之涯。識中庸裏有素隱，恠小雅中無白

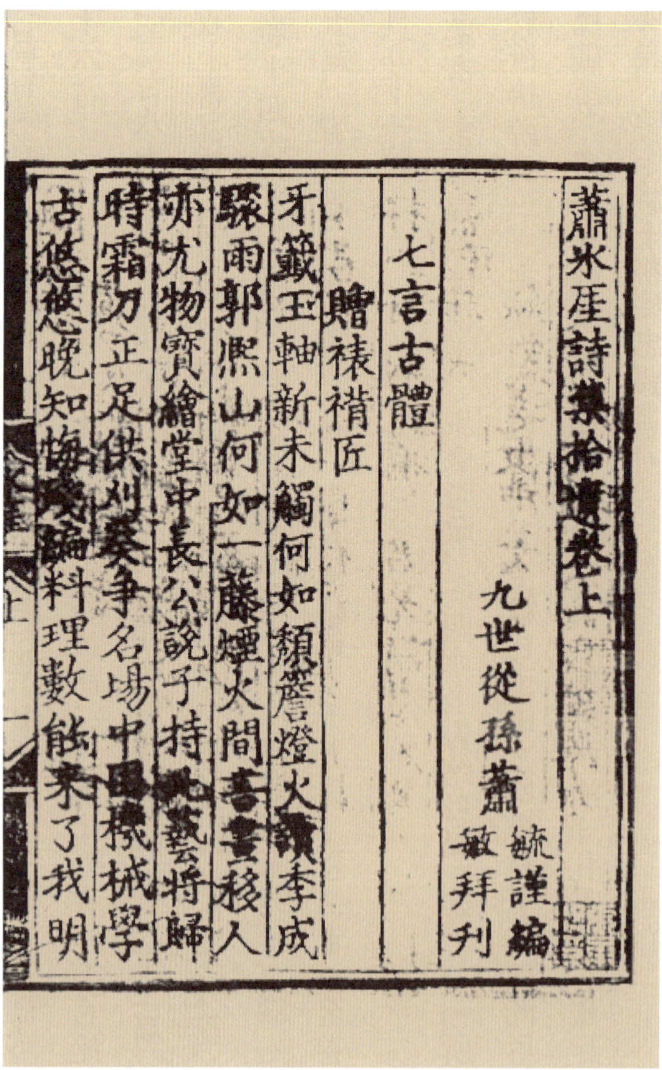
蕭冰厓詩集拾遺卷上
九世從孫蕭毓謹編
敏拜刊
七言古體
贈裱褙匠
牙籤玉軸新未觸何如頹簷燈火讀李成
驟雨郭熙山何如一藤煙火間喜畫移人
亦尤物寶繪堂中長公說子持此藝將歸
時霜刃正足供刈[illegible]争名場中用機械學
古悠悠晚知悔[illegible]綸料理數能來了我明

華。半點精神春滴淅，一寒風骨雪槎牙。淡粧人去羅浮遠，腸斷東風壁月斜。』讓人得識一風骨文士。宋趙希路《次蕭冰崖梅花韵》和曰：『冰姿瓊骨净無瑕，竹外溪邊處士家。若使牡丹開得早，有誰風雪看梅花？』

《蕭冰崖詩集拾遺》爲『失之又得也』。蕭冰崖九世從孫蕭敏著《識冰崖公詩集拾遺跋》中云：『冰崖公原有詩集廿六卷，此曰拾遺者，二三什僅一二耳。』

《蕭冰崖詩集拾遺》三卷，上卷收七言古體詩七十二首；中卷收五言古體四首、五言律詩三十八首、七言絶句一百七十四首；下卷收七言律詩一百一十一首，其中涉郴地名詩七言古詩有九首：《花朝同劉同年判簿登蘇山》《次陳府教喜晴古句且踐蘇山之韵》《桂東行次劉提屬同年見寄山行韵》《雨中過北湖戲作》《郴幕得告歸桂東》《題陳廣文蘇山小草》《自桂東入城餞使長移節東廣路過雲頭嶺作》《初見郴倅院雲心》《郴旱檄北湖龍》，七言律詩有八首：《游蘇仙山》《至日次韵》《興寧界上》《七月十五夜雲心邀泛北湖》，另有與雲心倡和詩四首。

本書據中國國家圖書館藏明弘治十八年（1505）刻本影印。（曾廣高）

圭塘欸乃集一卷

元許有壬、許有孚、馬熙等撰，清乾隆鮑氏抄本。每半葉十行，行二十字，白口，左右雙邊，雙黑魚尾。

許有壬（1286—1364），字可用，元彰德湯陰（今屬河南湯陰）人。延祐二年（1315）進士及第，授同知遼州事。後任官中書左司員外郎、集賢大學士、樞密副使、中書左丞等。其弟許有孚，生卒年不詳，約元文宗至順初前後在世，登進士第，歷中憲大夫，僉太常禮儀院事。馬熙，生卒年不詳，字明初，元安仁人。楚王馬殷

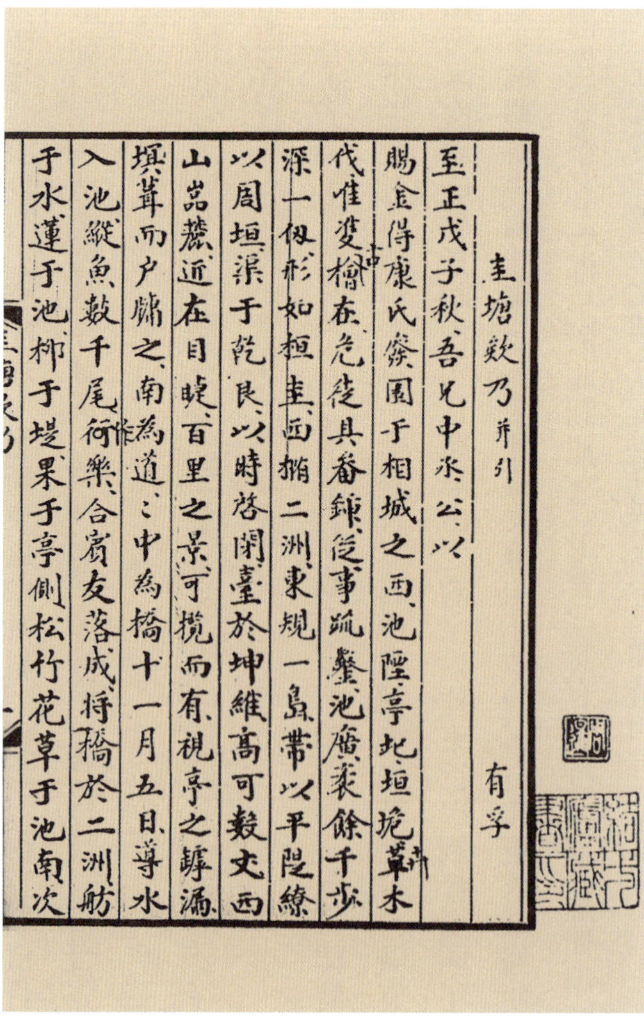
圭塘欸乃 并引　　有孚
至正戊子秋吾兄中丞公以
賜金得康氏廢園于相城之西池堙亭圮垣毁草木
伐惟變檜存爰徙其畚鍤從事疏鑿池廣袤餘千步
深一仞形如桓圭西橢二洲東規一島帶以平隄繚
以周垣渠于乾艮以時啓閉臺於坤維高可數丈西
山嵐翳近在目睫百里之景可攬而有視亭之罅漏
填葺而户牖之南為道道中為橋十一月五日導水
入池縱魚數千尾作樂合賓友落成將橋於二洲舫
于水蓮于池柳于堤果于亭側松竹花草于池南次

之後，六世祖珍始遷安仁。其父馬栻，澹泊明志，以教子爲務，著有《漫録》二十卷、《弃肋》四卷。至元六年（1340）馬熙結識許有壬，一起北上赴大都。至正初以中臺、翰林舉薦得授安陽緱山書院山長，至正八年（1348）擢右衛率府教授。馬熙詩風清雅。《元詩選·初集》録其詩四首，《全金元詞》收其詞十八首。

《四庫全書總目提要》載：『是集乃至正八年有壬既致仕歸，乃以賜金得康氏廢園，於相城之西，鑿池其中，形如「桓圭」，因以「圭塘」爲名。日携賓客子弟，觴咏其間，積成巨帙，共詩二百四十九首，樂府六十六首。中惟《樂府十解》爲其客馬熙所作，餘皆有壬、有孚及楨之作。』『欸乃』，象聲詞，指行船之摇櫓聲，這裏指唱和之作，有如棹歌。故書名爲《圭塘欸乃集》。『既而楨如京師，以其本示馬熙，熙復取而盡和之，凡詩七十八首，詞八首，别題曰《圭塘補和》附之於後。』

《圭塘欸乃集》收録馬熙唱和樂府詩《摸魚子·買陂塘旋栽楊柳》等共九首并序十闋，其詩大多爲五言、七言絶句和律詩，另排律三首，詞《太常引》《漁家傲》各四。書末附有段天祐、周溥、哈喇台、丁文昇、張守玉、王翰、王國寶等跋，趙恒、陸焕然題詩二首。書末蓋有『復廬贅婣滬上所得』印。

本書據原國立北平圖書館藏甲庫善本清乾隆鮑氏抄本影印。（傅平艷）

李思聰詩文集

明李思聰撰，清光緒二十五年（1899）李氏家刻本。每半葉十行，行二十字，小字雙行同，白口，四周雙邊，單黑魚尾。

李思聰（1363—1398），字仲謀，號石林，明桂陽州（今湖南桂陽）人。洪武二十六年（1393）中舉，次年中甲戌科進士，授行人司行人。洪武二十九年奉命出使緬甸及百夷。歸後，升任江西布政司右參議。洪武三十一年十二月卒於官，後安葬故里。著有《百夷傳》（又稱《百夷紀略》）、《石林詩選》等。

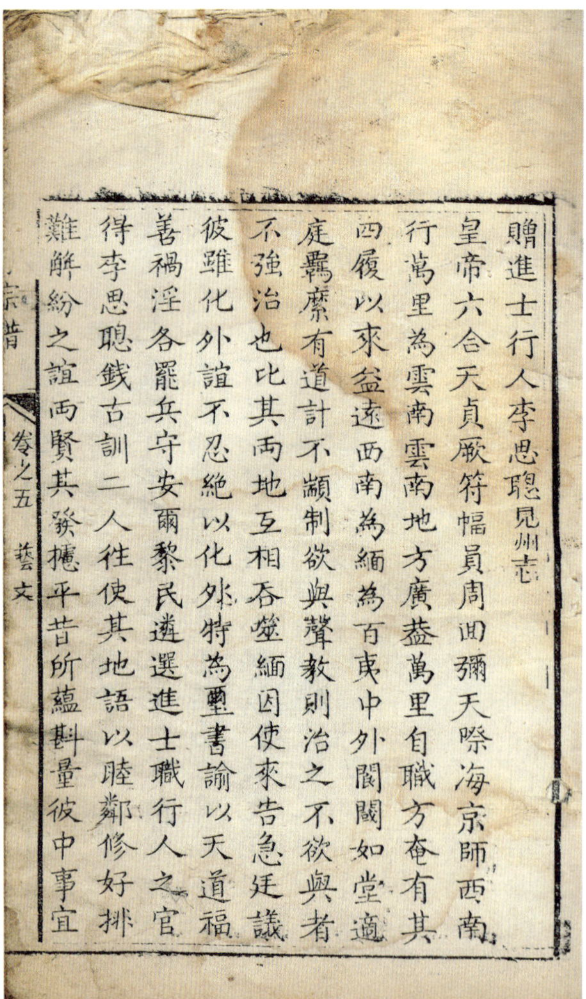
贈進士行人李思聰 見州志
皇帝六合天貞厥符幅員周囬彌天際海京師西南
行萬里為雲南雲南地方廣袤萬里自職方奄有其
西履以來益遠西南為緬為百夷中外閫閾如堂適
庭羈縻有道討不顯制欲與聲教則治之不欲與者
不強治也比其兩地互相吞噬緬因使來告急廷議
彼雖化外誼不忍絶以化外特為璽書諭以天道福
善禍淫各罷兵守安爾黎民遴選進士職行人之官
得李思聰錢古訓二人往使其地語以睦鄰修好排
難解紛之誼西賢其發攄平昔所藴斟量彼中事宜

宗譜 卷之五 藝文

《李思聰詩文集》乃《石林詩選》《百夷紀略》之合集。《石林詩選》（又稱《石林稿》《使緬詩》《聰公詩》）收詩二百一十八首，係李思聰出使緬甸沿途所作，大多爲記事寫景詩，另有《百夷紀略》一篇附後。百夷爲中國雲南與緬甸交界處的一個多民族聚集地。明時稱麓川國，今爲中國雲南德宏傣族景頗族自治州，爲作者出使緬甸必經之地。《百夷紀略》是作者叙述經歷該地時的所見所聞，是研究西南少數民族歷史文化的珍貴史料。

洪武二十九年冬月，李思聰在南京主持修纂族譜時，將《李思聰詩文集》録入族譜得以存世。集前有明初大臣、翰林學士劉三吾撰寫之《贈進士行人李思聰》，有户部尚書秦紘、户部侍郎郭槃、翰林院侍讀學士張信、禮部尚書陶凱、吏部尚書張紞、桂陽州學正劉賢、左僉都御史景清等人贈詩五十一首，有明朝大學士北海人張孚作《使緬詩後序》。

本書據民間藏清光緒二十五年（1899）李氏家刻本影印。（傅平艷）

太保朱公認真子集三卷榮哀録五卷附録三卷

明朱英撰，清乾隆十六年（1751）刻本。每半葉十行，行二十二字，四周雙邊，白口，單黑魚尾。

朱英（1417—1485），字時傑，號澹庵，又號誠庵、認真子，明桂陽縣（今湖南汝城）人。祖父朱攀麒，官陽朔縣主簿。父朱思諫，隱居不仕，朝廷贈封資政大夫。正統九年（1444），朱英中甲子科舉人，十年乙丑科與族兄朱海同舉進士，正統十二年，任浙江道監察御史。景泰年間（1450—1457）調任廣東布政使司右參議。成化元年至二十一年（1465—1485），歷任陝西左參政、福建右布

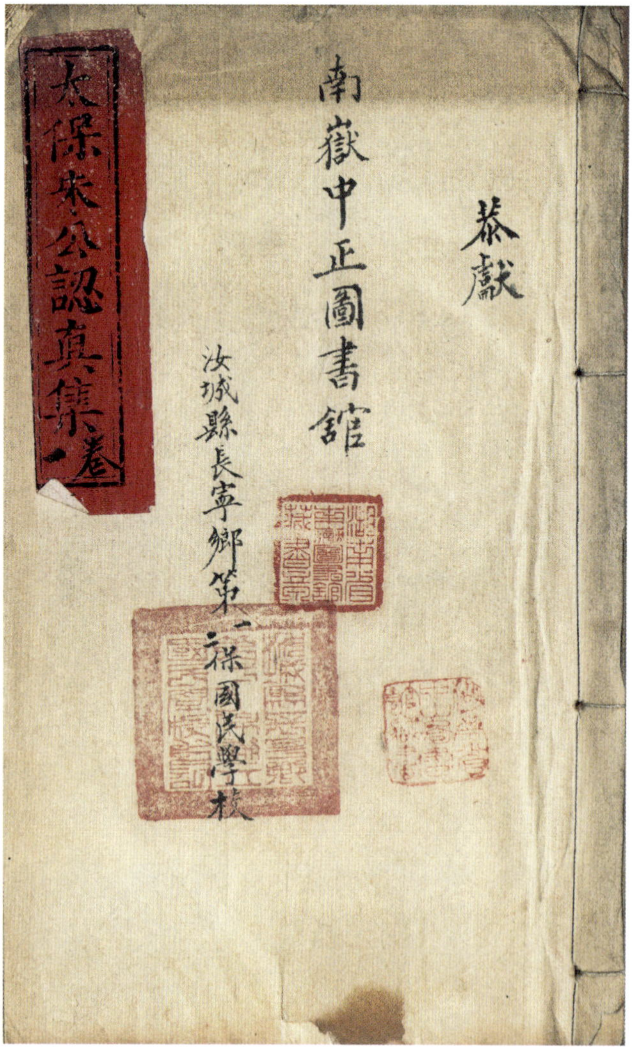

政使、陜西左布政使、都察院右副都御史、甘肅巡撫、兩廣總督，纍官至都察院御史，加封太子少保。成化二十一年七月十二日，在京城病逝，終年六十九歲，贈榮禄大夫、太子太保。正德十三年（1519），追謚『恭簡』。明户部尚書鄧庠在《朱恭簡祠堂記》中稱其有清風勁節之德，憂國憂民之心。朱英著作頗豐，有《誠庵奏稿》《宋史序》《認真子集》等。

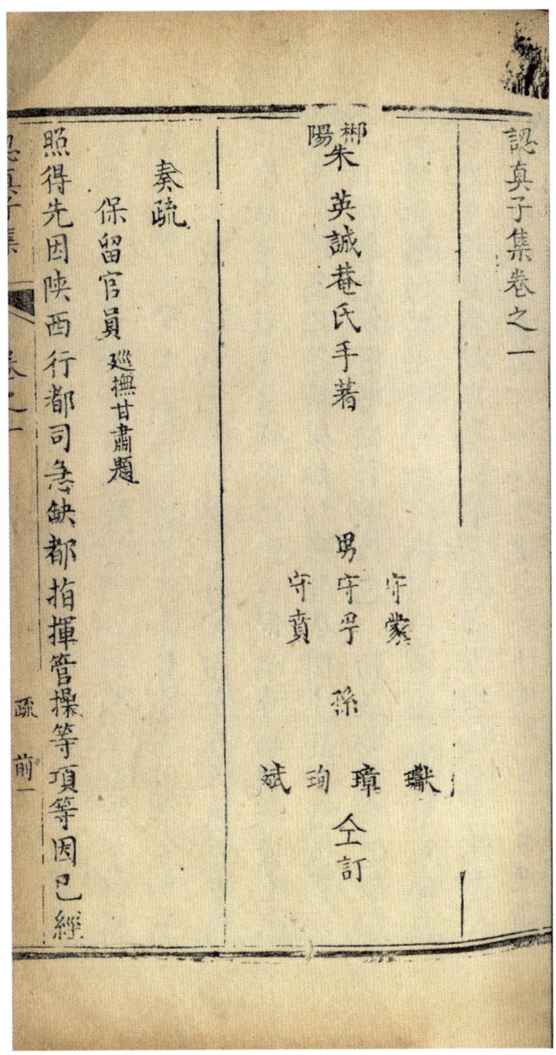
認真子集卷之一
郴陽朱英誠菴氏手著
男守孚 孫璋 仝訂
守蒙 瓛
守貢 珣 斌
奏疏
保留官員 巡撫甘肅題
照得先因陜西行都司急缺都指揮管操等項等因已經

《認真子集》有明理學家陳獻章《認真集詩原序》。序曰：『《認真子》名集，公意有所屬。顧覽者未必知。而吾以是覘，公之晚節也。』

《認真子集》全書收録雜體文七十二篇，含疏、序、引、傳、贊、書、記、銘、文、墓誌、鄉試制藝等文。收録詩一百七十九首，其中七言律六十三首、七言絶十首、五言律四首、詩餘一首、雜詩一百零一首。《認真子集》還有《太保朱公榮哀録》五卷。另有《附録》三卷，内容爲收集他人與作者相關詩文，如名勝記、親友傳記、贈詩等。《認真子集》原詩集刊於朱英在世時，後因戰火兵燹，書稿被毁。本集爲朱英九世孫於清乾隆十六年（1751）依據朱英手稿，詩集之外增加文稿重新刊刻行世。

本書據湖南圖書館藏清乾隆十六年（1751）刻本影印。（曾廣高）

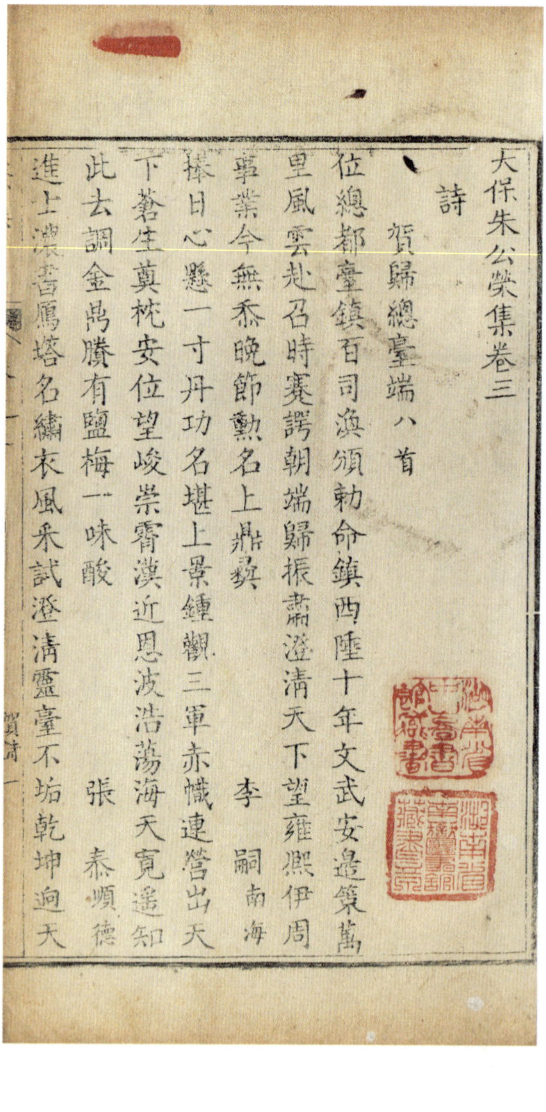
太保朱公榮集卷三
詩
賀歸總臺端八首
位總都臺鎮百司漁須勅命鎮西陲十年文武安邊策萬
里風雲起召時蹇諤朝端歸振肅澄清天下望雍熙伊周
事業今無忝晚節勳名上鼎彝　李　嗣南海
捧日心懸一寸丹功名堪上景鍾觀三軍赤幟連營出天
下蒼生奠枕安位望峻崇霄漢近恩波浩蕩海天寬遙知
此去調金鼎賸有鹽梅一味酸　張　泰順德
進上濃香鳳塔名繡衣風采試澄清靈臺不垢乾坤迥天

東溪續稿三卷別稿一卷

明鄧庠撰，明正德十年（1515）自刻本。每半葉九行，行十七字，黑口，四周雙邊，三黑魚尾。

鄧庠（1447—1524），字宗周，號東溪，明宜章縣人。成化四年（1468）湖廣鄉試中舉。成化八年登進士。成化十一年授行人司行人使。成化十五年任浙江道監察御史。成化十七年巡按陝西。弘治六年任河南按察司副使。十一年晉升按察使。次年，任廣東右布政使。纍官至南京户部尚書。嘉靖三年（1524）卒，終年七十八歲。在任時，不畏權奸，興利除害，按律論罪，甚得民心。鄧庠自成化十一年入仕，至嘉靖三年卒，歷官四十九年，

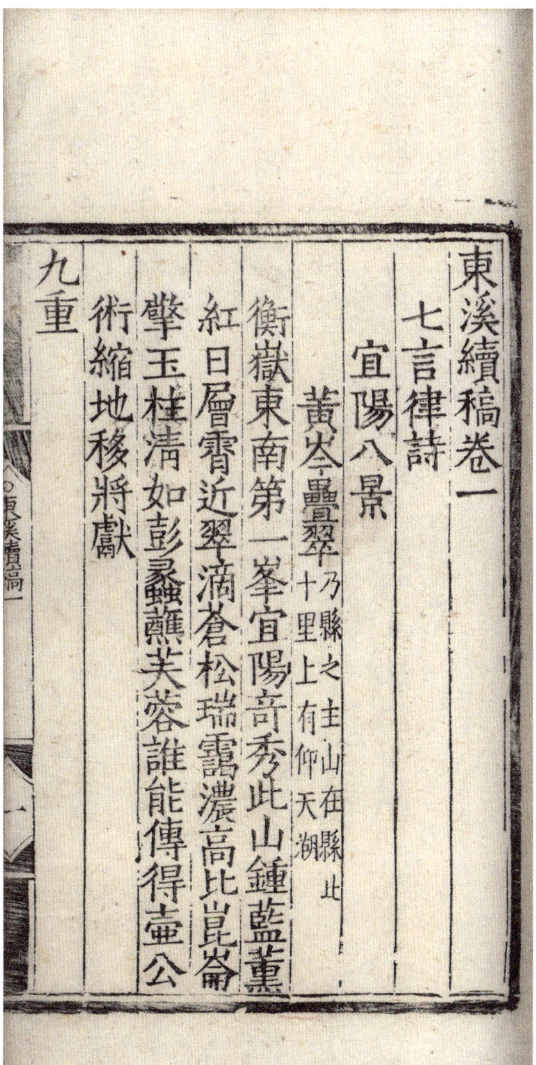
東溪續稿卷一
七言律詩
宜陽八景
黃岑疊翠（乃縣之主山在縣北十里上有仰天湖）
衡嶽東南第一峯宜陽奇秀此山鍾藍薰紅日層霄近翠滴蒼松瑞靄濃高比崑崙擘玉桂清如彭蠡蘸芙蓉誰能傳得壺公術縮地移將獻
九重
東溪續稿一

先後任職浙江、陝西、河南、廣東、江蘇，閲歷豐富，見多識廣，反映到詩中，紀游寫景詩最豐。他先後兩度辭官居家，對家鄉山水吟咏亦多。尤其是以『東溪』爲題的詩，多達數十首。『東溪』，鄧庠故鄉村邊小河名，作者以溪名爲號，作品亦以溪名冠爲《東溪稿》《東溪續稿》《東溪别稿》，惜《東溪稿》已佚。

《東溪續稿》三卷，收録七言律詩二百零一首、五言古詩五首、五言排律一首、五言律詩十八首、七言古詩三首、七言絶句七首、宫詞十二首；《東溪别稿》一卷，收録五言排律一首、七言律詩三百九十一首。兩稿總計收録詩歌六百三十九首，其中七言律詩達五百九十二首，顯見作者對七言律詩尤爲鍾愛。

本書據南京圖書館藏明正德十年（1515）自刻本影印。（曾廣高）

何文簡公文集十八卷

明何孟春撰，明萬曆二年（1574）郭崇嗣邵城刻本。每半葉十一行，行二十二字，白口，四周單邊，單黑魚尾。

何孟春生平見史部《何文簡公疏議》條。

書前有汝陽人趙賢、武陵人陳思育所撰《何文簡公文集序》。陳思育序云：『集中大都博大渾雅、準諸典謨，無騁奇抉异之態。』

《何文簡公文集》卷一爲賦十一篇，多爲人生感懷。卷二至卷三爲古詩一百四十五首。卷四爲五言排律四首、五言律三十四首、

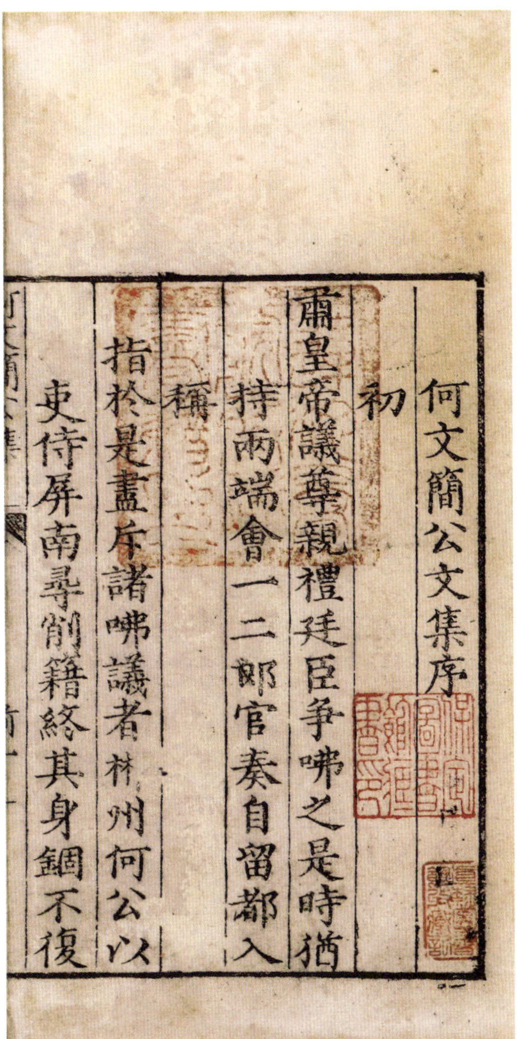
何文簡公文集序
初
肅皇帝議尊親禮廷臣爭咈之是時猶
持兩端會一二郎官奏自留都入
稱
指於是盡斥諸咈議者林州何公以
吏侍屛南尋削籍終其身錮不復

五言絶句二十首、六言絶句一首。卷五至卷六爲七言排律一首、七言律詩一百九十三首。卷七至卷八爲七言絶句一百六十三首、辭二首、操一首。卷九至卷十一爲序四十八篇。卷十二爲記十三篇。卷十三爲碑兩篇、碑銘三篇、誌銘三篇、墓表兩篇、行狀四篇、傳一篇。卷十四爲祭文二十六篇。卷十五爲詔一篇、策兩篇、疏兩篇、銘三篇、贊八篇、論三篇、文一篇、雜著四篇、古樂府二首、詞三首。卷十六爲題跋三十二篇。卷十七至卷十八爲書二百零九篇。

該書内容豐富，所涉内容上至軍國大事，下至日常生活，内容龐雜，難以盡述。其佳作，賦有《黄鶴樓賦》，詩有《崆峒山》《過長沙》《過洞庭湖》《懷遠》《記夢》《憶家》《馬嶺》《魚絳山》，記有《燕泉記》《濂溪書院記》《圓泉水記》。

本書據保定市圖書館藏明萬曆二年（1574）郭崇嗣邵城刻本影印。（曾廣高）

燕泉何先生遺稿十卷

明何孟春撰，清乾隆二十四年（1759）刻本。每半葉九行，行二十字，白口，四周雙邊，單黑魚尾。

何孟春生平見史部《何文簡公疏議》條。

《燕泉何先生遺稿》十卷又稱《燕泉集》，南京圖書館所藏著録名爲《燕泉何先生遺稿》十卷，首都圖書館所藏著録名爲《燕泉集》。

《燕泉何先生遺稿》十卷爲詩文合集。書前有何氏後裔何惟文於康熙四十一年（1702）撰《燕泉集叙》，七世孫何達廷於乾隆二十四年撰《重刊燕泉集序》，八世孫何泰吉撰《重刊燕泉集跋》，

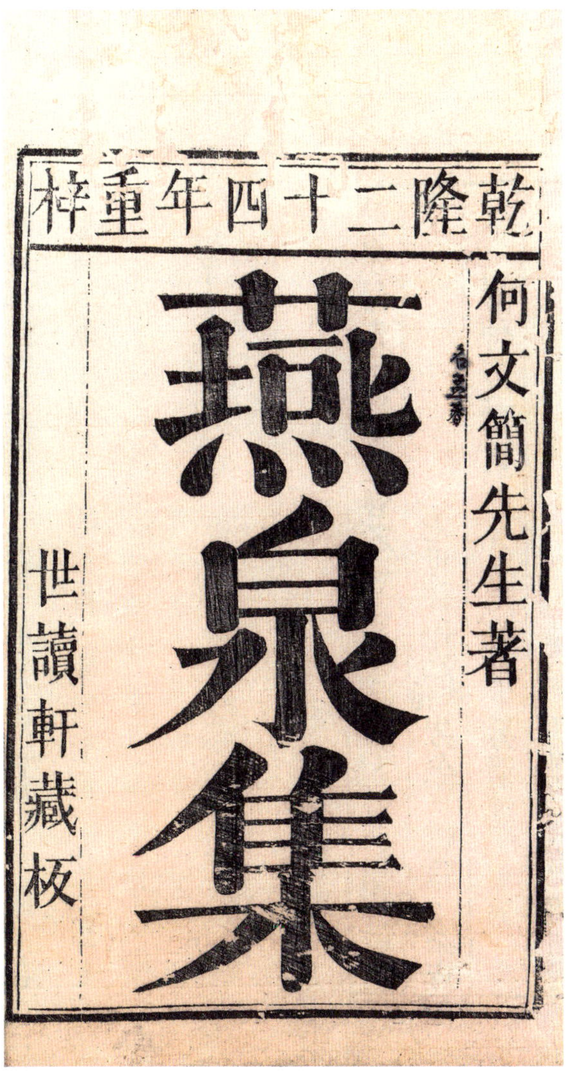

本書由七世孫何達廷編次，蓉城李昌芝、同里鄧良樑等校定。卷一爲五言詩九十六首。卷二爲五言絶句十九首、六言絶句一首、四言詩七首、歌十四首、辭七首、樂府七首。卷三爲七言詩三百四十一首。卷四爲贊十六首、銘十一首。卷五爲記十篇。卷六至卷七爲叙二十三篇。卷八爲跋十一篇、説七篇。卷九爲賦十二篇。卷十爲祭文二十四篇。

《燕泉何先生遺稿》詩文目録標題極簡，僅二、三字，罕有四字以上者，但正文標題與目録標題文字字數不一致，目録標題係後世編輯時有意節約紙張和刻版成本所致。《燕泉集》内容繁雜，涵括叙事、狀物、寫人、抒情、贈答、悼挽、祭祀，但多爲官

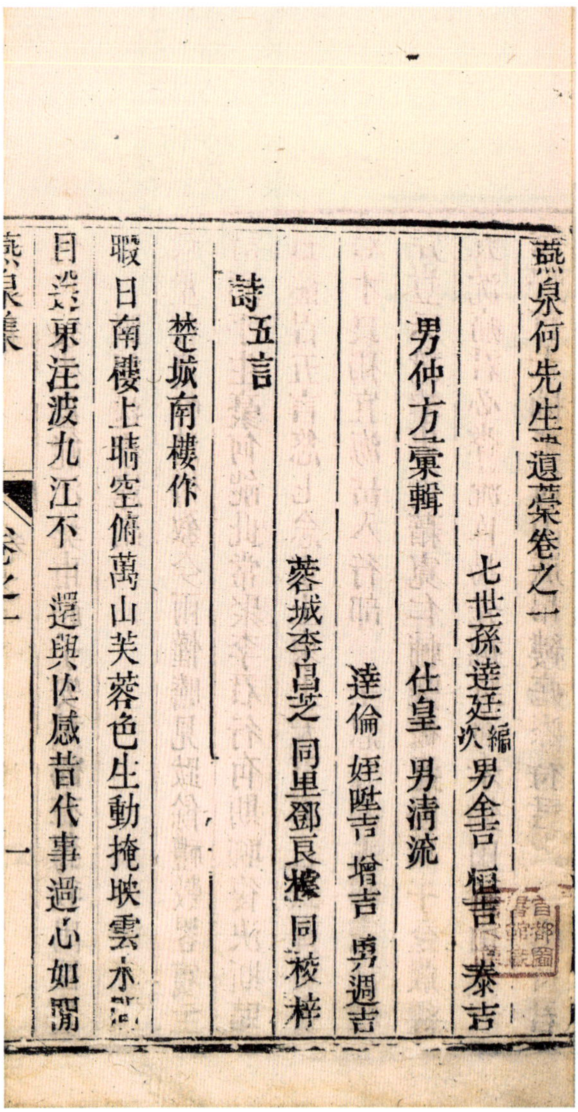
燕泉何先生遺稿卷之一
七世孫達廷編次 男金吉 恆吉 泰吉
男仲方彙輯 仕皇 男清流
達倫 姪 增吉 甥過吉
蓉城李昌芝 同里鄧良樑 同校梓
詩五言
楚城南樓作
暇日南樓上晴空俯萬山芙蓉色生動掩映雲木
目送東注波九江不一還與感昔代事過心如
燕泉集 卷之一 一

場應酬之作。何氏七世孫何達廷撰《重刊燕泉集序》云：『《燕泉集》所載詩、文、贊、銘及記、叙、歌、頌，悉文簡公居官時所應酬名公巨卿作也。』

書名《燕泉集》，其七世孫何廷達書《重刊燕泉集序》云：『集以「燕泉」名也，郴之南西隅有燕泉焉。公羨其與己相似，謂左右逢源，匯群川而放海，合百谷以朝宗。而且春和乘燕來，而見出分湛露於當寧；秋肅感燕去，而隱藏雲水於深壑，此非我公似燕泉，而燕泉似我公也。因自號曰燕泉。故書成而即以燕泉名集也。』

本書據首都圖書館藏清乾隆二十四年（1759）刻本影印。（曾廣高）

何燕泉詩集四卷

明何孟春撰，明嘉靖四十五年（1566）蔣文化刻本。每半葉九行，行十八字，白口，四周單邊，單黑魚尾。鈐『檇李蔣石林藏書畫印』等印。

何孟春生平見史部《何文簡公疏議》條。

《何燕泉詩集》書前有龍鷹山、劉穩《何燕泉先生詩集序》，書末有蔣文化《何燕泉詩集跋》。收詩四百六十七首，其中卷一爲古風六十三首，卷二至卷三爲七言律詩一百七十四首，卷三爲五言律詩三十八首、七言絶句一百七十一首、六言詩

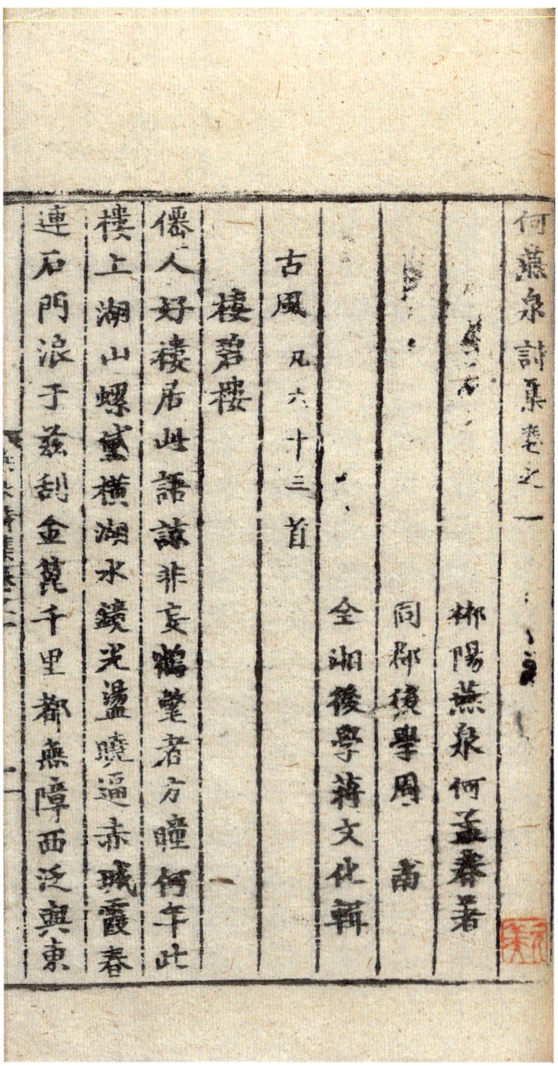
何燕泉詩集卷之一
郴陽燕泉何孟春著
同郡績學周 甫
全湘後學蔣文化輯
古風 凡六十三首
棲碧樓
僊人好棲居此語諒非妄鶴鶯者方瞳何年此
樓上湖山螺黛横湖水鏡光盪曉逼赤城霞春
連石門浪于藝剗金莧千里都無障西泛與東

一首，卷四爲五言絶句十六首、五言排律二首、七言排律二首。内容有記事，如《河西行》《寧延道中》《雪中友人見約》《甘州察院元日題壁》《阻風》等；有感懷，如《雜言》《言别》《山中述懷》《宫怨》《春恨》等；有寫景，如《嘉峪關》《鳳凰臺》《桃源洞》《風穴山》等；有贈别，如《送朱御史按廣中雜言》《送高世資任臨安幕》《送唐訓導》《送李尚書歸彰德》《留别曾二丈》等；有悼亡，如《挽張光世》《挽鄧都司》《哭孟旦弟》《挽白司務》等；有寫人，如《卓文君》《蔡文姬》《廉頗》等；有咏物，如《杜鵑》《鵲》《燕》《黄雀》《鷺鷥》等。其中以贈答、旅記詩居多。

本書據中國國家圖書館藏明嘉靖四十五年（1566）蔣文化刻本影印。（曾廣高）

擬古樂府二卷

明李東陽撰，明何孟春注，明隆慶四年（1570）刻本。每半葉八行，行十六字，小字雙行同，白口，四周雙邊，單黑魚尾。

何孟春生平見史部《何文簡公疏議》條。李東陽（1447—1516），字賓之，號西涯，別號懷麓，明茶陵人。天順八年（1464）舉二甲進士第一。曾任禮部右侍郎、侍讀學士、光禄大夫、左柱國、少師兼太子太師、華蓋殿大學士。死後贈太師，謚『文正』。

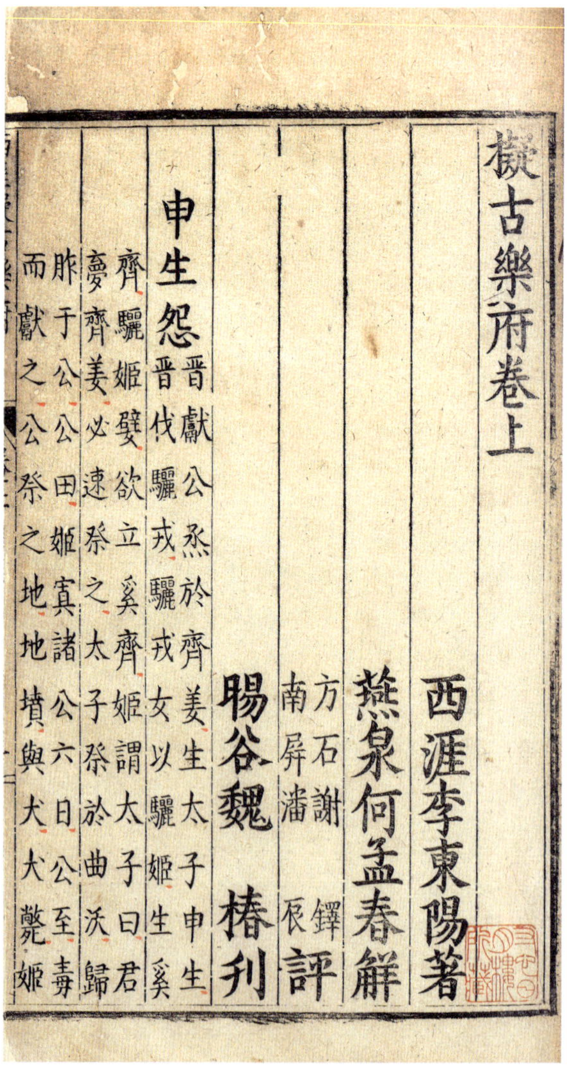
擬古樂府卷上
西涯李東陽著
燕泉何孟春解
方石謝鐸 南屏潘辰 評
暘谷魏椿 刋
申生怨 晉獻公烝於齊姜生太子申生 晉伐驪戎驪戎女以驪姬生奚齊驪姬嬖欲立奚齊姬謂太子曰君夢齊姜必速祭之太子祭於曲沃歸胙于公公田姬寘諸公六日公至毒而獻之公祭之地地墳與犬犬斃姬

李東陽推賞漢魏樂府古辭，於弘治年間選取史册所載忠臣義士、幽人貞婦、奇踪异事，作樂府古辭一百零一首，於弘治十七年（1504）初成兩卷。是年正月，李東陽作《擬古樂府》於書前云：『間取史册所載，忠臣義士、幽人貞婦、奇踪异事，觸之目而感之乎心，喜愕憂懼，憤懣無聊，不平之氣，或因人命題，或緣事立義，托諸韵語，各爲篇什長短，豐約惟其所止，徐疾高下，隨所會而爲之。内取達意，外求合律……。』有隆慶四年庚午（1570）高文薦作《序》刊刻葉首，評云：『人謂杜少陵爲詩史偉哉，西涯謂爲詞史也。』高文薦書序落款爲『隆慶庚午四月』，據此當在隆慶庚午年（1570）之後成書。該書刻本較多，曾有顧佖刻本、魏椿刻本、李一鵬刻本、釋袾宏刻本、唐堯臣刻本、長壽刻本、何泰吉刻本等。日本有安政五年（1858）聯腋書院木活字本、高麗刻本等。李東陽生前將此書收於《懷麓堂稿》中。

李東陽門生郴州人何孟春爲該書作注。何注精詳準確，每首詩題下注，解題并述背景，數十字至數百餘字長短不等，《穎水濁》題下注則長達五百七十餘字。詩間注有字音注、字源注、字義注、典故注。有助於讀者對詩題、背景、字義、詞義加深理解。何注文字數十倍於詩稿，足見何孟春對老師李東陽之詩用心之專，用情之深。該書有李東陽友人謝鐸、潘辰評點，附於每首詩後，讓初學者得窺堂奧。

本書據首都圖書館藏明隆慶四年（1570）刻本影印。（曾廣高）

何燕泉注陶靖節集十卷

明何孟春撰，明正德刻本。每半葉十行，行二十字，小字雙行同，白口，四周單邊，無魚尾。鈐『精衛』『雙照樓中夜讀書』『津逮樓』『金陵甘氏藏書卷』等印。

何孟春生平見史部《何文簡公疏議》條。

《何燕泉注陶靖節集》卷一至卷四爲詩，卷五爲賦、辭，卷六爲傳、贊，卷七爲述、記、疏、祭文，卷八至卷九爲集聖賢群輔録，卷十爲附録。何孟春之注《陶靖節集》，溯源釋典，揭秘解難，闡發幽微，注疏精準，倍受後世珍重。明陳察序中稱：『陶注亦

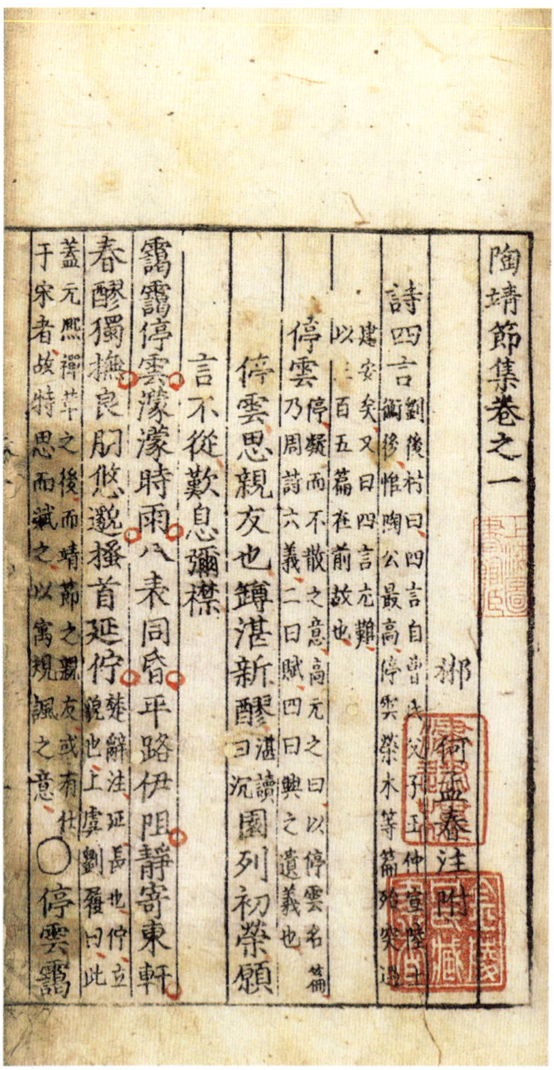
陶靖節集卷之一
郴　何孟春注附
詩四言劉後村曰四言自曹氏父子王仲宣陸士衡後惟陶公最高停雲榮木等篇殆突過建安矣又曰四言尤難以三百五篇在前故也
停雲停凝而不散之意高元之曰以停雲名篇乃周詩六義二曰賦四曰興之遺義也
停雲思親友也罇湛新醪湛讀曰沉園列初榮願言不從歎息彌襟
靄靄停雲濛濛時雨八表同昏平路伊阻靜寄東軒春醪獨撫良朋悠邈搔首延佇楚辭注延長也佇立貌也上虞劉履曰此蓋元熙禪革之後而靖節之親友或有仕于宋者故特思而賦之以寓規諷之意○停雲靄靄

頗多，然其間缺誤不少，至於公始克大備云。』『今覽茲注，又益得以挹其意味，興寄之高遠，而凡當時身外浮踪，舉不足爲之軒輊矣。』

本書據上海圖書館藏明正德刻本影印。（曾廣高）

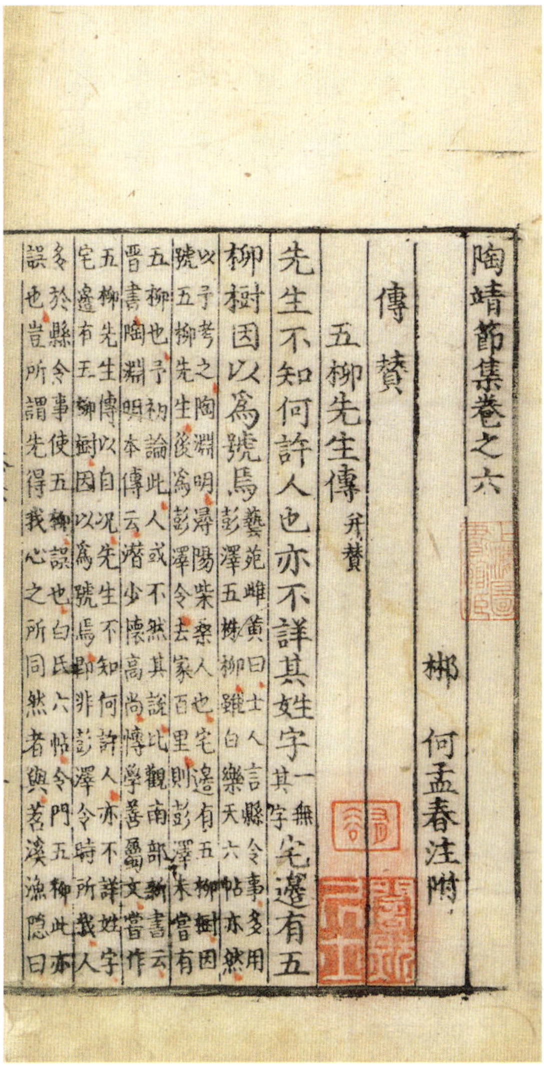
陶靖節集卷之六

郴 何孟春注附

傳贊

五柳先生傳 幷贊

先生不知何許人也亦不詳其姓字一無其字宅邊有五柳樹因以爲號焉藝苑雌黃曰士人言縣令事多用彭澤五株柳雖白樂天六帖亦然以予考之陶淵明尋陽柴桑人也宅邊有五柳樹因號五柳先生後爲彭澤令去家百里則彭澤未嘗有五柳也予初論此人或不然其誤比觀南部新書云晉書陶潛本傳云潛少懷高尚博學善屬文嘗作五柳先生傳以自况先生不知何許人亦不詳姓字宅邊有五柳樹因以爲號焉則非彭澤令時所栽人多於縣令事使五柳誤也白氏六帖令門五柳此亦誤也豈所謂先得我心之所同然者與苕溪漁隱曰

餘冬詩話二卷

明何孟春撰，清道光十一年（1831）六安晁氏木活字《學海類編》本。每半葉九行，行二十一字，白口，左右雙邊，單魚尾。

何孟春生平見史部《何文簡公疏議》條。

《餘冬詩話》是後人從《餘冬序録》中將論及詩文理論之語摘録彙編而成。《四庫全書總目提要》載：『今檢其文，實於孟春《餘冬序録》中摘其論詩者，詭題此名也。』今存二卷。

《餘冬詩話》對詩人詩作、詩文體裁、文物典

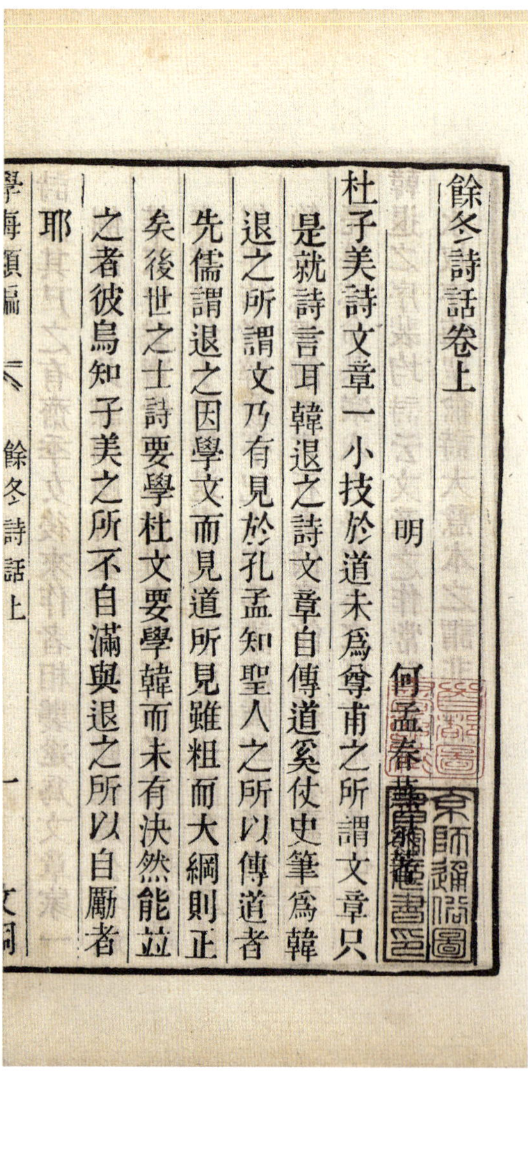

餘冬詩話卷上

明 何孟春

杜子美詩文章一小技於道未爲尊甫之所謂文章只是就詩言耳韓退之詩文章自傳道奚仗史筆爲韓退之所謂文乃有見於孔孟知聖人之所以傳道者先儒謂退之因學文而見道所見雖粗而大綱則正矣後世之士詩要學杜文要學韓而未有決然能竝之者彼烏知子美之所不自滿與退之所以自勵者耶

學海類編 餘冬詩話上 一

故等諸多方面都有評説探究，内容豐富，較爲蕪雜，或因摘録於《餘冬序録》，或因多爲讀書記録，或是聽聞感觸隨記，因而詩話多爲節言段語，没有整體篇章節目。其内容主要有：一爲評論古今詩人。何孟春好評古今詩人，尤以唐宋以來的詩文作家評説較多，且言辭犀利。二爲評説古今詩作。包括詩作理論、詩學思想、詩文體裁、字詞句音韵等。評説中『以文載道』的特點較爲明顯。認爲詩作是詩人思想情感和自身心態的表白，這種表白必須符合儒家倫理道德，詩作藝術則次之。三爲釋析文物典故。以己之見補遺糾誤。

《餘冬詩話》對古今詩人、詩作的評論既有前人思想、風格的繼承，又有自身主觀見解和獨特風格。雖内容較爲蕪雜，未見完整體系，見解亦與詩論异同不一，但却是作者個性的表露。細品《餘冬詩話》，其中藴藏的豐富詩文理論和詩文創作的積極思想，對詩歌繼承發展具有一定的借鑒作用。

本書據首都圖書館藏清道光十一年（1831）六安晁氏木活字《學海類編》本影印。（曹知法）

覺思編四卷

明何鋭撰，清道光三年（1823）佩印堂刻本。每半葉九行，行二十三字，白口，四周雙邊，單黑魚尾。

何鋭（1499—1577），字蒙泉，明桂陽州（今湖南桂陽）人。工詩文。明嘉靖貢生，入南京國子監。少負穎才，二十年不得第，告歸桂陽，取李泌白衣之事，自號『衡白山人』。知州林垠甚重之，勸出補官，選鹽亭主簿。巡撫愛其才，拔爲合江知縣。因政績卓著，後調瀘州，所至多惠政，司道考察，常列第一。著有《覺思編》《［嘉靖］續修桂陽州志》等。

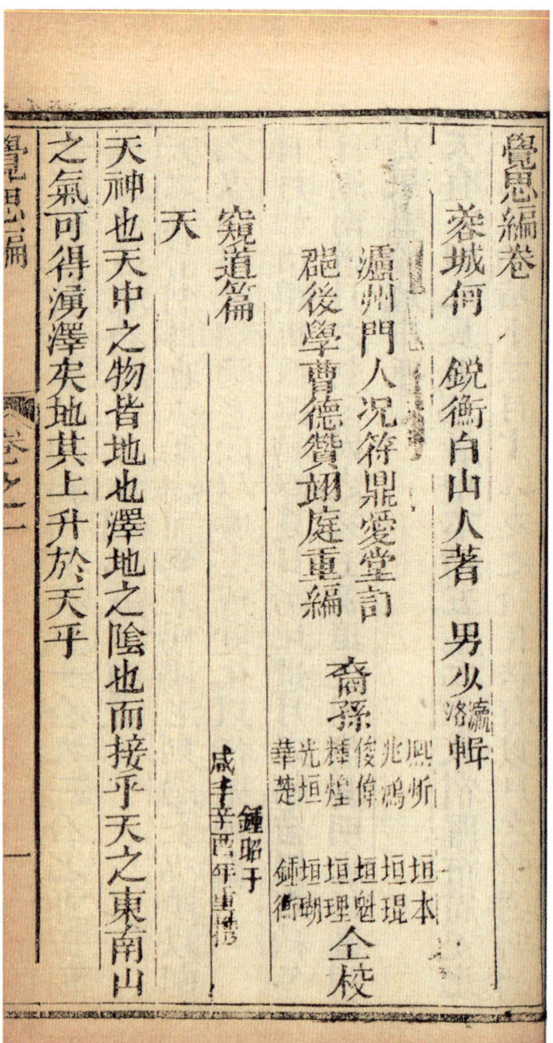
覺思編卷
蓉城何　鋭衡白山人著　男少瀛
瀘州門人況符鼎燮堂訂
後學曹德贊翊庭重編　裔孫　仝校
咸豐辛酉年重修
窺道篇
天
天神也天中之物皆地也澤地之陰也而接乎天之東南山
之氣可得潰澤夾地其上升於天乎
覺思編　卷之一　一

『覺思』之義，作者在書前《覺思編引》一文中自述云：『今發已種種，寂無一德一功可指，幾虚度此一生。然日與物交，而事業惴惴，已無餘力。至夜分斯寢，寢而夢，夢而覺，覺而思，思而有所得者，即起而書焉。久之纍以成帙也，因名其編曰「覺思」。』

《覺思編》四卷，卷一收文十七篇，分覺思編案談、窺道篇、釋義篇、質經篇，多爲讀書心得。卷二收文四十五篇，分讀史篇、尊正篇、闢异篇、五倫篇，爲讀書心得和論文。卷三至卷四收詩二百零六首，其中五言古五首、七言古十七首、長短句六首、五言絶十六首、七言絶五十一首、五言律五十八首、七言律五十三首，另附詩解五篇、雜文十一篇。

封面《覺思編》書名爲手書隸書大字，右注『蓉城何鋭著』小字，上注『道光癸未冬鐫』小字，左下注『佩印堂藏板』小字。卷首蓋有方型篆刻『愚齋圖書館藏』朱紅印章，『愚齋圖書館』是清末大臣盛宣懷的私家藏書館。書前附曹德贊、杜陵雲、朱盡、何孟春等人序跋文及自序。何孟春評曰：『余覽其文，誠淹貫群書，獨標已見。評騭經史，咏歌花鳥，隨景寫懷，遇事留題，詩與文率，皆翻新立論，自闢蠶叢，另開生面，足以擴發學人心思。歌有思，哭有懷，於以自鳴不得已，非同碌碌轂音也。』

本書據華東師範大學圖書館藏清道光三年（1823）佩印堂刻本影印。（曾廣高）

温陵留墨不分卷

明朱炳如撰，明萬曆刻本。每半葉十行，行二十字，白口，左右雙邊，單黑魚尾。

朱炳如（1514—？），字雅文，號白野，明桂陽縣（今湖南汝城）人。正德九年（1514）生於衡陽。嘉靖三十八年（1559）進士，官行人，奉使藩府，晋御史，出按兩淮鹽政，又按廣西，後出守泉州，纍官陝西左布政使。

《温陵留墨》收録朱炳如泉州任上時所著詩文。其中收録詩二十五首，均爲五七言，内容有寫景、記事、感懷、贈别、奉和等；文二十三篇，均爲朱炳如

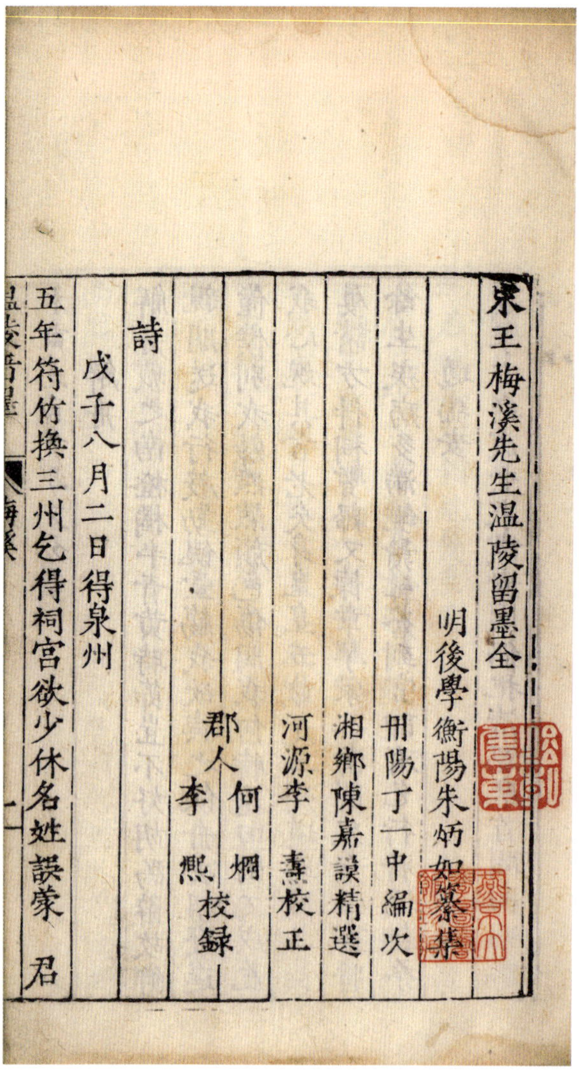
宋王梅溪先生温陵留墨全
明後學衡陽朱炳如纂集
郴陽丁一中編次
湘鄉陳嘉謨精選
河源李壽校正
郡人何烱　李熙校録
詩
戊子八月二日得泉州
五年符竹換三州乞得祠宮欲少休名姓誤蒙　君
温陵留墨　梅溪　一

泉州任上所作公文，爲序、引、記、祝文、諭，内容有記事、有告白、有議論、有書信、有應酬，多關乎人生懿行、理政要務。

該書由丁一中、陳嘉謨、李燾合編而成，丁一中作序。温陵爲古泉州名，故名『温陵留墨』。丁一中乃温陵朱炳如之繼任者，字少鶴，丹陽人。因朱炳如與泉州梅溪、西山二公爲泉州三賢，同享盛名，同留遺墨，故而一并刊刻。丁一中序云：『是公之可紀而可思者，既足以追配二公，而其文亦温厚典雅，藹乎爲君子長者之言，知必能偕二公之文以行遠而傳後焉，無疑也。』書末附有萬曆元年（1573）泉州人黄鳳翔撰《三先生温陵留墨後序》，述梅溪王公、西山真公、白野朱公三賢温陵留墨同刊之緣起『古今稱吾郡良守者，則梅溪王公、西山真公其最著矣！兹刻兩公遺墨，而次朱白野公之制作附焉者，直以其令政卓績……』。

本書據北京大學圖書館藏明萬曆刻本影印。（曾廣高）

虛籟集十四卷

明劉堯誨撰，清康熙六十一年（1722）劉適孝刻本雍正六年（1728）續刻本。每半葉九行，行二十字，白口，左右雙邊，單黑魚尾。

劉堯誨生平見史部《蒼梧總督軍門志》條。

《虛籟集》爲其六世孫劉心忠編。前冠陳宗契、趙侗敎序。卷一爲議，收録《治河議》上、中、下三篇。卷二爲序，收録序文十二篇，多爲他人著作、譜牒、壽喜作序褒獎。卷三爲記，收録《止習草堂記》《韓張亭記》等散文八篇，其中《韓張亭記》是爲紀

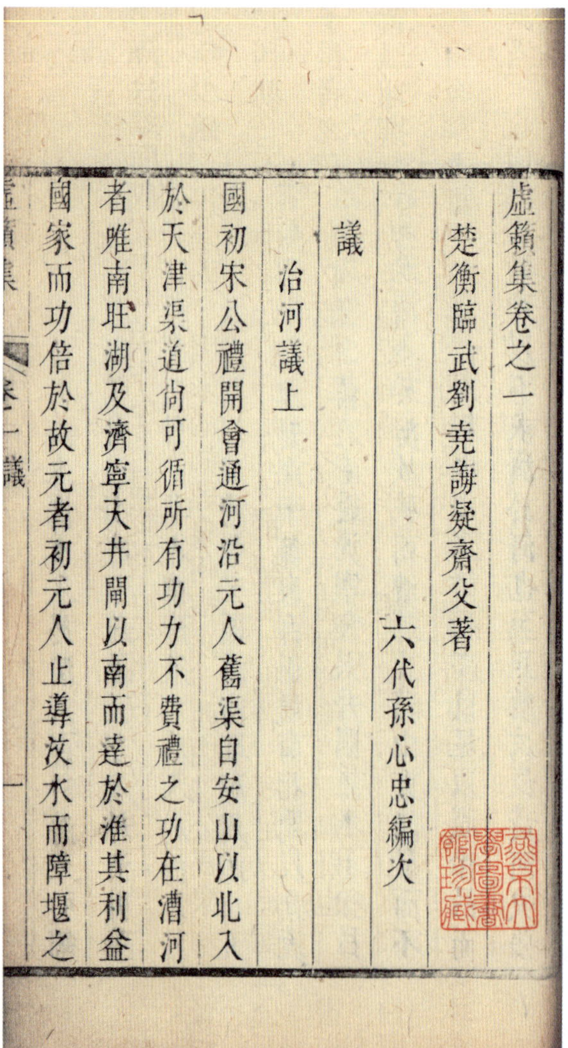
虛籟集卷之一
楚衡臨武劉堯誨凝齋父著
六代孫心忠編次
議
治河議上
國初宋公禮開會通河沿元人舊渠自安山以北入於天津渠道尚可循所有功力不費禮之功在漕河者睢南旺湖及濟寧天井閘以南而達於淮其利益國家而功倍於故元者初元人止導汶水而障堰之

虛籟集 卷一 議 一

念唐代韓愈、張署在臨武期會建亭而作。卷四爲論，收録《性》《格物》《湯武》等論文十六篇，論極簡短，但都針砭時弊。卷五爲啓，收啓文十八篇，近似於説明文字。卷六爲書，收録劉堯誨往來書信三十二封。卷七爲説，收録《大方》《求病》《脱罹》《原我》《任人》等十七篇，多爲修身養性之心得感悟。卷八爲祭文，收録《告祖》《祭彭母》《祭妹》《祭南京太僕寺少卿劉仁山年丈》等祭奠先祖、親友、同事悼文二十八篇。卷九爲雜著，收録《天問》《詛風伯文》《天文星圖説》等七篇。卷十至卷十三爲詩詞，卷十收五言古十三首、七言古七首、歌三首。卷十一收五言律詩八十八首、五言排律二首。卷十二收七言律詩一百零八首。卷十三收五言絶句四首、六言絶句四首、七言絶句三十九首。卷十四收詞調三首、偈四首、聯五聯。末附《蓋庵遺文》《一溪遺文》《一溪遺詩》《藜軒遺文》《震陽遺文》《纂述世澤録》《居山詩》。

書名《虚籟集》，據趙侗斆序云：『何名爲「虚籟」也，此又可以見先生之心。益先生學問既與濂洛爲友，豈屑以詩文鳴世，其志幾幾欲以人合天，不得已而見諸言若虚籟云爾。』

本書據北京大學圖書館藏清康熙六十一年（1722）劉遹孝刻本雍正六年（1728）續刻本影印。

（曾廣高）

劉堯誨先生全集殘卷

明劉堯誨撰，清抄本。每半葉九行，行二十字，無框。

劉堯誨生平見史部《蒼梧總督軍門志》條。

《劉堯誨先生全集》十六卷，含《南垣疏稿》一卷十三篇；《撫閩疏稿》一卷二十一篇；《虛籟集》十四卷。該書僅存《南垣疏稿》《撫閩疏稿》二卷，《虛籟集》前五卷。

《南垣疏稿》《撫閩疏稿》二卷，爲巡撫江西、福建時選人用人、戍邊治軍、治安民情、政務朝制

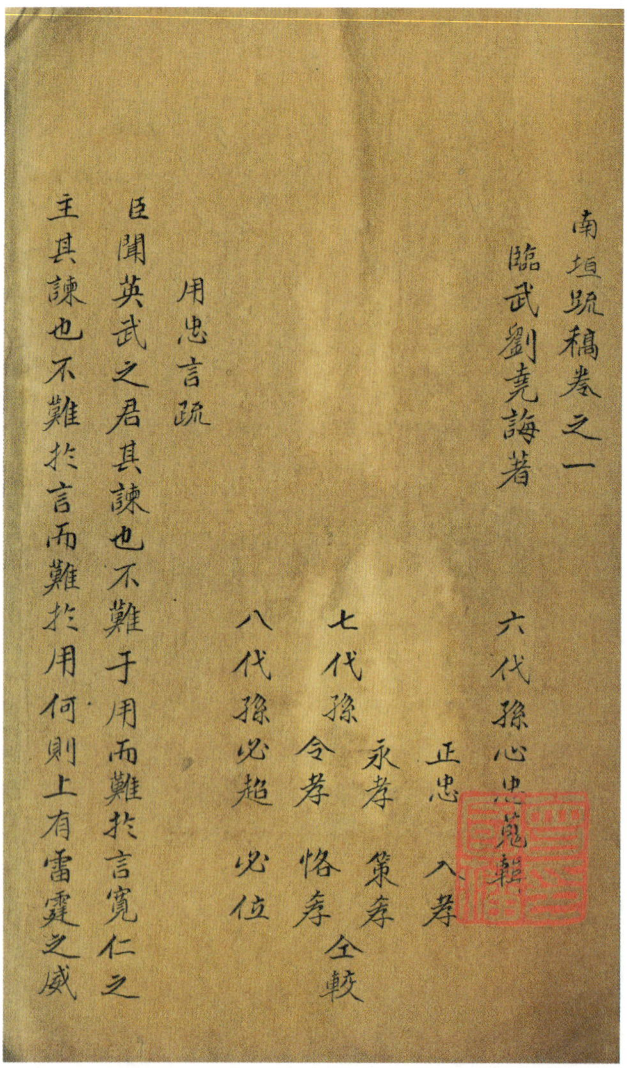
南垣疏稿卷之一
臨武劉堯誨著
六代孫心忠蒐輯
正忠　八孝
永孝　策孝
七代孫　令孝　恪孝　仝較
八代孫必超　必位
用忠言疏
臣聞英武之君其諫也不難于用而難於言寬仁之
主其諫也不難於言而難於用何則上有雷霆之威

等奏請朝廷的條陳建議。《虚籟集》前五卷爲文。卷一爲議，收録《治河議》上、中、下三篇。卷二爲序，收録序文二十六篇，多爲他人著作、譜牒、壽喜作序褒獎。卷三爲記，收録《止習草堂記》《韓張亭記》等散文八篇。其中《韓張亭記》是爲紀念唐代韓愈、張署在臨武期會建亭而作。卷四爲論，收録《性》《格物》《湯武》等論文十六篇，論極簡短，但都針砭時弊。卷五爲啓，收啓文十八篇，近似於説明文字。四庫館臣稱其：『論性、論格物，頗拾姚江緒餘。』

本書據湖南圖書館藏清抄本影印。（曾廣高）

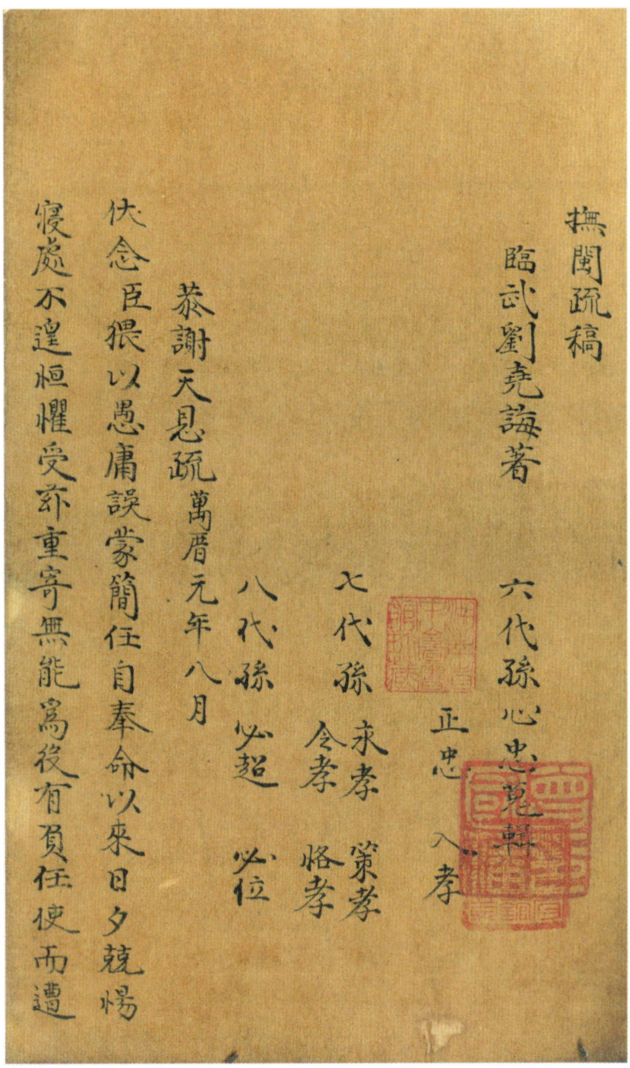
撫閩疏稿
臨武劉堯誨著
六代孫心忠 心乾輯
正忠 入孝
七代孫 永孝 榮孝
令孝 恪孝
八代孫 必超 必位
恭謝天恩疏 萬曆元年八月
伏念臣猥以愚庸誤蒙簡任自奉命以來日夕兢惕
寢處不遑恒懼受爵重寄無能爲役有負任使而遺

紫園草二十二卷

明曾朝節撰，明萬曆二十五年（1597）吴楷等河東刻本，每半葉十行，行二十字，白口，左右雙邊，白魚尾。

曾朝節生平見經部《新刻易測》條。

《紫園草》係曾朝節文集，書前有曾朝節《紫園草引》。據《紫園草引》云：『紫園者，余所卜紫玉園也。』所處在南嶽『祝融峰下』。

《紫園草》的一個重要組成部分是散文類，共十二卷，前四卷爲序六十篇，序文多爲賀詞應酬之作。卷五

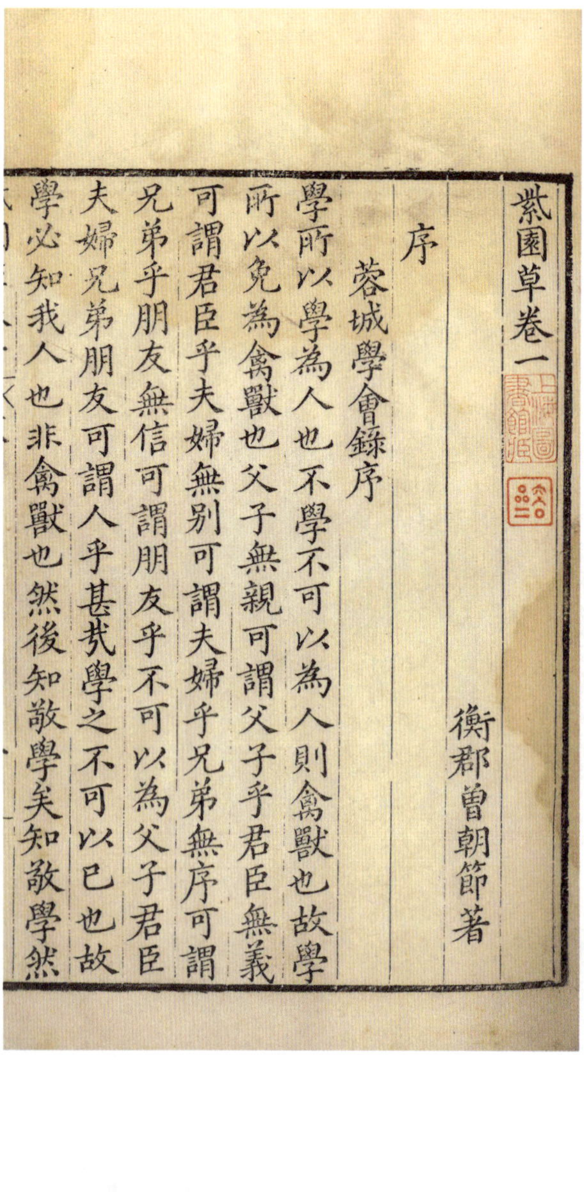

紫園草卷一

序

蓉城學會録序　　衡郡曾朝節著

學所以學為人也不學不可以為人則禽獸也故學所以免為禽獸也父子無親可謂父子乎君臣無義可謂君臣乎夫婦無別可謂夫婦乎兄弟無序可謂兄弟乎朋友無信可謂朋友乎不可以為父子君臣夫婦兄弟朋友可謂人乎甚哉學之不可以已也故學必知我人也非禽獸也然後知敬學矣知敬學然

爲記八篇，乃寫景記事；行狀二篇、墓碑三篇，乃寫人記事。卷六爲誌銘十五篇。卷七爲墓表二篇、傳四篇、述三篇，皆爲寫人；議二篇、疏四篇、説三篇，皆爲上奏公文。卷八爲論九篇，多是爲人處世之論。卷九爲策七篇，主要論述古人爲人爲官之道，文辭艱澀，義理深邃。卷十爲書、啓、揀七十一篇，主要記載曾朝節的人際關係，生活軌迹，同時也表達了著者對時事的看法與價值取向。卷十一爲祭文三十四篇。卷十二爲雜文六篇，應制詞曲二十九首，奉旨撰對聯二百六十聯。

《紫園草》另一個重要組成部分是詩歌，共十卷，七百餘首。含四言詩、五言古、五言律、五言排、五言絶、七言古、七言律、七言排、七言絶、賦共十種詩體。占比最大的是律體，五言律一百九十八首、七言律二百八十九首，咏詩内容繁雜，難以盡言。

本書據明萬曆二十五年（1597）吴楷等河東刻本影印，卷一至七爲上海圖書館藏，卷八至二十二爲中國國家圖書館藏。（曾廣高）

驥鳴三十韻

明曾紹芳撰，明萬曆刻本。每半葉九行，行十九字，白口，四周雙邊，單黑魚尾。

曾紹芳，生卒年不詳，字世德，號蘭若，明永興縣人。父母早喪，由伯父撫養成人，幼苦讀。萬曆二十八年（1600）中舉人，三十五年登進士。初任浙江烏程縣令，不久升户部主事，後改任東川參議，政績有聲。

《驥鳴三十韻》書首有宋光夏撰《驥鳴小引》，曾紹芳自序介紹，曾紹芳與周龍侯、胡肖山、許信、鄧懷初五人交好，經歷不平。序中言『余五人者，

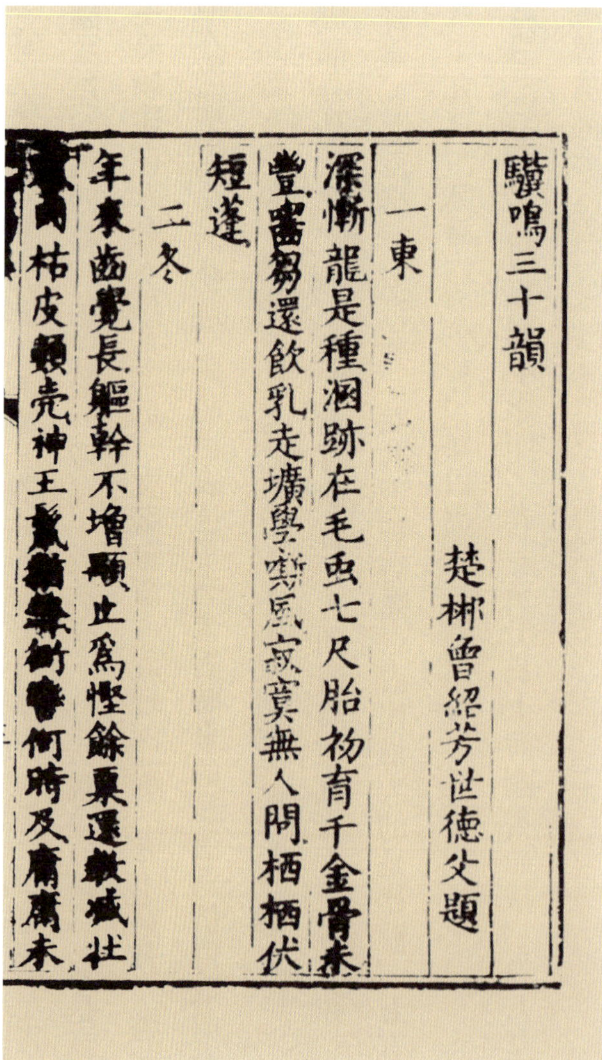
驥鳴三十韻
楚郴曾紹芳世德父題
一東
深慚龍是種泅跡在毛蟲七尺胎[illegible]育千金骨未[illegible]囓芻還飲乳走壙學嘶風寂寞無人問栖栖伏短蓬
二冬
年來齒覺長軀幹不增顒止爲慳餘粟還[illegible]減壯[illegible]枯皮[illegible]亮神王[illegible][illegible][illegible]銜[illegible]何時及膚腐未

其遇同而感憤悲愴；余五人者，其志亦同，舒於鬱極之餘，而暴於久沉之後，其相與以鳴也』。作者自喻爲驥，故以三十韵詩書寫五人自幼至老歷程之不凡，心中之不平，故又名《驥鳴集》。

曾紹芳卷末注其概述内容云：『右一章至二章喻幼而孤寒無知己之遇，三章至五章喻長而歷試有用世之資，六章至七章狀南宫奏捷之榮也，八章至十一章述苕溪作宰之苦也，十二至十五章被謗歸田惓惓有戀主匡時之意，十六至二十一章出補京幕殷殷有振滯拔淹之思，二十二至二十三章聞别駕之驟遷志喜也，二十四至二十九章明驥足之不展志慨也，末章則知其無可奈何而安之亦怨而不誹之意云。』又宋光夏小引云：『據案揮毫，一日而成三十韵，語不費敲推，意合天巧。』讀之令人感慨。

本書據北京大學圖書館藏明萬曆刻本影印。（曾廣高）

覺思毳十卷

清何文麃撰，清咸豐十一年（1861）刻本。每半葉八行，行二十字，白口，四周雙邊，單黑魚尾。

何文麃（1598—1675），字國英，號景昭，別號才符子，清桂陽州（今湖南桂陽）人。精醫術、天文。性孝，明亡不欲應試，嫡母周語之曰：『新令敦促不往，人疑忌，母子不安矣！』垂涕出試，遂爲州生員，自此不復赴試。布衣窮巷，饘粥不充晏如也。吳三桂叛，禮聘出仕，避而不見。後游里巷中，不妄交游，托醫術自隱。知州敬慕其行，常屈己就見，然莫能致。雅好博覽，雖窮老殷殷，以著述爲志。

《覺思毳》書名奇特。有七世孫何垣本叙曰：『「覺思」之義，肇自明時，八世先祖衡白公，官蜀瀘州，多惠政。謂當寢而夢，夢而覺，覺而思，思之有合於道者，即起而書之。而覺思名焉。公餘之暇，著有《覺思編》八卷。其謂之毳者，按《説文》：「毳」獸細毛也，又鳥腹毛亦曰毳。以爲後有作者上承衡白祖《覺思編》之遺要皆爲其餘緒，不啻獸之細毛鳥之腹毛也。』該書前有

州司馬林玉樹，州分州沈培，本家孫何垣本、何鍾昭、何輝煌，堂侄何壯等六人叙。曹德贊在《覺思編叙》中稱其書『上下千年，縱横萬里，有學有識，足與何文簡《餘冬序録》互相頡頏』。

《覺思毳》十卷，卷一至卷六爲散體文二百二十七篇，其中含述十一篇、辯三十七篇、議一篇、解三十四篇、記三十六篇、説十六篇、序十八篇、文十六篇、書二十篇、傳二十二篇、贊八篇、銘三篇、碑五篇，内容涵括天文、地理、政事、人文、醫道。卷七至卷十爲韵體文共五百多首，以律絶爲主，有律詩一百九十三首、絶句二百二十首、調七十一首、謎四十二首，内容以感懷叙事居多，其怪异處書中還有仿『禽言蟲語』八首、『對字連環串』三首、詩謎四十二首、回文詩二十首。體現了作者雅好博覽、以文爲樂的人生態度。

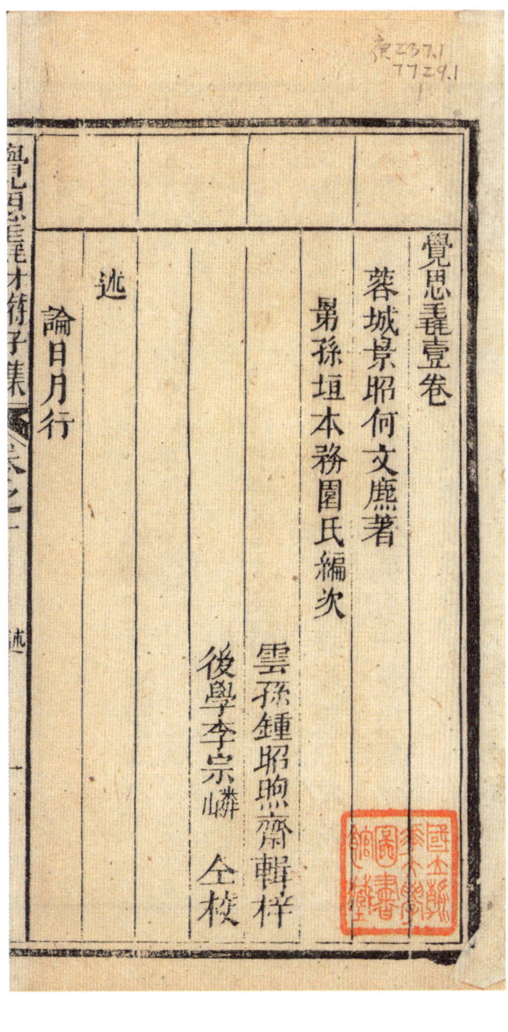

本書據華東師範大學圖書館藏清咸豐十一年（1861）刻本影印。（曾廣高）

蘇溪詩集十卷

清范秉秀撰，清康熙三十五年（1696）盧陽范氏刻本。每半葉八行，行二十一字，小字雙行同，白口，四周雙邊，單黑魚尾。

范秉秀，生卒年不詳，字伊璜，清桂陽縣（今湖南汝城）人。康熙二十四年（1685）拔貢。曾佐貴州提學吴自肅、雲貴總督范承勛幕。工草書。

《蘇溪詩集》成書於康熙三十五年五月中旬，時任桂陽（今湖南汝城）縣令鹿賓命梓，由其女婿朱轂，兒子開祈、開禮、開禧編訂。蘇溪，村名，在今雲南省雲龍縣舊州鎮，因范秉秀曾久居此地，

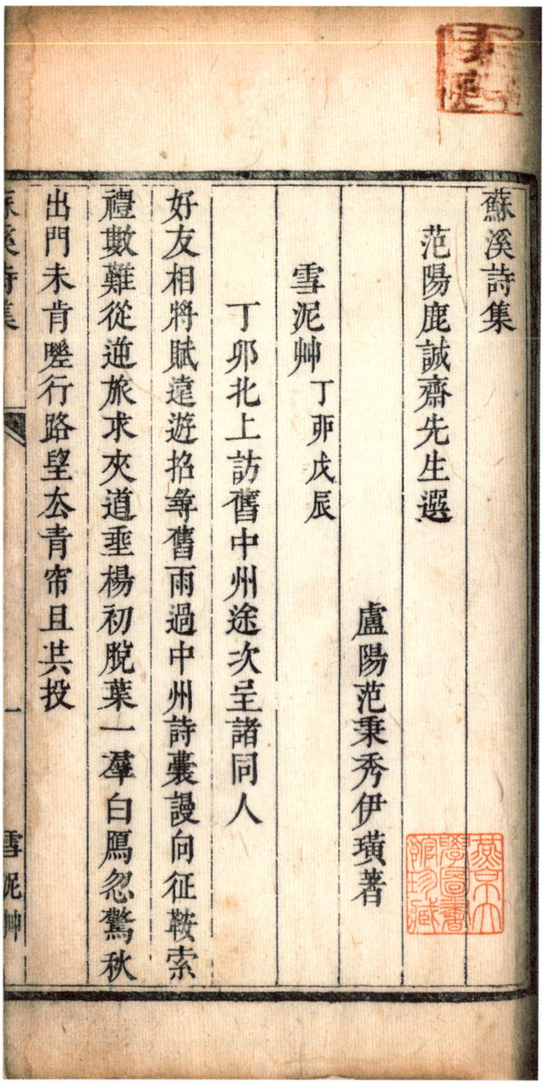
蘇溪詩集
范陽鹿誠齋先生選
盧陽范秉秀伊璜著
雪泥艸 丁卯戊辰
丁卯北上訪舊中州途次呈諸同人
好友相將賦遠遊擔簦舊雨過中州詩囊謾向征鞍索
禮數難從逆旅求夾道垂楊初脱葉一羣白鴈忽驚秋
出門未肯壓行路望去青帘且共投
蘇溪詩集 一 雪泥艸

其詩亦作於此，故被同僚稱爲『蘇溪君』『蘇溪先生』，其詩集由此得名。集前冠有五篇序言，序言後附《分草小引》簡介各集内容，還有清詩人郭遠題跋。

《蘇溪詩集》共收録詩八百六十七首，分爲十個篇章。《雪泥草》四十八首，《蒼洱草》九十六首，《昆花草》九十八首，具爲旅行途中吟唱山水名勝之作。《住春草》二十五首，爲范承勛幕僚時所作。《停雲草》六十七首，因長年羈旅生涯望懷思親之作。《歸來草》六十七首，則是歸鄉之後的恬適寧静之作。《秋山草》二百五十首，則話秋之蕭瑟，叙親情纏綿，所謂秋山不語以詩寄之。《尋真草》九十五首。《紉蘭草》四十首，則是遠游名人故地時或瞻仰或憑吊或祭拜，既歌又哭且行吟，故此而作。《西堂草》八十一首，則多爲拈題唱和之作。

本書據北京大學圖書館藏清康熙三十五年（1696）盧陽范氏刻本影印。（傅平艷）

盧陽殘稿不分卷

清盛民譽撰，清乾隆元年（1736）盛支焯手抄本。無版框，每半葉九行，每行二十餘字不等。

盛民譽，生卒年不詳，字來初，一字仲來，號容閭，清浙江嘉興人。順治十八年（1661）進士，授湖南桂陽（今湖南汝城）知縣。據其孫支焯序曰：『先大父令桂陽，不滿四年，距今且甲子一周矣。』如此，盛民譽任桂陽知縣，當在康熙十二年至十五年間（1673—1676）。

《盧陽殘稿》爲盛民譽孫支焯搜集整理。『盧陽』者，作者任職之所桂陽之古名也。『殘稿』者，『因檢詳稿、碑記、題咏之在邑者撮而録之』。

《盧陽殘稿》收文十四篇，其中公文五篇，

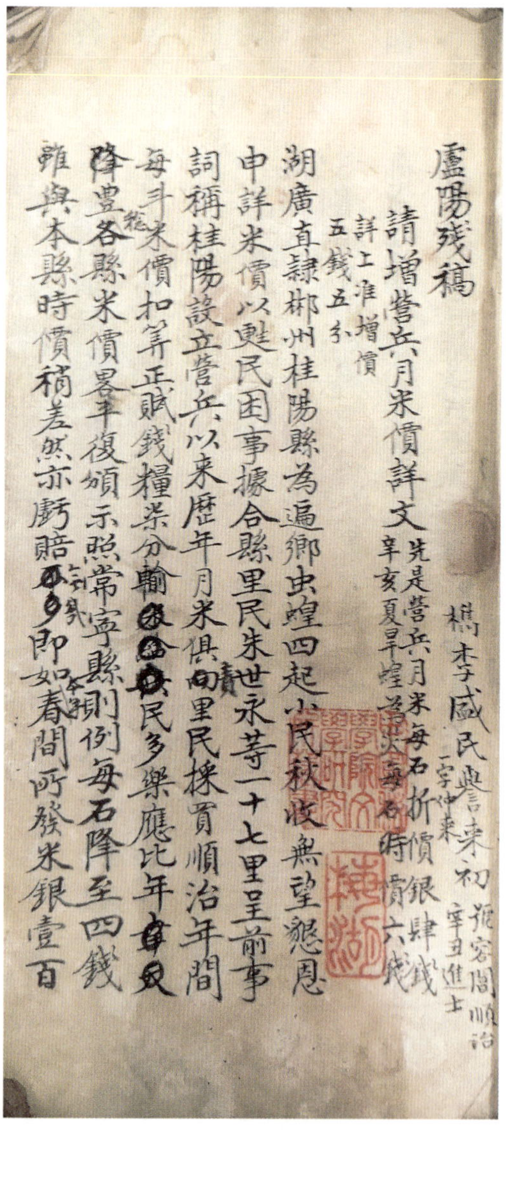

記、序、文、賦九篇；收詩十八首，未分類，其中《勸農條教》《桂陽縣重修濂溪書院記》《重建下漈橋記》《重建長湖橋記》《濂溪祠紀事詩》《桂陽八景》《蘇仙山》《重建濂溪書院落成紀事三十韵》等詩文，具有重要的文化價值和史料價值。

本書無封面，無版本記録。書前有盛支焯所寫無題小序，介紹本書緣起。

本書據中國社會科學院文學研究所藏清乾隆元年（1736）盛支焯手抄本影印。（曾廣高）

峇𡿖山人文集一卷詩集七卷詩餘一卷

清謝乃實撰，清康熙刻本。每半葉九行，行十九字，白口，四周雙邊，單黑魚尾。

謝乃實（1652—1715），字華函，別號峇𡿖山人，清登州福山（今山東烟臺）人。康熙二十年（1681）鄉試第四十六名中舉人。康熙二十七年殿試三甲第六十九名，賜同進士出身，授江南睢寧知縣。康熙三十七年改授湖南興寧縣（今湖南資興）知縣。上任伊始，洞悉當地賣妻溺女陋習，便嚴厲法規，凡舉報賣妻溺女者有獎，知情不報者與違法者同罪，後陋習滅絕。針對興寧貧困，但官場迎逢招待費用年達三千兩白銀

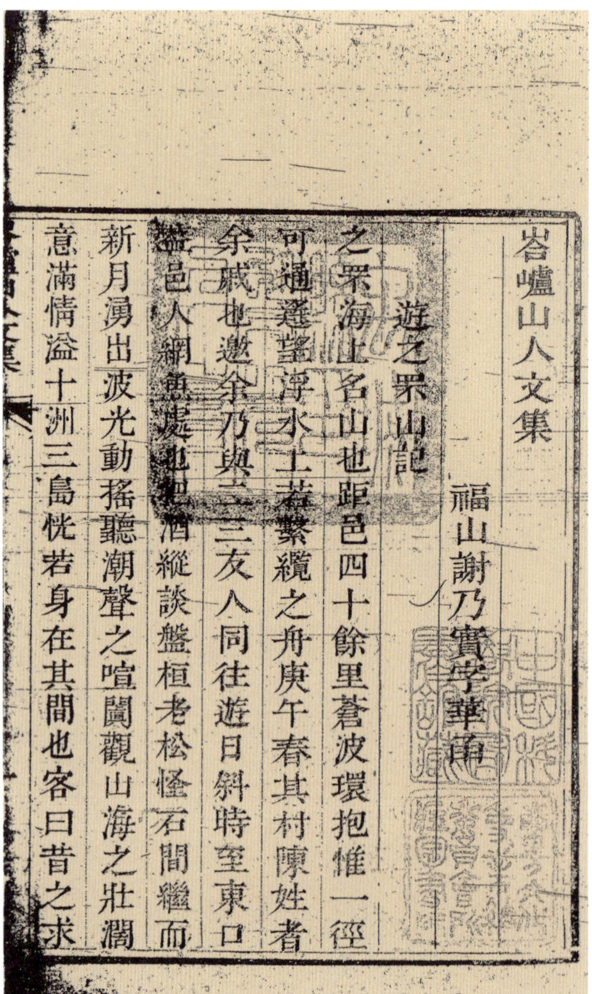
峇𡿖山人文集
福山謝乃實字華函
遊之罘山記
之罘海上名山也距邑四十餘里蒼波環抱惟一徑
可通遊覽浮水上若繫纜之舟庚午春其村陳姓者
余戚也邀余乃與二三友人同往遊日斜時至東口
邑人網魚處也把酒縱談盤桓老松怪石間繼而
新月湧出波光動搖聽潮聲之喧闐觀山海之壯濶
意滿情溢十洲三島恍若身在其間也客曰昔之求

之巨之情形，謝唯儉唯簡，以身作則，一改奢靡風氣，然此等善政却遭貪利之徒嫉恨。時興寧村民何某與妻口角，妻自縊身亡，有官趁機向何某索賄，何某無力便判他虐妻致死重罪，謝查驗實情後力排衆議，爲何某申冤，官場小人便造謡中傷，聯合一應之徒彈劾謝乃實。謝不辯不申，辭官回鄉，讀書著文。有《岺爐山人文集》《岺爐山人詩集》等傳世。

《岺爐山人文集》共收文二十九篇，其中記七篇，文八篇，序四篇，賦三篇，辨二篇，考、説、論、碑、書各一篇，其中《看旱灾經行記》《興寧山游賦》皆成於興寧任上。

《岺爐山人詩集》共收詩四百七十二首，其中五言律詩四十首、七言律詩一百七十六首、五言古詩四十六首、七言古詩十九首、五言絶句八首，七言絶句三十八首、用詞名絶句一百三十首、詞十五首，其詩多記事感懷，其中《觀音岩》《興寧紀事》《冬日過郴侯山庵》《春日游羊角山寺》《過周源山寺》《耒陽懷古》等，皆吟咏郴境名勝人事之作。

《岺爐山人詩餘》後附有錢湖人施養浩讀詩感言：『按斯集古今體諸作，無非寄意林泉，娱情景物，淡泊而醇古，清新而俊逸，趣味咀之不盡。』又云：『知人者貴論世也，山人以進士初任江南睢寧令，再任湖南興寧令，所至循聲輒起，睢之疲瘵更甚於興寧，其扶救之心亦云盡瘁。』

本書據中國科學院文獻情報中心藏清康熙刻本影印。（曾廣高）

東水詩集不分卷

清朱轂撰，清道光九年（1829）刻本。每半葉九行，行十九字，白口，四周雙邊，單黑魚尾。

朱轂，生卒年不詳，字而敏，號東水，清桂陽縣（今湖南汝城）人。康熙三十七年（1698）拔貢，幼慧，一日見父與諸兄講《毛詩》，立聽移晷不去，父奇之，因授學，數歲即以文名。喜誘後學，凡經指授後學皆有成就。性純孝，丁母喪，哀毀骨立，宅旁有梧桐，母嘗蔭其下，母殁後，日對樹悲泣，不逾年樹爲之枯。曾拜王玉齋爲師，得以與潘宗洛相識爲友。

『東水』出自杜甫詩：『日出籬東水，雲生舍北泥。』《東水詩集》

收五言排律十八首、五言律一百四十九首、七言律詩二百三十五首、七言絶四十六首、五言古八首、七言古三十七首、附録十六首，共計五百零九首。另有雜體三十一篇。詩以律詩爲主，兼絶句古風，内容多爲紀游、贈答、感懷。

朱轂詩風純真。康熙五十年（1711）潘宗洛序評曰：『雪月風花，觸處皆真景；歡欣憂戚，動處皆真情。』『斂華就實，蔚然深秀。』『其咏物之真，則如畫筆之務肖其形；其紀事之真，則如史筆之務録其實。』康熙庚子年，程幹序評曰：『佳製一帙，或贈答，或紀事，或咏物感懷，發乎性，達乎情，見乎辭，止乎義，闡山川之秀，窮古今之奥，字挾風霜，氣呑雲夢。』

本書據湖南圖書館藏清道光九年（1829）刻本影印。（曾廣高）

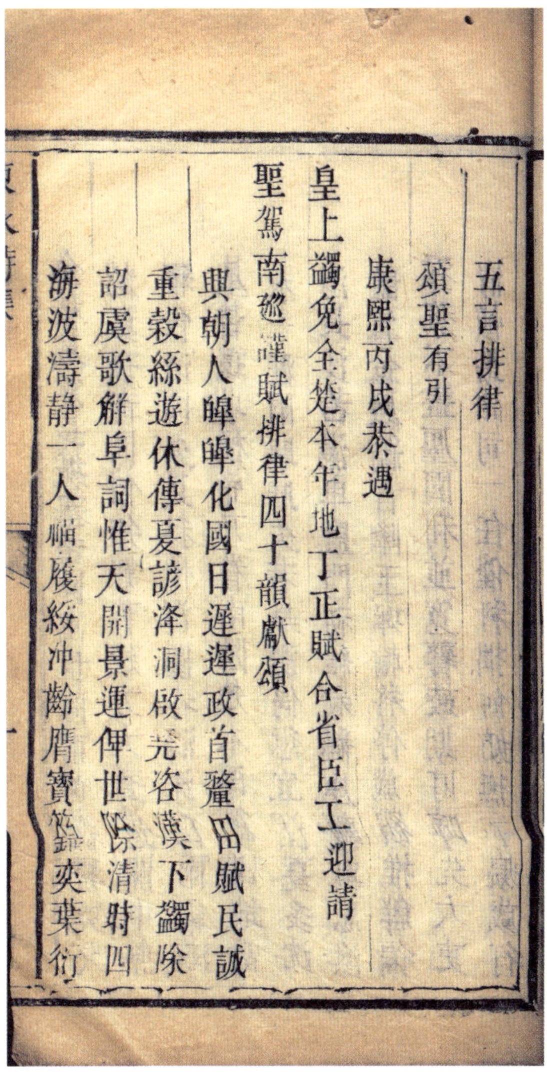
五言排律
頌聖有引
康熙丙戌恭遇
皇上蠲免全楚本年地丁正賦合省臣工迎請
聖駕南巡謹賦排律四十韻獻頌
典朝人皥皥化國日遲遲政首蠲田賦民誠
重穀絲遊休傳夏諺澤洞啟光咨漢下蠲除
詔虞歌解阜詞惟天開景運俾世際清時四
海波濤靜一人幅履綏冲齡膺寶籙奕葉衍

林青山先生文集十三卷

清林愈蕃撰，清乾隆三十八年（1773）斑竹園書屋刻本。每半葉十行，行二十一字，白口，左右雙邊，單黑魚尾。

林愈蕃生平見經部《論語讀朱求是編》條。

《林青山先生文集》十三卷，含書信、論文、序文、詩文、雜文，以詩爲主。卷一至卷五爲散文，收書信二十四封、論文三篇、記九篇、學規二篇、心得一篇、序文二十六篇、題跋十八篇。卷六至卷十爲詩歌，收詩五百八十九首，詩多爲五言、七言，但未作詩體分類，内容主要爲寫景、

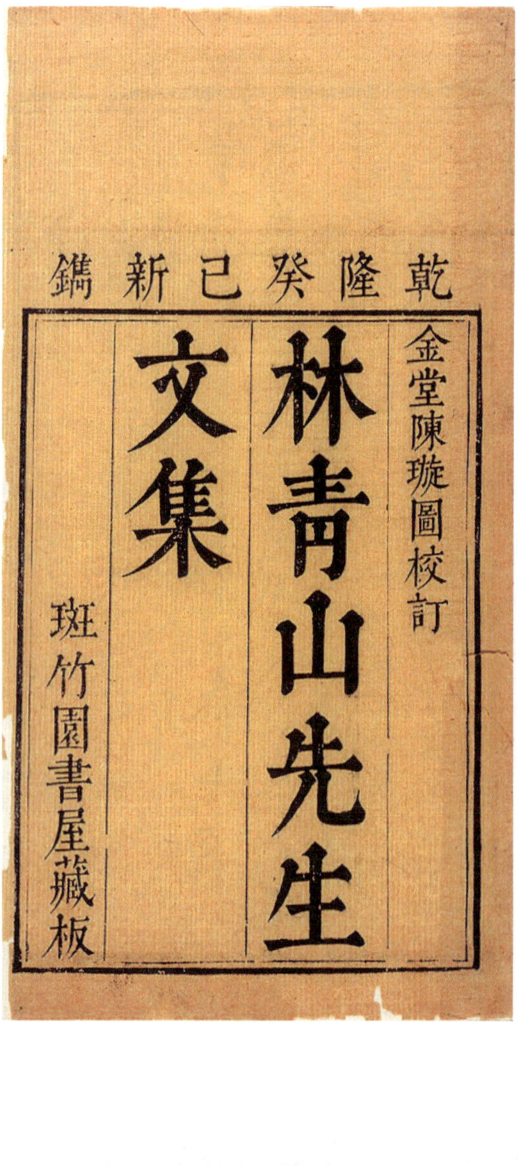

記事、贈答、感懷、憑吊。卷十一爲引碑十三篇，均爲修橋、築路、建寺廟刻石碑文。卷十二爲賦四篇、墓表二篇、行狀二篇、傳一篇、祭文一篇，感懷物事，回顧人生，抒發感慨，憑吊亡人。卷十三爲説、雜著、示，説三篇、雜著二篇、示九篇。書末《附録》一卷，有《墓誌銘》《言行拾遺》《年譜》。《林青山先生文集》由林青山侄兒林興祖、林興宗編輯成書，侄孫林資裕校訂。

本書據美國哈佛大學哈佛燕京圖書館藏清乾隆三十八年（1773）斑竹園書屋刻本影印。（曾廣高）

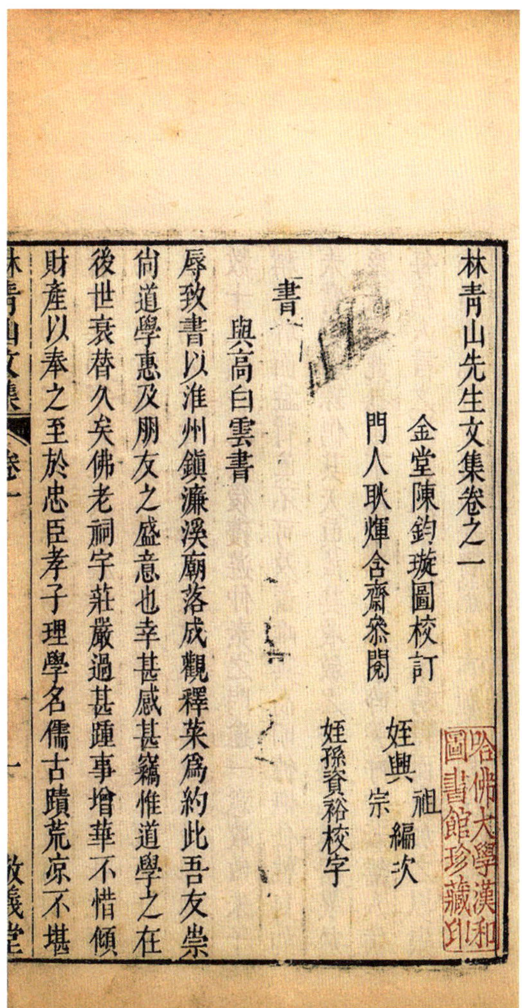
林青山先生文集卷之一

金堂陳鈞璇圖校訂　姪興祖宗編次

門人耿煇含齋參閱　姪孫資裕校字

書

與高白雲書

辱致書以淮州鎮濂溪廟落成觀釋菜爲約此吾友崇尚道學惠及朋友之盛意也幸甚感甚竊惟道學之在後世衰替久矣佛老祠宇莊嚴過甚踵事增華不惜傾財產以奉之至於忠臣孝子理學名儒古蹟荒凉不堪

林青山文集　卷一　一　敦義堂

楚南吟草一卷

清沈維基撰，清乾隆刻《紫薇山人詩鈔》本。每半葉十行，行二十字，小字雙行同，白口，左右雙邊，單黑魚尾。

沈維基生平見史部《〔乾隆〕永興縣志》（乾隆二十七年刻本）條。

《楚南吟草》爲《紫薇山人詩鈔》第三卷，作於郴境任上。書前有云：『初授湖南永興令，於丁丑臘底始任事永，簡缺也。簿書之暇，頗得以詩文自娱。越兩年，兼護郴篆，復兩攝宜章。』『間或偶拈一二句，偶成一二章，都從百忙中覓取。』得詩五十四首，多爲五言、七言、長短句。

本書據清華大學圖書館藏清乾隆刻《紫薇山人詩鈔》本影印。（曾廣高）

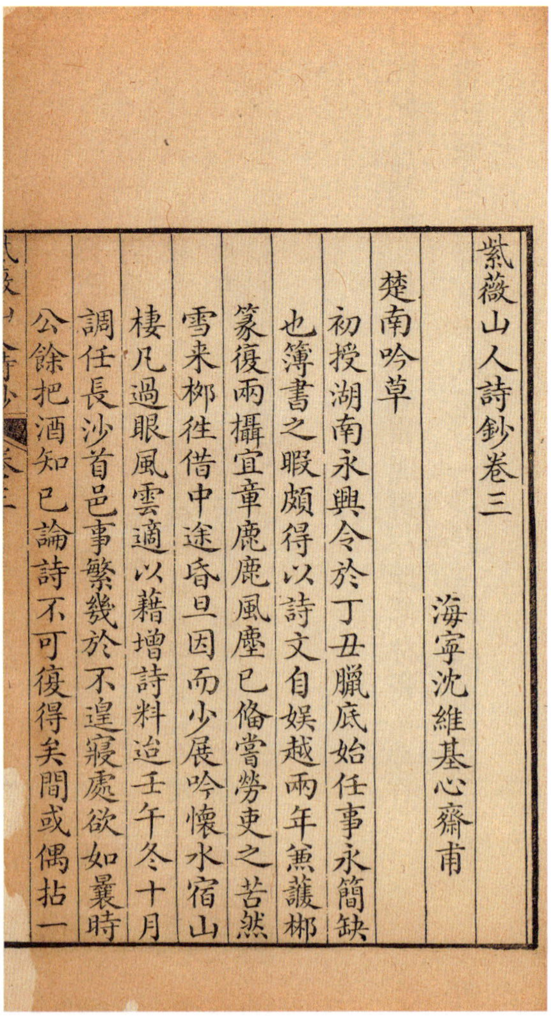

紫薇山人詩鈔卷三

海寧沈維基心齋甫

楚南吟草

初授湖南永興令於丁丑臘底始任事永簡缺也簿書之暇頗得以詩文自娱越兩年兼護郴篆復兩攝宜章鹿鹿風塵已備嘗勞吏之苦然雪来郴往借中途昏旦因而少展吟懷水宿山棲凡過眼風雲適以藉增詩料迨壬午冬十月調任長沙首邑事繁幾於不遑寢處欲如曩時公餘把酒知己論詩不可復得矣間或偶拈一

黃岑草一卷

清張九鐔撰，清嘉慶十七年（1812）刻《笙雅堂詩集》本。每半葉十行，行二十一字，細黑口，四周雙邊，雙黑魚尾。

張九鐔生平見史部《［乾隆］興寧縣志》條。

《黃岑草》爲張九鐔著《笙雅堂詩集》中之一卷。黃岑嶺位於郴宜交界處，張九鐔曾任職宜章，故名。該書共收詩七十七首，其中五言詩二十三首、七言詩五十四首。書首以《丙子春自衡州入耒江》開篇，言作者於乾隆

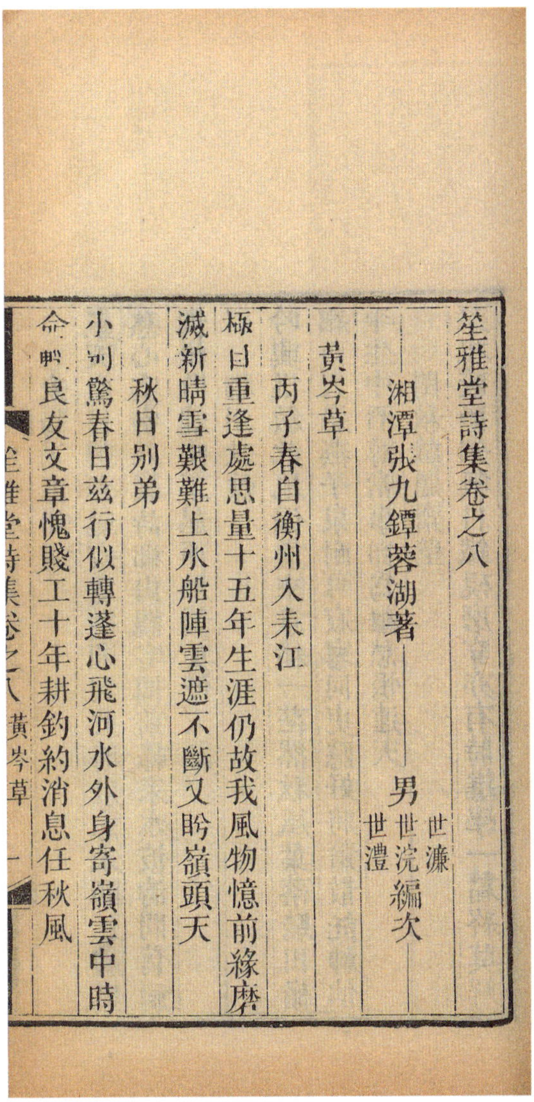
笙雅堂詩集卷之八

湘潭張九鐔蓉湖著　男世濂 世浣 世澧 編次

黃岑草

丙子春自衡州入耒江

極目重逢處思量十五年生涯仍故我風物憶前緣磨滅新晴雪艱難上水船陣雲遮不斷又盼嶺頭天

秋日别弟

小别驚春日茲行似轉蓬心飛河水外身寄嶺雲中時命輕良友文章愧賤工十年耕釣約消息任秋風

笙雅堂詩集卷之八　黃岑草　一

二十一年由衡陽來郴所見，末以《冬日北上却携妻子赴曲沃署省侍途中書懷四首》結篇，詩云：『遥指横汾水一方，離情五載興蒼茫。』過往悠悠五載，今日離郴北上，心中自有蒼涼。

本書據中國國家圖書館藏清嘉慶十七年（1812）刻《笙雅堂詩集》本影印。（曾廣高）

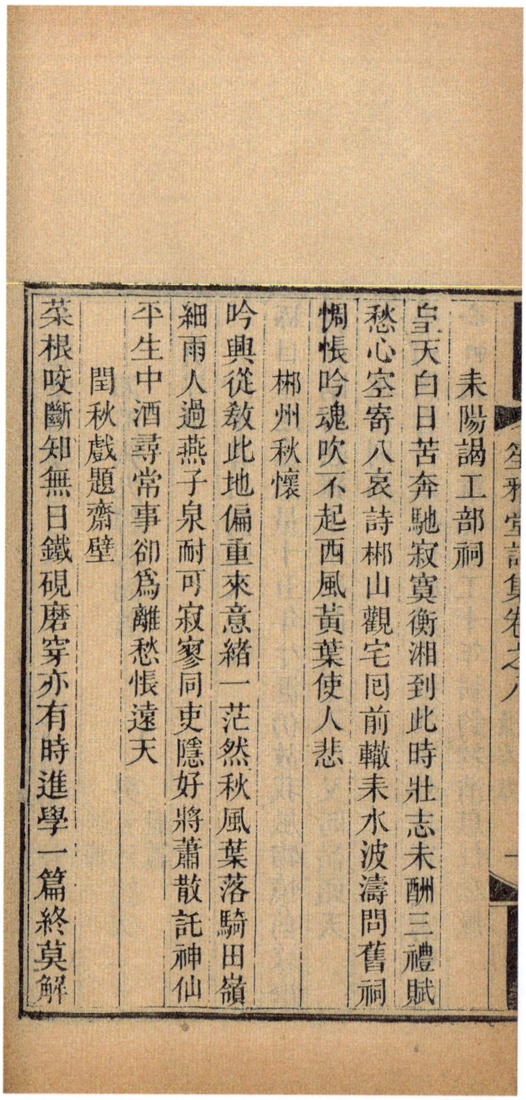

笙雅堂詩集卷之八

耒陽謁工部祠

皇天白日苦奔馳寂寞衡湘到此時壯志未酬三禮賦愁心空寄八哀詩郴山觀宅囘前轍耒水波濤問舊祠惆悵吟魂吹不起西風黃葉使人悲

郴州秋懷

吟興從教此地偏重來意緒一茫然秋風葉落騎田嶺細雨人過燕子泉耐可寂寥同吏隱好將蕭散託神仙平生中酒詩常事卻爲離愁悵遠天

閏秋戲題齋壁

菜根咬斷知無日鐵硯磨穿亦有時進學一篇終莫解

陳劍溪稿五卷附選拔貢卷一卷鄉試硃卷一卷

清陳昭謀撰，清光緒八年（1882）陳善墀長沙郡學刻本。每半葉九行，行二十五字，白口，四周雙邊，單黑魚尾。

陳昭謀生平見史部《［嘉慶］郴州總志》條。

《陳劍溪稿》五卷附《選拔貢卷》一卷《鄉試硃卷》一卷，爲政論集。前有名儒李元度《重刊劍溪文稿序》，聶銑敏、劉祖煥序，及作者自序。卷一爲小題。卷二爲大題，均爲古文名句、名典之論説提點。卷三爲典制題，論述古之典章制度之源流、義理。卷

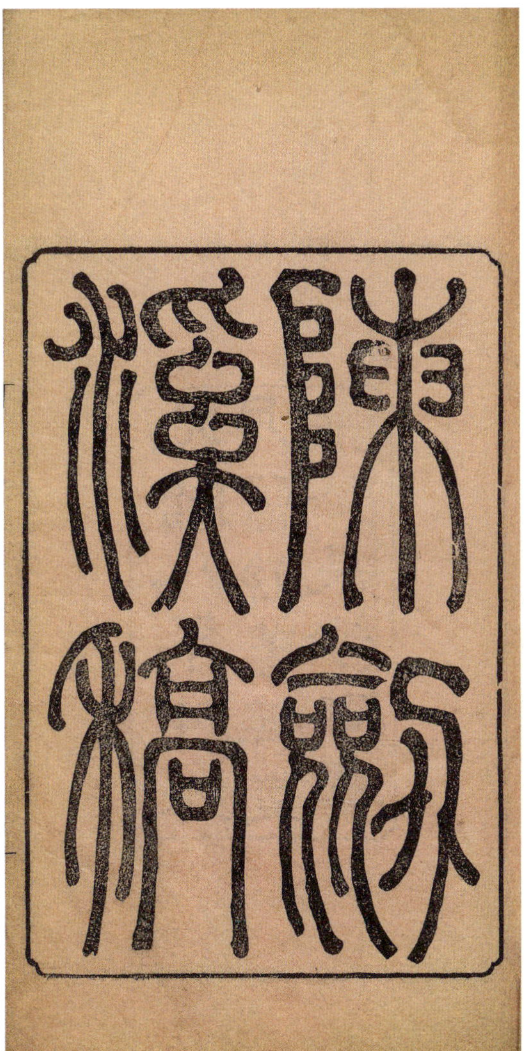

四爲理題，論述人之品行道德，行爲規範。卷五爲散行體，記述并評述古代人物故事。後附《選拔貢卷》和《鄉試硃卷》。作者自序云：『右文一百廿六篇，皆少年課及宦游時所就正於師友之作。』由其子陳振玉、陳振琳編次。

本書據中國國家圖書館藏清光緒八年（1882）陳善墀長沙郡學刻本影印。（曾廣高）

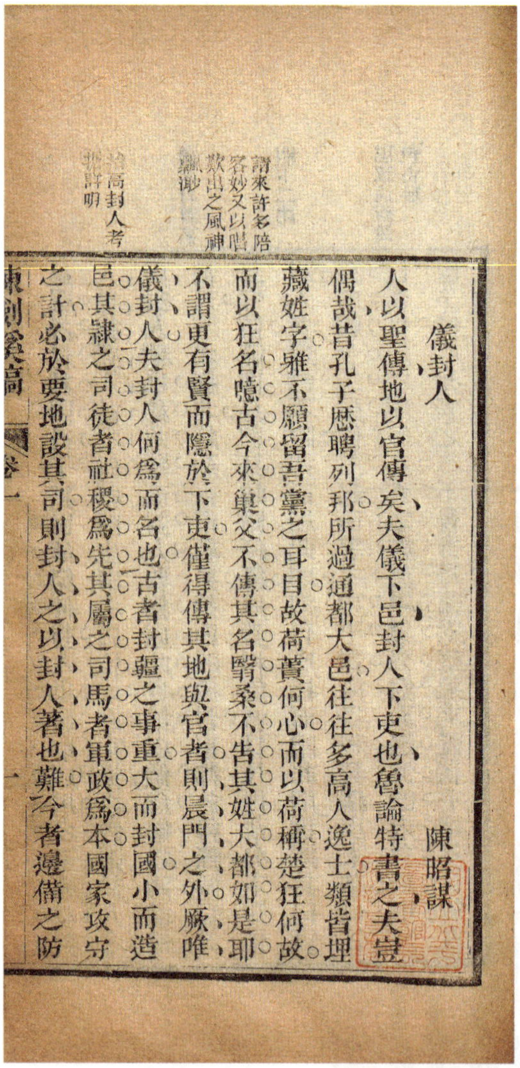
請來許多陪客妙又以唱歎出之風神飄渺
拈高封人考据詳明

儀封人　陳昭謀

人以聖傳地以官傳矣夫儀下邑封人下吏也魯論特書之夫豈偶哉昔孔子歷聘列邦所過通都大邑往往多高人逸士類皆埋藏姓字雖不願留吾黨之耳目故荷蕢何心而以荷稱楚狂何故而以狂名噫古今來巢父不傳其名翳桑不告其姓大都如是耶不謂更有賢而隱於下吏僅得傳其地與官者則晨門之外厥唯儀封人夫封人何爲而名也古者封疆之事重大而封國小而造邑其隸之司徒者社稷爲先其屬之司馬者軍政爲本國家攻守之計必於要地設其司則封人之以封人著也雖今者邊備之防

陳劍溪稿　卷一　一

嶽麓文鈔十八卷

清歐陽厚均編，清道光十年（1830）刻本。每半葉九行，行二十一字，白口，左右雙邊，單黑魚尾。

歐陽厚均生平見經部《易鑑》條。

《嶽麓文鈔》内容與湖湘人文相關，尤以嶽麓書院史事爲重，收録自唐以來六十五位作者計九十八篇文稿，其文體有記、序、碑、牒、書、跋、説、叙、疏、辯、啓、引、呈、考，以記、序爲主，記達四十七篇，序爲十九篇。如唐李邕著《麓山寺碑記》，宋張栻著《嶽麓書院記》，宋朱子著《措置嶽麓書院牒》，宋陳傅良著《建嶽麓書院記》，明李東陽著《建

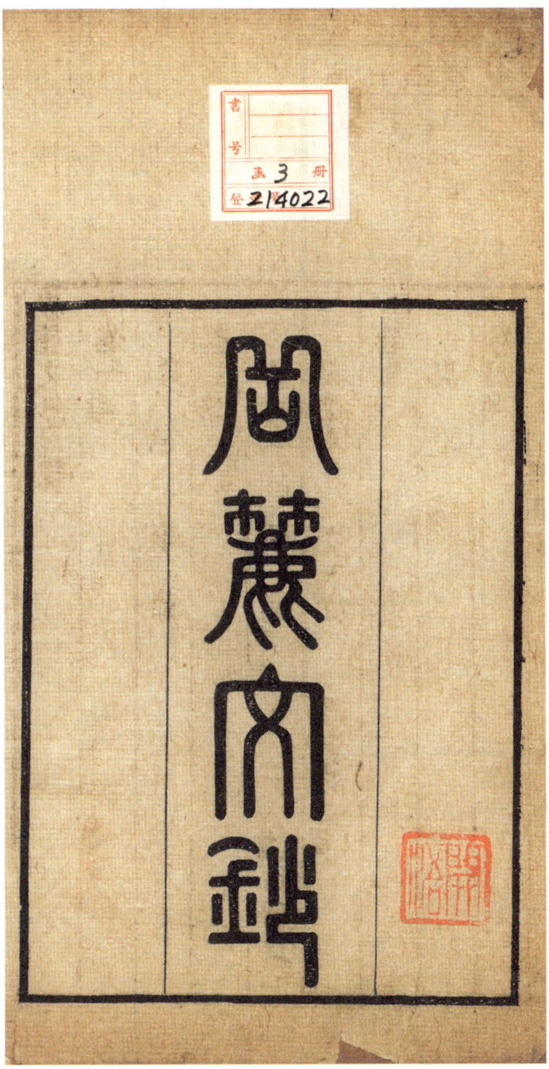

嶽麓書院記》，明吳道行著《嶽麓山水總記》，清毛際可著《重修嶽麓書院記》等。宋文天祥著《衍六堂記》乃記述湘西道林寺四絶堂之文脉淵源，亦收録其中。

本書據中國國家圖書館藏清道光十年（1830）刻本影印。（曾廣高）

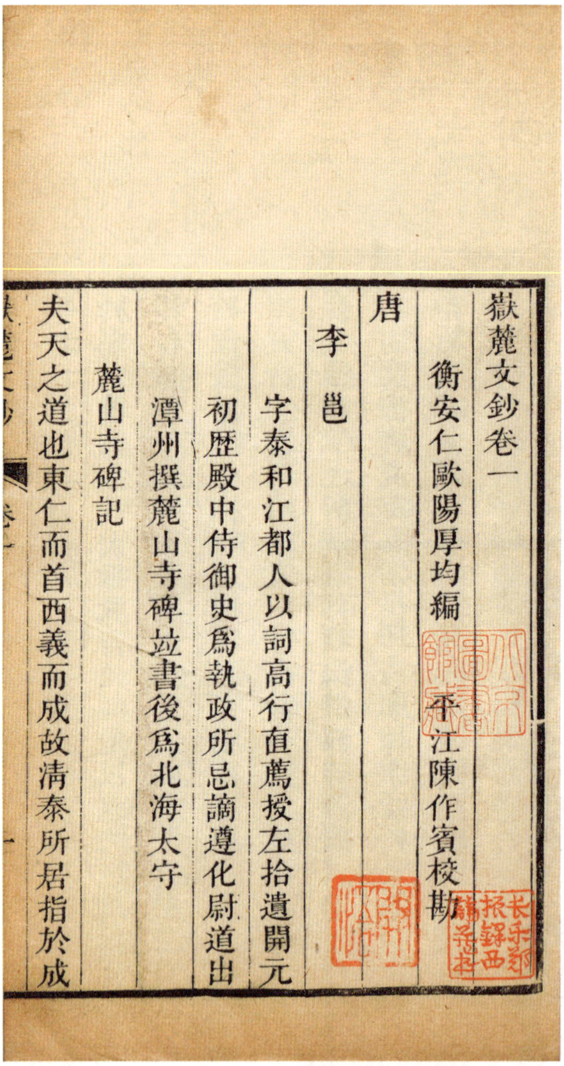
嶽麓文鈔卷一

衡安仁歐陽厚均編　平江陳作賓校勘

唐

李邕

字泰和江都人以詞高行直薦授左拾遺開元初歷殿中侍御史爲執政所忌謫遵化尉道出潭州撰麓山寺碑竝書後爲北海太守

麓山寺碑記

夫天之道也東仁而首西義而成故清泰所居指於成

望雲書屋文集二卷

清歐陽厚均撰，清同治十三年（1874）刻本。每半葉九行，行二十一字，白口，左右雙邊，單黑魚尾。

歐陽厚均生平見經部《易鑑》條。

《望雲書屋文集》分上、下兩卷，收録作者自道光元年至道光四年（1821—1824）在嶽麓書院山長任上文稿。上卷爲著作序、族譜序、嶽麓書院學員名録序、課本序、祝壽序、碑記，共六十一篇。下卷爲跋、傳、表、志、祭文等，共五十五篇，內容多爲獎掖、教誨青年學子，做人要以德爲先，做事要以文明爲基。這些文稿比較全面地反映了歐陽厚均『於培育之中寓鼓勵』的教育理念和濃烈的教育情懷。

本書據上海圖書館藏清同治十三年（1874）刻本影印。（曾廣高）

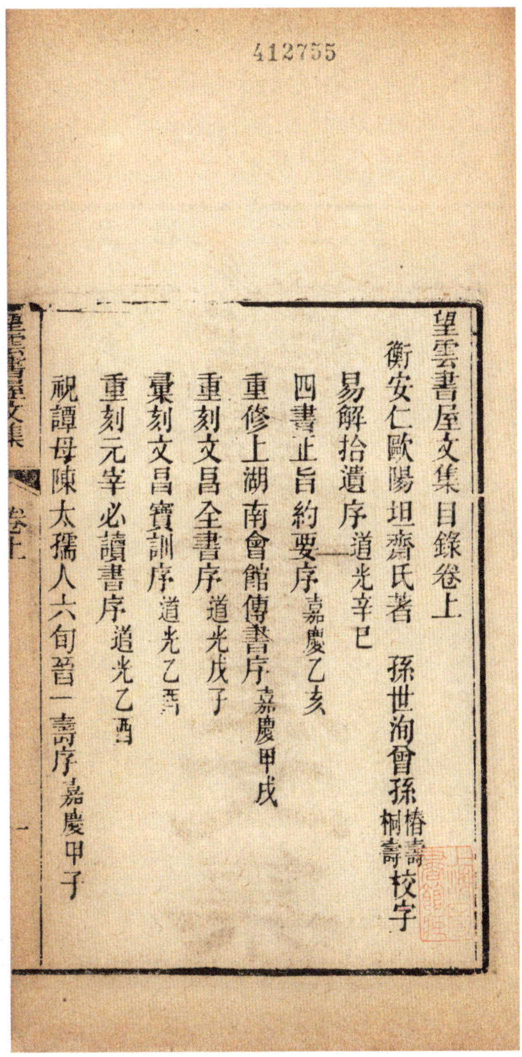

望雲書屋文集目錄卷上

衡安仁歐陽垣齋氏著　孫世洵曾孫椿壽桐壽校字

易解拾遺序道光辛巳

四書正旨約要序嘉慶乙亥

重修上湖南會館傳書序嘉慶甲戌

重刻文昌全書序道光戊子

彙刻文昌寶訓序道光乙酉

重刻元宰必讀書序道光乙酉

祝譚母陳太孺人六旬晉一壽序嘉慶甲子

望雲書屋文集　卷上

嶽麓詩鈔三十五卷詞鈔一卷賦鈔三卷

清歐陽厚均撰，清道光十年（1830）刻本。每半葉九行，行二十一字，白口，左右雙邊，單黑魚尾。

歐陽厚均生平見經部《易鑑》條。

《嶽麓詩鈔》編成於清道光十年（1830），內容大多與嶽麓書院、嶽麓山及與之有關的名家詩詞作品，共收入歷代詩家四百九十五人九百八十三首（篇）詩賦作品，其中收唐初至清道光年間四百六十九位詩家詩九百五十二首，收五代至清道光年間十六位詞家詞

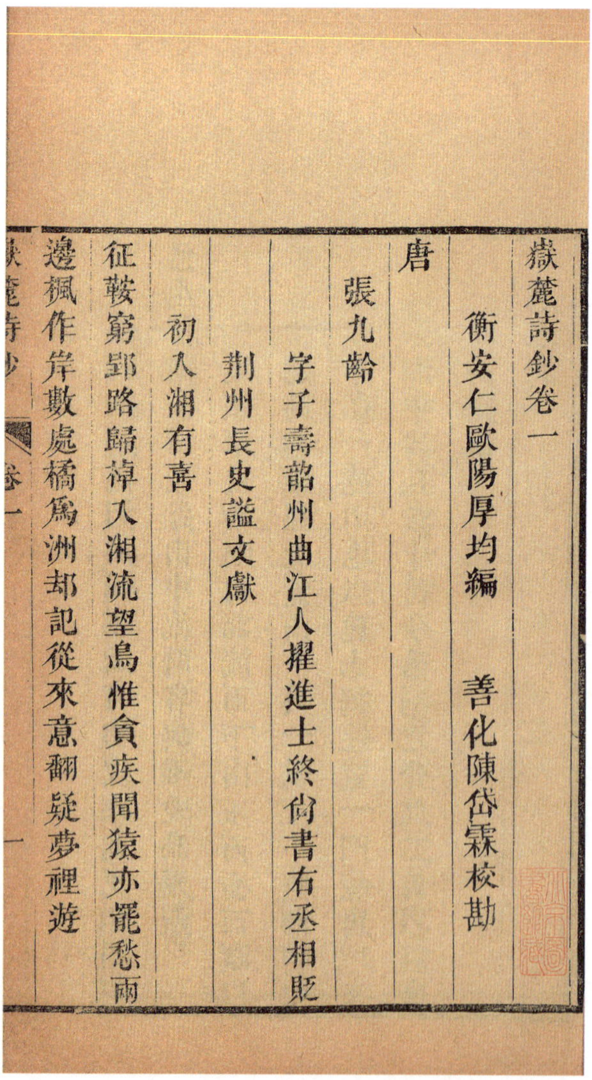
嶽麓詩鈔卷一
衡安仁歐陽厚均編　善化陳岱霖校勘
唐
張九齡
字子壽韶州曲江人擢進士終尚書右丞相貶荊州長史謚文獻
初入湘有喜
征鞍窮郢路歸棹入湘流望鳥惟貪疾聞猿亦罷愁兩邊楓作岸數處橘爲洲却記從來意翻疑夢裡遊
嶽麓詩鈔　卷一　一

二十首，收明代至清道光年間十位賦家賦十一篇。其中著名的有張九齡、杜甫、韓愈、劉禹錫、楊萬里、辛弃疾、唐寅、王守仁、李東陽等大家的詩作。

《嶽麓詩鈔》原稿無版本信息。嶽麓書社將其納入《湖湘文庫》與《嶽麓文鈔》合而爲一，名爲《嶽麓詩文鈔》點校出版。

本書據中國國家圖書館藏清道光十年（1830）刻本影印。（曾廣高）

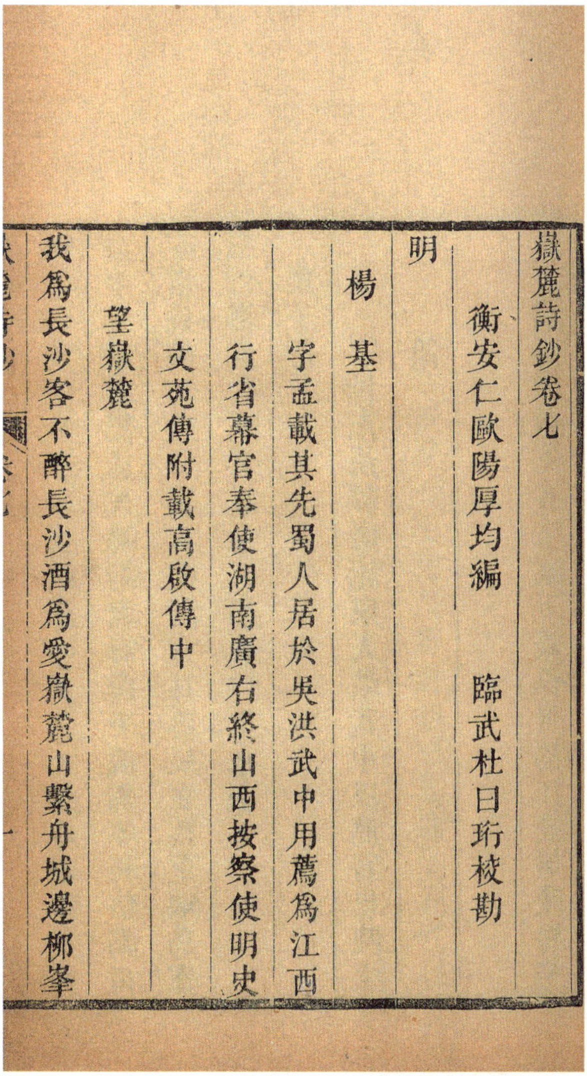
嶽麓詩鈔卷七

衡安仁歐陽厚均編　臨武杜日珩校勘

明

楊基

字孟載其先蜀人居於吳洪武中用薦爲江西行省幕官奉使湖南廣右終山西按察使明史文苑傳附載高啟傳中

望嶽麓

我爲長沙客不醉長沙酒爲愛嶽麓山繫舟城邊柳峯

來谂堂詩草二卷

清歐陽厚均撰，清刻本。每半葉九行，行二十一字，白口，左右雙邊，單黑魚尾。

歐陽厚均生平見經部《易鑑》條。

《來谂堂詩草》收録歐陽厚均自嘉慶二十年（1815）辭官告歸至道光二十四年（1844）辭去嶽麓書院山長告老還鄉，近三十年間作詩一百八十五首。分爲上、下卷。

上卷收詩一百零五首，其中有七言詩七十三首、五言詩十六首、四言詩九首、六言詩四首、長短句三首。下卷收詩八十首，其中七言詩五十八首、五言詩十八首、四言詩二首、

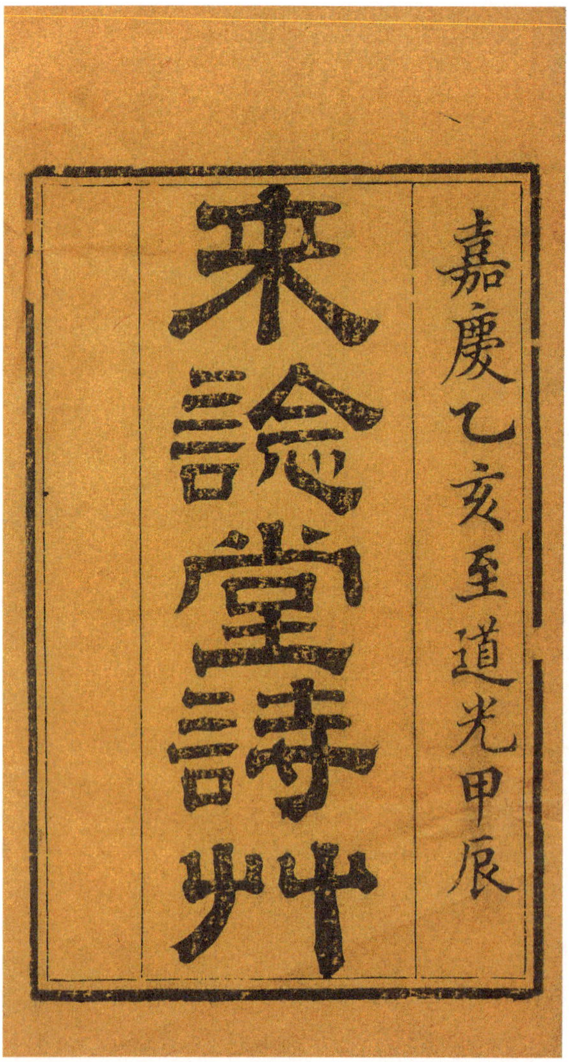

長短句二首，上、下卷内容多爲慶生、送别、題贈、悼亡、記事、感懷。

《來諗堂詩草》書名中之『來諗堂』乃作者自取書房雅號。『諗』，思念之意。《宋史・岳飛傳》有云：『世忠以書來諗，飛復曰「均爲國家，何分彼此？」』又《詩經・小雅・四牡》有云：『豈不懷歸，是用作歌，將母來諗。』

本書據中國國家圖書館藏清刻本影印。（曾廣高）

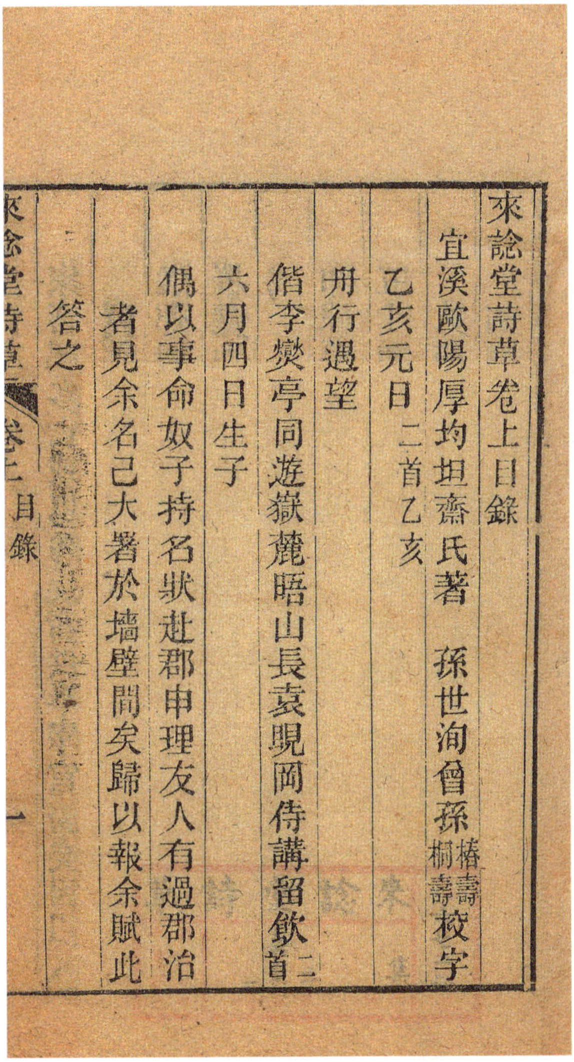
來諗堂詩草卷上目錄
宜溪歐陽厚均坦齋氏著　孫世洵曾孫椿壽桐壽校字
乙亥元日 二首乙亥
舟行遇望
偕李燮亭同遊嶽麓晤山長袁覗岡侍講留飲 二首
六月四日生子
偶以事命奴子持名狀赴郡申理友人有過郡治
者見余名已大署於墻壁間矣歸以報余賦此
答之

來諗堂詩草　卷上　目錄　一

粤東游草一卷

清歐陽厚均撰，清刻本。每半葉九行，行二十一字，白口，左右雙邊，單黑魚尾。

歐陽厚均生平見經部《易鑑》條。

該書前有吴榮光叙和作者歐陽厚均叙述粤東行程。《粤東游草》係歐陽厚均於道光二十一年（1841）八月中旬至十二月下旬，偕其弟游歷廣東之紀游詩，主要爲記事、贈答、咏物。從『起程』出家始，經龍海塘、永興、郴州、折嶺，乘船由瀧江（即武水）水路，過韶州、英德至廣州，又由廣州過潮州、嘉應州、梅州、龍川縣、河源縣，到『歸家』，

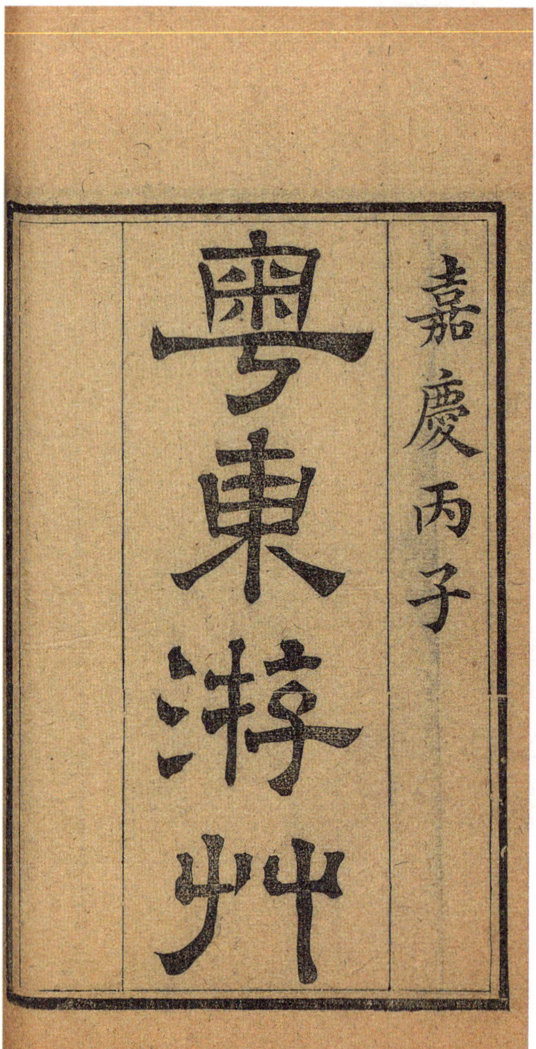

全程記録一百一十二天，得詩一百首。其中五言詩四十三首、七言詩五十四首、長短句三首。長短句三首分別是《折岭謡》《夜泊石龍聽鄰舟教歌》《銅鼓歌》。書後附『粤東雜咏』咏物詩八首，皆爲五言，分別詩咏『虎、魚化虎、山神、蟲、蚊、蠅、鷓鴣、澳門土』等物事，藉以抒懷。

本書據中國國家圖書館藏清刻本影印。（曾廣高）

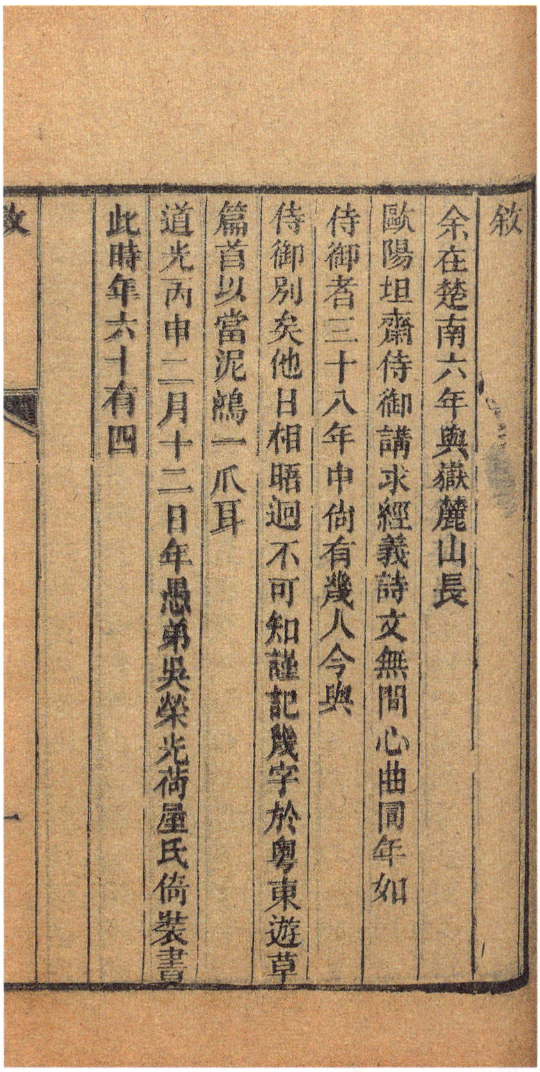
敘
余在楚南六年與嶽麓山長
歐陽坦齋侍御講求經義詩文無間心曲同年如
侍御者三十八年中尚有幾人今與
侍御別矣他日相晤迴不可知謹記幾字於粤東遊草
篇首以當泥鴻一爪耳
道光丙申二月十二日年愚弟吳榮光荷屋氏倚裝書
此時年六十有四

有方游草二卷

清歐陽厚均撰，清刻本。每半葉九行，行二十一字，白口，左右雙邊，單黑魚尾。

歐陽厚均生平見經部《易鑑》條。

書前有晚清重臣、歐陽厚均學生李元度清同治四年（1865）所作叙。《有方游草》收録歐陽厚均自嘉慶四年（1799）起程赴京會試揭榜至嘉慶十九年升爲浙江道監察御史期間，在京十五年詩作二百八十二首，分爲上、下卷。上卷一百四十首，其中七言詩一百零一首、五言詩三十八首、長短句一首。下卷一百四十二首，其中七言詩一百零六首、

五言詩三十四首、長短句一首、六言詩一首，其詩作多爲同榜同事唱和，亦有往返京城見聞及家庭離合悲歡記事。尤以五言長律《哭長兄心田一百八韻》爲佳。

本書據中國國家圖書館藏清刻本影印。（曾廣高）

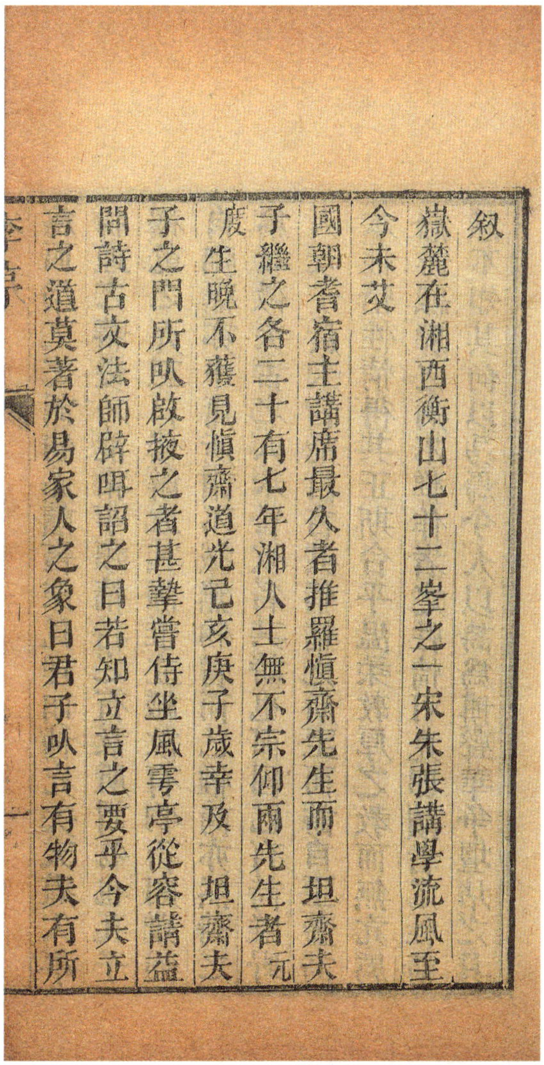
敘

嶽麓在湘西衡山七十二峯之一宋朱張講學流風至今未艾

國朝耆宿主講席最久者推羅愼齋先生而坦齋夫子繼之各二十有七年湘人士無不宗仰兩先生者元度生晚不獲見愼齋道光己亥庚子歲幸及坦齋夫子之門所以啟掖之者甚摯嘗侍坐風雩亭從容請益問詩古文法師辟咡詔之曰若知立言之要乎今夫立言之道莫著於易家人之象曰君子以言有物夫有所

知新閣散體文不分卷

清何慶元撰，民國石印本。每半葉九行，行二十五字，白口，四周雙邊，單黑魚尾。

何慶元（1795—1850），字子貞，號積之，別號潄石，晚署知新閣主人，清桂陽縣（今湖南汝城）人。少聰穎，十六歲入庠，十七歲食廩，嘉慶十八年（1813）拔貢。道光十一年（1831）舉人，十五年進士，選翰林院庶吉士，充實録館協修。因淡於仕進，未散館而乞假歸省，不復出。以授徒爲業，掌邑境朝陽書院，倡捐膏火，培養人才，騰達者甚衆。工四書文，高渾孤夐，

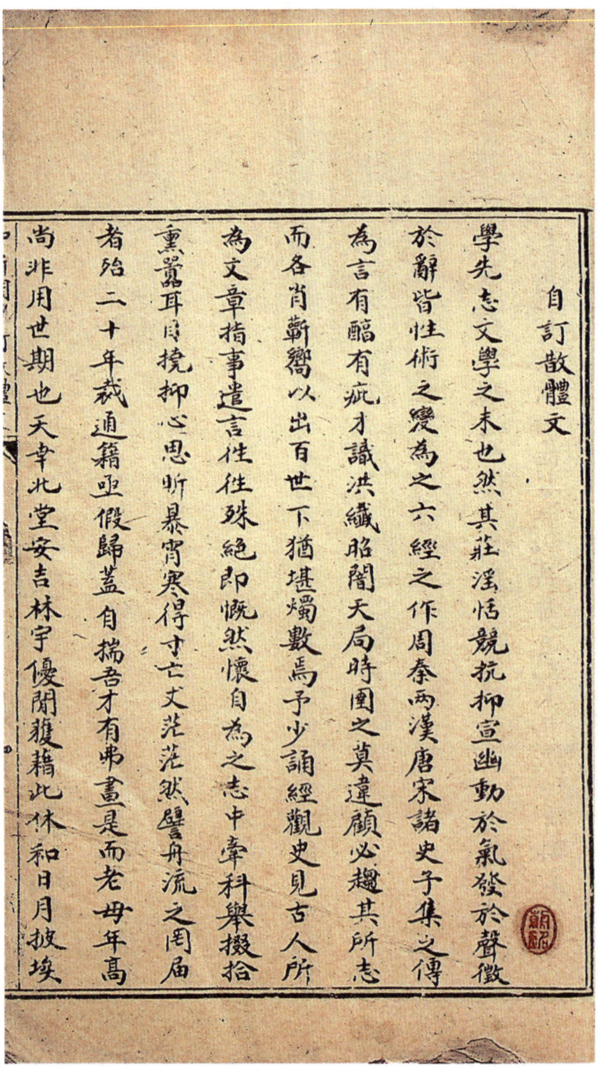
自訂散體文
學先志文學之末也然其莊淫恬競抗抑宣幽動於氣發於聲徵
於辭皆性術之變爲之六經之作周秦兩漢唐宋諸史子集之傳
爲言有醞有疵才識洪纖胳闇天局時圍之莫違顧必趨其所志
而各肖蘄嚮以出百世下猶堪燭數焉予少誦經觀史見古人所
爲文章指事遣言往往殊絶即慨然懷自爲之志中牵科舉掇拾
熏鬻耳目撓抑心思斬暴宵寒得寸亡丈茫茫然譬舟流之罔屆
者殆二十年裁通籍亟假歸蓋自揣吾才有弗畫是而老母年高
尚非用世期也天幸北堂安吉林宇優閒獲藉此休和日月披埃

自謂不在明人歸有光下。古文追步韓柳，爲同輩所推服。與魏源、陳起詩等相善。著有《知新閣散體文》《漱石制藝》等。

《知新閣散體文》一書不分體，概以時間先後爲序，起於嘉慶乙亥，迄於道光戊申，共收引、表、序、記、墓誌、傳、題、書、祭文等散體文五十九篇，文筆老道、文風樸實，内容龐雜，皆居其鄉時所作，部分文章後有未署名批點，評語簡潔凝練，切中要旨。《爲歐陽子咏壽其節母朱太孺人八十有一述》云：『真約經旨而成，可以傲退之矣。』批文曰可傲韓愈（字退之），其推崇可見一斑。前有自序云：『撿次十年論撰，益以少作，暨近日酬應之詞，凡得若干篇，編年而不分體，明己志之所漸著。』署道光戊申秋。書中尤多傳記類文獻，如《范雲龍傳》《希濂先生墓碣》《故吏部郎陳君墓表》等，對研究清代郴州人文歷史和社會生活狀況具有較高價值。是書經何俊覆校，胡祖復重訂，最後由何慶元玄孫何沛霖刊印行世。

本書據民間藏民國石印本影印。（尹友波）

四刪詩一卷

清陳起詩撰，清抄本。每半葉十行，行二十二至二十四字不等，四周單邊，朱欄。

陳起詩（1795—1842），字筠心、雲心，清郴州人。祖父陳昭謀，字燕貽，號劍溪，舉人，曾任教諭、學正、知縣。父陳振玉，字琢章，號集堂，舉人，曾任國子監典簿。起詩出生於書香傳世之家，好學博識。道光五年（1825）拔貢。九年中進士，任吏部主事。時湖南名士湯鵬、魏源、何慶元、李克鈿等，均與起詩友善，往來甚密，說時論政，講學明志，互有增益。他曾上奏興修水

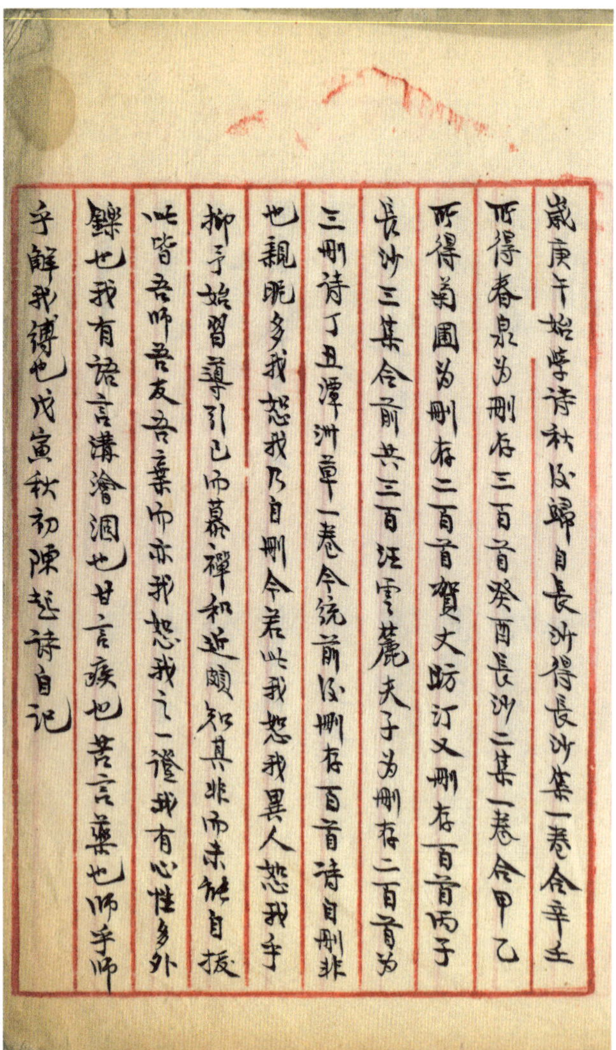
歲庚午始學詩秋從歸自長沙得長沙集一卷合辛壬
所得春泉為刪存三百首癸酉長沙二集一卷合甲乙
所得菊圃為刪存二百首賀丈昉汀又刪存百首丙子
長沙三集合前共三百汪雲麓夫子為刪存二百首為
三刪詩丁丑潭洲草一卷令統前從刪存百首詩自刪非
也親朋多我恕我乃自刪令若此我恕我異人恕我乎
抑予始習導引已而慕禪和近頗知其非而未能自拔
此皆吾師吾友吾棄而亦我恕我之一證我有心性多外
鑠也我有語言溝澮涸也甘言疾也苦言棄也師乎師
乎鮮我傳也戊寅秋初陳起詩自記

利，惠澤於民，惜未爲朝廷采納。又獻『整飭鹽法』被采用，鹽稅大增。道光十九年升吏部員外郎，次年改『記名御史』。因上奏吏部尚書湯金釗『七不正大光明罪』，湯被降四級留用，起詩亦因『司員慢上』被革職回鄉。

原館藏著録爲《陳起詩詩詞選》。是書前有作者自記小序，述詩之緣起。書末七言長詩，悼念亡妻離世十年，悲戚而愴然。作者對其詩反復斟酌、删改，多達四次，故書名爲《四删詩》。《四删詩》收録其自同治九年至光緒四年（1870—1878）之間詩作二百二十三首，五言、七言、長短句雜處，未作分類，内容上寫景、記事、感懷、贈友、悼亡均有，豐富而繁雜。

本書據湖南圖書館藏清抄本影印。（曾廣高）

撼山草堂遺稿三卷補録一卷

清陳起書撰，清同治五年（1866）刻本。每半葉八行，行二十一字，白口，四周雙邊，單黑魚尾。

陳起書（1798—1855），字通甫，號松心，清郴州人。世代書香門第，年少時，跟隨兄長陳起詩學習詩文，講求經世之學。因兄之關係，結識湖南名士李克鈿、何慶元、魏源等。然心雄不羈，關心政事。道光十三年（1833），瑶民起事，陳起書向州牧姚華佐獻禦敵之策，被采用，郴得平安。後太平天國農民起義，太平軍臨郴，起書又獻策十三篇，未得采用。於是起書自行組織團練，以保地方。道光三十年岁貢，候選訓導。起書生有四子：大兒善奎，官通道縣教諭；二兒善墀，任長沙府教授；三兒善堪，任龍陽縣教諭；

四兒善埴，候補知縣。咸豐五年（1855）二月，陳起書授計次子善墀，生擒地方暴動首領邱倡道。五月，粵人何禄陷郴，起書率鄉勇團練守衛郴之北鄉，何部不敢犯。東鄉前來求救，起書親率團練往援。不料被何部包圍被俘，何禄勸降不受，於八月初七日絶食而亡。時年五十八歲。

『撼山草堂』，係陳起書居室名。是書共收一百三十一首詩，其中有五言古詩六十四首，樂府七言古詩二十一首，五言、七言近體詩四十一首，補録五首。魏源評曰：『集中精華，全在五古。』書名爲道州何紹基所題。書前載有同治元年（1861）何紹基序、湘潭羅汝懷序、陳起書親家邵陽魏源序、好友廖宗湘序及陳起書撰於道光十五年自序。書前附有《陳訓導起書傳》。

本書據中國國家圖書館藏清同治五年（1866）刻本影印。（曾廣高）

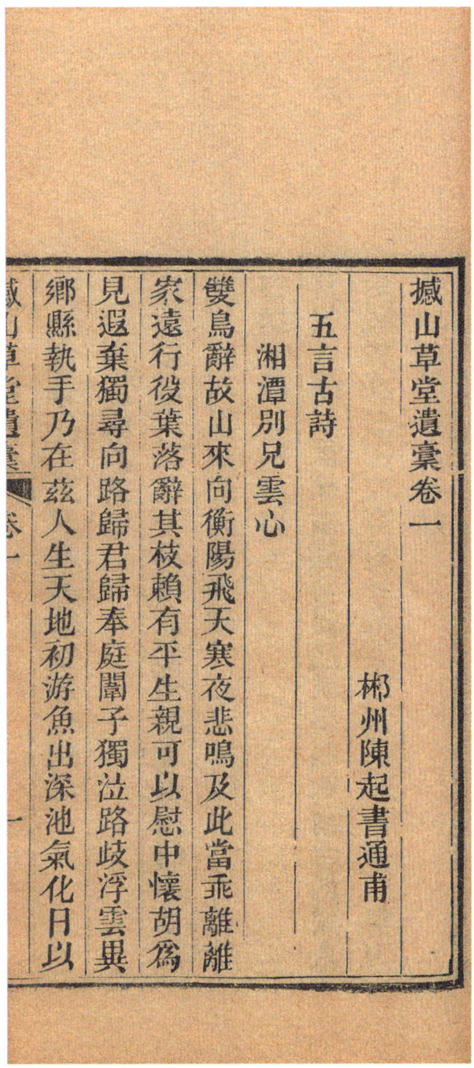
撼山草堂遺稾卷一　郴州陳起書通甫
五言古詩
湘潭別兄雲心
雙鳥辭故山來向衡陽飛天寒夜悲鳴及此當乖離離
家遠行役葉落辭其枝賴有平生親可以慰中懷胡爲
見遐棄獨尋向路歸君歸奉庭闈子獨泣路歧浮雲異
鄉縣執手乃在茲人生天地初游魚出深池氣化月以
撼山草堂遺稾　卷一　一

輿頌録一卷

清許乃文輯，清同治五年（1866）東甌郭博古齋刻本。每半葉九行，行二十字，黑口，左右雙邊，單黑魚尾。

《輿頌録》傳主魏喻義（1822—1902），名璠，號質齋，清桂陽州（今湖南桂陽）人。諸生，晚清湘軍名將。咸豐初，會黨禍亂桂陽州，魏喻義組織州南鄉團，因其號『質齋』，故名『質字營』，以戰功升主簿。咸豐九年（1859），又以戰功擢知府。同治元年（1862）奉調入浙江，剿辦太平軍，率部克復嚴州，奉旨署嚴州知府，并賞加振勇巴圖魯名號。同治二年擢浙江温處道道臺并加按察使銜。同治十二年授蘭州道，旋調任甘肅寧夏兵

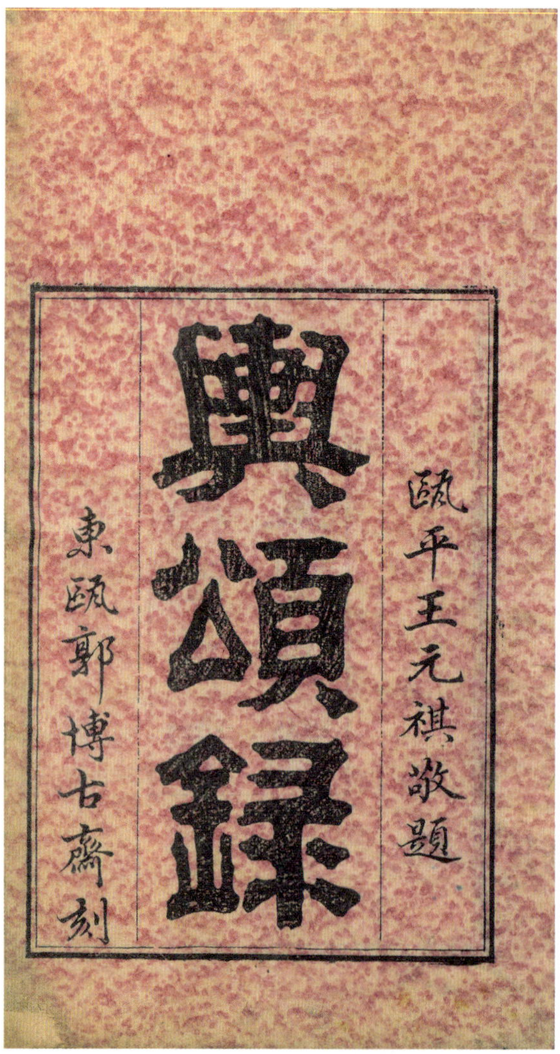

備道。光緒四年（1878）以母老多病，呈請終養，開缺回籍。光緒二十八年卒於家，年八十一。

『輿頌』，意爲民衆的議論、評價。語出《隋書·煬帝紀上》：『聽采輿頌，謀及庶民，故能審政刑之得失。』《輿頌録》是一本頌揚魏喻義功德的書。序、跋部分，有《紀略》一篇、序二篇、跋三篇，叙述魏喻義奉調浙江剿辦太平軍戰功和治理温處道時期政績。正文部分輯録浙江地方文士所作詩詞近百首，其内容多爲頌揚魏喻義戰功治績。書末跋《書浙臺輿頌後》曰：『魏公績著旂常，恩綏旟旐。惟其立心久遠，又能以民之心爲心，故得洽輿論於一時，垂大名於百世。』『都人士作歌以紀其事，披讀數過，感慕尤深，爰志數語於後。』

本書據湖南圖書館藏清同治五年（1866）東甌郭博古齋刻本影印。（馬治平）

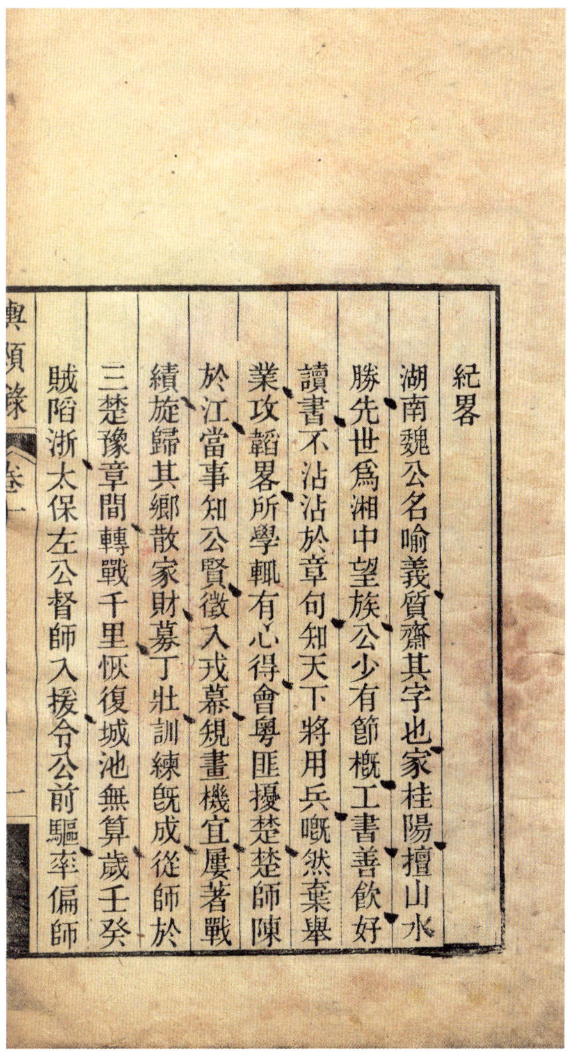

紀畧

湖南魏公名喻義質齋其字也家桂陽擅山水勝先世爲湘中望族公少有節概工書善飲好讀書不沾沾於章句知天下將用兵慨然棄舉業攻韜畧所學輒有心得會粵匪擾楚楚師陳於江當事知公賢徵入戎幕規畫機宜屢著戰績旋歸其鄉散家財募丁壯訓練既成從師於三楚豫章間轉戰千里恢復城池無算歲壬癸賊陷浙太保左公督師入援令公前驅率偏師

醉山草堂集四卷

清黄仲騏撰，清光緒三年至六年（1877—1880）澙寧學署刻本。每半葉八行，行二十一字，白口，左右雙邊，單黑魚尾。

黄仲騏（1807—1870），字正夫，清郴州人。貢生，少游陳起詩之門。然仕途不暢，隱居鄉間。《六十自壽序》文曰：『家有簿田，世習儒業，束髮受書，琅琅成誦，楊德祖之小時聰明也。我懼我非其我也，援筆屬文，動驚同輩，方仲永之指物立就也。』『我之聰明精神，念慮其心也。乃所以爲真我之具也。我之心其猶是小子後生也。』黄仲騏雖一生無官，却處世有

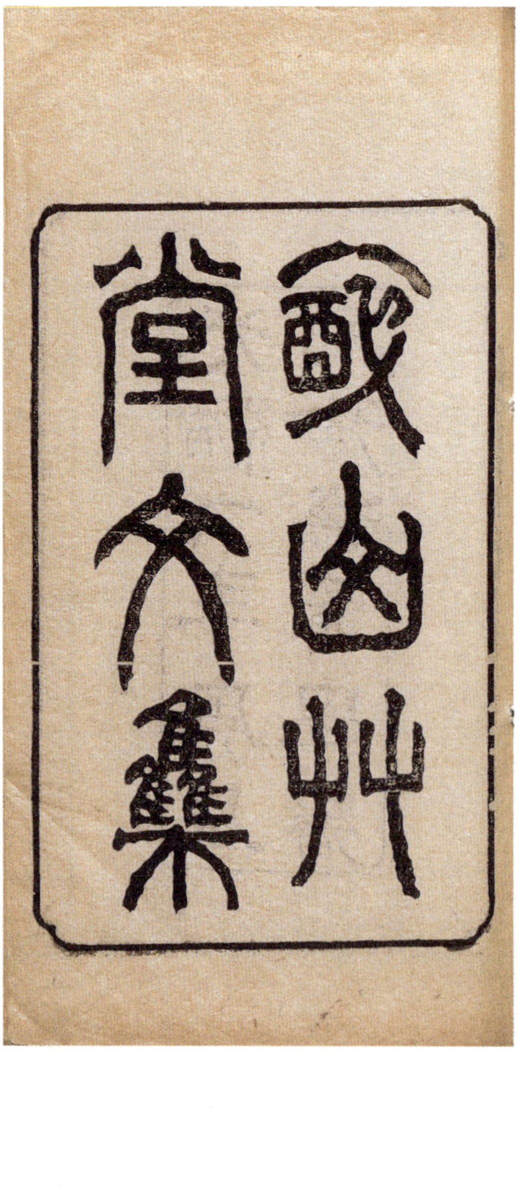

傲骨，長沙人王楷爲《醉山草堂集》作《叙》云：『黄正夫先生所作《春柳》諸詩，擊節稱快，亟思見其人，屢訪之，先生方抱道自高，不入城市，欲一面而無由。』時王楷在郴州任幕僚，欲見一面而不得。

《醉山草堂集》分爲四卷，卷一至卷二爲文集，卷三至卷四爲詩集。文集四十一篇，書前有長沙人王楷叙，内含記、序、墓誌、書、傳、祭文等，其主要價值在論時政。詩集二卷，共收詩三百八十五首，書前有友人朱聯奎、學生陳起樂、侄梅鑑源叙。其詩多長詩，動輒幾十韵，有古風、律詩、絶句。

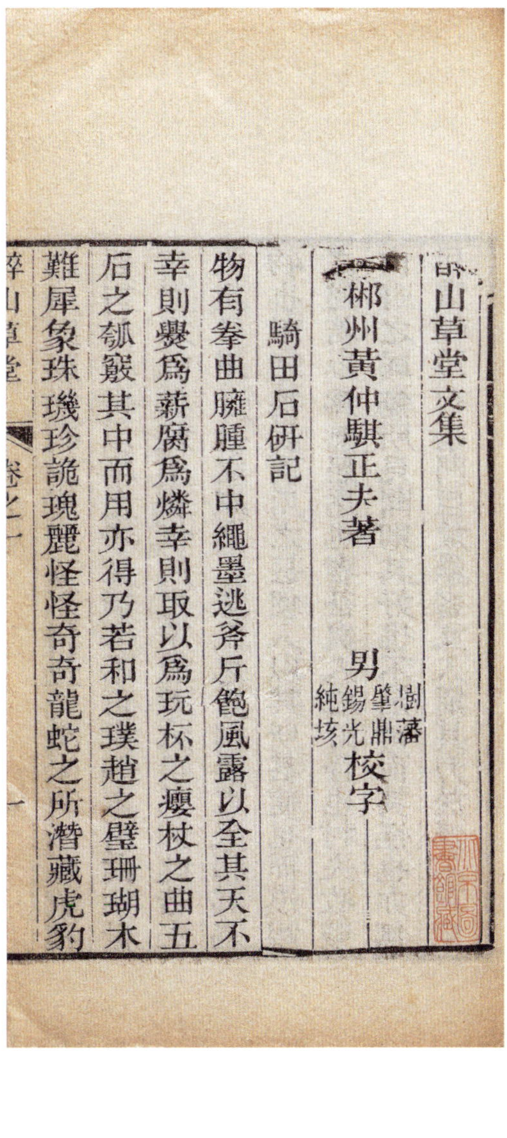
醉山草堂文集
郴州黄仲騏正夫著　男　樹藩　肇鼎　錫光　純垓　校字
騎田后研記
物有拳曲臃腫不中繩墨逃斧斤飽風露以全其天不
幸則爨爲薪腐爲燐幸則取以爲玩杯之癭杖之曲五
后之瓠窽其中而用亦得乃若和之璞趙之璧珊瑚木
難犀象珠璣珍詭瑰麗怪怪奇奇龍蛇之所潛藏虎豹
醉山草堂　卷之一　一

本書據中國國家圖書館藏清光緒三年至六年（1877—1880）潙寧學署刻本影印。（曾廣高）

補拙齋詩集不分卷

清陳士元撰，清光緒十六年（1890）刻本。每半葉八行，行二十二字，白口，四周雙邊，單黑魚尾。

陳士元（1817—1853），號龍卿，又號農卿，清桂陽州（今湖南桂陽）人。陳士元幼聰慧，五歲出口不凡，十歲會詩文。十九歲會試，拔爲郡首。郡中名士均看好士元，誇爲未來之『國器』。然命運不濟，鄉試數薦不第，不得已乃於道光年間家居講學，授徒於塔峰書院。因抑鬱不得志，憂鬱成疾，歿於咸豐三年（1853），年僅三十六歲。其弟陳士杰，高中拔貢，官至巡撫。兒子陳兆文，光緒丙子科進士，授翰林

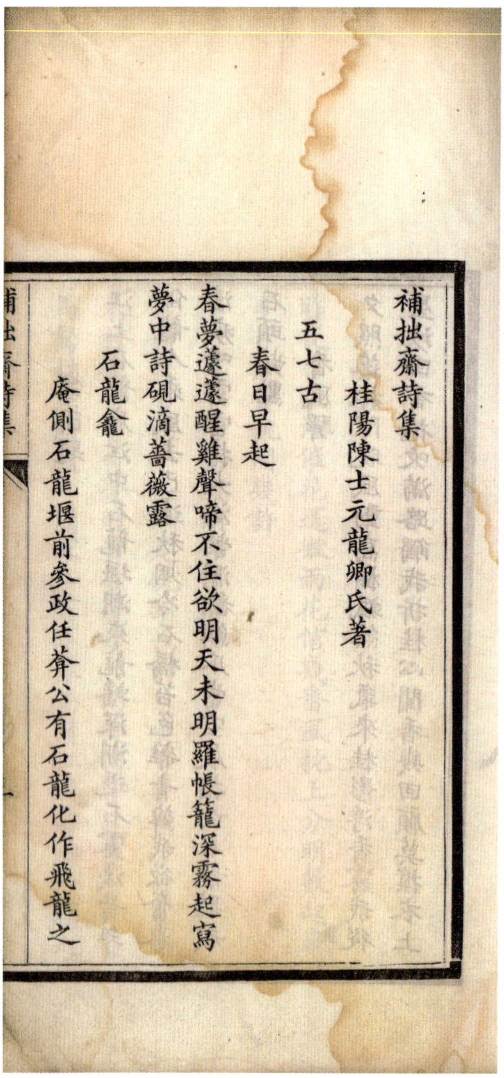

補拙齋詩集　桂陽陳士元龍卿氏著

五七古

春日早起

春夢遽遽醒雞聲啼不住欲明天未明羅帳籠深霧起寫夢中詩硯滴薔薇露

石龍龕

庵側石龍堰前參政任脊公有石龍化作飛龍之

院編修。

『補拙』，勤以補拙。『補拙齋』，作者書齋名號，用以自勵，故用於書名。《補拙齋詩集》收五七古十三首、五言律二十七首、七言律六十九首、五言絶二十首、七言絶五十二首，總計一百八十一首。内容多爲記事、紀游、感懷、贈答。

陳士元存詩不多。究其原因：一是『每有所作，門弟子争奪之去』（見書末陳兆葵跋）；二是『又不幸早謝塵世，卷帙散佚』（見書末陳兆葵跋）；三是『兩表弟編以授梓，距公歿三十餘年矣』（見書末夏旹跋），時日延宕，間隔太久，收集不易。故《桂陽直隸州志·人物志第九列傳上》中説，陳士元詩『集十卷，因亂散失』（香港天馬有限公司二〇〇四年版，第一百九十一頁）。

《補拙齋詩集》書前有陳士元胞弟陳士杰傳，陳士元之子陳兆文光緒庚寅（1890）正月序。書末附有陳士元外甥兼學生夏旹光緒十七年春三月的跋，陳士元從子陳兆葵光緒庚寅秋八月跋。書中序、跋有隸、草、楷三種字體，秀逸清晰，十分精美。

本書據上海圖書館藏清光緒十六年（1890）刻本影印。（曾廣高）

蕉雲山館詩文集三卷

清陳士杰撰，清光緒十五年至十六年（1889—1890）刻本。每半葉十行，行二十四字，小字雙行同，白口，四周雙邊，單黑魚尾。

陳士杰生平見史部《牧令書節要》條。

《蕉雲山館詩文集》三卷，含詩集一卷，文集二卷，《詩集》末附有作者外甥夏旹撰跋。

《蕉雲山館文集》卷一收文三十一篇，卷二收文四十三篇，共七十四篇，内含序、壽序、行述、傳、記、圖説、碑記、跋、祭文等，其中多数记述人物生平，

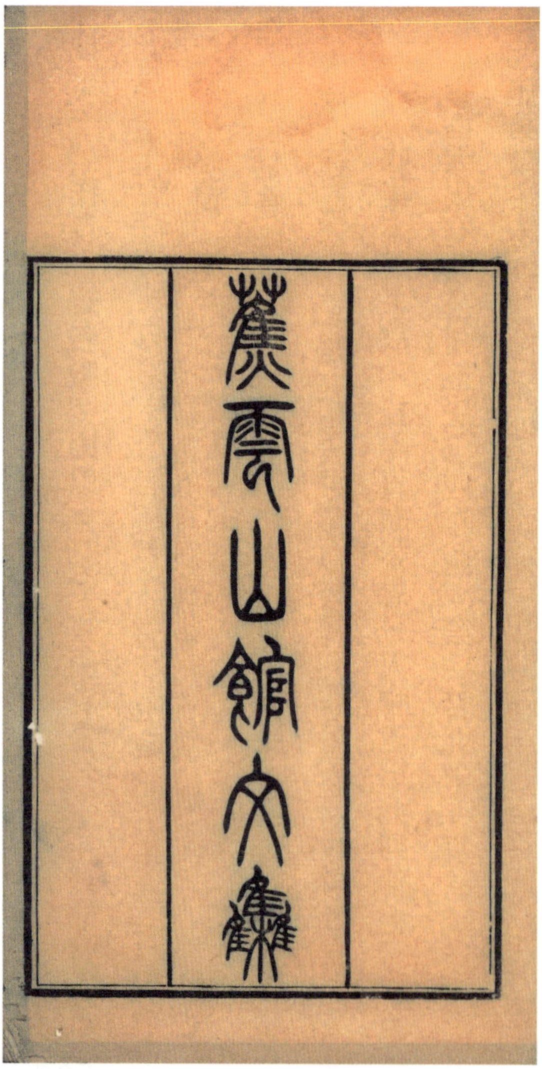

達十九篇。其中《感知録》詳憶其與曾國藩交往之過程。

《蕉雲山館詩集》收詩一百七十一首。全爲五言、七言詩，形式簡約。其中五言詩一百一十首、七言詩六十一首。内容多爲記事、感懷、寫景、題贈、唱和、悼亡、訓導。詩多於歸田後而作，有陶淵明之風。

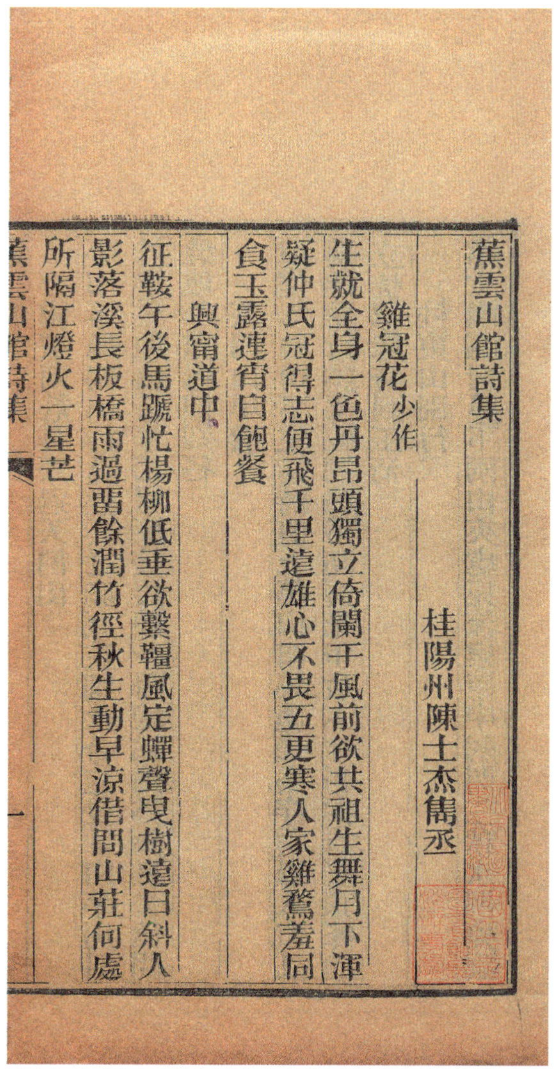
蕉雲山館詩集

桂陽州陳士杰雋丞

雞冠花 少作

生就全身一色丹昂頭獨立倚闌干風前欲共祖生舞月下渾疑仲氏冠得志便飛千里遠雄心不畏五更寒人家雞鶩羞同食玉露連宵自飽餐

興甯道中

征鞍午後馬蹄忙楊柳低垂欲繫韁風定蟬聲曳樹遠日斜人影落溪長板橋雨過畱餘潤竹徑秋生動早涼借問山莊何處所隔江燈火一星芒

蕉雲山館詩集 一

本書據清光緒十五年至十六年（1889—1890）刻本影印，《文集》爲南開大學圖書館藏、《詩集》爲中國國家圖書館藏。（曾廣高）

燼餘詩草五卷

清李國榮撰，清光緒二十五年（1899）長沙求是齋刻本。每半葉十一行，行二十三字，小字雙行同，細黑口，左右雙邊，單黑魚尾。

李國榮（？—1862），字華甫，清嘉禾縣人。少以文學冠其縣，道光二十九年（1849）選爲拔貢。咸豐元年（1851）舉於鄉，再上公車，留京師。咸豐初洪秀全太平軍蜂起，國榮議團練法，誅從者數百人，一縣懼悚然。咸豐七年紅巾軍何禄等據郴桂，擁衆數萬，攻嘉禾。時嘉禾知縣袁慧業欲弃城，國榮請戰，率團練登城而戰七晝夜，於城頭吹笛吼歌，

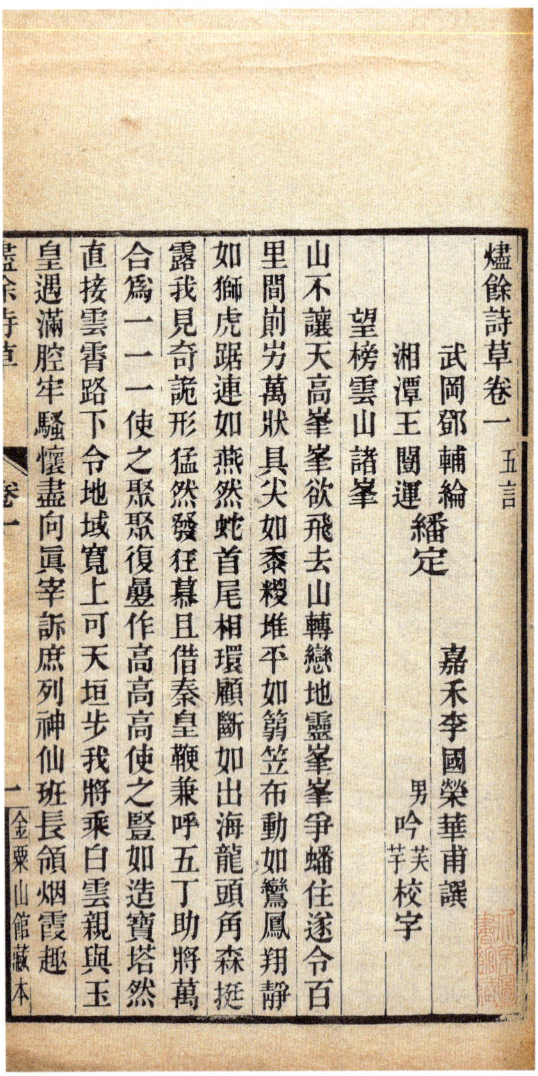
燼餘詩草卷一　五言
武岡鄧輔綸
湘潭王闓運　繙定
嘉禾李國榮華甫譔
男吟芙吟芋校字
望榜雲山諸峯
山不讓天高峯峯欲飛去山轉戀地靈峯峯爭蟠住遂令百
里間崱屴萬狀具尖如黍稷堆平如箬笠布動如鸞鳳翔靜
如獅虎踞連如燕然蛇首尾相環顧斷如出海龍頭角森挺
露我見奇詭形猛然發狂慕且借秦皇鞭兼呼五丁助將萬
合爲一一一使之聚聚復疊作高高高使之豎如造寶塔然
直接雲霄路下令地域寬上可天垣步我將乘白雲親與玉
皇遇滿腔牢騷懷盡向眞宰訴庶列神仙班長領烟霞趣
燼餘詩草　卷一　一　金粟山館藏本

鼓舞士氣，城不得破。上司許國榮以守城功升候選知縣，并賞加同知銜。國榮不就，歸家奉親，旋卒於家。

《爐餘詩草》五卷，詩止於同治元年（1862），其子吟芙在光緒二十五年（1899）跋中稱『先君子弃世三十有七年』。

《爐餘詩草》五卷，書前有光緒十五年鄧輔綸序，又自序，附《桂陽州志》所載《李國榮列傳》和陶壽煌《題詞》。書末有陳鼎跋、雷飛鵬《爐餘詩草跋》、長子李吟芙跋。鄧輔綸序云：『嘉禾李華甫，孝廉。喜爲詩。詩多至千餘篇，然自負其才，當粤氛方熾，思以功業顯，故其於詩也，如風雨驟馳、珠璣颯沓而至，不拘拘言氣格也。』自序云：『約計操觚以來，得詩不下千百首，……因頻遭賊火，舉半生所嘔盡心肝推敲所得者，悉投諸凶暴之一炬，并無隻字存留。兹所録者，僅記憶舊稿百中之一，及戎馬間暇時所作也。名曰「爐餘」。』

詩分體，共二百零八首。卷一爲五言古詩。卷二爲七言古詩。卷三爲五言律詩。卷四爲七言絶句。卷五爲七言律詩。内容多爲紀游，如《湘潭遇風》《九老峰》《易水行》《舟過衡山》《游净樂山庵》等。亦有不少戰事詩，如《魯廣洞受降歌》《上方渡殺賊行》《粤中東坡觀遇寇》《雪中有感於東征諸將士》等。卷五《粤賊攻城書事》，記載太平軍攻占嘉禾縣城事。

本書據中國國家圖書館藏清光緒二十五年（1899）長沙求是齋刻本影印。（曾廣高）

雙溪草堂詩集一卷

清黄純墉撰，民國二十五年（1936）鉛印本。每半葉十一行，行三十四字，白口，四周單邊，單黑魚尾。

黄純墉（1829—1890），字雒九，學名肇鼎，清郴州人。父親黄仲騏，字正夫，清末名儒，有《醉山草堂集》傳世。四弟黄純垓，有《小醉山草堂集》傳世。純墉少得母教，四歲可誦《古詩十九首》，七歲可誦長短詩歌五六百首。二十一歲參加童子試，屢得案首。有人告其請人代考，病案兩年，後經省府查驗，實係誣告，并查出誣告之人，

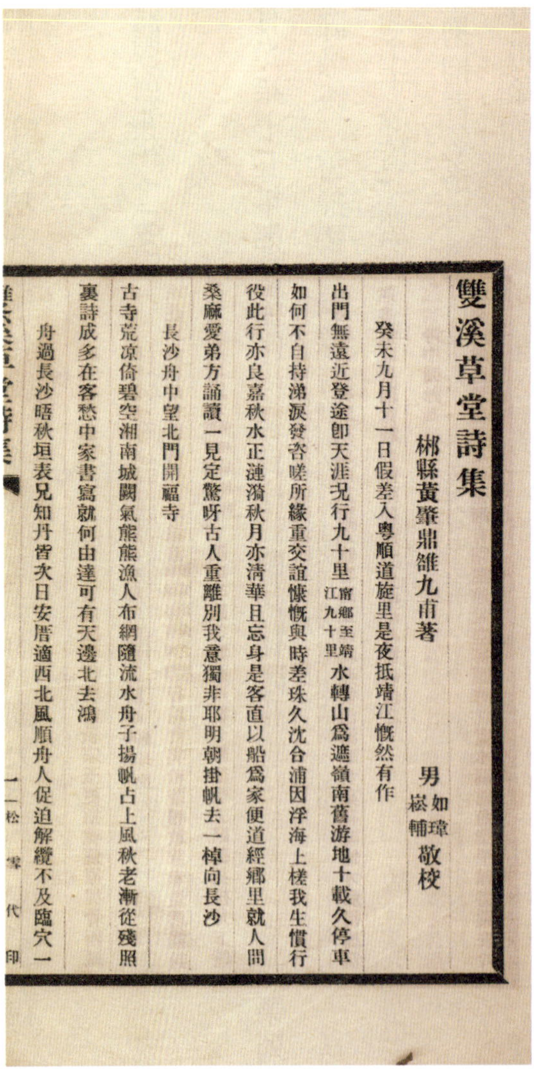
雙溪草堂詩集
郴縣黄肇鼎雒九甫著　男 如璋 崧輔 敬校
癸未九月十一日假差入粤順道旋里是夜抵靖江慨然有作
出門無遠近登途卽天涯况行九十里（甯鄉至靖江九十里）水轉山爲遮嶺南舊游地十載久停車
如何不自持涕淚發咨嗟所緣重交誼慷慨與時差珠久沈合浦因浮海上槎我生慣行
役此行亦良嘉秋水正漣漪秋月亦清華且忘身是客直以船爲家便道經鄉里就人問
桑麻愛弟方誦讀一見定驚呀古人重離別我意獨非耶明朝掛帆去一棹向長沙
長沙舟中望北門開福寺
古寺荒凉倚碧空湘南城闕氣熊熊漁人布網隨流水舟子揚帆占上風秋老漸從殘照
裏詩成多在客愁中家書寫就何由達可有天邊北去鴻
舟過長沙晤秋垣表兄知丹晉次日安厝適西北風順舟人促迫解纜不及臨穴一
一松　雪　代　印

處以刑懲，還其清白。後因匪患，加之訴訟，家境日下，純墉遂出南海幕，以搏薪酬治家，由此得以與南海騷人逸士、名公巨卿相交，詩詞唱酬，娱情抒志。同治九年（1870）三月初八，父故，純墉由南海歸喪，守孝五年。光緒元年（1875）以補授湖南長沙寧鄉教諭，暇時多與省垣諸君子交，時相唱和，故詩日積而富。任上十五年，得詩成帙，編成《雙溪草堂詩集》。光緒十五年，純墉由寧鄉辭歸。次年十二月初四日，病逝家鄉。

《雙溪草堂詩集》封面由其侄孫黄士衡題寫書名。前刊有黄純墉四弟黄純垓民國二十五年（1936）夏曆丙子七月七日撰《雙溪草堂詩集序》。三弟黄樹藩光緒二十九年閏五月十五日撰《先伯兄雒九行狀》，對黄純墉之生平事迹和詩作背景有簡略介紹和評述。

《雙溪草堂詩集》共有詩題二百七十餘首，有七律、七絶、五律、五絶、排律等，以七言爲多，内容多爲寫景、感事、贈人。黄純垓序中評其兄詩曰：『所遺詩草，皆和平清雅，自抒性靈，誦之具見蕭疏，適意優游滿志之慨。獨有《馬江哀輪船過虎門》《春日書感》《夜坐談事》《湘城感事》諸篇，則慷慨激昂，痛憾夷禍，關切國防，意警而辭厲，與平日所作不類。蓋其時海疆開釁，法人攻安南、臺灣，遂犯閩嶠，清吏不肖，坐受其毒，詩有憂憤國難也。』可見黄純墉雖然位卑，却勿忘國憂。

本書據湖南圖書館藏民國二十五年（1936）鉛印本影印。（曾廣高）

郴游草一卷

清楊恩壽撰，清光緒三年（1877）刻《坦園詩録》本。每半葉九行，行二十一字，小字雙行同，白口，四周雙邊，單黑魚尾。

楊恩壽生平見史部《郴游日記》條。

同治元年至三年（1862—1864），楊恩壽入郴州太守魏式曾幕，并課其二子，兼辦文牘。期間著有《坦園日記》二卷。《郴游草》係從《坦園日記》中析出，編入《坦園詩録》卷七，附注『郴游草』。

《郴游草》一卷，共收録詩六十二首，有七言絶、七律、七古四十六首，有五絶、五

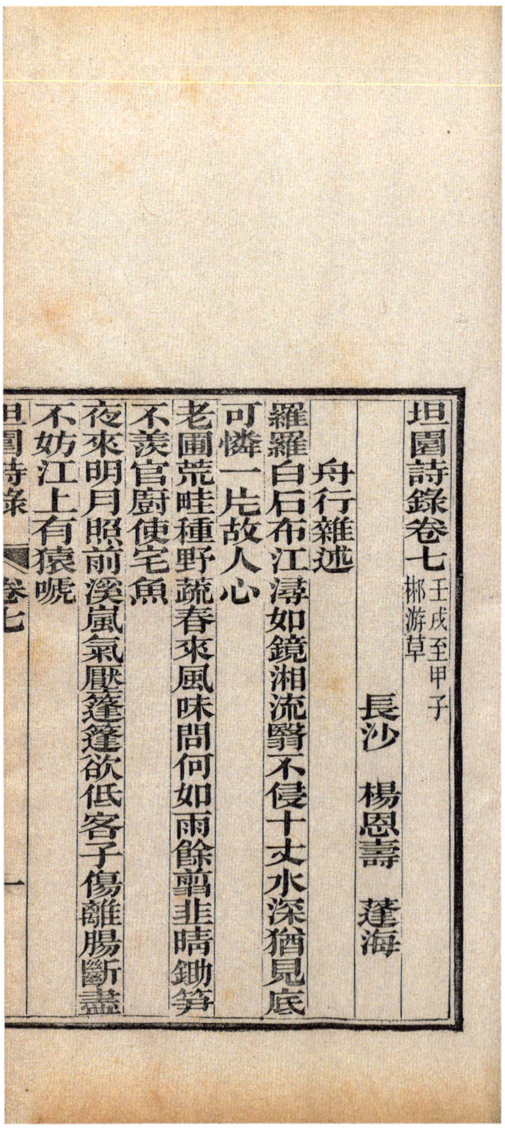
坦園詩録卷七 壬戌至甲子 郴游草

長沙 楊恩壽 蓬海

舟行雜述

羅羅白石布江潯如鏡湘流翳不侵十丈水深猶見底可憐一片故人心

老圃荒畦種野蔬春來風味問何如雨餘翦韭晴鋤筍不羨官廚使宅魚

夜來明月照前溪嵐氣壓蓬蓬欲低客子傷離腸斷盡不妨江上有猿嗁

坦園詩録 卷七 一

律、五古十三首，有長短句三首。内容有記事、寫景、感懷、贈答、悼亡。其中《舟行雜述》《耒陽道中》《發郴江夜泊瓦市》《便縣道中》《衡山道中》《郴州客感》《四游郴州舟中示送者》《郴州留別》《夜抵長沙》等，記其郴州行程，述所見所聞所感。

本書據中國國家圖書館藏清光緒三年（1877）刻《坦園詩録》本影印。（曾廣高）

桂樓雜藝合鈔八卷

清胡祖復撰，清光緒三十二年（1906）培桂軒木活字本。每半葉九行，行二十五字，白口，四周雙邊，單黑魚尾。

胡祖復生平見史部《［光緒］桂陽縣鄉土志》條。

『桂樓』者，作者書齋名也。『雜藝合鈔』指多種文體之合編。《桂樓雜藝合鈔》分爲詩、文兩部。詩二卷，前有遼東郝恂序，卷一收紀游詩六十四首。卷二收雜體詩九十二首、賦八篇。文六卷，收論、策、序、跋、銘、表、書信、啓、碑銘、碑記、

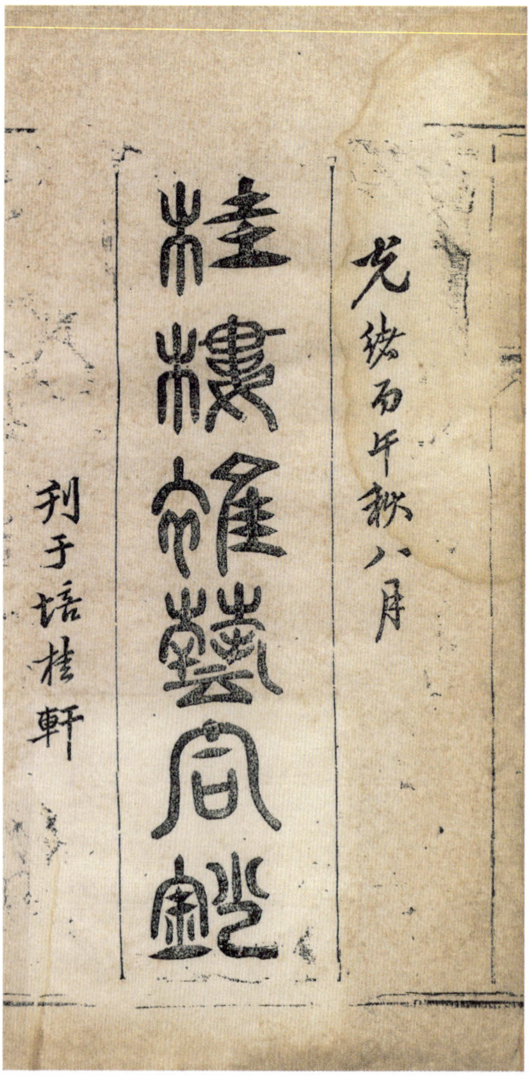

傳、墓誌、書、祭文、傳、記各類文體文一百二十篇。

其中《北上程記》記述了作者於同治十三年正月二十四日至十一月六日，『應選貢例，入都廷式』，由家鄉汝城馬橋下灣村起程，至京城參考後返回下灣村之全程。途中所歷站點名稱、所見所聞、名山勝水、人文掌故、商貿市情、地理氣候、人情交往、感懷心得，無不形諸筆下。

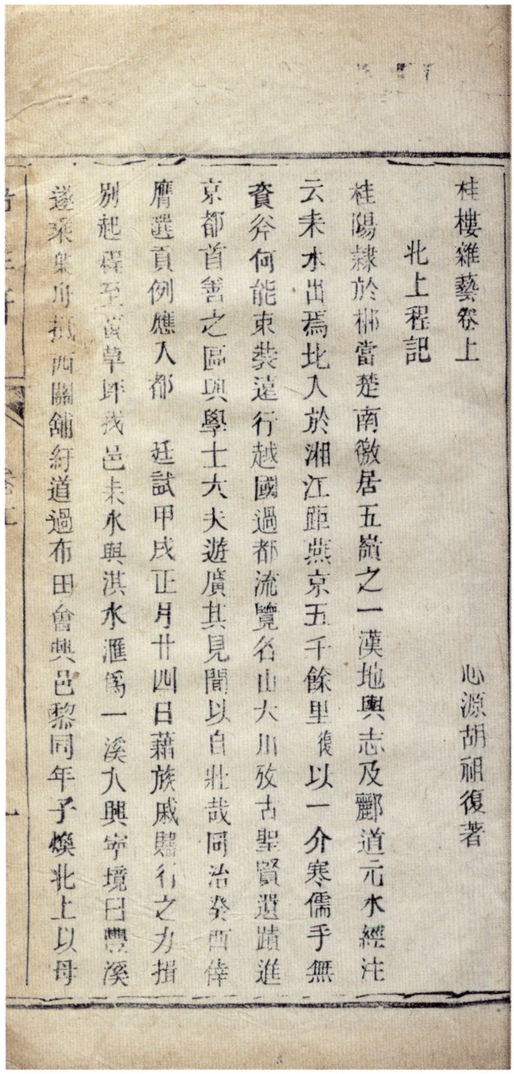

桂樓雜藝卷上　心源胡祖復著

北上程記

桂陽隸於郴當楚南徼居五嶺之一漢地輿志及酈道元水經注云耒水出焉北入於湘江距燕京五千餘里復以一介寒儒手無賫斧何能束裝遠行越國過都流覽名山大川攷古聖賢遺蹟進京都首善之區與學士大夫遊廣其見聞以自壯哉同治癸酉倖膺選貢例應入都　廷試甲戌正月廿四日藉族戚賻行之力揩別起程至黃草坪我邑耒水與淇水滙為一溪入興寧境曰豐溪遂乘舟抵西關舖紆道過布田會興邑黎同年子燠北上以母

本書據湖南圖書館藏清光緒三十二年（1906）培桂軒木活字本影印。（曾廣高）

鋤經軒雜體詩草不分卷

清胡景瑗撰，清光緒三十二年（1906）木活字本。每半葉九行，行二十二字，白口，四周雙邊，單黑魚尾。

胡景瑗，生卒年不詳，字琢吾，清桂陽縣（今湖南汝城）人。景瑗兄弟姊妹八人。周歲喪父，賴長兄撫養成人。少師從胡祖復，聰穎有志。然纍試不第，一生未能入仕。及長，家庭疊遭變故，自丁酉年至辛丑年（1897—1901），『不滿五載，連遭七喪』。其詩歌多爲悼亡哭歌。作者叙中云：『予固不善詩也，試帖已屬勉爲，遑言古體！第親朋慶弔，往來贈答，及

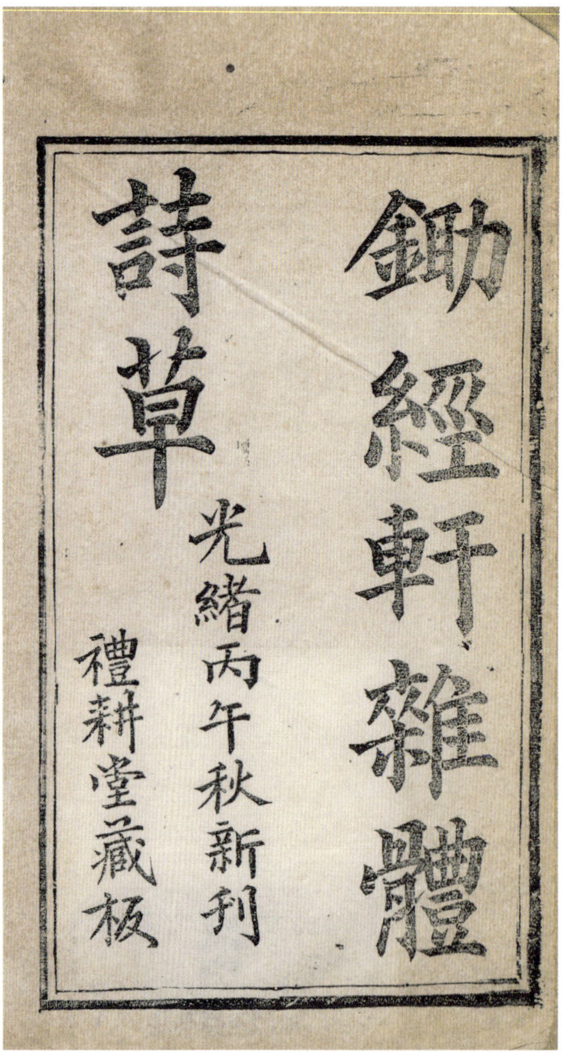

日用遺懷，亦祇觸景生情，托深心於毫素。獨奈桑榆已迫，内顧多憂，痛深骨肉，腷臆誰訴。哀餘發爲詩詞，幾於一字一淚。所謂短歌代哭也。』字裏行間，滿紙辛酸，讓人悲憫不已。

『鋤經軒』者，胡景瑗住所名也，意爲農家屋，自謙也。《鋤經軒雜體詩草》書中有作者光緒三十二年（1906）丙午歲重陽節所作叙，共收各類詩作一百三十五首，祭文三篇。其中《祭仲兄克武先生文》，老師胡祖復老先生評曰：『歷述其兄數十年相愛之深，相望之厚，至情至性，洋洋千數百言，語長心鄭重，沉鬱頓挫，悲壯淋漓，覺昌黎不得獨擅絶調，并足令讀者感慨悲歌，聲淚俱下，皆有關世教之文也。』

本書據湖南圖書館藏清光緒三十二年（1906）木活字本影印。（曾廣高）

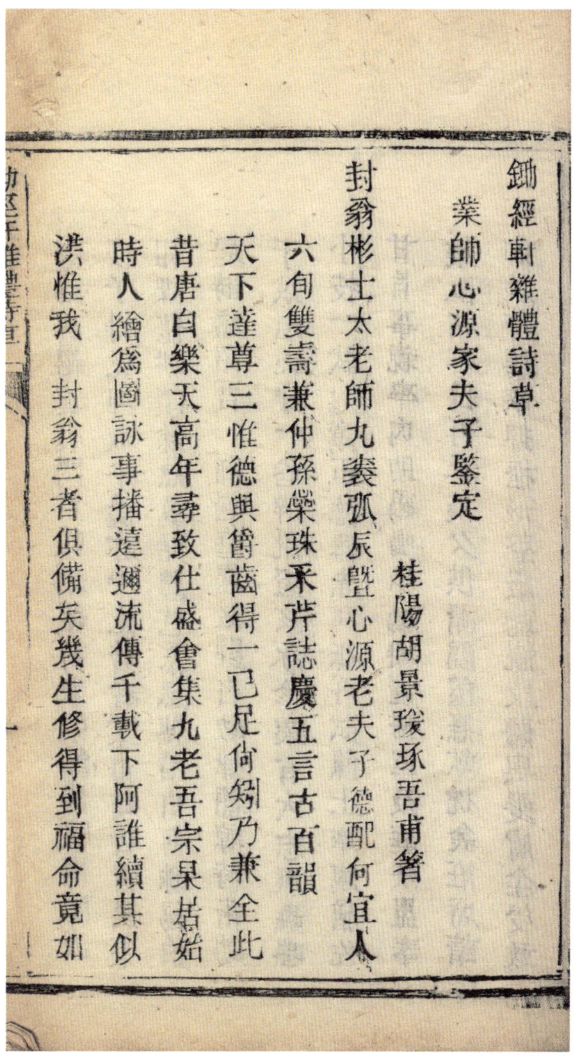
鋤經軒雜體詩草
業師心源家夫子鑒定　桂陽胡景瑗琢吾甫著
封翁彬士太老師九袠弧辰暨心源老夫子德配何宜人
六旬雙壽兼仲孫榮珠采芹誌慶五言古百韻
天下達尊三惟德與爵齒得一已足何矧乃兼全此
昔唐白樂天高年壽致仕盛會集九老吾宗杲若始
時人繪爲圖詠事播遠邇流傳千載下阿誰續其似
洪惟我　封翁三者俱備矣幾生修得到福命竟如

痰氣集一卷

清金蓉鏡撰，清光緒三十四年（1908）刻本。每半葉十行，行三十二字，細黑口，四周雙邊，單黑魚尾。

金蓉鏡生平見史部《郴游録 郴州集》條。

《痰氣集》收録作者金蓉鏡在郴任上所作公文二十四篇，其中論文三篇、禀文十七篇、演説二篇、述一篇、函一篇。内容涵括教育、吏治、礦務、税務、訴訟、人事等，尤其注重文化教育，涉及公文近一半。『痰氣』者，不吉之物，以此名書，作者自謙也。該書前有『鵖』書，稱『丙午末春日即陶尺厚哉贈於京師』。

本書據中國國家圖書館藏清光緒三十四年（1908）刻本影印。（曾廣高）

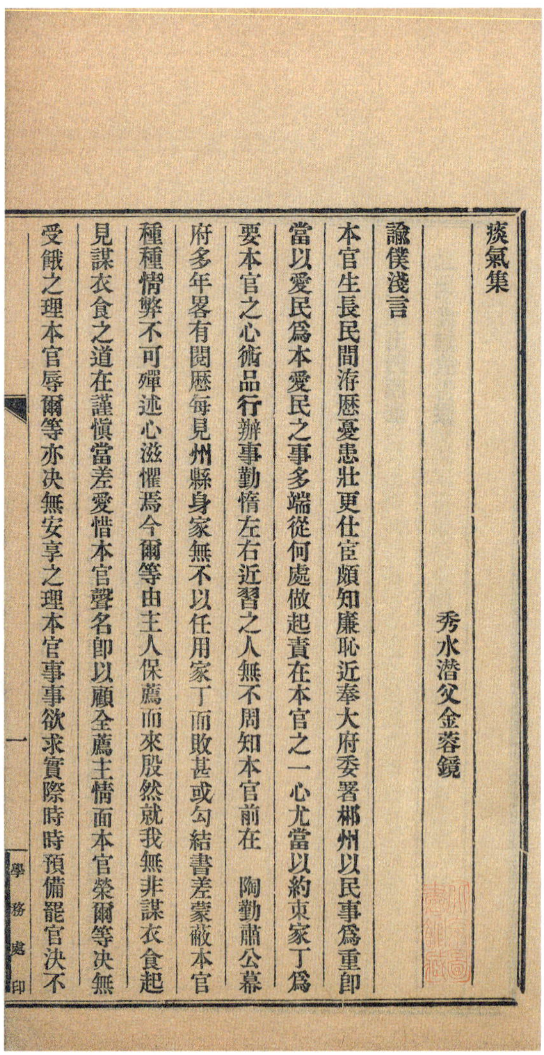
痰氣集
秀水潛父金蓉鏡
論僕淺言
本官生長民間涉歷憂患壯更仕宦頗知廉恥近奉大府委署郴州以民事爲重即當以愛民爲本愛民之事多端從何處做起責在本官之一心尤當以約束家丁爲要本官之心術品行辦事勤惰左右近習之人無不周知本官前在　陶勤肅公幕府多年略有閲歷每見州縣身家無不以任用家丁而敗甚或勾結書差蒙蔽本官種種情弊不可殫述心滋懼焉今爾等由主人保薦而來殷然就我無非謀衣食起見謀衣食之道在謹慎當差愛惜本官聲名即以顧全薦主情面本官榮爾等決無受餓之理本官辱爾等亦決無安享之理本官事事欲求實際時時預備罷官決不
一
學務處印

醉竹山房詩集十卷（存卷十）

清彭政樞撰，民國長沙船山學社鉛印本。每半葉九行，行二十二字，小字雙行同，白口，四周雙邊，單黑魚尾。

彭政樞（1855—1930），字菽原，號菽齊，又號仙寰，清桂陽州（今湖南桂陽）人。同治九年（1870）歲貢，選舉孝廉方正，升江蘇候補知縣。光緒二十九年（1903）入浙江學政陳兆文幕，辛亥革命後爲湖南省參議員，省長公署顧問。民國五年（1916）任船山學社社長，同年八月任湖南第一師

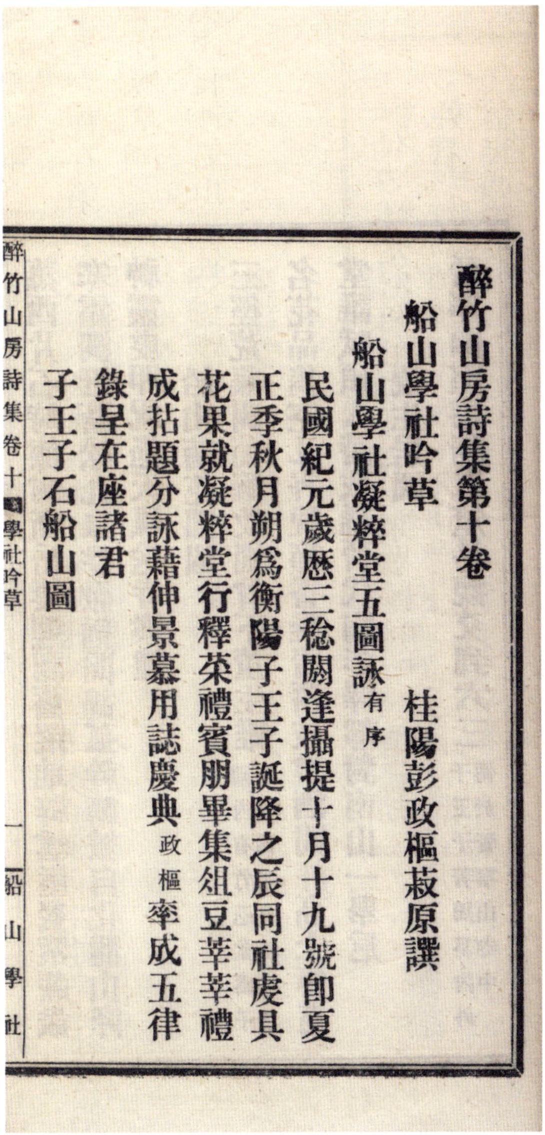
醉竹山房詩集第十卷
船山學社吟草　桂陽彭政樞菽原譔
船山學社凝粹堂五圖詠有序
民國紀元歲歷三稔閼逢攝提十月十九號即夏正季秋月朔爲衡陽子王子誕降之辰同社虔具花果就凝粹堂行釋菜禮賓朋畢集俎豆莘莘禮成拈題分詠藉伸景慕用誌慶典政樞率成五律錄呈在座諸君
子王子石船山圖
醉竹山房詩集卷十　學社吟草　一　船山學社

範學校校長，旋因家中變故辭職歸鄉。

《醉竹山房詩集》共十卷，僅存第十卷，共收録作者詩詞四十一首，多爲與船山學社社友唱和奉答詩，故又名《船山學社吟草》。

本書據湖南圖書館藏民國長沙船山學社鉛印本影印。（曾廣高）

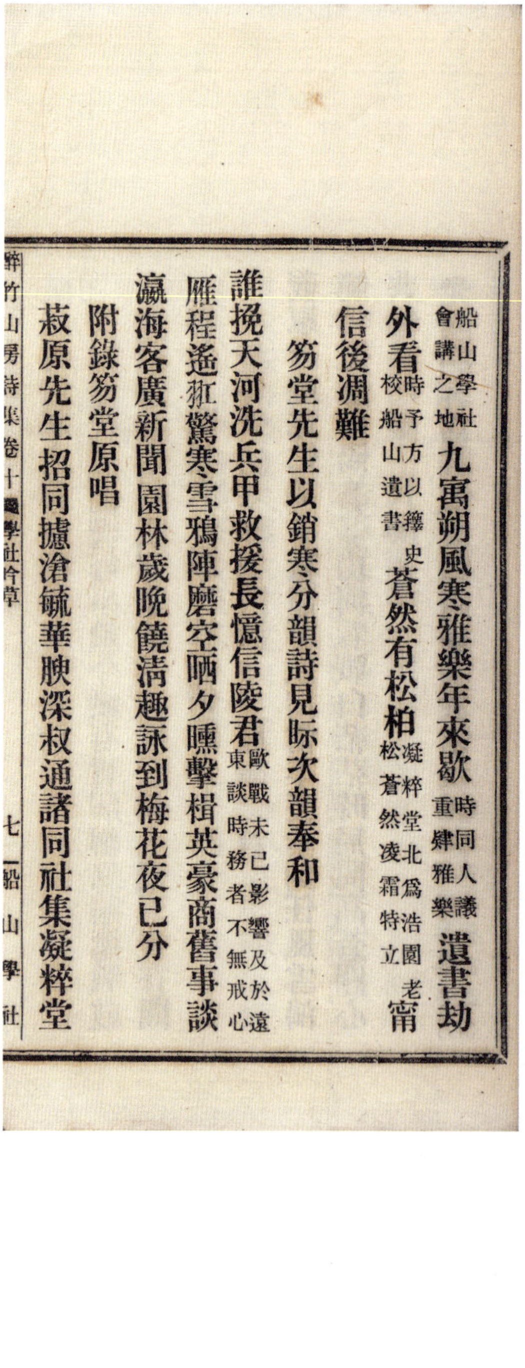

船山學社會講之地　九寓朔風寒雅樂年來歇時同人議重肄雅樂遺書刼外看時予方以攘史校船山遺書蒼然有松柏凝粹堂北爲浩園老松蒼然凌霜特立甯信後凋難

笏堂先生以銷寒分韻詩見眎次韻奉和

誰挽天河洗兵甲救援長憶信陵君歐戰未已影響及於遠東談時務者不無戒心雁程遙犴驚寒雪鴉陣磨空晒夕曛擊楫英豪商舊事談瀛海客廣新聞園林歲晚饒清趣詠到梅花夜已分

附錄笏堂原唱

菽原先生招同攄滄毓華腴深叔通諸同社集凝粹堂

醉竹山房詩集卷十　船山學社吟草　七　船山學社

半學山房遺稿文集二卷

清周潤標撰，民國二十二年（1933）鉛印本。每半葉十二行，行三十二字，白口，四周雙邊，單黑魚尾。

周潤標（1857—1930），字棟雲，清桂陽縣（今湖南汝城）人。光緒二十三年（1897）丁酉科選拔，朝考以教職用。《周棟雲先生墓誌銘》曰：『州縣官理刑，民多冤獄，致損陰德，不如教官任師儒職，造士育才，尚可爲國家培元氣。』歷任常德、平江、桃源、保靖學博，教聲卓著。後以母老侍養爲由辭歸。周潤標性廉介

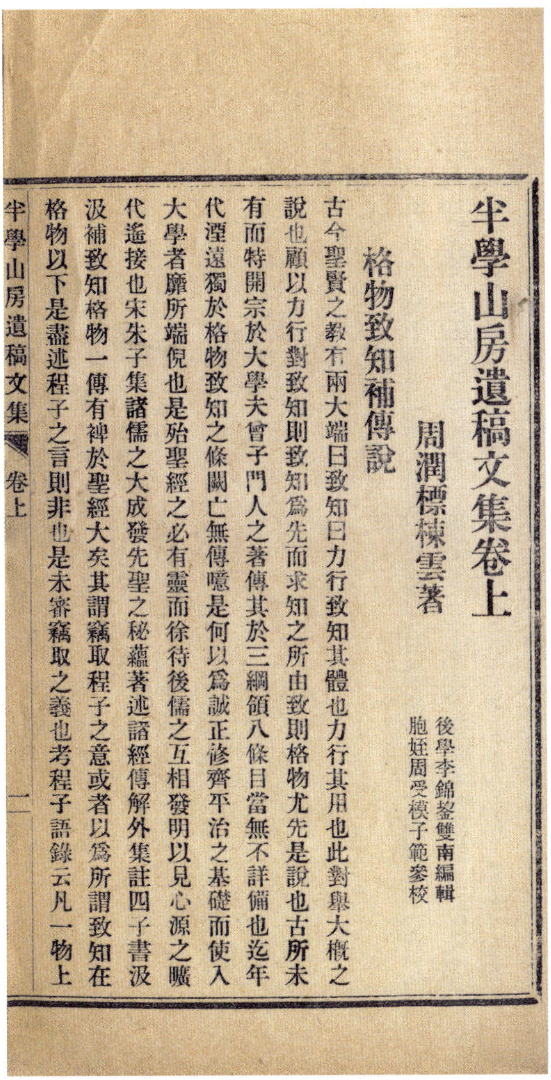

半學山房遺稿文集卷上

周潤標棟雲著

後學李錦鋆雙南編輯
胞姪周受禎子範參校

格物致知補傳說

古今聖賢之教有兩大端曰致知曰力行致知其體也力行其用也此對舉大概之說也顧以力行對致知則致知爲先而求知之所由致則格物尤先是說也古所未有而特開宗於大學夫曾子門人之著傳其於三綱領八條目當無不詳備也迄年代湮遠獨於格物致知之條闕亡無傳噫是何以爲誠正修齊平治之基礎而使入大學者靡所端倪也是殆聖經之必有靈而徐待後儒之互相發明以見心源之曠代遙接也宋朱子集諸儒之大成發先聖之秘蘊著述詁經傳解外集註四子書汲汲補致知格物一傳有裨於聖經大矣其謂竊取程子之意或者以爲所謂致知在格物以下是盡述程子之言則非也是未審竊取之義也考程子語錄云凡一物上

半學山房遺稿文集 卷上 一

剛正，注重五倫八德，尊孔尤力。孝行尤著，名聞鄉閭。熱衷鄉間慈善，人稱周善長。

『半學山房』爲作者住所名，『半學』有作者自謙之意也。《半學山房遺稿文集》成書於民國二十二年（1933），書前刊有李錦鋆《半學山房遺文序》，内弟胡日增《周公潤標事略》，李錦鋆《周棟雲先生墓誌銘》。扉葉有『周棟雲先生肖像』。

《半學山房遺稿文集》上、下兩卷，上卷彙集周潤標所著文稿八十三篇，含論文、序文、考證、策論、講義、演説、電文、信函、報告等各類文稿，内容包含釋義名句典故，演繹處世觀點，勸戒不良習氣，策論地方治理，報告地方灾情，多爲在任公文。下卷彙集周潤標所著墓誌銘、祭文、墓表、跋、引等文章十六篇，詩賦一百四十七首，對聯一百一十九聯，詩賦多爲寫景、記事、感懷、贈友、悼亡、緬懷。聯語則多爲親友挽聯。

本書據湖南圖書館藏民國二十二年（1933）鉛印本影印。（曾廣高）

知新編六卷

清雷飛鵬編著，清光緒二十八年（1902）宜章學署刻本。每半葉十行，行二十四字，細黑口，左右雙邊，無魚尾。

雷飛鵬生平見史部《東三省鹽法志》條。

《知新編》爲著者編撰之文集。卷首有編者自叙。卷一至卷五收集湖南籍四十九位名士一百一十六篇文獻。卷六爲編者撰寫之『問學録』。

卷一爲四書義，『四書』乃《論語》《孟子》《大學》《中庸》之謂也，收録十九位名士析義文獻二十一篇，雷昺遂《大學之道義》、陳門寅《致知在格物義》、歐陽赤《民爲貴義》等位列其中。卷二爲五經義，『五經』乃《詩經》《尚書》《禮記》《周易》《春秋》之謂也，收録二十五位名士析義文獻三十三篇，有張運彬《舜典十二州禹貢九州義》、李延芙《洪範言貧富不

言貴賤義》、龔德培《孔父不名義》等。卷三爲中國政治史事論略，收録二十四位作者中國史論文獻二十七篇，有鄧典謨《漢以來治法多沿秦制説》、李學銘《東漢圖讖辨論》、劉澄清《明取天下方略論》等。卷四爲外國政教萩學論略，收録十七位名士外國史論文獻十九篇，有劉澄清《各教源流》、鄧典謨《各國學校考》《各國禮俗小記》、歐陽赤《各國文字考》、余光熙《君主民主説》等。卷五爲歷代中外交涉表，以時間爲軸，按先後排列，從《五帝夏商》始，至《國朝》（即清朝），以列表形式，排列中外交涉大事，表後附論，歸納演説事典意義，共計十六篇。卷六爲編者所撰『問學録』，論説讀書之法、知識之要。

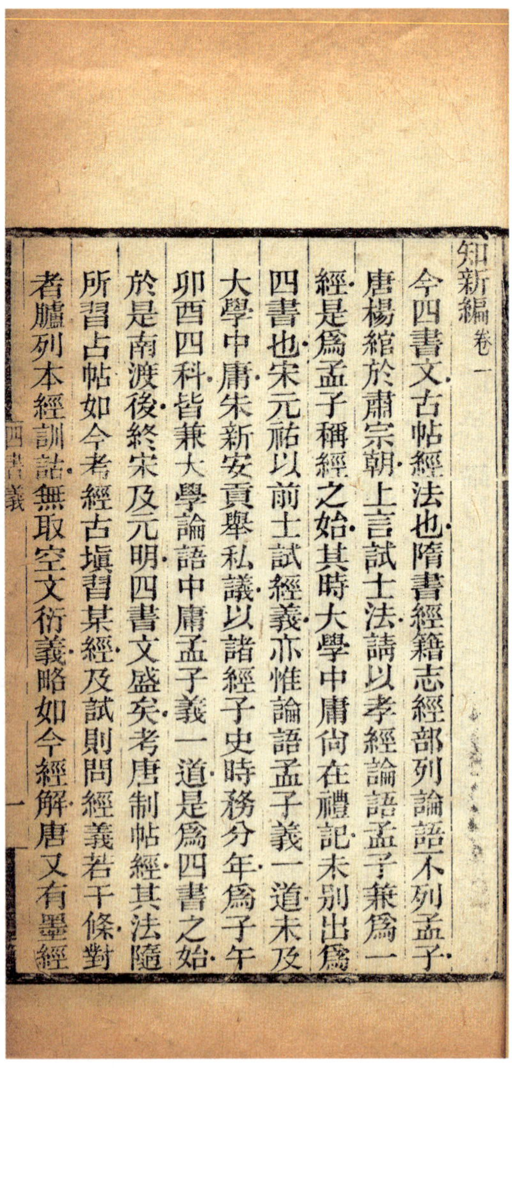
知新編卷一　四書義　一
今四書文古帖經法也隋書經籍志經部列論語不列孟子唐楊綰於肅宗朝上言試士法請以孝經論語孟子兼爲一經是爲孟子稱經之始其時大學中庸尚在禮記未别出爲四書也宋元祐以前士試經義亦惟論語孟子義一道未及大學中庸朱新安貢舉私議以諸經子史時務分年爲子午卯酉四科皆兼大學論語中庸孟子義一道是爲四書之始於是南渡後終宋及元明四書文盛矣考唐制帖經其法隨所習占帖如今考經古塡習某經及試則問經義若干條對者臚列本經訓詁無取空文衍義略如今經解唐又有墨經

本書據陝西省圖書館藏清光緒二十八年（1902）宜章學署刻本影印。（曾廣高）

艾室文集四卷

清雷飛鵬撰，稿本。每半葉十行，行二十三字不等，無版框。

雷飛鵬生平見史部《東三省鹽法志》條。

書前有《留奉補用知縣雷飛鵬身狀》，簡介雷飛鵬生平。全書四卷，卷一收録張伯雄、陳梅根等人傳五篇、神道碑銘一篇、序文五篇、書二篇、記一篇。卷二收録駢文三篇，其中一篇爲慈禧太后六十大壽所作賦，

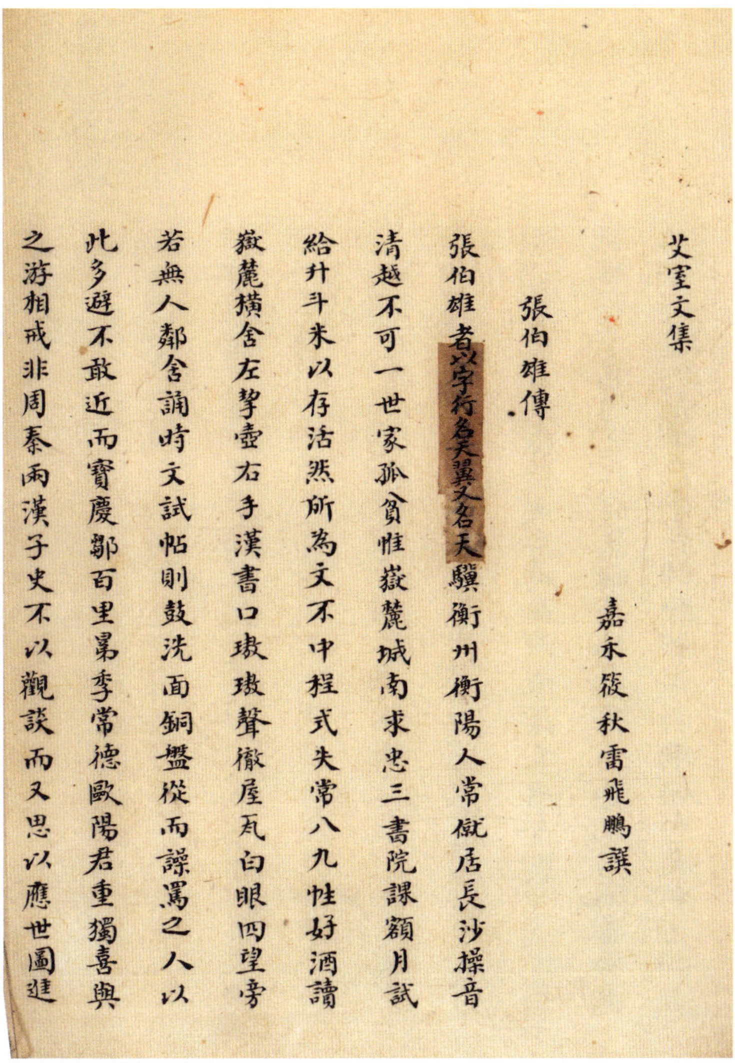

艾室文集

嘉禾筱秋雷飛鵬譔

張伯雄傳

張伯雄者以字行名天翼又名天驥衡州衡陽人常僦居長沙操音清越不可一世家孤貧惟嶽麓城南求忠三書院課額月試給升斗米以存活然所為文不中程式失常八九性好酒讀嶽麓橫舍左挈壺右手漢書口嗷嗷聲徹屋瓦白眼四望旁若無人鄰舍誦時文試帖則鼓洗面銅盤從而譟罵之人以此多避不敢近而寶慶鄒百里曷李常德歐陽君重獨喜與之游相戒非周秦兩漢子史不以觀談而又思以應世圖進

一篇張南皮七十壽頌詞。卷三爲《艾室詩草》，作於光緒二十六年至光緒二十八年（1900—1902），收録五言詩十七首、七言詩十六首、長短句二首。卷四爲《勉是齋詩》，寫於光緒二十四年以前，收五言詩四十二首、七言詩四首。

該書文體龐雜，内容豐富。詩多五言，尤多五古長詩。其中《胡都尉歌》，謳歌與侵華日軍交戰時失去一足的歸來英雄胡都尉，四首五言排律長詩，壯懷激烈，豪氣幹雲，令人動容。

本書據南京圖書館藏稿本影印。（曾廣高）

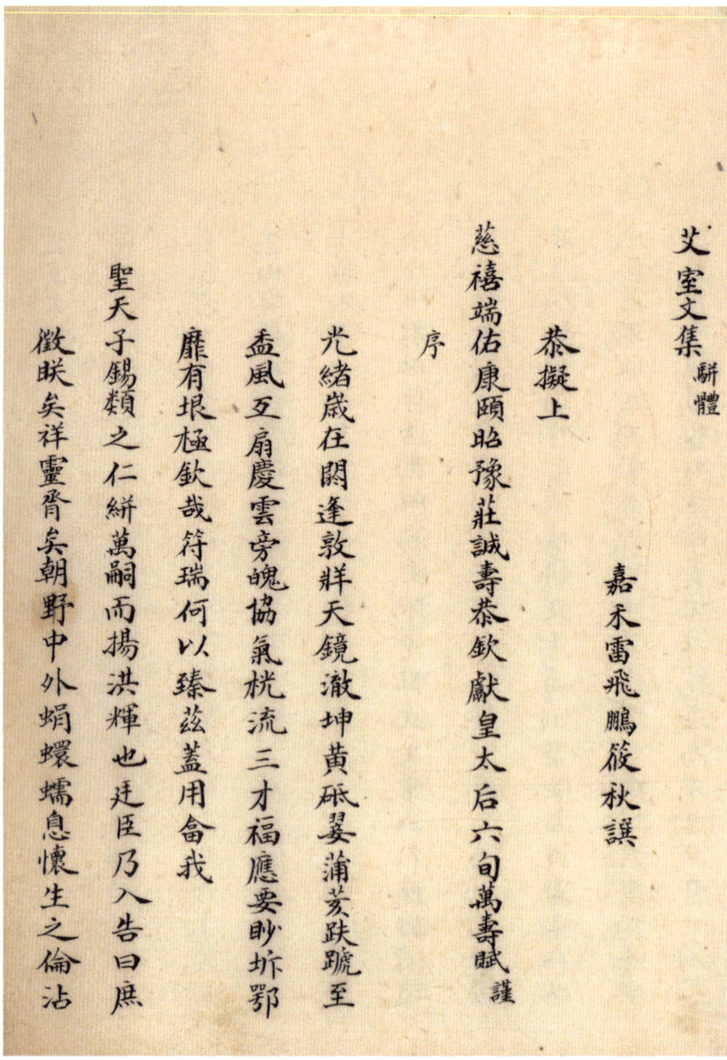
艾室文集 駢體

嘉禾雷飛鵬筱秋譔

慈禧端佑康頤昭豫莊誠壽恭欽獻皇太后六旬萬壽賦 謹序

恭擬上

光緒歲在閼逢敦牂天鏡澈坤黄砥晏蒲荄趺蹏至盍風互扇慶雲旁魄協氣桄流三才福應要眇圻鄂靡有垠極欽哉符瑞何以臻茲蓋用畬我

聖天子錫類之仁絣萬嗣而揚洪輝也廷臣乃入告曰庶

徵眹矣祥靈胥矣朝野中外蜎蠉蠕息懷生之倫沾

《日本明治維新小史》雜事詩一卷

清雷飛鵬撰，清光緒三十四年（1908）鉛印本。每半葉十行，行二十二字，小字雙行同，白口，四周雙邊，單黑魚尾。

雷飛鵬生平見史部《東三省鹽法志》條。

《日本明治維新小史》爲湖南湘鄉人蕭詩蓀著，雷飛鵬讀之有感而爲詩，故題名爲《〈日本明治維新小史〉雜事詩》。詩跋曰：『詩始寫於丁未（1907）四月瀋陽交涉局，終於戊申（1908）六月六日鐵嶺榷局。』該書書名爲清末大學士、刑部員外郎、山西道監察御史張瑞蔭所題。

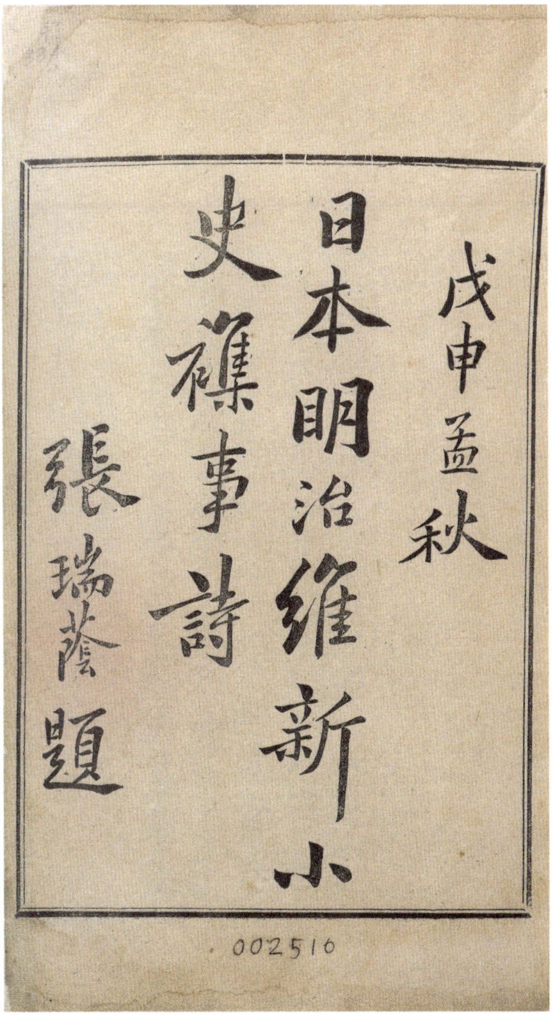

《〈日本明治維新小史〉雜事詩》，八十二首爲七言句式，四言句式一首，對《日本明治維新小史》書中史事一事一詩，一貫到底，中無標題。詩前有光緒戊申年秋七月十四日江蘇揚州儀徵人嚴偉序。序云：『爲詩低徊往復，其於日本贊不容於口者，即其於吾中國痛不絶於心也。聞雷君讀小史時，且讀、且哭、且擊案、且自醉、以酒而詩以成。』

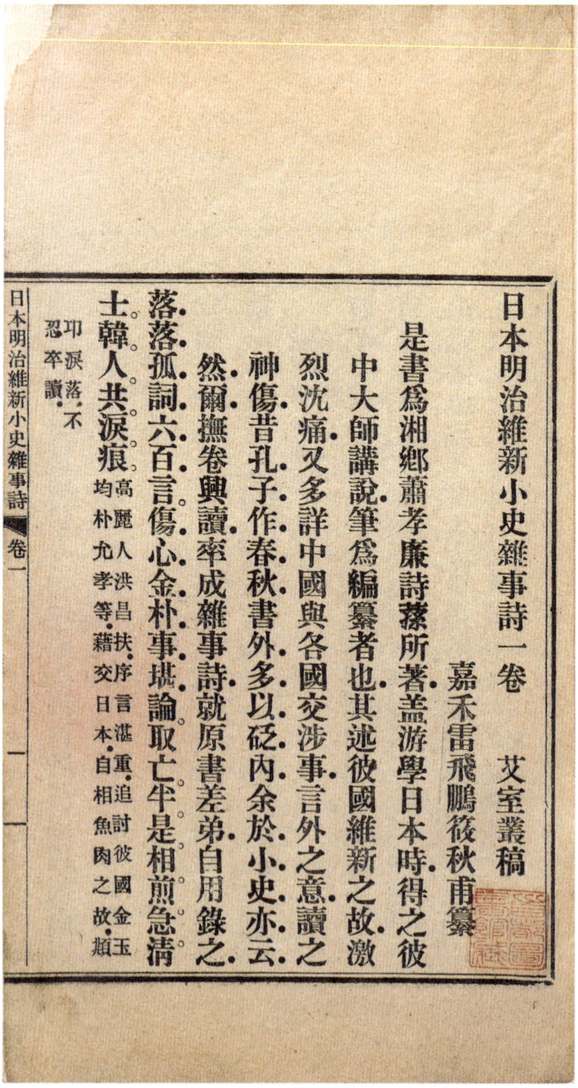
日本明治維新小史雜事詩一卷　艾室叢稿

嘉禾雷飛鵬筱秋甫纂

是書爲湘鄉蕭孝廉詩蓀所著盖游學日本時得之彼中大師講說筆爲編纂者也其述彼國維新之故激烈沈痛又多詳中國與各國交涉事言外之意讀之神傷昔孔子作春秋書外多以砭內余於小史亦云然爾撫卷興讀率成雜事詩就原書差弟自用錄之

落落孤詞六百言傷心金朴事堪論取亡半是相煎急清士韓人共淚痕　高麗人洪昌扶序言滋重追討彼國金玉均朴允孝等藉交日本自相魚肉之故頗卬淚落不忍卒讀

日本明治維新小史雜事詩　卷一

本書據首都圖書館藏清光緒三十四年（1908）鉛印本影印。（曾廣高）

遼夢草一卷

清雷飛鵬撰，清宣統二年（1910）鉛印本。每半葉九行，行二十四字，小字雙行同，細黑口，四周雙邊，單黑魚尾。

雷飛鵬生平見史部《東三省鹽法志》條。

《遼夢草》書名由清末大臣熊希齡於宣統二年題寫。封面蓋有朱文長方印『明志閣藏書』『慈幼院院長熊希齡捐入』二枚印章。

《遼夢草》乃詩詞集。收録光緒丁未年三月至己酉年（1907—1909）八月於東北遼寧任上所作詩詞一百三十五首，内容多爲記

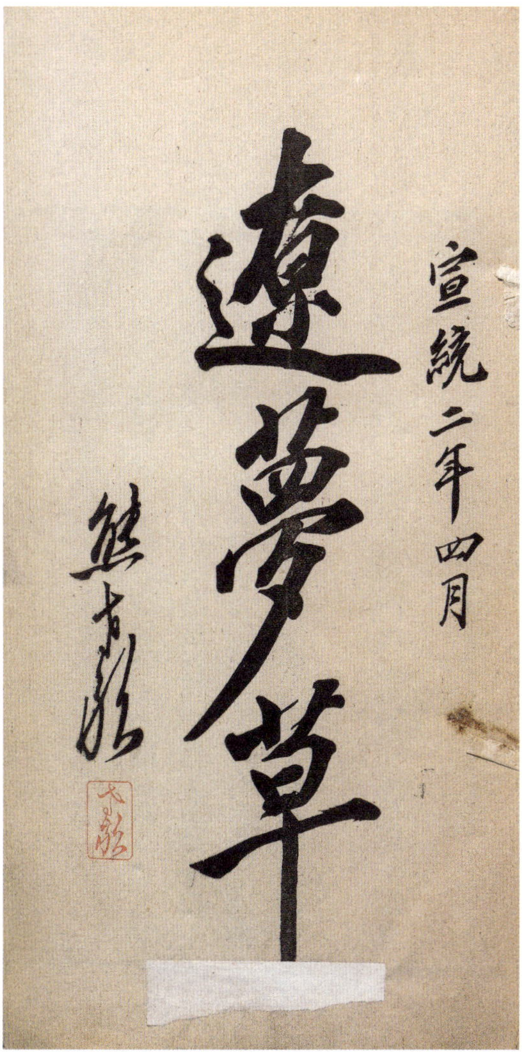

事、寫景、贈答、抒懷。五言、七言爲主，亦有長短句，形式靈活，不拘一格。其中《説自治》《説立憲》《説商會》《説學堂》《説巡警》《説對外》《説愛國》，『七説詩』以詩之形式，表達治國謅議，體現其政治抱負。

本書據首都圖書館藏清宣統二年（1910）鉛印本影印。（曾廣高）

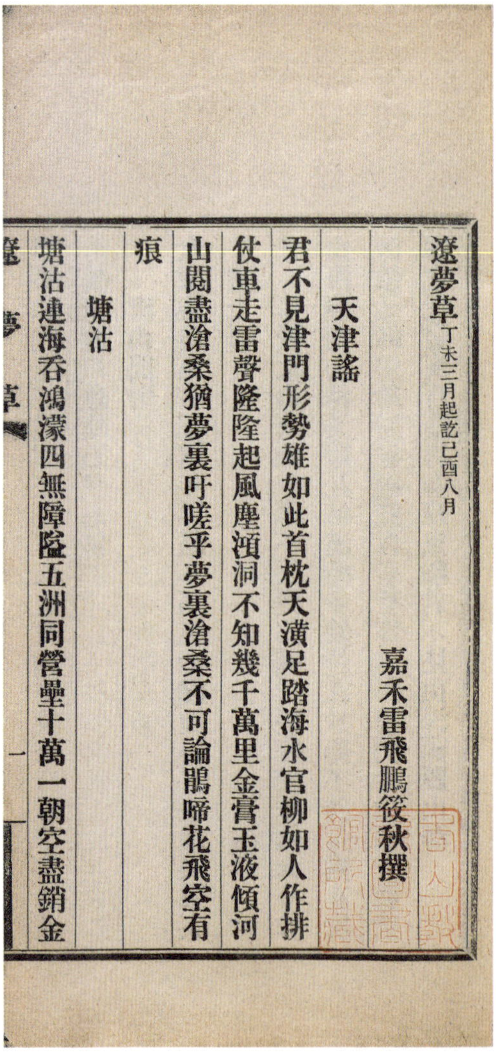
遂夢草　丁未三月起訖己酉八月
嘉禾雷飛鵬筱秋撰
天津謠
君不見津門形勢雄如此首枕天潢足踏海水官柳如人作排
仗車走雷聲隆隆起風塵澒洞不知幾千萬里金膏玉液傾河
山閱盡滄桑猶夢裏吁嗟乎夢裏滄桑不可論鵑啼花飛空有
痕
塘沽
塘沽連海吞鴻濛四無障隘五洲同營壘十萬一朝空盡銷金
遂夢草　一

續遼夢草一卷

清雷飛鵬撰，清宣統二年（1910）鉛印本。每半葉九行，行二十四字，小字雙行同，白口，四周雙邊，單黑魚尾。

雷飛鵬生平見史部《東三省鹽法志》條。

書名爲民國名人談國桓所書。書前有作者自叙，叙詩創作緣由。書末有同事題辭：『觀是書以征途之勞句之，白鳥多情留客住，青山不語笑人忙。』最後附有手書《蘭亭序》節録條幅，『映帶左右，引以爲流觴曲水』，當是作者書以自銘。

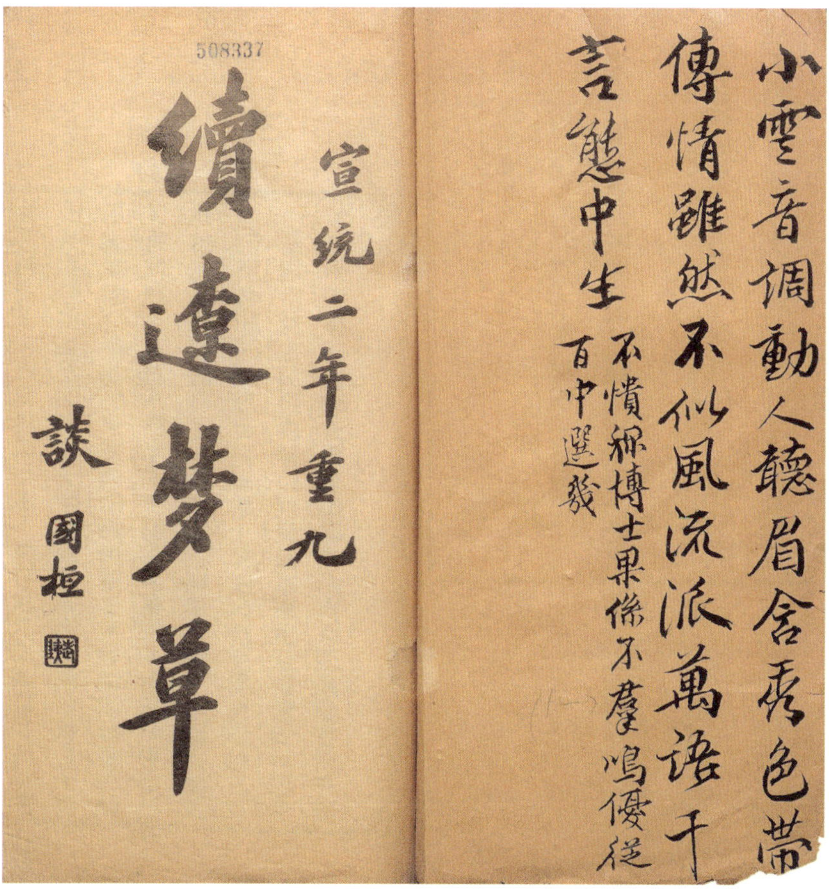

該書爲詩集，收録作者光緒三十三年（1907）十月二十九日至十一月二十四日瀋陽至洮南公幹途中詩作四十三首，其中五言詩十六首、七言詩二十七首，詩記述了作者二十六天行程，涉及内容有民俗風情、人際交往、人生感懷。篇末《歸途雜謡》十八首，後有七絶自注，反映了清末時期中蒙邊境官匪横行，民不聊生的悲惨景象。

本書據北京師範大學圖書館藏清宣統二年（1910）鉛印本影印。（曾廣高）

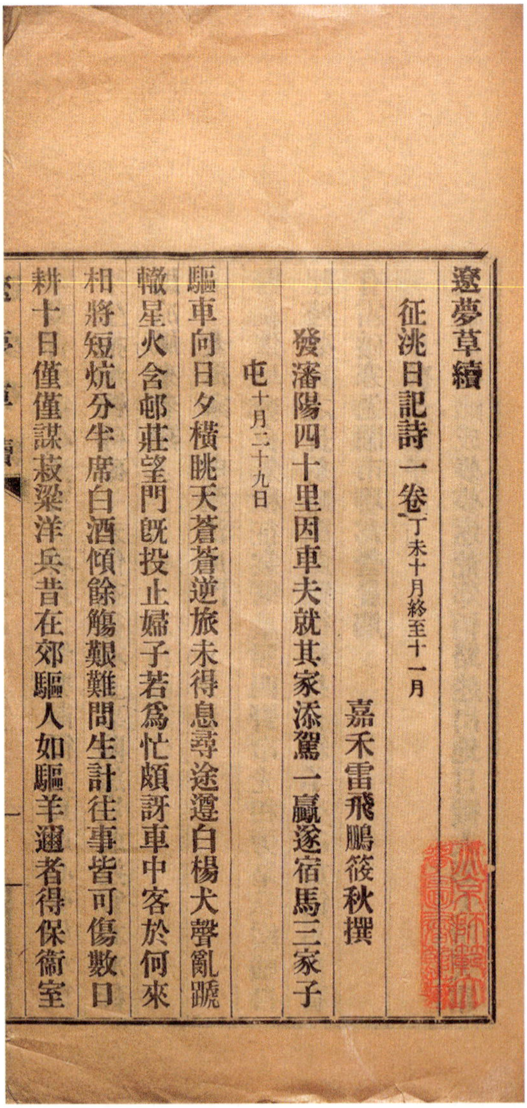
遼夢草續

征洮日記詩一卷 丁未十月終至十一月

嘉禾雷飛鵬筱秋撰

發瀋陽四十里因車夫就其家添駕一贏遂宿馬三家子屯 十月二十九日

驅車向日夕横眺天蒼蒼逆旅未得息尋途遵白楊犬聲亂蹏轍星火含邨莊望門既投止婦子若爲忙頗訝車中客於何來相將短炕分半席白酒傾餘觴艱難問生計往事皆可傷數口耕十日僅僅謀菽粱洋兵昔在郊驅人如驅羊邇者得保衛室

汗漫草一卷

清雷飛鵬撰，清宣統二年（1910）鉛印本。每半葉九行，行二十四字，白口，四周雙邊，單黑魚尾。雷飛鵬生平見史部《東三省鹽法志》條。

該書封面爲杰林手寫書名。卷首有『安徽省圖書館藏書』朱紅陽文篆刻印章。《汗漫草》書題下注『丙午（1906）丁未（1907）之間』，顯爲寫作時段。全書共收詩三十六首，其中七言詩二十九首、長短句二首、五言詩五首。『汗漫』者，漫游之遠也，喻本書寫於旅行中。詩之内容爲旅途中的所見所聞所感。其中不乏對新生活的向往與謳

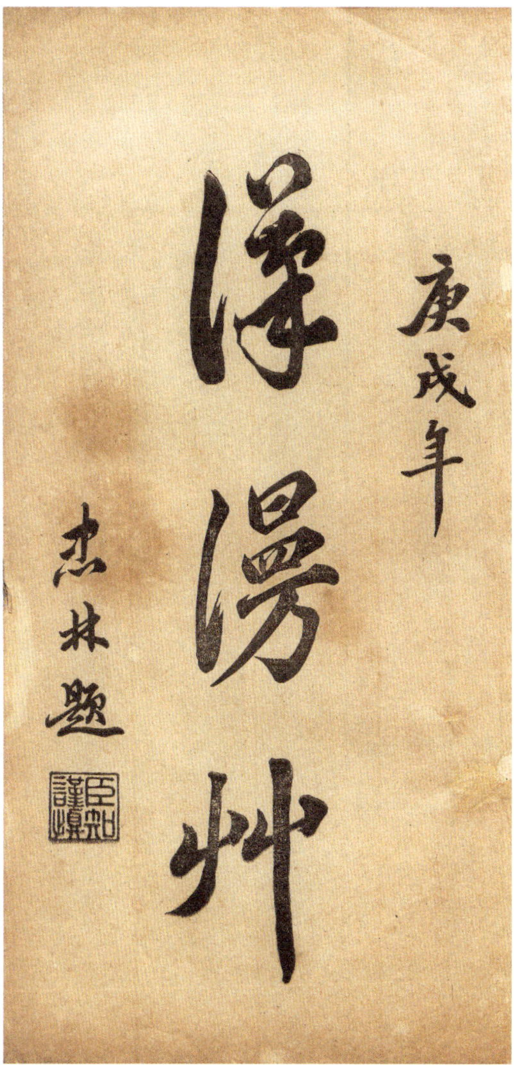

歌，如《火車謡》《電綫謡》等。對陳天華的悼詩以及與友哭菴唱和詩，則流露出了作者濃烈的愛國情懷。

本書據安徽省圖書館藏清宣統二年（1910）鉛印本影印。（曾廣高）

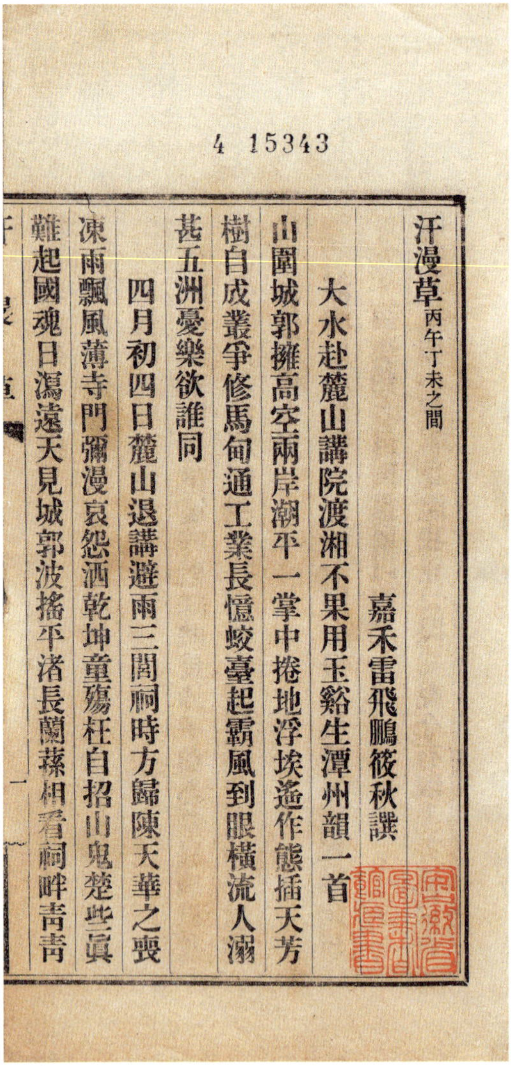

汗漫草丙午丁未之間

嘉禾雷飛鵬筱秋譔

大水赴麓山講院渡湘不果用玉谿生潭州韻一首

山圍城郭擁高空兩岸瀰平一掌中捲地浮埃遙作態插天芳樹自成叢爭修馬甸通工業長憶蛟臺起霸風到眼橫流人溺甚五洲憂樂欲誰同

四月初四日麓山退講避雨三閭祠時方歸陳天華之喪

凍雨飄風薄寺門彌漫哀怨洒乾坤童殤枉自招山鬼楚些眞難起國魂日瀉遠天見城郭波搖平渚長蘭蓀相看祠畔青青

汗漫草 一

松江修暇集九卷附詩餘一卷

清雷飛鵬編撰，民國七年（1918）鉛印本。每半葉十行，行二十二字，小字雙行同，白口，四周單邊，單黑魚尾。

雷飛鵬生平見史部《東三省鹽法志》條。

『松江』即東北之松花江，『修暇社』，閑適人員社團，意爲松花江畔一群志同道合之閑適文人社團。雷飛鵬乃本書作者之一，亦爲本書主編。

《松江修暇集》爲松江修暇社社員詩歌集。其社員有艾室雷飛鵬、睡石欒駿聲、頤庵郭宗熙、非

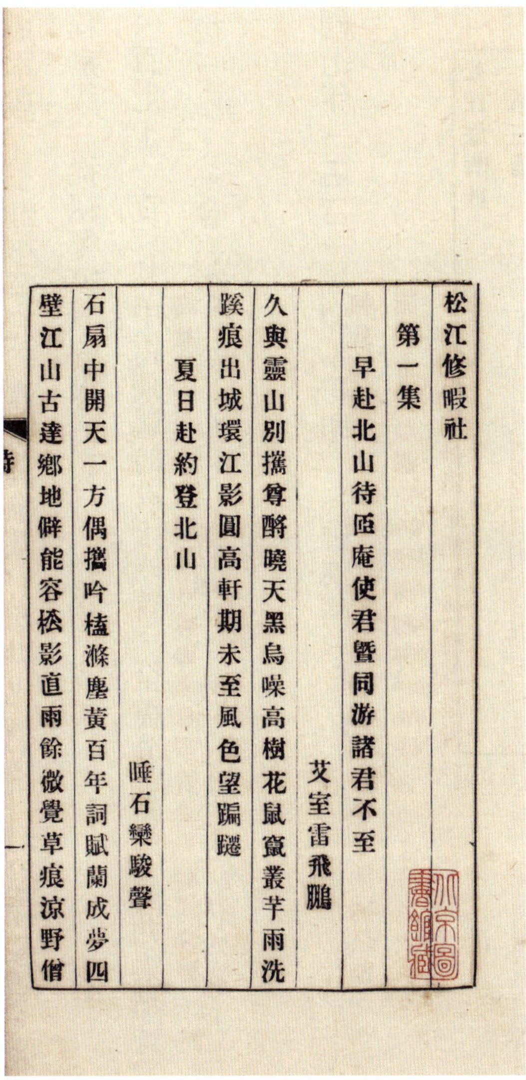

松江修暇社

第一集

早赴北山待匝庵使君暨同游諸君不至

艾室雷飛鵬

久輿靈山別攜尊酹曉天黑烏噪高樹花鼠竄叢芊雨洗蹊痕出城環江影圓高軒期未至風色望蹁躚

夏日赴約登北山

睡石欒駿聲

石扇中開天一方偶攜吟榼滌塵黃百年詞賦蘭成夢四壁江山古達鄉地僻能容菘影直雨餘微覺草痕涼野僧

園瞿方梅、酌笙王聞長、擢漁成本璞、子健李葆光、潤齊闞毓澤、澹堪成多禄、幼谷孫葆瑨、湘梅范璟榮、麓樵廖楚璜、思睿程嘉紱、從耘鄭家溉等人。

《松江修暇集》收録詩作一百七十一首，其中雷飛鵬詩有十八首。全書分十集，前九集爲詩，第十集爲詞。詩以集會時間先後爲序，一會一集。第十集爲『詩餘』，收詞十六首。内容多爲暢訴友情，感懷物事。

本書據遼寧省圖書館藏民國七年（1918）鉛印本影印。（曾廣高）

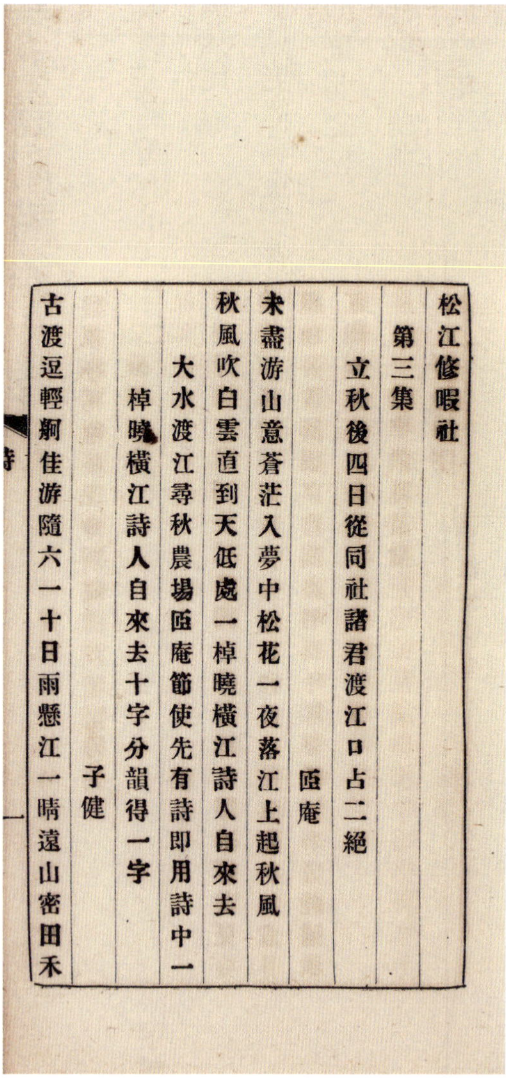
松江修暇社

第三集

立秋後四日從同社諸君渡江口占二絶

匝庵

未盡游山意蒼茫入夢中松花一夜落江上起秋風

秋風吹白雲直到天低處一棹曉横江詩人自來去

大水渡江尋秋農場匝庵節使先有詩即用詩中一棹曉横江詩人自來去十字分韻得一字

子健

古渡逗輕舸佳游隨六一十日雨懸江一晴遠山密田禾

都龐山館詩文鈔二卷

清雷飛鵬撰，民國二十年（1931）藍山石印局石印本。無版框，每半葉十行，行二十三字。

雷飛鵬生平見史部《東三省鹽法志》條。

該書封面書名爲學生鍾伯毅所題，書末跋亦爲其所寫。據書末鍾伯毅跋云：『都龐山館者，吾師所自署讀書之地。生平著作，悉以名之。』又署《南平集》作爲分卷名。該書寫於雷飛鵬受聘《藍山縣圖志》總纂期間。藍山縣古名南平縣，故分卷名

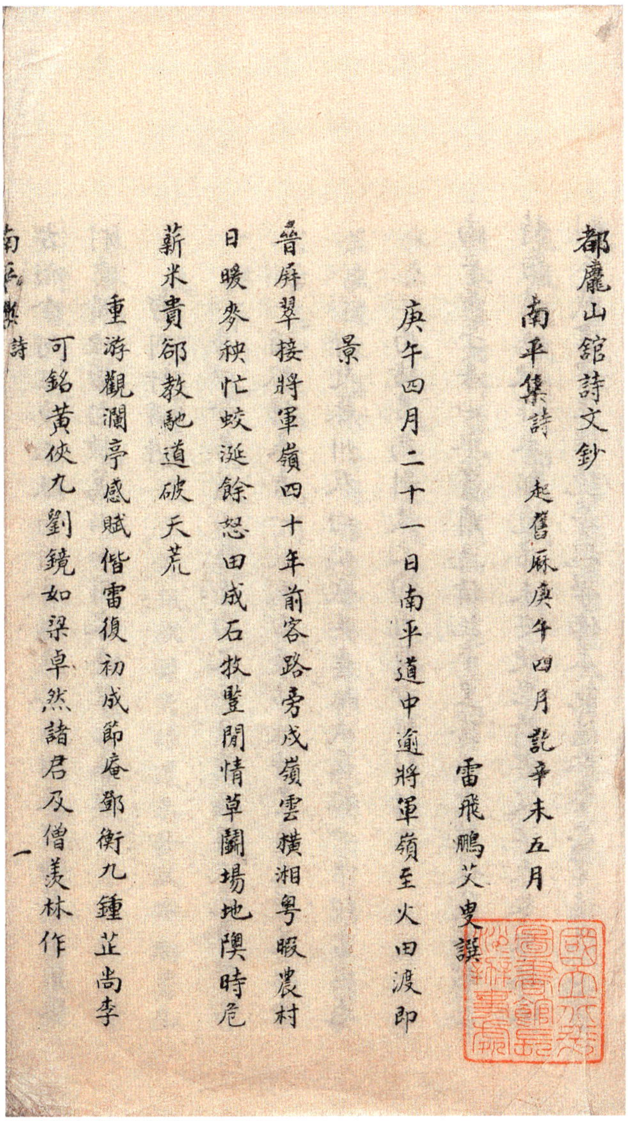
都龐山館詩文鈔

南平集詩　起舊厤庚午四月訖辛未五月

雷飛鵬艾叟譔

庚午四月二十一日南平道中逾將軍嶺至火田渡即景

曾孱翠接將軍嶺四十年前客路旁戍嶺雲横湘粵畷農村日暖麥秧忙蛟涎餘怒田成石牧豎閒情草鬬場地隩時危薪米貴郤教馳道破天荒

重游觀瀾亭感賦偕雷復初成節庵鄧衡九鍾芷尚李可銘黄俠九劉鏡如梁卓然諸君及僧羨林作

南平集詩　一

爲《南平集》，又分爲《南平集詩》《南平集文》。

《南平集詩》收録自光緒庚午年（1870）四月至辛未年五月詩作八十八首，其中五言詩三十七首、七言詩五十首、長短句一首，詩多記事、感懷、贈答，其詩清麗簡約，字不艱澀，典不深奥，好讀易誦，且生活情趣濃厚。《南平集文》收録同期文章十四篇，其中序四篇、碑記六篇、墓誌銘一篇、引二篇、啓一篇。

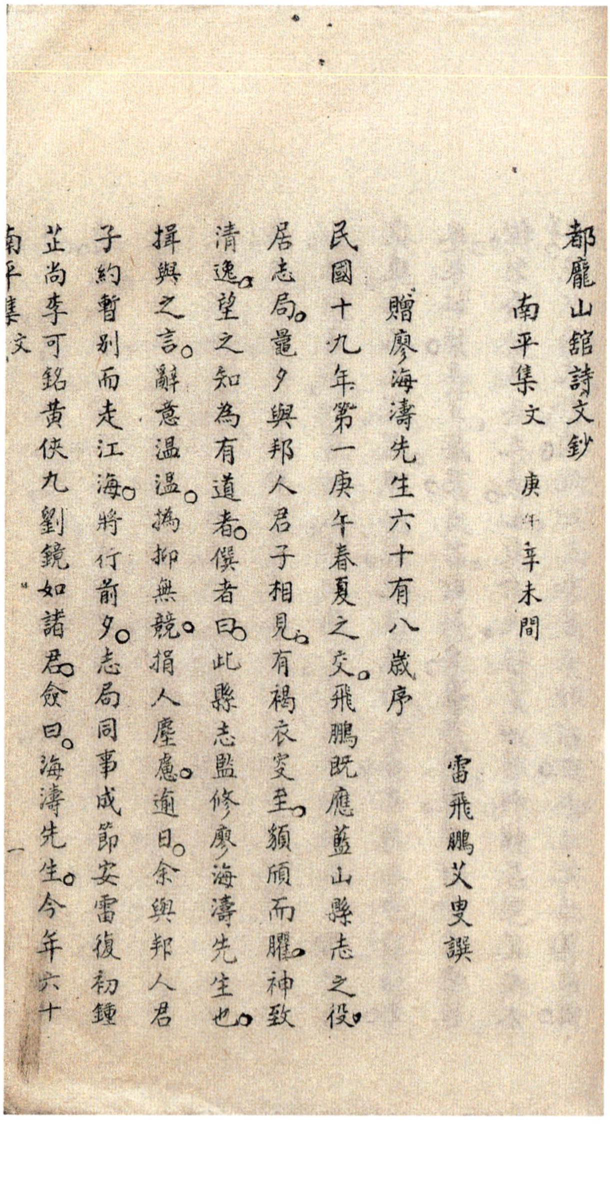
都龐山館詩文鈔
南平集文 庚午辛未間 雷飛鵬艾叟譔
贈廖海濤先生六十有八歲序
民國十九年第一庚午春夏之交。飛鵬既應藍山縣志之役。居志局。晨夕與邦人君子相見。有褐衣窔坐。鬚頎而臞。神致清逸。望之知為有道者。僕者曰。此縣志監修廖海濤先生也。揖與之言。辭意溫溫。撝抑無競。捐人塵慮。適日。余與邦人君子約暫別而走江海。將行前夕。志局同事成節安雷復初鍾芷尚李可銘黃俠九劉鏡如諸君僉曰。海濤先生今年六十
南平集文 一

本書據中國國家圖書館藏民國二十年（1931）藍山石印局石印本影印。（曾廣高）

怡廬詩草不分卷

清雷森撰，清宣統二年（1910）鉛印本。每半葉九行，行二十四字，小字雙行同，白口，四周雙邊，單黑魚尾。

雷森，生卒年不詳，字寶吾，清嘉禾縣人。雷飛鵬從子。幼隨叔父。少受知於學政張亨嘉，歲科并試連捷食廩。入船山書院，後與陳兆奎、袁緒欽等同肄業長沙校經書院。結業後隨清末名臣熊希齡仕宦遼東，爲提法使吴鈁賞知，試以法曹掾吏。民政長張元奇好風雅，以森能詩，檄署昌圖府司獄，未幾歸。嘗開館授徒，從游者衆。鄉人請願還治事興，以森喜任事，争推之。後以疾卒。書中自叙時間爲宣統二年（1910），時『行將四十矣』，以此推測，作者當生於同治十一年（1871）前後。

《怡廬詩草》書名爲秉三題寫。秉三即熊希齡。并蓋有『慈幼院院長熊希齡捐入』『明志閣藏書』字樣章。書前有作者自叙。

《怡廬詩草》之『怡廬』爲作者書齋名。作者以此爲書名，『藉以永思』。

全書收録詩六十四首、詞二十首、賦一篇，詩多爲五言、七言。詞衹有『擬花蕊夫人』一種，『花蕊夫人』非詞牌名，係後唐孟昶之費貴妃名號，花蕊夫人曾爲宋太祖趙匡胤吟詩：『君王城上樹降旗，妾在深宮哪得知。十四萬人齊解甲，更無一個是男兒。』『擬花蕊夫人』，是仿花蕊夫人詩作内容寫内宫生活，也是仿花蕊夫人詩七言四句句式。其中賦《八臆》，分爲八段。内容多爲記事、即景、感懷、贈答。

本書據首都圖書館藏清宣統二年（1910）鉛印本影印。（曾廣高）

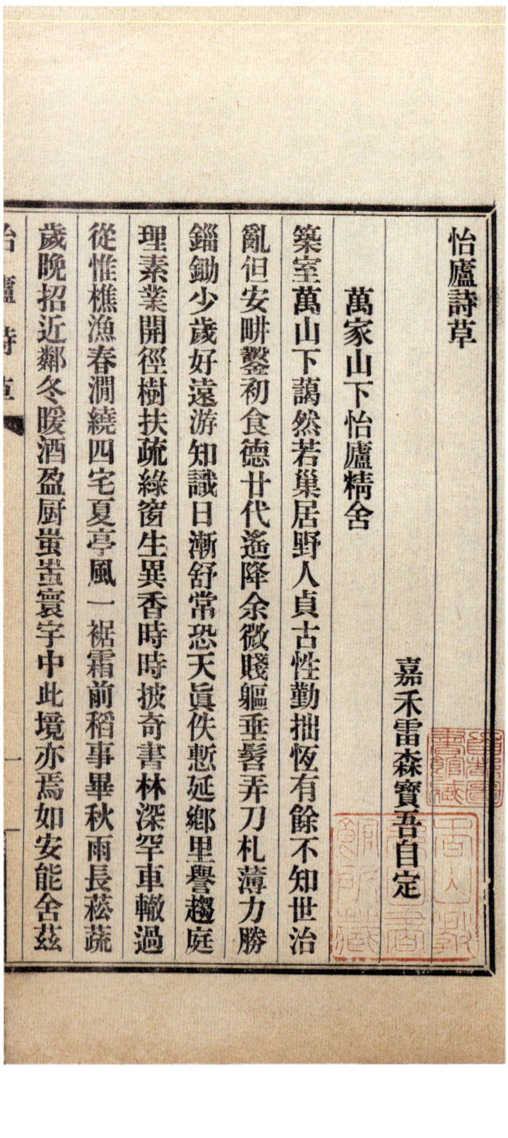
怡廬詩草

萬家山下怡廬精舍

嘉禾雷森寶吾自定

築室萬山下藹然若巢居野人貞古性勤拙恆有餘不知世治亂但安畊鑿初食德廿代遙降余微賤軀垂髫弄刀札薄力勝錙銖少歲好遠游知識日漸舒常恐天眞佚慙延鄉里譽趨庭理素業開徑樹扶疏綠窗生異香時時披奇書林深罕車轍過從惟樵漁春澗繞四宅夏亭風一裾霜前稻事畢秋雨長菘蔬歲晚招近鄰冬暖酒盈厨嵩耑寰宇中此境亦焉如安能舍茲

怡廬詩草　一

歐陽孜善軒集五卷

清歐陽鼐撰，民國十九年（1930）湘鄂印刷公司鉛印本。每半葉十二行，行三十字。

歐陽鼐（1867—1931），因鼐字難認難寫，故又名歐陽知，字孜軒，號幼旭，又號又之，居室名孜善軒，清郴州人。少聰慧，纍困秋闈。光緒二十一年（1895）入潮州鎮總兵武萬才幕，後充湖南高等實業學堂國文教師。宣統元年（1909）參與創辦湖南南路公學堂（後改嶽雲中學），次年出任校長。宣統三年舉孝廉方正，朝考一等，以知縣分省補用。民國元年（1912）任耒陽縣知事，後任湖南高等工業學校校長、第三女子師範學校校長。

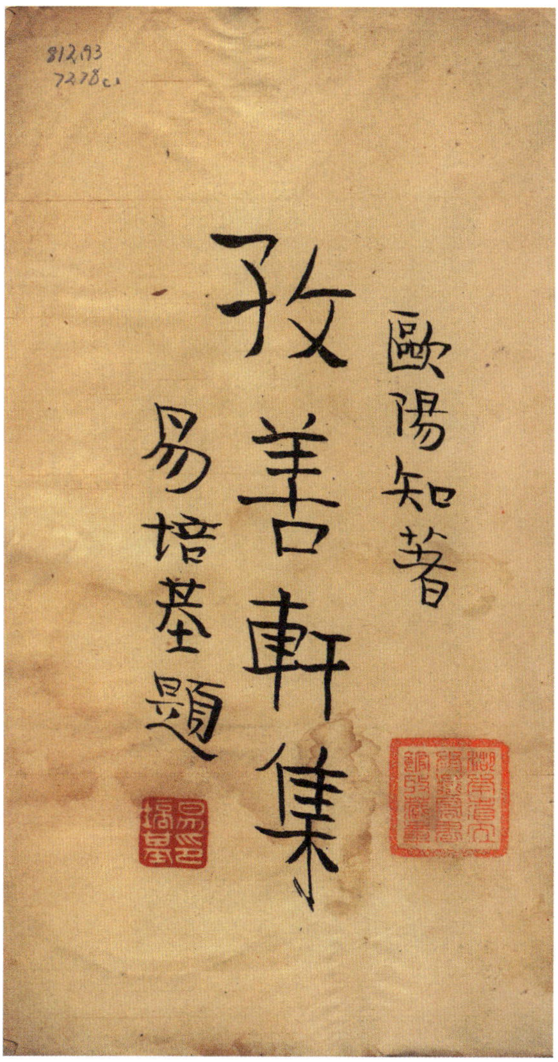

全書文字約二十四萬，不足作者文稿之三分之一。作者自叙：『每憶舊作，早歲窗稿，不自藏庋，多爲友人携去，晚近屬草，或劫於兵火，或致水厄，所可掇拾者，僅十之二三。』

《歐陽孜善軒集》五卷，卷一爲散行文類，三十五篇，含序、書信、傳記、行狀。卷二爲駢體文類，十五篇，含序壽、賀辭、悼文。卷三爲韵文類，八篇，以四言韵文，闡釋校訓，其詩詞，多爲寫景、記事、感懷、贈答、悼亡。卷四爲白話文類，十一篇，多爲勸世文。卷五爲附録類，附録作者生平紀年。另有對聯一百三十五聯，補詩、挽聯、挽詩若干。

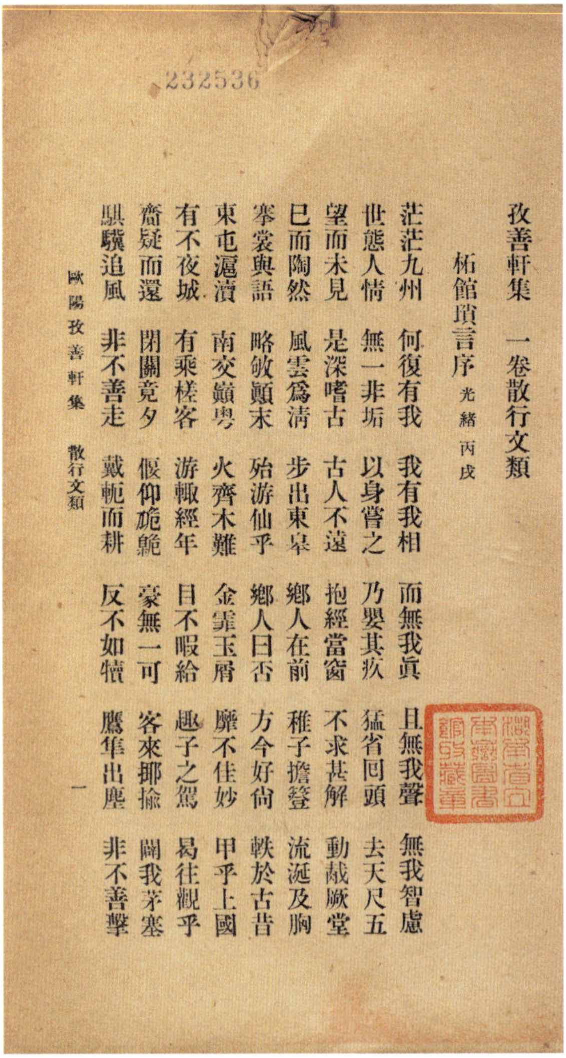

孜善軒集　一卷散行文類

栝館瑣言序　光緒丙戌

茫茫九州　何復有我　我有我相　而無我眞　且無我聲　無我智慮
世態人情　無一非垢　以身嘗之　乃嬰其疢　猛省回頭　去天尺五
望而未見　是深嗜古　古人不遠　抱經當窗　不求甚解　動轍厥堂
已而陶然　風雲爲清　步出東皋　鄉人在前　稚子擔簦　流涎及胸
搴裳與語　略敘顚末　殆游仙乎　鄉人曰否　方今好尚　軼於古昔
東屯漚瀆　南交巔粤　火齊木難　金霏玉屑　靡不佳妙　甲乎上國
有不夜城　有乘槎客　游輙經年　目不暇給　趣子之駕　曷往觀乎
螽疑而還　閉關竟夕　偃仰瓶甋　豪無一可　客來揶揄　闖我茅塞
駃騠追風　非不善走　戴軛而耕　反不如犢　鷹隼出塵　非不善擊

歐陽孜善軒集　散行文類　一

歐陽藟一生從教，所著内容多涉教育、文學。對教育，韵文類《文藝中學校期刊祝辭》言：『物質日淆，精神日梏；欲挽隤波，舍學奚屬？陶鑄群倫，責在教育！』《第三女子師範學校校訓釋義》言：『女子教育，至强之原，絶去依賴，拔除劣根，教育先導，爲國後援。』對文學，他在自叙中寫道：『民國肇建，革命事業，初告成功，論其勳勩，文人之鼓吹，較武力爲多。』『決知舊文學之艱深，不及新文學之普遍切近。』

本書據湖南圖書館藏民國十九年（1930）湘鄂印刷公司鉛印本影印。（曾廣高）

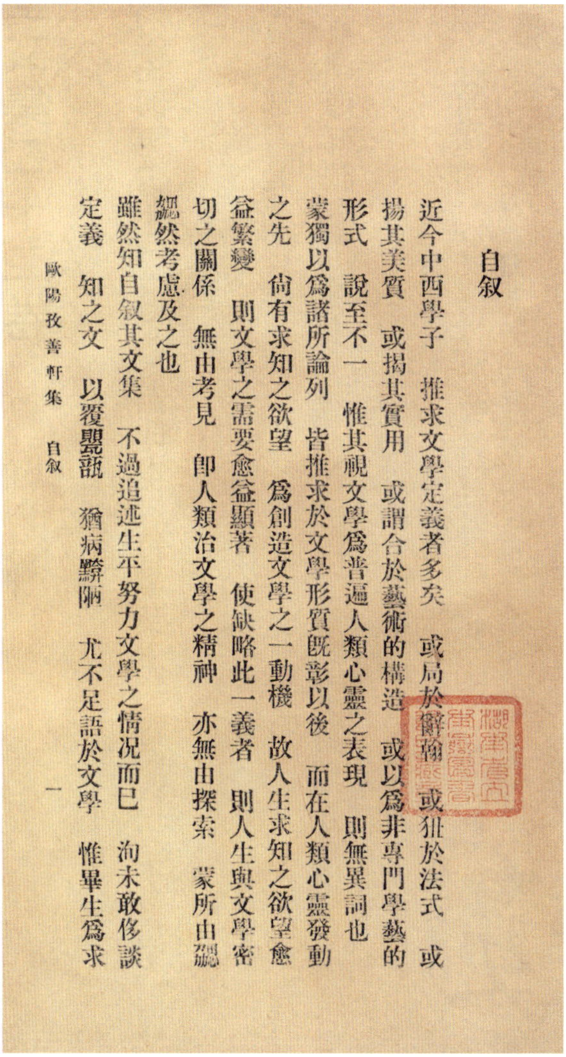
自叙

近今中西學子　推求文學定義者多矣　或局於辭翰　或狃於法式　或揚其美質　或揭其實用　或謂合於藝術的構造　或以爲非專門學藝的形式　說至不一　惟其視文學爲普遍人類心靈之表現　則無異詞也　蒙獨以爲諸所論列　皆推求於文學形質既彰以後　而在人類心靈發動之先　尚有求知之欲望　爲創造文學之一動機　故人生求知之欲望愈益繁變　則文學之需要愈益顯著　使缺略此一義者　則人生與文學密切之關係　無由考見　即人類治文學之精神　亦無由探索　蒙所由勰勰然考慮及之也

雖然知自叙其文集　不過追述生平努力文學之情況而已　洵未敢侈談定義　知之文　以覆罌甌　猶病黯陋　尤不足語於文學　惟畢生爲求

歐陽孜善軒集　自叙　一

小醉山草堂文集二十二卷

清黃純垓撰，民國十三年（1924）鉛印本。每半葉十二行，行三十二字，白口，四周雙邊，單黑魚尾。

黃純垓生平見史部《光緒二十三年丁酉科湖南鄉試硃卷》條。

其父黃仲騏，曾著有《醉山草堂詩文集》，黃純垓將己之著題作《小醉山草堂文集》，既有子承父業之意，亦有尊崇父輩之心。

《小醉山草堂文集》二十二卷，全書共六册，二百三十八篇。卷一至卷

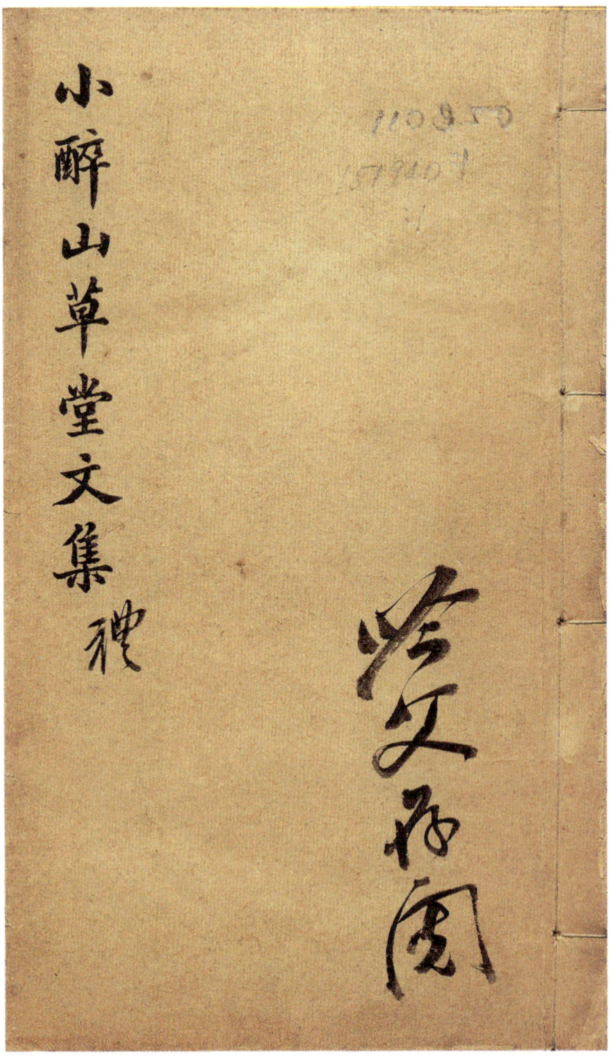

六爲論古類，七十五篇。卷七至卷十二爲感時類，二十四篇。卷十三爲講義類，二十四篇。卷十四至卷十七爲書牘類，三十八篇。卷十八至卷二十一爲序、記、傳、贊、墓表、祭文類，四十一篇。卷末爲雜感類，三十六篇。其中多爲史論和時政論，如《論恢復共和善後之計》《論日攻青島》《論中國今日無政治家》《論國債》等。

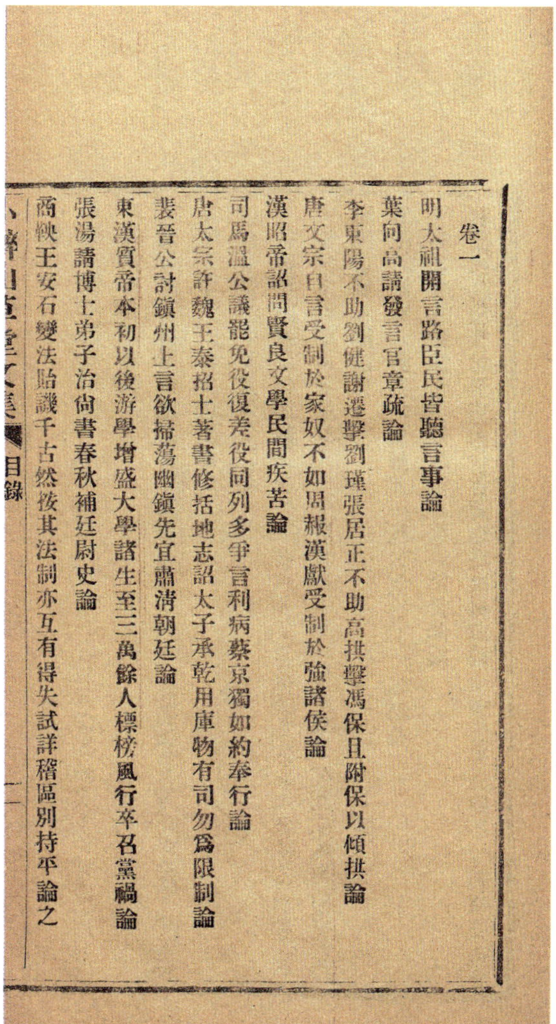
卷一
明太祖開言路臣民皆聽言事論
葉向高請發言官章疏論
李東陽不助劉健謝遷擊劉瑾張居正不助高拱擊馮保且附保以傾拱論
唐文宗自言受制於家奴不如周赧漢獻受制於彊諸侯論
漢昭帝詔問賢良文學民間疾苦論
司馬溫公議罷免役復差役同列多爭言利病蔡京獨如約奉行論
唐太宗許魏王泰招士著書修括地志詔太子承乾用庫物有司勿爲限制論
裴晉公討鎮州上言欲掃蕩幽鎮先宜肅清朝廷論
東漢質帝本初以後游學增盛太學諸生至三萬餘人標榜風行卒召黨禍論
張湯請博士弟子治尚書春秋補廷尉史論
商鞅王安石變法貽譏千古然按其法制亦互有得失試詳稽區別持平論之
小醉山草堂文集 目錄

《小醉山草堂文集》每冊扉葉有毛筆書『泠父存閱』字樣。又以『禮、樂、射、御、書、數』六藝之名分別標示各冊。書前有其學生劉次源、張梯雲、顏曹勳《小醉山草堂文集序》。

本書據中國國家圖書館藏民國十三年（1924）鉛印本影印。（曾廣高）

窟居集不分卷

清夏壽田撰，稿本。無版框，每半葉十行，行二十一字。

夏壽田生平見史部《桂陽夏府君行述》條。

《窟居集》原館藏著録爲《夏壽田詩詞集》，書前有楊莊識語：『先生詩才高潔超拔，自愧不足，不敢贊詞，以先生不恥下問，不致自蹈藏拙，不學之愆輒？以鄙意妄加評隲，當否不自知，尚乞諒察，示知爲荷，敬請午詒先生道安。』收録詩一百零三首、詞五十七首，詩多叙事寫景。因其學識淵博，詩中用典頗多，讀之令人回味。全書小楷手書，多留白葉，楷書娟秀古樸，極有功力。作者能詩善書，擅長楷篆，書風寬朗凝重，名重一時。

本書據湖南圖書館藏稿本影印。（曾廣高）

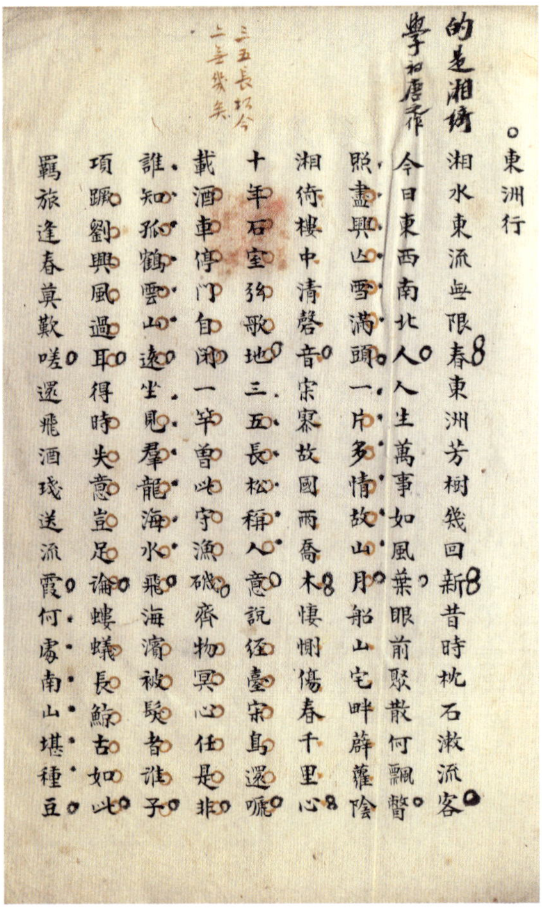

夏太史遺墨一卷

清夏壽田撰，民國二十四年（1935）石印本。每半葉六行，行十六字，白口，四周單邊，無魚尾。

夏壽田生平見史部《桂陽夏府君行述》條。

《夏太史遺墨》書前有夏壽田跋語：『六十餘年假我身，刹那何用問前因，功名富貴風前露，離台悲歡水上塵，老至但驚朋輩少，交深獨喜性情真。遠公早辦淵明酒，且作匡廬社裏人。乙亥四月北陵先生見索鄙照并詩奉呈。』本書爲佛學著述，收録其關於佛教頌、贊、偈詞三十六首。字體圓潤古樸，雄渾厚重。書前有夏壽田遺像及題詩。有姬覺彌草書題詞。

本書據上海圖書館藏民國二十四年（1935）石印本影印。（曾廣高）

庸盦游草一卷

段廷珪撰，民國二十一年（1932）鉛印本。每半葉十二行，行三十二字，白口，四周雙邊，單黑魚尾。

段廷珪（1873—1960），初名段榮華，號碧江，晚年自號庸庵老人，興寧縣（今湖南資興）人。清光緒二十四年（1898），入京師大學堂師範館（今北京師範大學），爲首批公費生，改名段廷珪。光緒三十年任湖南省提學司視學，後參加同盟會。宣統三年（1911），改任湖南南路師範學堂監督。不久，南路師範學堂改名爲湖南省立第三師範學校（校址在衡陽），段廷珪任該校校長，段辦學方

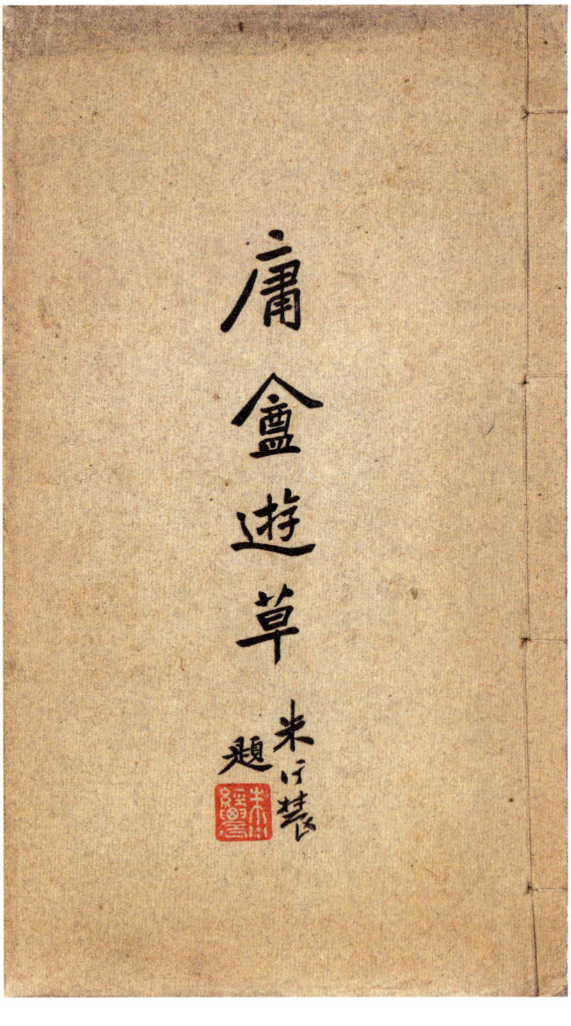

針以學生貴在自立求新，以教育貴在爲民謀福，一掃過去因循守舊頽廢之風，學生思維活躍，思想進步。民國七年（1918）赴北京教育部任職，民國十二年返回衡陽，繼續擔任三師校長。民國十五年赴湖南省教育廳任秘書督學、副廳長、代理廳長等職。民國三十三年回鄉任資興縣文獻委員會主任委員兼縣立中學校長。一九五三年受聘爲湖南省文史館館員。

《庸盦游草》，以作者居室名『庸盦齋』爲書名，多爲作者游歷江浙、山東、北京和湖南等地的寫景詩和游記詩，共收詩一百零六首，其中七律十七首、七古八首、五古十四首、七絶五十七首、五律十首，另有游記二篇。

本書據上海圖書館藏民國二十一年（1932）鉛印本影印。（曾廣高）

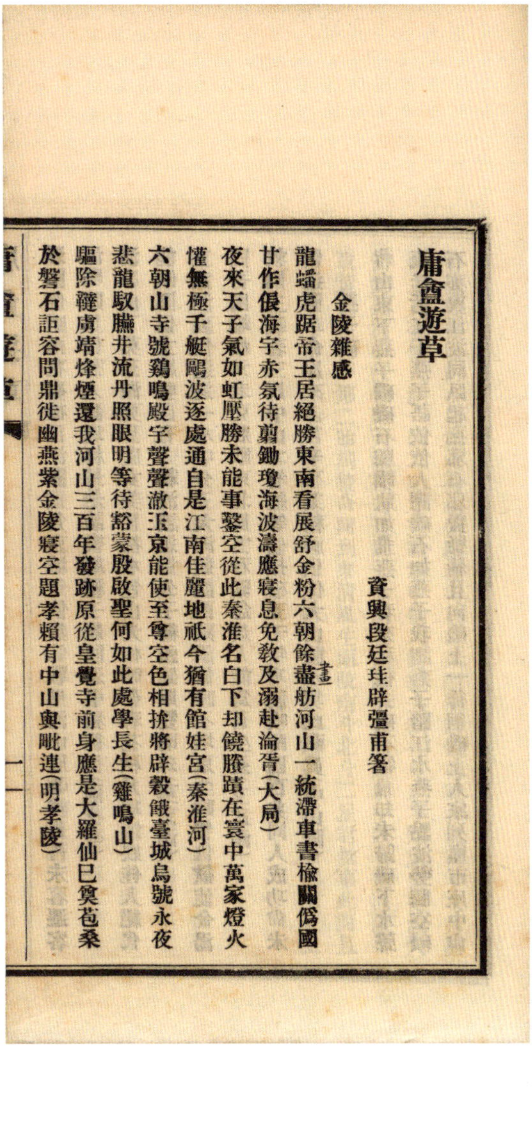
庸盦遊草

資興段廷珪辟彊甫著

金陵雜感

龍蟠虎踞帝王居絕勝東南看展舒金粉六朝餘畫舫河山一統滯車書檢關僞國甘作倀海宇赤氛待剪鋤瓊海波濤應寢息免教及溺赴淪胥(大局)

夜來天子氣如虹壓勝未能事鑿空從此秦淮名白下却饒賸蹟在寰中萬家燈火懽無極千艇鷗波逐處通自是江南佳麗地祇今猶有館娃宮(秦淮河)

六朝山寺號鷄鳴殿宇聲聲澈玉京能使至尊空色相捹將辟穀餓臺城烏號永夜悲龍馭臙井流丹照眼明等待豁蒙殷啟聖何如此處學長生(雞鳴山)

驅除韃虜靖烽煙還我河山三百年發跡原從皇覺寺前身應是大羅仙巳奠苞桑於磐石詎容問鼎從幽燕紫金陵寢空題孝賴有中山與毗連(明孝陵)

庸盦遊草　一

隱庵詩集三卷文集二卷

清陳兆奎撰，清末民國初抄本。無版框，每半葉十行，行二十一字。鈐『湘綺弟子』等印，王闓運朱筆圈點。

陳兆奎生平見經部《孝經古注》條。

《隱庵詩集》三卷，收録詩二百二十六首，其中五言詩一百八十六首、七言詩三十五首、長短句五首，内容多爲寫景、感懷、叙事、贈友。開篇詩注『甲午』，即光緒二十年（1894），末注『甲辰』，即光緒三十年。表明該書

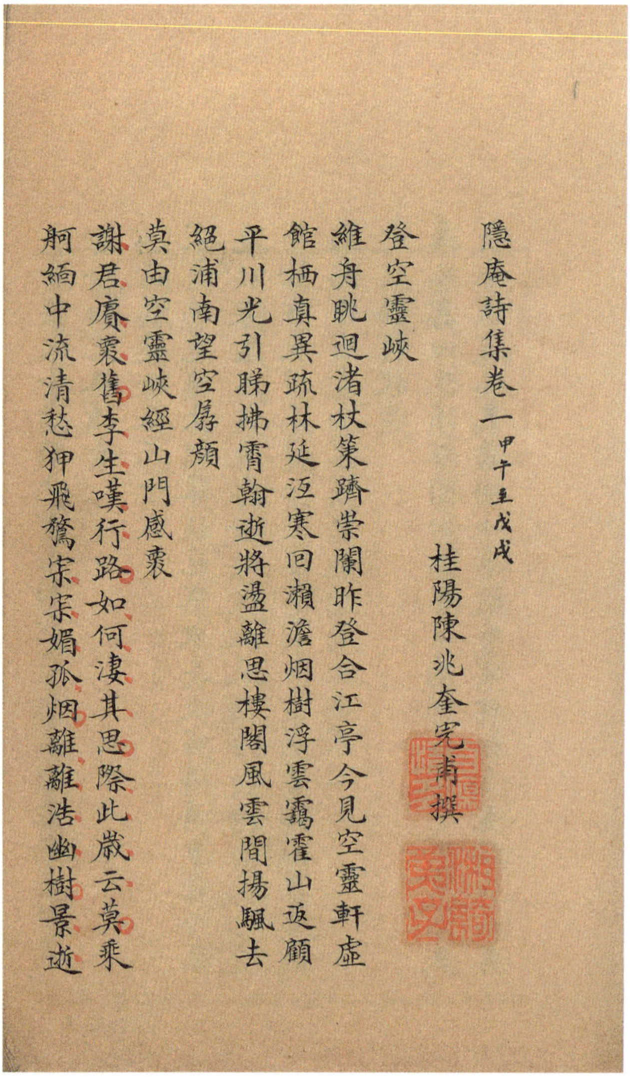

隱庵詩集卷一 甲午至戊戌

桂陽陳兆奎完甫撰

登空靈峽

維舟眺迴渚杖策躋崇闌昨登合江亭今見空靈軒虛館棲真異疏林延沍寒回瀨澹烟樹浮雲靄霍山返顧平川光引睇拂霄翰逝將盪離思樓閣風雲間揚飆去絕浦南望空孱顏

莫由空靈峽經山門感裒

謝君賡裒舊李生嘆行路如何淒其思際此歲云莫乘舸緬中流清愁狎飛鷺宋宋媚孤烟離離浩幽樹景逝

創作付刻歷時十年。其中，卷一作於光緒甲午至戊戌，卷二作於光緒己亥至辛丑，卷三作於光緒壬寅至甲辰。

《隱庵文集》二卷，收録各類文稿二十八篇，卷一爲十五篇，卷二爲十三篇。其中賦五篇、記三篇、叙三篇、論四篇、頌二篇、墓誌銘二篇、墓表二篇、碑文二篇、贊一篇、文一篇、碣一篇、書一篇、述一篇。文序未按文體分類排列，亦未編制分類目録。序論同處，賦頌共存，難得一見。

本書據中國國家圖書館藏清末至民國初抄本影印。（曾廣高）

隱盫詩集三卷

清陳兆奎撰，清末刻本。每半葉十行，行二十一字，左右雙邊，細黑口，雙黑魚尾。陳兆奎生平見經部《孝經古注》條。

本書卷首署『王湘綺先生評定，桂陽陳兆奎完甫撰』。《隱盫詩集》三卷，實爲前書《隱庵詩集》三卷。『盫』与『庵』音同，意亦通假。所不同之處在於：本書爲清末刻本，有版框，雙黑魚尾，前者爲手抄本，無版框，有王闓運朱筆評點標注；兩種版本字迹都清晰，品相上乘；内容略有出入，本書較前者增加詩十一首，漏刊原詩十首（篇名略）；詩序略有調整，其中兩首詩調換位置，四首詩詩題有改動。

本書據中國國家圖書館藏清末刻本影印。（曾廣高）

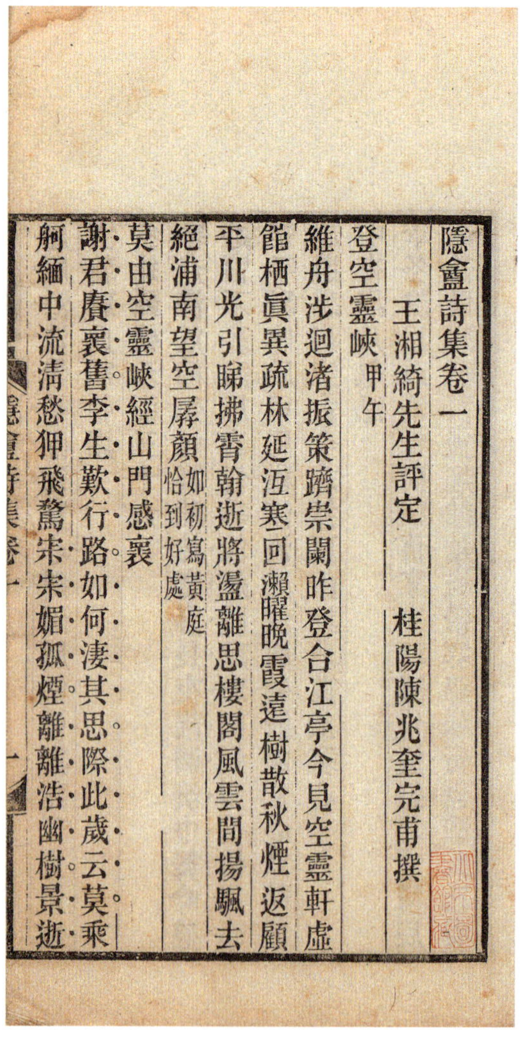
隱盫詩集卷一
王湘綺先生評定　桂陽陳兆奎完甫撰
登空靈峽甲午
維舟涉迴渚振策躋崇闉昨登合江亭今見空靈軒虛館栖眞異疏林延沍寒回瀨曜晚霞遠樹散秋煙返顧平川光引睇拂霄翰逝將濫離思樓閣風雲間揚颿去絕浦南望空孱顏如初寫黃庭恰到好處
莫由空靈峽經山門感褱
謝君賡褱舊李生歎行路如何淒其思際此歲云莫乘舸緬中流淸愁狎飛鷰宋宋媚孤煙離離浩幽樹景逝

東游鱗爪録一卷

陳毓華撰，清光緒三十三年（1907）鉛印本。每半葉十行，行二十七字，白口，四周雙邊，單黑魚尾。

陳毓華（1883—1945），字仲恂、仲詢，號石船，桂陽州（今湖南桂陽）人。陳士杰孫。少從王闓運游，清末留學日本，先後入張之洞、端方、陳寶琛幕府。民國間任教育部僉事、行政院秘書、財政部秘書等職，與政界多交往，

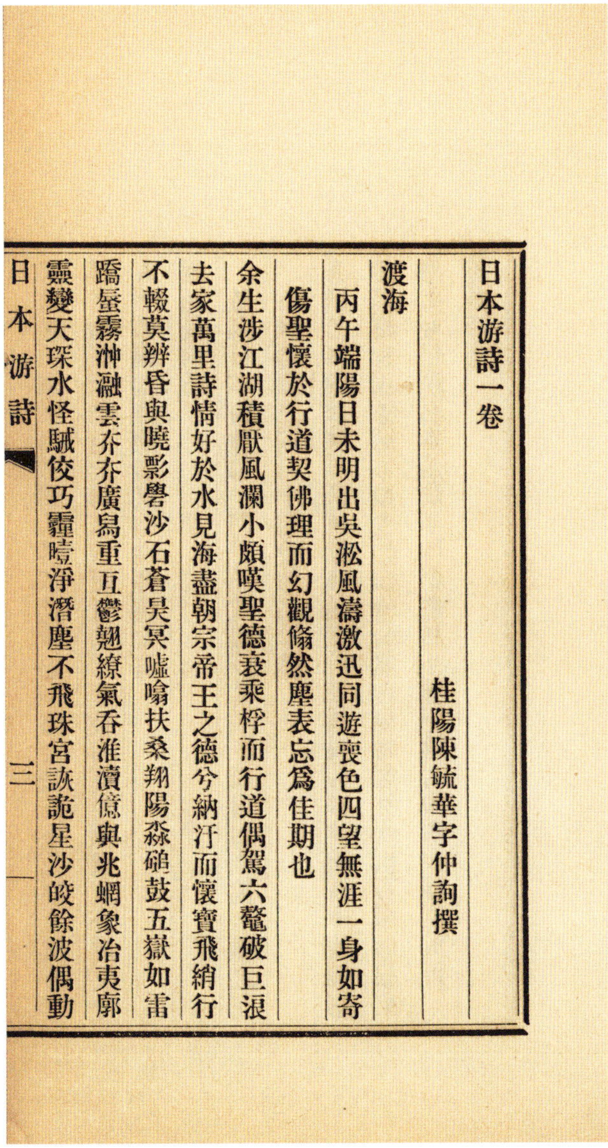
日本游詩一卷

桂陽陳毓華字仲詢撰

渡海

丙午端陽日未明出吳淞風濤激迅同遊褎色四望無涯一身如寄傷聖懷於行道契佛理而幻觀儵然塵表忘爲佳期也

余生涉江湖積猷風瀾小頗嘆聖德衰乘桴而行道偶駕六鼇破巨浪去家萬里詩情好於水見海盡朝宗帝王之德兮納汙而懷寶飛綃行不輟莫辨昏與曉影礐沙石蒼昊冥嘘噏扶桑翔陽淼碣鼓五嶽如雷蹻蜃霧沖融雲夯夯廣舄重亙鬱翹繚氣吞淮瀆億與兆蝄象冶夷廓靈變天琛水怪駴佼巧霾曀淨潛塵不飛珠宮詼詭星沙岐餘波偶動

日本游詩　三

以詩名重海内。抗日戰争後期擔任湖南省政府顧問，後避居老家泗洲寨，卒於家。陳毓華工詩，尤善舊體詩，是著名文學組織『南社』成員。

《東游鱗爪録》之『鱗爪』，龍之鱗和爪，比喻瑣屑、殘餘、無足輕重，作者自謙之意。全書收録作者光緒年間赴日本游學時所作詩三十五首，多爲記叙沿途見聞、贈答友人及感懷詩。有長短句，亦有五七言詩。全書十六葉。書前有作者自序。

本書據上海圖書館藏清光緒三十三年（1907）鉛印本影印。（曾廣高）

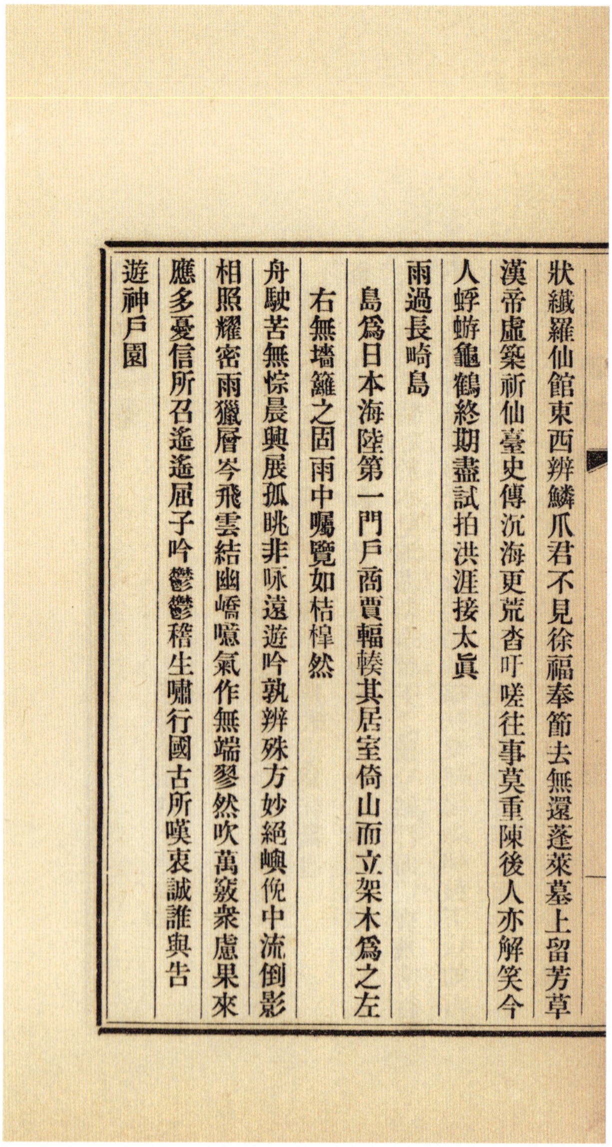
狀纖羅仙館東西辨鱗爪君不見徐福奉節去無還蓬萊墓上留芳草
漢帝虛築祈仙臺史傳沉海更荒杳吁嗟往事莫重陳後人亦解笑今
人蜉蝣龜鶴終期盡試拍洪涯接太眞
雨過長崎島
島爲日本海陸第一門戶商賈輻輳其居室倚山而立架木爲之左
右無墻籬之固雨中矚覽如桔槔然
舟駛苦無悰晨興展孤眺非咏遠遊吟孰辨殊方妙絶嶼俛中流倒影
相照耀密雨獵層岑飛雲結幽嶠噫氣作無端翏然吹萬竅衆慮果來
應多憂信所召遙遙屈子吟鬱鬱稽生嘯行國古所嘆衷誠誰與告
遊神戶園

石船詩存二卷

陳毓華撰，民國三十五年（1946）油印本。每半葉十二行，行二十五字不等，無版框。

陳毓華生平見集部《東游鱗爪録》條。

《石船詩存》共收八百一十六首詩，無目録，無序文，其女陳儀瑛跋文附後。跋語曰：『戰伐初起，中樞遷渝，先君往焉。所撰留之湘中，因以散失。居渝六載，雖烽火頻驚，而吟咏益富。還湘未幾，忽爾陷寇，林澗之中，詩稿自隨。乃重加覈閲。兹編所存，皆近十年作也。』

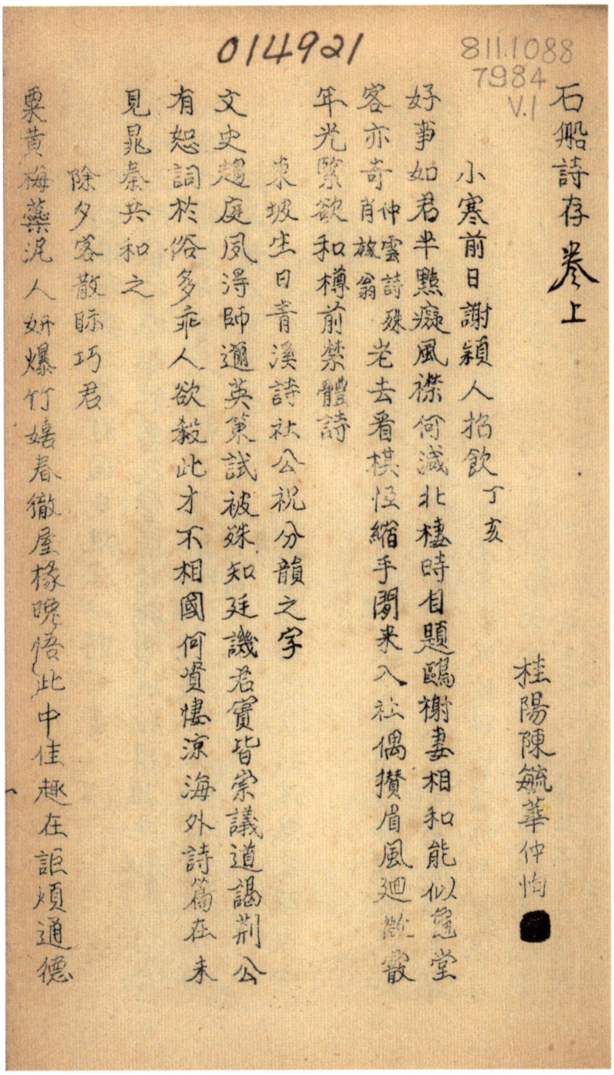

石船詩存卷上　桂陽陳毓華仲恂
小寒前日謝穎人招飲 丁亥
好事如君半點癡，風襟何減北樓時。旨題鷗榭妻相和，能似隨堂客亦奇。仲雲詩殊自放翁 老去看棋怪縮手，閒来入社偶攢眉。風迴歡嵌年光緊，欲和樽前禁體詩。
東坡生日青溪詩社公祝分韻之字
文史趨庭夙得師，邇英策試被殊知。廷識君實皆崇議，道謁荊公有怨詞。於俗多乖人欲殺，此才不相國何資。悽涼海外詩篇在，未見鼂秦共和之。
除夕答散睎巧君
栗黃梅蘖泥人妍，爆竹嬉春徹屋椽。曉悟此中佳趣在，詎煩通德由此可知，本書乃國民政府西遷之後所作。

《石船詩存》未分類，體裁多様，有五言古風、七言古風、五言絶句、七言絶句、五言律、七言律、長律、長短句等；内容涵括記事、寫景、感懷、贈答、悼亡等，以贈答詩居多，和詩者多爲民國名人，如頌雲（程潛）、真如（陳銘樞）、俠如（李烈鈞）、纕蘅（曹纕蘅）、行嚴（章士釗）、二適（高二適）、尹默（沈尹默）等，故此該書頗有存史價值和文學價值。

本書據上海圖書館藏民國三十五年（1946）油印本影印。（曾廣高）